崩壊の経験

現代ドイツ政治思想講義

蔭山宏

Die Erfahrung des Zusammenbruchs

慶應義塾大学出版会

目次

第二部 〈崩壊〉の始まり——世紀転換期から一九二〇年代へ

第三部　〈崩壊〉の経験――ワイマール時代の「政治思想」

第四部 〈崩壊〉のあと――おわりに

凡例

一、本書は直接間接に多数の本に負っているが、本書の性格を考慮に入れて参考文献の列挙は基本的書物に限り、本文中での文献の表示は努めて簡略にした。
一、参考文献の選択の原則など、詳しくは巻末の文献目録を参照されたい。
一、引用や文献名の表示は必ずしも既存の訳に従っていない。既存の訳を使用した場合も、原文の意味を損なわない範囲で表現・表記の変更を適宜行っている。
一、引用文中の強調は、断わりのない限り著者によるものである。
一、〈 〉は本書のなかで著者なりの独自な意味を込めた言葉として強調する場合に用いている。

序論

第一次大戦とそれ以後の数年間はドイツ社会の転機であった。革命といってもいきなりまったく新しい社会に変わってしまうのはまれで、多少とも古さを残したまま新しい社会が露出してくる。その動きは世紀転換期に本格的に始まり、第一次大戦、革命、ハイパーインフレーションの過程で流れは加速し、一九二〇年代のはじめには多くの人の気づくところとなった。

新しい社会を生みだす基本的動因を本書では近代化ならびに現代化と理解している。現代化のベースには近代化がある。近代化には普遍的性格があって、社会を少なくとも二段階において変革していく。封建制社会を掘り崩し近代社会を生み出していくのが第一段階の変革であり、さらにその近代社会までをも内部から掘り崩し現代社会を生み出していくのが第二段階の変革である。近代化には自己否定的契機が含まれていることになる。本書が重点的に取り上げているのはこの第二段階の変革であり、第二部以下でそのさまざまな局面について論じている。そこで取り上げられている新しい社会を生みだす動因をここでは近代化ならびに現代化と呼んでいる。

となると、一体「近代」と「現代」はどう違うのか、どこが重なり、どこで相容れないのかがただちに問題となろう。「現代」とは形式的にいえば、「近代」を前提とし、一面で「近代」の思想原理を実現していると同時に、他面で「近代」の思想原理と相容れない面もある社会関係である。その意味で現代においても近代は基本的に持続している。近代の市民社会が現代において大衆社会に変貌する場合がそれである。また「現代」は単なる「同時代」「いま」をあらわす純粋に形式的概念なのではなく、特定の思想内容をあらわす用語でもある。「近代」の思想内容については専門家の間である程度の合意があり、したがって「近代思想史」を主題とする本も多く、取り上げられる思想家も大体似たりよったりである。これに対し「現代」の思想内容についてはまださほど明快な合意は成立しておらず、したがって「現代思想史」と銘打った書物はきわめて数少なく、取り上げられる思想家も著者によって違いがでてくる。本書で取り上げている思想家や思想内容も私なりの「現代」観による選択の結果であることはいうまでもない。ときどき雑誌で「現代の思想家百人」といった特集が組まれたりしているが、いま現在と二〇年前、あるいは五〇年前で取り上げられる思想家の名前は大きく違っている。近代思想の場合このようなことは少ない。

本書ではドイツにおける「近代」から「現代」への移行期、「現代」の形成過程に焦点をあてた。ただ現代の〈形成過程〉というと、何かポジティブな内容が生まれてくる過程であると思われがちだが、表題にもあるように本書ではその過程をむしろ崩壊の過程、「崩壊の経験」としてとらえている。崩壊という言葉を用いることによって、何かを意図的に解体するというよりも、壊すまでもなく内側から自壊していくニュアンスを表現したつもりである。もう少し具体的にいうと、ワイマール共和国の崩壊という意味の政治体制の崩壊や、ハイパーインフレーションによる市民社会の崩壊、あるいは思想的精神的崩壊といった次元を異にする意味連関での〈崩壊〉も視野にいれている。この崩壊という言葉もつねにネガティブな意味で用いているわけではないので、念のため確認しておきたい。

崩壊を誰もが自覚するきっかけになった諸事件のうち決定的だったのは第一次大戦と敗戦であった。崩壊過程は日常生活で蓄積されていくので常に長期的な過程になるが、日常性のなかにはめ込まれているので、崩壊しつつあるとは気がつきにくく、何か大きな出来事があったのちに誰の眼にもあきらかな事実として露呈してくるものである。一部の前衛的芸術家や鋭敏な人たちは、早ければ世紀転換期に、遅くとも大戦中に気づくことになったが、多くの人は早くとも敗戦直後に、遅ければハイパーインフレーションの後に気づくことになった。長年続いた王制による伝統的社会の崩壊、古典的＝市民的文化の崩壊など、崩壊の実質の受け止め方は人びとにより多少の違いはあるが、概してその崩壊はおのれを支えてきた精神的思想的立場の崩壊とも連動していた。

1　知的世界の変貌

こうした変化の社会史的背景は市民層の解体にある。中世都市や近世初期において、市民層は都市壁内に住む小規模な営業形態の手工業者や小売商からなり、かなり同質的であったのに対し、資本制経済が発展すると、市民層自体が多様化し支配関係も拡大するから、市民層の統一的利害は崩壊に向かい、互いの一体性意識も崩壊していく。その際実質的に崩壊するのは〈市民性〉であるといってよい。封建制社会と対抗関係にある初期資本主義の段階の前期の市民層と、資本主義経済が高度化した段階での後期の市民層では、同じく市民層といってもその社会的性格は異なる。後期にもなると、一方で企業経営者層に上昇したブルジョアジーが市民層から突出し（第四章）、他方で大半の市民層はブルジョアジーとも労働者階級とも区別される独自の存在として中産層意識を強化する（第二、七章）。

帝政期後半、世紀転換期のドイツ市民層の実態を鋭く批判したのがマックス・ウェーバーであり、その立場は宗教社会学的に基礎づけられていた（第一、六章）。

本書では第一次大戦後に生じた知的世界の変貌（ヒューズ）を「社会的モデルネ（現代）」から「美的・文化的モデルネ」への関心移動ととらえ、「一八九〇年代の世代」から「一九二〇年代の世代」への世代交代と関連づけた（第一二章）。こうした変貌の動因は市民層の崩壊と市場構造の、とりわけ文化メディア市場の構造変化によってもたらされた。書物に即していえば、文化産業の発達は膨大な潜在的読者（顧客）を生みだしたが、ドイツの伝統的な制度的知識人である教授たちはこの新しい状況に、従来の市民層とは違った新しい読者層の欲求に対応できなかった。もともと教授たちは専門的業績に立脚した存在であり、広汎な大衆層と本来接点をもちようがなかったのである。「社会的モデルネ」の思想家を主として供給していたのは専門性に基づく教授層であった。

この点教授たちよりも相対的に有利だったのが、資本主義的発展と文化産業の発展と連動して誕生し、増大してきた新しい型の知識人層、制度的地位にではなく市場における読者に支えられた作家や著述家たちであった。かれらはもともと教授たちのように専門的業績をめざしてはいなかったので、新しい潜在的読者層の「人間的」欲求にこたえるだけの柔軟性をもちあわせていた。制度的知識人である教授と市場に志向した新しいタイプの知識人である作家、著述家の間に、中間的存在としてジャーナリスト的知識人も大量に生まれつつあった時代である。学問は専門性に立脚しているが、文学やエッセイは専門性を必要とせず、ジャーナリズムの場合は多少ともケースバイケースである。一九二〇年代における知的世界において「社会的モデルネ」から「美的・文化的モデルネ」への関心移動が生じた背景にはこのような知識人の社会学的状況があった。

こうした文脈においてみると、一九一九年に行われたウェーバーの講演『職業としての学問』は教授（学問）の側から市場志向的な知識人（ウェーバーのいう「文筆家」）に向けた批判（第一一章）であり、後々まで残る業績は専門性に徹することで達成されるという、その堂々たる論調にはウェーバーの「学問」への自信を感じ取れるが、ワイマール時代末期のマンハイムの姿勢にはもはやそのような自信は失われているし、ブロッホやクラカウアーらは新しい学問を模索していた。これがまさにワイマール的状況であった。

2　市民性の崩壊（1）——経験の貧困化

市民性の解体を生みだす動因としては、経済の資本主義的発展やブルジョアジーの思想、それに由来する社会の「機械化」（ラーテナウ）、大都市的人間関係の成立（ジンメル）に長期的原因があるのは当然として、短期的要因としては大戦とインフレーションが決定的であった。市民性の解体の精神的帰結をベンヤミンは〈経験の貧困化〉ととらえているが（第九章）、「経験」の概念は「市民性」の概念と不可分であるように思われる。マンハイムは、「近代保守主義」において思想における経験の概念が確立されたと述べているが、「市民的自由主義」や「社会主義」においても「経験」の概念はすて去られてはおらず、依然として重要な位置をしめていた。たしかに「市民的自由主義」においては「学問＝科学」の思想が、「社会主義」においては「実践」の概念が、それぞれ「経験」の概念に対し優位になったが、それでも「近代保守主義」においてであれ、「市民的自由主義」や「社会主義」においてであれ、「経験」の概念が思想の思想たる所以を担保する精神的基盤になっていたことも、マンハイムが示唆している通りである（第一三章）。

であるとすれば〈経験の貧困化〉は、ベンヤミンが取り上げている帰還兵にみられるような特殊な事態であることをこえて、従来の諸々の政治思想そのものが、つまり思想性そのものが成り立つ根拠を直撃する深刻な事態であったはずである。そうした精神的状況の否定的局面についてはベンヤミンのほか、シュミットが「機会＝原因論」なる概念を用いて描いているし（第一一章）、マンハイムも「ファシズム」論において分析している。とくに「ファシズム」においては「経験」のみならず、「学問＝科学」も総じて価値を剥奪され、純粋な行動が称揚された。

ベンヤミンもいうように（「物語作者」）、「経験」の原型は手仕事にある。カフカは手仕事の領域が消えてゆくのに恐怖を感じていたようだが、市民性の解体とはその意味で経験の崩壊でもある。経験がなりたち難くなると、そこに発生するのは〈心情のアナーキー〉であり、従来の市民層全体に広汎に共有される。経験の崩壊を思想の問題としてみれば、諸々の体験や出来事を意味上関連づける原則の喪失になる。さしあたり経験の崩壊は一時的なものと意識され、やがて従来の原則にそのまま立ち戻るか、原則に若干の修正をほどこしたりすることになるのであろうが、原則の喪失が長期化し、日常化すると、原則そのものへの不信、原則をつくりだすことそのものへの懐疑、つまり思想のニヒリズムが発生する。それはマンハイムにとってプレファシズム的状況である。第一次大戦後、一九二〇年代の市民層の心的状況は、放っておけばファシズム的状況に向かう圧力にさらされていた。この圧力にどう対処するかが、多かれ少なかれこの時代の思想家の、とくに「モデルネの意識」に立脚した思想家の課題であった。ナチスの指導者は経験の崩壊を出発点とし、そこからネガティブでラディカルな結論をひきだし、経験に立脚した思想文化を否定したわけである。

もちろん「市民性」の解体とは趨勢においてのことであって、今にも崩れ落ちようとしている「市民性」にしがみついたり、希望を託す人もいることはいた。ウェーバーやトーマス・マン、クルティウス、あるいはルカーチらの立論にはそうした側面がある（第一一、一二、一五章）。そのような立場から当時のドイツが「カオスの天国」とか文化、教養、大学の解体期、「街頭の民主主義」や「新しい思想の氾濫」などと否定的評価をくだされたりもした。とはいえかれらにとって経験を再構築するのは容易なことではなかった。

だが先にも述べたように「崩壊の経験」は両義的である。本書の視点もそこにあるし、世紀転換期から一九三〇年代に至る思想的文化的な営みもそのような様相を呈していた。〈経験の貧困化〉を嘆いているかのようにみえるベンヤミンのエッセイも両義的姿勢を貫いている。ベンヤミンは「複製論」でも「アウラの消滅」について同じような姿勢（第一四章）をとり、経験の解体を新しい思索を始めるチャンスともみている。

3　市民性の崩壊（2）——モデルネの意識

ドイツにおいては、経験の成り立ちにくくなった時代状況の到来を、ボードレールの「モデルニテ」論の系譜に連なる芸術家や思想家がすでに世紀転換期に自覚していた（第八章）。ジンメルや印象主義、表現主義の芸術運動がそれである。経験が成り立ちがたいと感じる意識（モデルニテの意識）が、印象主義から表現主義が生まれていく過程で拡がっていった。経験の概念は思想家によって多少の違いがあるものの（第九、二〇章）、経験が科学的客観性とは区別されるある種の「客観性」に到達し、生活における実践的原則を生みだせると理解する点で、つまり時間の経過や持続には意味がある、と考える点では同じである。経験によって獲得される実践的認識は「客観的」認識である限り、形式化できる知識でもあった。しかし経験が所詮わたしの経験でしかないことが印象主義において強く自覚され、表現主義となると「経験」の立場を攻撃するようにさえなる。もはや形式への信頼は失せ、形式そのものに、そしてそのベースにある経験そのものに反逆することになり、形式化とは馴染まない瞬間の概念が称揚される。

その姿勢を極端に追求したのがダダイズムであり、「力の限りカオスを獲得する」と述べた（『時代からの逃走』）初期のフーゴー・バルならば、経験など〈クソくらえ〉だと思っていても不思議ではない。こうしたドイツにおけるモダニズムの、「美的・文化的モデルネ」の立場は、経験への志向性を基調とする立場とは違った、もう一つの別の潮流をなしている。こうした「モデルネ」の意識は時間の持続性の破砕、断片化を基調としており、経験への志向性とは相容れないからである。この潮流は表現主義からダダイズムに至る一九一〇年代に絶頂期を迎えた（第一〇章）。これと区別される「社会的モデルネ」の立場は、当然と言えば当然だが、経験への志向性に基本的には立脚している。「社会的モデルネ」の立場は社会という人間関係の複合的総体を対象とし、社会への責任を動機として成り立つので、個人を超えた全体への視点を事実上放棄できないのに対し（第一三、一六章では総合の試みの一端を取り上げている）、「美的・文化的モデルネ」は原則として個人を単位として、社会を当面括弧に入れて個人の志向性を追求する立場だからである。結果的にこの個人が社会に影響を受けているとしても、それは別問題である。

本書のベースに想定されているのは、市民層の一体性が崩壊し、ブルジョアジーの経済的合理性の立場と長期的低落傾向に不安をもつ中産層や、大衆層の増大といった社会状況と、かれらの実態に対し多少とも批判的な、「経験」を志向する潮流と「美的・文化的モデルネ」の意識に立脚した潮流という、二つの動向である。それらの動向は単純に対立しあっているわけでも、単純に勢力分けできるわけでもなく、現実には錯綜した関係にある。ベンヤミンやアドルノらの経験に対する姿勢が微妙なアンビバレンツ（両義性）を示しているのはそのためである。二つの動向、二つの路線は意外に重なるところが多い。経験を志向する潮流とはいえ、崩壊の経験をある程度経ているからである。ウェーバーにせよマンにせよ、あるいはマンハイムやティリッヒにせよ、経験の路線は基本的にリベラルな態度に立脚しているが、かれらとてモダニズムの路線とまったく無縁なわけではなかった。その意味で「モデルネ」の立場にも幅があり、その両極には一定の距離がある。経験を志向する立場に近いものもあれば、その反対にナチズムに接近するものもある。アルノルト・ブロンネンのようにモダニストのなかにはナチズムに接近した人もいる。後に表現主義論争が闘われた所以である。

「美的・文化的モデルネ」の思想家はもちろん「社会的モデルネ」の思想家にしても、総じて概念に硬直化する以前の生きた現実を把握すべく努力を重ねた。一九三〇年代の「表現主義論争」でブロッホから理論的硬直性を批判されたルカーチでさえ、『歴史と階級意識』（一九二三）では「物象化」の概念を用い、「物化」する以前の「物のようになる」過程に着目していた。マンハイムの「政治」概念やティリッヒの「動態性」の概念（第一八章）にも同じような志向性を読み取ることができる。「美的・文化的モデルネ」の哲学者ブロッホに至っては一九一八年の『ユートピアの精神』以来常に概念化される以前の現実を読み取ろうとしていた。ティリッヒやブロッホがナチ台頭の精神史的前史を解明できたのは偶然ではないのである。

4　溶解の時代、とくに政治の拡散

本書の対象とする時期は〈政治的なもの〉が溶解し拡散した時代でもあるから、拡散した〈政治的なもの〉を芸術の諸領域に見出そうとしたこと、そして芸術における理論的な認識と政治・社会的認識の照応関係に注目したことに、本書の特徴のひとつがあるかもしれない。芸術における「モデルネ」の意識が本格的にあらわれたのはドイツの場合世紀転換期であって、本書で印象主義に始まって、表現主義、ダダイズムをへて新即物主義に至る芸術様式の変遷を概観しているのは、芸術史それ自体に関心があるためではなく、芸術史のなかに拡散した〈政治的なもの〉を拾い出すとともに、そこに民衆層の政治・社会意識を探り出そうとしたためである。「モデルネ」の意識の社会的基礎は政治の拡散という事態にあった。

ワイマール共和国の時代になると、政治現象は従来よりも一段と拡散した。政治が特定の場所や制度に集約的にあらわれるというよりも、拡散して従来は非政治的だった領域にも分散してあらわれるようになった。そのため政治理論や政治家だけに着目しても、思ったほど政治の実相がみえてきたことにはならない。経済はもちろん宗教や芸術のような非政治的な分野にも政治論を読み取ることが可能になり、必要にもなった。本書ではこの局面を「政治の溶解」ととらえ、そうした時代にはかえって政治をそれとは正反対の方向に向け変え「点化」（凝縮）しようとする動きも生まれてくることを指摘した（第一五章）。そうした時代の新しさに敏感に反応したのがカール・シュミットだった。かれは一面では「政治的なもの」を敵か味方かの決断という一点に集約したが、これと区別される社会生活の膨大な領域を潜在的な政治領域とすることによって、「政治的なもの」を拡散させることにもなった。政治が美的問題にも人生問題にもなる新しい状況には、「美的・文化的モデルネ」の意識に立脚し、市場に志向した作家・著述業らの新しい知識人が取り組むことになった。ただし政治の拡散は政治の点化と表裏一体であることは本文で触れる通りである。

政治の拡散を象徴する同時代的現象がナチ党と「保守革命」論の隆盛である（第一六、一七章）。その名称からも予想されるように「保守革命」論は固有の矛盾を抱えていた。「保守革命」派は総じて、経験が貧困化し「モデルネ」の意識が生まれる精神的風土に生きていながら、イデオロギー的には現代以前の初期資本主義やそれ以前の時代に依拠する未来像しか描けなかった。矛盾を解消しない限りナチに近いところに位置せざるをえないし、解消しようとすると「タート派」にみられるように権威主義的な方向に未来を託すことにならざるをえなかった。こうしたなかで一九二〇年代から三〇年代初頭にかけて各種の保守革命派と接触をもっていたエルンスト・ユンガーが著わした『労働人』（一九三二）は「シュールレアリスム」的な「美的・文化的モデルネ」の意識を経た（K・H・ボーラー『驚愕の美学』）著作である。かれは中産層を身分意識から、プロレタリアートを階級意識から解放し、新たな人間像（「労働人」）を提示することによって、保守革命の思想圏から離脱する方向を示しているだけでなく、「社会的モデルネ」の立場との接合の可能性も示しているという意味でも注目に値する（第一七章）。

5　本書の叙述形式

〈政治的なもの〉の拡散といったが、個々の人物に即して拡散の実態を詳細に分析することを本書ではあまり行ってはいない。むしろ〈政治的なもの〉の拡散に関する理論的考察を紹介し、検討することに重点をおいている。そのためもあって本書の主要な登場人物はウェーバー、ジンメル、マンハイム、シュミット、ベンヤミンになり、脇役もクラカウアーやアドルノ、ティリッヒ、トーマス・マンなど、よく知られた、もしくはある程度知られた思想家になっているが、拡散の実態をより知るには、当時は著名であっても今日では知られていないような人物にも目配りをする必要があろう。

また本書はこれらの思想家を問題史的観点から取り上げた。断片を取り上げたといってもよい。例えば第一章「ウェーバーの政治思想」、第二章「シュミットの政治思想」といった章立てではなく、「保守と革命」とか「政治イメージの両極化」、「現実像」といった「問題」を前面に出し、その問題に取り組んだ思想家の理論的考察を取り上げることにした。そのためシュミットやベンヤミンなど何人かはいくつかの章にまたがって登場してくることにもなった。さらに思想家の著作をできるだけ内在的に取り上げた。あたりまえのことと思われるかもしれないが、意外とその種の本は少ない。「現代政治思想」に類した書物をみると、ウェーバーなら「プロテスタンティズムの倫理」と「資本主義」の関連を分析した、シュミットであれば「政治的なもの」を「友敵概念」に求めた、といった結論部分が簡単に紹介されるにとどまっている場合が多い。そこで本書は、結論を紹介する以上に、思想家が「問題」をどのように設定し、どのように掘り下げていったかという思索のプロセスを示すことが重要ではないかと考えた。思想史的位置づけや思想的継承関係に関心をもつ思想史というよりも、思想家の思想的営みに重点をおく叙述になったのはそのためである。

また本書では、ゆるやかにではあるが、自然主義から始まって新即物主義に至る精神史的なワンサイクルに注目している。「自然主義」というリアリズムを出発点として「新即物主義」というリアリズムに至るワンサイクルである。本書が主な対象とする世紀転換期から一九二〇年代という時期は、経験の崩壊が自覚されたと同時に、「モデルネの意識」が展開されるひとつのサイクルであった。問題史的考察という観点に立つ限り、その問題圏が展開される幅のようなものがあり、その一方の端にまで展開されてワンサイクルは終わるわけである。といって歴史はまったく同じことの反復から成り立っているわけでもなく、サイクルの出発地帯と到達地帯は似てはいるものの同じものではない。その間の経験が多少とも蓄積されているからである。自然主義は新即物主義と同じではない。問題圏は論者の関心次第で「啓蒙主義とロマン主義」や「保護貿易と自由貿易」など、いろいろな問題圏を設定できる。

本書では右に述べた芸術様式の展開という問題圏のほか、〈開くことと閉じることの弁証法〉という問題圏も設定してある。開くと閉じるは拡散と凝縮と言い換えていいかもしれない。本書の軸のひとつになる「ブルジョアジーの思想」（第四章）はグローバル化に行き着く典型的な「開く」意識に立脚しているものの、同時に「閉じて」もいることは第一部で触れている通りである。例えば民主主義は政治の担い手を一部の特権階級から国民の全体へと「開いて」いくが、同時に国民として「閉じた」のである。〈開く〉〈開かれる〉、〈閉じる〉〈閉じられる〉は多分に主観的な受けとめ方であり、社会のどの部分がどのような意味で〈開いた〉と思ったのか、あるいは〈閉じた〉と思ったかが重要である。ナチもまたある意味で国民の意識を〈開く〉と同時に〈閉じた〉のである（第一九章）。

近代化とは一般にすべてを流動化していくことによって〈開く〉効果をもつわけだが、開くことによって生まれた隙間から社会的に上昇した人びとは、流動化に便乗したおのれの地位を閉じようとするし、その流れにさらされ従来の結合態を解体され社会的に没落の危機を感じた人びとは、しばしば従来の結合態を回復しようとし再び閉じようとする。閉じるとは安定的空間を求めることである。多くの「空間論」でいわれるように、空間には支える機能がある。安定的な私の空間は誰にも必要なのである。「時間」と「空間」の観点から現代の政治思想をみていくのは重要な視点であるように思われる。

かなりのヴォリュームの本になってしまった。本書は基本的に各章ごとの問題史的叙述になっているので、最初から最後まで一貫した論理的展開がなされているわけではない。章ごとに断片世界を描き出すことをめざしているので、すべてを読まねばならないということはなく、関心のある個所だけを読むというのもひとつの読み方かもしれない。なお巻末の二つの章で補論として、第二次大戦後の「ドイツ零年」を経た思想的営為について若干検討を試みている。題して「崩壊のあと」である。

第一部　市民層の社会意識

現代思想の前提

本書はドイツの市民層に焦点を当て、かれらに胚胎した現代的意識や現代思想の一断面を取り上げる。現代の社会や政治意識、政治思想を中心にするつもりだが、それでも狭義の政治思想の範囲を超えた叙述も多い。その意味で政治文化に傾斜した政治思想講義ということになるかも知れない。

第一章では主としてマックス・ウェーバーの研究に依りつつ、近代形成期の市民層の社会意識に宗教倫理のサイドからアプローチし、先進国イギリスの社会＝宗教意識に対し規定的だったカルヴァン派の「始まりの意識」とその後の変貌について、そしてこれとの対比で後発国ドイツの社会＝宗教意識に対し規定的だったルター派の特徴を紹介した。変貌の過程において市民層の意識はブルジョアジーの意識へと変わっていく。それは資本制社会の形成過程であると同時に、ルカーチ的に言えば「生活における倫理の優位」が失われていく過程でもある。

近代社会の形成を社会階級の対抗関係から見ると、市民階級が貴族階級を次第に圧倒していく過程にあたる。その意味で貴族階級と市民階級の相互関係に着目したのが第二章である。ここでは、貴族の宮廷社会がイニシアティブを握り、市民階級の上層部を含めた社交世界を作り出し、それが国民文化に規定的役割を果たしたフランスとの対比で、上流の貴族や中下層の民衆と社会的に切り離されていた「教養市民層」の知識人が国民文化の形成に規定的役割を果したドイツとが、対比される。ただしそれはドイツにおいて市民階級が強力だったことを意味せず、むしろ逆であった。この章では主としてノルベルト・エリアスの研究に依りつつ叙述をすすめたい。

第三章では市民層の社会意識をその社交形式のなかから読み取ろうとした。貴族の宮廷社会とも下層民衆の居酒屋とも区別される、市民階級に好まれた社交形態として、ドイツにおけるカフェ、サロン、結社について、英仏と対照しつつ論じた。市民層と言っても生活様式や社会的利害は一枚岩でなく、多様な利害から成り立っている。資本制社会の形成とともに、次第に市民階級からブルジョアジーが社会経済的に突出していく。

そのブルジョアジーの社会意識を、都市形成＝都市改造、百貨店、帝国主義をキーワードに検討したのが第四章である。ブルジョアジーの都市形成については主としてカール・ショースキーのウィーン論に、ブルジョアジーと百貨店については主としてヴァルター・ベンヤミンのいわゆる「パッサージュ」論に、帝国主義とブルジョアジーについては主としてアレントの「全体主義」論に即して論じた。

第五章はロマン主義の思想を近代保守主義との関連で説明した。ロマン主義は貴族にも支持されるが、主として市民層の思想であるという意味で取り上げた。同じく市民層の思想であると言ってよい自由主義、民主主義については本書では特に一章を設けて取り上げてはいない。ドイツに即した説明は少なくなっているが、第二部の伏線となる章でもある。

第一章　「資本主義の精神」とルター派

第二次大戦直後、大塚久雄がしきりに「近代化の人間的基礎」を取り上げる論文を発表していた時の問題意識を一言でいえば、「近代の思想」と「近代をつくり出す思想」は別である、ということだろう。戦後の出発点にあたってこの日本に近代的な人間関係に基づく社会をつくりだしていこうとした時、近代思想と近代をつくり出す精神とを区別して後者に着目したのは、大塚の慧眼であった。すでにでき上がっている近代社会を理論化した思想よりも、課題としての近代社会をつくりだすだけの力をもった思想の方が、大塚にとって重要であった。

だがそうであるにしても、「思想」それ自体に特定の社会をつくり出す力などあるのか。実際の行動へ、実践へ駆り立てる力をもつ思想などあるのだろうか。思想それ自体に必ずしも実践的勧告は含まれないし、そもそも実践的勧告を行ったからといって、人びとが実践へと駆り立てられるわけではない。このような大塚の問題意識に応える思想家がマックス・ウェーバーであり、とりわけその『プロテスタンティズムの倫理と資本主義の精神』（以下『資本主義の精神』と略記する）において展開された「エートス」論は大塚の問題関心に合致した。

人びとを行動に駆り立てることができるためには、人びとの切実な関心や欲求に触れ合うところがなければならない。そういうものとしてまず考えられるのは、人生の根本問題と経済的利害であろう。ここで「人生の根本問題」というのはおのれの人生はどうあるべきか、これからどのような人生が見込まれるかといったような問題である。切実な関心や欲求とはいえ時代によってイメージされる内容は異なるが、伝統的な共同体における場合、昔から継承されてきたこうした問題への答えや教えに、さほど疑問を感じることなくつきしたがっていたものと思われる。共同体的秩序が従来とは異なる新しい生産関係によってようやく軋みを見せ始め、人びとが旧来の秩序から多少とも距離をとるようになってはじめて、普段は忘れられ無意識の層に沈殿していた「人生の根本問題」が問題として意識に上るようになる。

「人生の根本問題」に権威ある答えを与えてきたのは伝統的に宗教であった。宗教による人間の意識の捕縛力の弱まった「世俗化」した今日とは違って、近代社会の形成期にあっては宗教が日常生活に関与する度合いははるかに大きく、宗教が宗教用語によって人びとの「人生の根本問題」に権威ある解釈を提供していた。しかしこのようなことが言えるとしても、もう一つの主要な関心事であるはずの経済的利害について、宗教は人びとの関心や欲求に応えるだけのことを語っていたのだろうか、という疑問が残る。

1　ウェーバーにおける「問題の所在」

マックス・ウェーバー（一八六四―一九二〇）は近代社会形成期における勤労民衆層の「人生の根本問題」と経済的利害とのいずれにもに応えるような宗教思想に着目をし、とりわけカルヴィニズムをルター主義と比較しながら取り上げている。ウェーバーは人びとを実践へと駆り立てる力を「実践的起動力」と呼び、そうした「実践的起動力」をもつ思想の倫理的性格を「エートス」というギリシャ語で表現している。本章の観点からすると、ウェーバーの議論は、市民層の思想の変遷を「エートス」の側面から歴史社会学的に解明したものであり、近代形成期の市民層の「エートス」に焦点をあて、それがブルジョアジーの「エートス」に変貌していく過程に着目している、と言っていいだろう。本章で取り上げるウェーバーの『資本主義の精神』は元来一九〇四年から〇五年にかけて学術雑誌に掲載された論文であり、後に大幅な改訂を経てかれの『宗教社会学論文集』（一九二〇）に収録されている。本章では『論文集』に依っている。

『資本主義の精神』の大筋を述べるならば、「資本主義の精神」は、①近代形成期の勤労生産者層にとって宗教的救済が切実な「人生の根本問題」であったこと（前提）、②救済欲求それ自体は、そのために妻子さえ見捨てる（例えばピューリタン文学の代表作バニヤンの『天路歴程』）、ある意味で非常に利己的な、特殊性に絡め取られた欲求である（自我意識の質の問題）、③そこに「予言」が――大塚は、より高い合理的な倫理的「力」と言い換えている――介在して彼らの自我意識に働きかけ、④その結果、生産者層の救済欲求は単なる特殊性の世界から離脱して、倫理的で合理的な「エートス」のなかに組み込まれ、⑤そうしてそういうものとして「現世の呪術からの解放」という「普遍史的過程」に参与することになる、という議論を、ウェーバーは展開しているように思われる。

　大筋の説明なので、もう少し補足が必要であろう。まずウェーバーの分析方法に触れておきたい。『資本主義の精神』においてウェーバーは、カルヴィニズムに典型的に見られる、宗教的救済欲求に由来する「世俗内的禁欲」という生活態度が、やがて「資本主義の精神」に変貌し、遂には「資本主義精神」にまで成り変るという、精神史的なワンサイクルを描いている。最初に、勤労民衆の宗教意識、つまり〈始まりの意識〉を描き出し、その意識とカルヴィニズムの宗教的教えとの絡み合いの中から生まれる生活態度を「世俗内的禁欲」へと概念構成する。ここで問題の〈原初的条件〉が設定されたわけである。ウェーバーはこの始まりの態度である「世俗内的禁欲」の歴史的な変質に関心を寄せ、変貌した結果である「資本主義精神」と、そこに至る過渡期とを段階的に区別する。その上で表題にもあるようにウェーバーが特に関心を寄せているのは過渡期の「資本主義の精神」であった。

また「資本主義の精神」が第二段階で、「資本主義精神」が第三段階であるという言い方は誤解を招きやすい。ウェーバーはこの二つの概念を区別しているのに、両者を同一視されるという「誤読」に不満を漏らしているが、誤解されやすい用語を用いているところにも問題はある。もっとも「資本主義の精神」と「資本主義精神」という用語はドイツ語の表記では日本語訳よりは区別の分かりやすい表現になっている。「資本主義の精神」は der Geist des Kapitalismus であるのに対し、「資本主義精神」は kapitalistischer Geist となっている。前者においては名詞の「資本主義」と「精神」とが2格の des によって結び付けられた表現になっているが、後者においては「資本主義の」「資本主義的な」「資本家的な」といった意味の形容詞が「精神」という名詞を形容する表現になっている。

今日の西欧諸国において人びとの日常生活に対する宗教の影響はかなり限られたものになっているが、それでも理論はもとより、思想よりも宗教の方が人間をより全体的で根本的に捕捉する力をもっているのが通例である。ウェーバーがサイクルの始まりとしての〈始まりの意識〉を問題にするのは封建的な共同体的秩序が崩壊過程にあるが、まだ新しい秩序ははっきりした姿を現していないような近代形成期の発端にあたる時代である。宗教改革の運動が盛り上がりをみせ、激しい宗教戦争があり、ピューリタン革命とも呼ばれる出来事もあった、そのように宗教が人びとや社会に多大な影響をもっていた時期に焦点を当てている。当時勤労民衆にとって、すなわち中産的生産者層にとって、「魂の救済」が切実な関心事になっていた。あるいは以前から「魂の救済」はある程度切実であったかもしれないが、この時期にとりわけ切実な問題として浮上したということが重要である。伝統的な共同体的秩序が安定している時期には、共同体内部のおのれの位置や労働について特に疑問に思うこともないが、新しい生産関係の発達によって共同体的秩序が軋みを見せ始めるようになると、従来は疑問を感じていなかった共同体における自分の仕事の意味や、そもそも共同体的秩序の正当性そのものまでが、疑われるようになる。こんなことをしていいのかという不安は、宗教的にいえば魂の救済の問題であった。

この問題に関する宗教上の教えとしては「予定説」と呼ばれる教説がよく知られている。人びとが魂の救済に与かれるかどうかはすでに神によって予定され、決定されているという教説で、マルティン・ルターにもジャン・カルヴァンにもみられる考えである。ただしウェーバーは「資本主義の精神」の形成にあずかって力のあったのはカルヴィニズムの方であったと考えているので、ここではウェーバーの議論の道筋を追うために、まずカルヴァン派に焦点を当て、次いで後段においてルター派について、並びにルター派とカルヴァン派の違いについて触れるという順序で叙述する。

カルヴァンが最初に「予定説」を本格的に展開したのは『キリスト教綱要』第三版（一五四三年）においてであったし、さらにそれが中心的位置を占めるようになったのは彼の死後のことであった。

カルヴァンの思想において「予定説」が核心をなす部分にあたるのかどうかといった神学的問題にウェーバーは立ち入らない。『資本主義の精神』の問題意識にとって本質的に重要なカルヴァンの教えとしての「予定説」に着目する。カルヴァンの「予定説」において神の絶対性の思想が極端なところまで高められている。神は絶対的に自由であり、人間の意図、願望をはるかに超えた存在である。人間は神の意志を推し量ることはできないし、神はいかなる人間的規範に服するものでもない。人間のために神が存在するのではなく、神のために人間は存在するにすぎない。

魂の救済のために、おのれの社会的地位は役にたたないし、免罪符のごときは一片の価値もない。それどころか善行をいくら積んでも救済される保証にはならない。行為よりも信仰が大事と説いたのはルターであったが、篤き信仰でさえ神はいささかも気にもとめない。神と被造物である人間とは深淵に隔てられ、絶対的に断絶しているのである。このように神の絶対性が強調されるだけでなく、絶対的に自由な神が人間の魂の救済を含めた人間の運命についてすでに永遠の昔から決定していることも強調される。このような絶対者＝神に直面すると、あらゆる人間的意味づけの体系である文化は一切の意味を剥奪され、混沌の前に立たされる。本書のキーワードの一つを用いれば、〈ゼロ状況〉という例外状況がそこに生まれる。

混沌の前に立った信徒は従来の生活意識から切断された新しい生活態度をうみだしやすい。魂の救済を求める信徒がカルヴァンの教えを真剣に受け止めた場合、そこにどのような生活態度が生まれてくるのか、ウェーバーはこれを検討し、「世俗内的禁欲」へと概念構成する。「世俗内的」というのは修道院という世俗の外での禁欲に対して、世俗の真っただ中で、すなわち、日常生活、とりわけ職業労働において発揮される禁欲的な行動様式を意味している。ウェーバーは神の絶対性という恐るべき

「非人間的な」教説が信徒に与える影響をつぎのように解釈する。求める「魂の救済」が与えられるか否かはすでに永遠の昔から、あらかじめ定められているのだとすれば、自分は「救済」の方に定められた人間でありたいと思うと同時に、「救済」に定められていると信じられるような確証が欲しいと思うようになる。カルヴァン派信徒にとってすべてはこの一点にかかっていた。では救済の確証に関してカルヴィニズムはどう語っていたのか。

　ウェーバーはカルヴァン派信徒に生まれる「内面的孤独化」の感情に着目する。「魂の救済」をめぐっては教会も牧師も、家族も仕事仲間も助けにはならない。聖礼典も宗教的儀式も役にはたたない。それればかりか神でさえもこの問題に関しては何も助けにはならないのである。この「内面的孤立化」を民衆的規模で経験したかどうかは、近代的個人主義の性格を決定づけるだけでなく、各国の「国民性」の宗教的基盤をも決定する。カルヴァン派の場合、神との交わりは徹底した「内面的孤立化」という独特な雰囲気のなかでおこなわれた。その例としてウェーバーはバニヤンの『天路歴程』（一六七八、八四）をあげている。主人公の「クリスチャン」は「滅亡の町」に住んでいると気づいたときどういう態度をとったか。かれは一刻の猶予もなしに天国への巡礼の旅に出るべく、とりすがる妻子を振り捨て「生命を、永遠の生命を」と叫びながら去って行ってしまう。この世の生活のあらゆる利害関心よりも「来世」の方が重要であるだけでなく一層確実であった当時の時代の雰囲気を、バニヤンは見事に描き出した。

　こうした雰囲気のなかで「はたして自分は救われる側に選ばれているのか」、どうしたら「選び」の確信を得られるだろうかという疑問が生じてくる。ウェーバーによれば、カルヴァン派の場合牧会上の実践として主に二つの勧告がなされた。一つは、自分は選ばれているのだと考えて、あらゆる疑惑を「悪魔の誘惑」として斥ける、というものである。そう確信できないとすれば、それは信仰が不足しているためであるとされた。断固たる自己確信をもつ、これが第一の勧告である。もう一つは、そのような自己確信を獲得するために有効な手段として「不断の職業労働」がきびしく教えられた。世俗の内部において職業労働にひたすら邁進することによって、あるいは職業労働にひたすら邁進できることによって、救われているのだろうかとの疑惑は追放することができたし、救われているという確信もまた与えられた。職業労働に邁進することがおのれの魂の救済の確証になるという思想がカルヴァン派の思想の新しさであり、また画期的なところでもあった、とウェーバーは繰り返し強調している。

2　カルヴァン派、ルター派、カソリック

このようなカルヴァン派の特徴はルター派、並びにカソリックの場合と比較すると、より鮮明になり、その「世俗」における「禁欲的」性格も、より具体的に把握できる。ウェーバーにとってこの比較は、カソリックのフランス、カルヴァン派（ピューリタニズム）のイギリス、そしてルター派の影響が強かったドイツの「国民性」を比較することでもあった。

ルター派の神観念にはカルヴァン派と著しく違っているところがある。ルター派が最高の宗教的体験として追求したのは「神との神秘的合一」という状態であり、この考え方はドイツ神秘主義の系譜をひいている。ここで求められているのは「信仰者の霊魂に神性が現実に入り込む」という感覚である。カルヴァン派において神と人間（信仰者）が絶対的に隔絶していたのに対し、ルター派において

神は人間にまで降りてくるだけでなく、人間の魂に入り込んでくることさえある。したがってルター派の信仰は信者の感情や気分によって知ることができるが、カルヴァン派においては、感情や気分は不確かなものでしかなく、あくまでも信仰は客観的な「働き」によって確証されなければならない。ルター派の場合、自分を神の「容器」と感じる傾向があったのに対し、カルヴァン派は神の「道具」と自覚する傾向があった。カルヴァン派の信徒は「神の道具」として「救いの確信」を自ら造りださねばならなかった。いかなる瞬間においても自分は選ばれているのか捨てられているのかが深刻な問題となり、この「人生問題」を前にして絶えざる「組織的な自己審査」が要求された。それはカソリック的な善行を積み上げていくことによって接近するという救済観とも著しく相違していた。

ウェーバーは「世俗内的禁欲」の誕生についてつぎのように総括している。

> カルヴィニズムはその発展の過程で或る積極的なものを、つまり、世俗的職業生活において信仰を確証することが必要だとの思想を（ルターの考えに――引用者）つけ加えた。そして、これによって、宗教的に生きようとする人々の一層広範な層に禁欲への積極的な刺激をあたえ、その倫理の基礎に予定説がおかれる、（『資本主義の精神』）

ことになった。もちろんカルヴィニズムには精神史的系譜があった。西洋の中世において修道士の禁欲的生活はすでに著しく合理化されており、「自然の地位」を克服し、人間を「非合理的な衝動の力と現世および自然への依存から引き離し」て、意志の支配のもとにおき、おのれの行為を「不断の自己審査と倫理的意義の熟慮」のもとにおくことを目的とするという点で、カルヴァン派の先駆者であった。カルヴァン派の「禁欲の目標」は、

> 意識的な、覚醒しかつ明敏な生活をなしうるということであり、無軌道な本能的享楽を絶滅す

ることが当面の課題であって、その信奉者たちの生活態度を秩序あるものにすることが、もっとも重要な手段となった。（同右）

この点ではカソリックの修道士もカルヴァン派信徒も共通していた。「禁欲」のもつ「全人格の組織的な把握」こそが、現世にうちかっていく強大な力の源泉であり、ルター派にはこうした禁欲の「方法的生活」が欠けていたのである。

カソリック修道士とカルヴァン派との相違は、なによりもカルヴァン派の場合、禁欲が純粋に「世俗内的」なものに作りかえられた点にある。修道士においてとかく軽視されがちであった「世俗内的道徳の過小評価」を最初に取り除いたのはルターであったが、世俗的職業生活において「信仰を確証する」ため生活を方法的に組織化しえたのはカルヴァンであった。したがってカルヴァン派において、この世の楽しみは、感覚的文化を含めて一切が禁欲的生活の阻害要因とされ峻拒されたのに対し、ルター派の教理において、神から与えられた恩恵は、一旦失われても再び懺悔によって取り戻せるとされていたので、倫理的生活を合理的に形成する動機が弱体であった。

3　「資本主義の精神」——過渡期の精神

カルヴァン派に見られる「世俗内的禁欲」をカソリックやルター派との比較で検討した。これまでの説明は『プロテスタンティズムの倫理と資本主義の精神』の「プロテスタンティズムの倫理」に関係するものである。次に、始まりの意識にあたる「世俗内的禁欲」という生活態度が歴史的発展なかで実践されることによってどのように変容していくのか、その変容の過程にウェーバーは焦点を当て、純粋に宗教的動機に基づいて生まれた生活態度が職業労働を行なうなかで変質し、「資本主義の精神」と呼ぶべき生活態度に変わっていく過程を分析している。「資本主義の精神」は過渡期の精神だから、もはや純粋に「プロテスタンティズムの倫理」の実現態ではないが、かといって第三段階にあたる今日風の「資本主義精神」にもなってはいないという、「もはや…でない」と「まだ…ない」の二面性を帯びた動態的で過渡的な時期に対応する精神である。これに対し「資本主義精神」とは、今日われわれが目の前にしている資本主義に適合的な精神で、宗教倫理とのつながりも切れて、他人など蹴落としても構わず、合理的に営利を追求するような態度を意味している。

さて「資本主義の精神」の特徴はさしあたり次の三点にまとめられよう。

(1)「世俗内的禁欲」の外的継承

第一に「資本主義の精神」は、それを外的にみるとプロテスタンティズム、とりわけカルヴァン派の倫理が生み出す生活態度である「世俗内的禁欲」を、ほぼ継承しているといってよい。ウェーバーにおいて「世俗内的禁欲」、「資本主義の精神」、「資本主義精神」とはそれぞれ概念としては明確に区別されているが、それでも同じ世俗化過程の、それぞれ「始まり」、「過渡期」、「末期」としてそれぞれ概念構成されているので、カルヴァン派の倫理が生み出したそれぞれの生活態度を外的にだけみると、きわめて似かよった相貌を呈することになる。「世俗内的禁欲」の外的行動様式はカルヴァン派の倫理に適合的であるだけでなく、「資本主義の精神」とも、それどころか「資本主義精神」とさえ適合的であるようにみえる。「世俗内的禁欲」は右の三つの段階において、少なくとも外面的には変わることなく継承されているが、そのおかれている文脈がそれぞれ違っている。今日の世界で、もはや宗教的動機を失ってしまっており、経済的営利追求だけに邁進する資本家もしくは経営者層は、動機はどうであれ、「禁欲的」にふるまわないと激しい経済競争から脱落してしまう。その意味で今日の資本家らも外的には「世俗内的禁欲」の態度を継承している。

また「資本主義の精神」が過渡期の精神だという場合、実際には過渡期といってもかなりの時間的な幅があり、その初期と末期では世俗化の度合いが違うので、過渡期の間を通して「世俗内的禁欲」がみられるといえるにしても、それを支える宗教倫理の力がそのまま同じだったわけではない。

（2）宗教的脈絡から経済的脈絡へ

カルヴァン派の倫理において「世俗内的禁欲」は、自分自身の魂が救済へと予定されていることを確証するための倫理的実践という意味づけをあたえられ、宗教的脈絡に位置づけられていた。しかし世俗化の進展とともに「世俗内的禁欲」は元来もっていた宗教的意味づけを次第に失い、宗教的脈絡から次第に経済的脈絡へ移動していく。この過程を通して始まりの「世俗内的禁欲」は、一方で封建的で伝統主義的な態度を克服すると同時に、他方ではみずから意図することなく資本主義形成に力をかすことになる。主観的意図と客観的帰結にずれが生じるという現象を解明するのは、ウェーバーの社会学において重要な役割を与えられた課題である。

つまり宗教的動機それ自体は、経済的法則性の世界と直接関係してはいないものの、資本主義形成期の生産と流通の社会関係にあっては、もともと宗教的意味づけを与えられていた倫理的実践（世俗内的禁欲）も、結果的には、過酷な経済的生存競争のなかで没落を回避し、資本を蓄積していくための経済的行為であるという意味をもたざるをえない。この意味で「資本主義の精神」において宗教的動機と経済的動機とは逆説的に結びついているということもできる。

ただし重要なことは、「資本主義の精神」においてこの二つの動機が共存しているとはいっても、すでに明らかに経済的動機の方が優位になりつつある時点での共存である、ということである。「資本主義の精神」にあっては、宗教的価値を実現するための合理的行為というよりも、経済活動における合目的性の追求という性格が優位になりつつあり、経済生活の「経営化」（合理化）を促進することになる。ウェーバーが「資本主義の精神」を古典的に表現していると位置づけているフランクリンの「処世訓」に、その点は明らかなはずである。*

＊「はずである」とややもってまわった言い方をしたのは、ウェーバーが挙げているフランクリンの処世訓は、宗教的動機と経済的動機の相克と結合とが適切に表現された文章とは必ずしも思えないからである。先ほど過渡期には時間的幅が大きくあると述べたこととの関連でいえば、フランクリンの処世訓は「資本主義精神」にかなり近い時点での「資本主義の精神」であり、それだけ宗教的動機は薄らいでいる。典型的な「資本主義の精神」というからにはもう少し宗教的雰囲気をたたえていてもよさそうなものである。がしかし、ここではウェーバーのいうところに従おう。

（3）倫理の内容としての営利追求

フランクリンの処世訓では特に、「時は貨幣である」ということ、「信用は貨幣であること」、「貨幣は生来繁殖力と結実力をもつ」、つまり貨幣は貨幣を生み蓄積できるということ、「勤勉」や「質素」、「時間の正確と公平を守る」ことが「成功するために必要である」、といった点が指摘されている。ウェーバーの適切な要約によれば、ここで推奨されているのは、信用のできる正直な人という理想であり、とりわけ自己の資本を増加させることを自己目的と考えるのが人間の責務であるという思想である。ウェーバーはここに単なる処世術以上のもの、つまり独自な倫理に支えられた「エートス」が表現されているとみなし、この「エートス」こそが、独立の中産的生産者層、つまり市民層に担われた近代資本主義の形成過程において重要な役割を果たした、ととらえている。ウェーバーは倫理を志向する生活態度、つまり「エートス」に焦点を当てている。「生活様式」「心的態度」「倫理的態度」なども言い換えられる「エートス」の特徴は、まず人間の生活諸領域全体にかかわり、そのいずれの領域にもあらわれてくるという点に、次いで「エートス」は内面的なものであれ外面的なものであれ、人間のもっている切実な問題関心に働きかけ、人間を行動へと駆り立てるもの、そういう意味での倫理としての性格を持っている点にある。フランクリンの処世訓にあらわれているのはこのような意味での「エートス」なのだが、そこには「エートス」一般ではなく、「資本主義の精神」という特定の歴史的性格をもった「エートス」が表明されている、というのである。

またフランクリンの処世訓において、営利追求は単純に自己目的化されてはおらず、特定の倫理と独特なかたちで結びついている。「資本主義の精神」は営利欲そのものと同じではないが、しかし営利欲や営利追求を不可欠の要因としている。フランクリンの処世訓は明らかに営利を志向した功利的な傾向をもっており、そこでは正直、時間の正確な遵守、勤勉、質素といった徳目が有益性の観点から善徳であると評価されている。

しかしそれでも「資本主義の精神」と聞いて、まず営利欲や営利追求を思い浮かべるとすれば、ウェーバーの真意に沿うことにはならない。「資本主義の精神」にはその基本的契機として営利欲が含まれているが、営利欲自体は人間に生来の欲望が経済活動の領域にあらわれ出たものであり、その意味では「自然的欲望」だから、特に近代資本主義に固有のものではなく、それ以前にもいたるところにみられた。中国の官人や古代ローマの貴族、あるいは近世の農業経営地主の貪欲さは比較を絶している、とウェーバーはいっている。それゆえ「資本主義の精神」の中核は営利欲とは別のところに求められねばならない。

「資本主義の精神」の構成要因としての営利欲は人間に生来の非歴史的な欲望ではなく、歴史的に形成された特定の倫理と結びついている営利欲であり、営利欲それ自体がもっている自然性とはむしろ対立している。というのも、自然の事態としての営利欲は倫理とある独特な結びつき方をすることによって、本来もっていた自然性を打ち破られ、質的に別のものに変容しているからである。倫理と営利欲は単に共存しているだけでなく、深いところで結びついている。「営業道徳」という場合にも、倫理と営利欲は結びついているが、営利欲の方が倫理に意味づけを与えているので、実質的には営利のための倫理というかたちの結びつきでしかない。「資本主義の精神」においては、倫理の方が営利欲に意味づけを与えるかたちで両者は結びついており、しかもその場合倫理が営利欲を抑圧することなく、かえって「伝統主義」から、およびその根底にある共同体から解放するような、そういうかたちで結びついている。したがってそこでは営利追求それ自体が結果的に倫理の内容になっているのである。

一体なぜそのような結びつきが可能なのだろうか。ウェーバーがプロテスタンティズムの倫理と資本主義の関連を論じたとだけ考えると、とかく宗教倫理によって経済活動を抑制したり抑圧したと主張していると思われがちなだけに、この点には注意しておきたい。重要なのは、倫理や営利欲といっても、「伝統主義」における場合と「資本主義の精神」における場合とでは質的に性格が違う、ということである。ひとくちに倫理といっても実際にはさまざまな性格の倫理があり、なかには「伝統主義」と親縁性をもつ倫理もある。昔から続いている伝来の「家」が絶対的価値になっているような倫理、あるいは共同体の枠内に閉じ込められているような倫理がある。そこでは共同体の仲間内にあっては倫理的に行動する人間がひとたび共同体の外に出ると倫理などおかまいなしに利己的にふるまうといった、「対内倫理」と「対外倫理」の分裂がみられる。これに対しウェーバーのいう「資本主義の精神」における倫理は、「伝統主義」の場合のように時と場合によっては規範としての意味をもたないというようなことはなく、いつどこでも、また誰に対しても要求されるという、その意味で普遍主義的な、したがって形式的な性格をもっている。それは共同体、あるいは「伝統主義」の枠をこえており、この倫理によって意味づけられた営利欲もその枠に制約されることなく解放されることになる。強調していうなら、過渡期だからこそ「資本主義の精神」において宗教的動機と経済的動機という二つの「人生の根本問題」がともに生きており、しかも互いに互いを生かすようなかたちで結びついていたのである。

4　近代的個人と職業義務の観念、ルター派

（1）　近代的個人主義の誕生

以上ウェーバーに即して紹介してきた議論を、共同体と近代的個人の観点から読み直してみよう。一旦ウェーバーから離れ、やや抽象的な議論になる。個人主義は主義とはいうものの、思想というほどの体系性や凝集性をもたない社会思潮のようなものだが、西欧における自由主義思想や民主主義思

想において前提されているという意味で重要な社会意識である。当然のこととして前提されている事情は、自明であるためとくに触れられていない場合が多いので注意する必要がある。近代個人主義の形成に際してもウェーバーのいうカルヴァン派の「エートス」が関連しているので、本章において是非取り上げておきたい。

個体の意識の担い手とか個々の身体の担い手という意味での個人はもちろん歴史とともに古いが、近代的個人というにはそれ以上の規定が必要になる。近代的個人との対比で考えられる前近代的個人とは、社会経済史的にいえば、共同体とともにある、共同体と不可分の個人である。当時は共同体を出てしまうと生きていくのも容易ではなく、遍歴に身をやつすか、「賤民」になるおそれがあった。封建制の経済的基盤をなす共同体の解体のなかから、近代社会とそれを支える近代的個人が生まれてくる。近代以前の個人の基礎は共同体にあり、個人の実質は共同体によって与えられていたといってよい。

個人の意識の覚醒、近代的個人の成立は共同体の解体に対応している。共同体の解体期が同時にまた近代社会の形成期、近代的個人の形成期にあたる。従来の秩序は崩壊しつつあるものの、新しい秩序はまだ必ずしも明確な形では形成されていないような中間的時期において、近代的個人は成長していく。それはまた古い秩序を支えている社会的勢力と、新しい秩序を形成しつつある社会的勢力とが相争い、新しい社会的勢力が優位になろうとしている時期のことでもあった。こうした過渡期に個人主義的意識の担い手となれる人間は、古い、共同体的秩序が失われても、人間的に、並びに経済的にやっていけるだけの力をもっている人たち、その力を発揮するうえで共同体的秩序が足枷になっているような勢力である。それが社会的に上昇しつつある中小の独立生産者層であったことはいうまでもない。

いま少し個人主義について触れておこう。近代の形成期、つまり封建制から資本制への移行期に台頭する個人主義には二重の役割が期待されている。まず共同体的秩序を解体する役割の経済力である。単に近代的人間であるというだけではなく、古い社会、共同体的秩序を解体するだけの経済的力をもっていなければならないのである。しかし古い秩序を解体したからと言って、そこから自動的に近代社会が生まれてくるわけではない。そこで次に必要とされるのは、古い共同体的秩序を解体する力をもつと同時に、崩壊した結果、解放されたエネルギーを、近代社会を形成する方向に組織する力をも持った人間である。解体すると同時に近代へと組織する、二重の力が当時の新しい社会の担い手に期待されていたわけである。

とすれば、先ほど共同体的秩序がなくてもやっていける条件として経済的な力を挙げたが、それだけでは十分でないことがわかる。経済力をもっているというだけでは、必ずしも共同体的秩序を持続的に解体し、そこから解放されたエネルギーを、近代社会を形成する方向に組織していくことはできないからである。こうした文脈において近代思想そのものであるというより、近代を形成する思想、ウェーバー的にいえば近代を形成する力をもった「エートス」（精神的力）が問題とされる。

次に以上の論述を先ほど述べた営利欲との関連でみておきたい。新しい秩序に立脚していく経済的勢力にとって、共同体という枠組みは、おのれの営利追求に際して障害と感じられるようになっていた。共同体的秩序を前提とする限り、共同体を超えた営利追求はできない。共同体の枠組みが崩れると、営利追求のエネルギーは大幅に解放され、共同体を遠く超えた営利活動が可能になる。ただし営利欲それ自体は「自然的欲望」である。「自然」であるとは社会的にも政治的にもニュートラルであるということだ。共同体から解放された営利欲、営利追求もそれ自体はニュートラルである。すなわち、近代社会を形成する方向に加担する場合もあれば、逆の場合もある。

営利欲と近代社会の関係については研究史上「解放説」と「禁欲説」という二つの学説がある。その名称が与える印象とは違って、どちらの学説も移行期に事実として営利欲が大幅に解放されたことは認めている。見解の相違はその先にある。解放された営利欲はそれ自体近代社会を生み出す力をもっているのか否かで、「解放説」はもっているとみなし「禁欲説」の方は、営利欲は解放されただけでは近代社会を形成することはできず、そこに「世俗内的禁欲」が関与しなければならない、と考えるわけである。「解放説」の代表者がブレンターノやゾンバルトであり、「禁欲説」の代表者がウェーバーやトレルチであった。無制約な欲望の解放は決して近代社会を形成しないというのがウェーバーの学説である。共同体という外枠から営利欲を解放することが生産力の発展のためには不可欠である。しかし営利欲それ自身のみではこの外枠を突き破ることはできない。営利欲を大幅に解放すると同時に、解放された営利欲を近代社会形成へと方向づける力をもった〈なにものか〉が必要とされる。それが「プロテスタンティズムの倫理」、とりわけカルヴァン派の宗教倫理であった。ここで再びウェーバーの議論にもどる。

(2)「職業義務」の観念

ウェーバーが引用しているフランクリンの文章では、ひたむきな「貨幣獲得の努力」が推奨されている。先に述べた「営利欲」が貨幣獲得の努力として具体化されているわけである。問題となるのは、フランクリンがどのような考えを基礎にして貨幣獲得を奨励しているか、である。われわれの日常感覚によれば、貨幣を獲得するのは、日々の生活の糧をえるためであったり、生活をより快適にするためであったり、幸福のためであったりするのが普通である。だがウェーバーにいわせれば、事実はまったく逆であって、「資本主義の精神」にあっては、「幸福」とか「快適」「快楽」といったような「世俗的」立場は厳しく斥けられている。ということは、今日ごく真っ当に思われる「世俗的」な立場からすれば、「資本主義の精神」にみられるような「貨幣獲得」の努力は「非合理的」な情熱に駆られたものとしか思えないはずである。

念のため確認しておくと、ここで「非合理的」であるといえるのは、自分の立場を「合理的」であると考える場合に限ってのことであって、「資本主義の精神」それ自体が元来「非合理的」だというわけではない。今日からみると「非合理的」にみえる「資本主義の精神」にしても、その「精神」をもつ人の究極の価値理念にてらしてみれば、「合理的」だということができる。そうした意味で今日の生活環境、倫理的風潮からは到底理解できないと思えるに違いないが、資本主義形成期のイギリスやオランダのプロテスタントにあっては、「自然」の事態を倒錯したような態度の方が倫理的生活の基調をなしていたのだということを、ウェーバーは強調している。

ウェーバーはあくまで事態を歴史社会学的にとらえている。過渡期の精神である「資本主義の精神」にみられるような、ひたむきに貨幣獲得に向けて生活全体を方法的に組織化するような態度は、今しがた述べたように、近代資本主義が勝利をおさめた今日の時点からみて「非合理的」に思えるだけでなく、「資本主義以前」の人びとにとっても、「道徳外的」な、理解しがたい態度であった。ウェーバーによれば、不断に貨幣を獲得していくことそれ自体が自己目的であり、人間の義務なのだという理解、すなわち「使命としての職業」なのだという理解は、特定の歴史的時期に、特定の地域に限られて発展した考え方であり、むしろ他のどの時代の道徳感情とも相容れなかったのである。

そこで次に問題となるのは、従来は「道徳に外れている」とみなされていた「ひたむきな貨幣獲得の努力」、つまり利潤追求の行為は、一体なぜ、どのようにして正当化されるにいたったのか、その際の正当化根拠は今日的な、「世俗的」で「幸福主義」的立場に求められないとすれば、どこに求められるのか、である。ウェーバーは正当化の根拠を「職業義務」の観念に求めているが、かれの立論からすれば、さらにその背後に宗教的観念があり、そうしたものとしてルターとカルヴァンの思想が分析されているのは、すでに示唆した通りである。客観的に見れば営利を追求する経済行為でしかないような職業労働でも、当人の主観的意識に即してみれば、「使命」もしくは倫理的義務の遂行として自覚されているような場合、そこに「職業義務」の観念が働いているといえる。

この観念は資本主義経済組織と適合的な関係にある。今日われわれにとって、この組織はあらかじめ与えられている巨大な既成の秩序であり、われわれはいわば運命的にそのなかに入っていかざるをえないが、この外枠は人びとにある種の規範を強制し、それを受け入れない人を失業者として街頭に放り出す。今日資本主義はこの経済的淘汰によって、みずからに相応しい経済主体である、企業家と労働者を不断に創出している。しかし、資本主義に適合的な生活態度や職業観が淘汰によって勝利をえるようになるには、あらかじめそういう観念や態度が成立していることが必要である。こうして「職業義務」の観念の宗教的由来が問題になる。

職業を意味するドイツ語の「ベルーフ（Beruf）」は元来「神に召命された」という意味を持っており、それが世俗的職業の意味で用いられるようになったのは、聖書の翻訳に、しかも聖書をドイツ語に翻訳したルターの精神に由来している。ルター以前には、「ベルーフ」という言葉は宗教的意味合いで用いられていたにすぎなかったが、ルターの新しい用語法は急速に普及し、一六世紀に他の宗派はいうに及ばず、宗教外部の領域にまで流通するようになった。しかしウェーバーによれば、ルターの新しさは、ただ単に「ベルーフ」の用語法にあるのではなく、世俗の内にあって職業労働に励むことを道徳的に最も意義あるものとして重視したことにあった。

5　ルター派の「エートス」とドイツ

(1)　ルターと伝統主義

もっともルターは当初から職業労働を重視していたわけではなく、宗教改革の利害闘争、思想闘争の過程で職業労働の意義を強調するようになった。元来ルターの職業労働観には二つの側面があった。まず、与えられた職業は「神の摂理」であるという伝統主義的職業観があった。ウェーバーによると、聖書を公平に読む限り、職業について聖書は伝統主義的理解に立っていたので、ルターがこうした理解を示していたこと自体に特に問題はない。しかしルターの場合は、「神の摂理」だから人はそれを甘受するほかないという順応的立場に傾斜し、宗教改革の過程で職業は神から与えられた「使命」であるというもう一つの側面は退化していった。また、ルターが世俗内の職業労働に道徳的意味づけを与えたからといって、かれが「資本主義の精神」と親縁関係に立っていたというわけでもない。ルターがフランクリンの文章を読むことができたら、多分激しく非難しただろう、とウェーバーは強調している。実際ルターの資本主義観が著しくたちおくれていたことは、高利貸や利子取得一般を非難するかれの語り口にもあらわれている。

こうして「資本主義の精神」の中心にある「職業義務」の思想は元来ルターの職業観に由来するわけだが、それでもルターの思想が「伝統主義的色彩」を色濃くもっていたため、宗教倫理の生活実践への影響という問題関心からすると、ルターにおける職業思想は積極的な意味をもたなかった。この意味で積極的な意義を有するカルヴァン並びにカルヴィニズムがウェーバーの研究の中心に位置するのは当然だが、ドイツの社会意識という観点からみると、カルヴァンよりもルター、並びにルター派の影響が大きかったといえる。本章の最後にこの問題を取り上げたい。

(2)　エートスとしてのルター派の特徴

ウェーバーがカルヴァン派との対比でルター派の「エートス」を特徴づけていることは先にも触れておいた。まず専門的叙述のなかに散りばめられたウェーバーの印象論的記述を紹介しておきたい。ウェーバーはルター派諸侯と比べて改革派諸侯の「倫理的水準の高さ」に言及した後で、しばしば、

> イギリス系アメリカ人の生活の雰囲気が――人々の容貌にいたるまで――今日でもなお、あの「自然の地位」にともなう無邪気さの徹底的な克服ということの影響下にあるのに対比して、ドイツ人が「心暖かさ」、「自然さ」を人々に感じさせること（『資本主義の精神』）

を、ルター派にみられる生活態度への禁欲の浸透不足に由来するものと説明している。ドイツ人の美点といわれることもある素朴さや「心暖かさ（ゲミュートリヒカイト）」は、ウェーバーにとってむしろ克服すべき特質であって、イギリス人やイギリス系アメリカ人の最良の部分にみられる「抑制した自己統御」こそが育成されるべき良好な資質であり、それを身につけることこそが「人格」への教育

であった。これに対しルター派にあっては「本能的行為や素朴な感情生活」の活力が野放しにされているとまではいわないにしても、馴致されることはなく、カルヴァン派のような、そうした活力を職業労働において持続的に組織化する禁欲的態度が弱かった。神学者ハルナック宛の書簡では、「わがドイツ国民は厳格な禁欲の訓練をいまだかつて、またどのような形においてであれ、受けたことがない。……私がドイツ国民について（自分自身についてと同様）嫌悪すべきあらゆる点の源泉はそこにあります」、と述べているほどである。

そうした理解の上にたって、ウェーバーはルター派の「エートス」の特徴を次の三点に要約している。第一に、もともとルター派は神秘主義と親縁性があったこともあって、「外面的活動」の積極的な評価が欠けており、さらにまた魂の救済は信仰のみによるというルターの思想もあって、カルヴァン派的な「禁欲的自己訓練」の傾向を「行為主義」である、と危険視しており、行為よりも内面に向かおうとする傾向をもっていた。第二に、これも神秘主義に関連するわけだが、カルヴァン派と違って神は人間の世界からの超越性が弱く、たとえば「恩恵は」一旦失われても「悔い改め」によっていつでも「取戻し」が可能であるとされており、倫理的生活を向上させる動機づけが弱かった。その点に関連して第三に、生活に対する信仰の捕縛力＝把握力が弱く、したがって信仰の社会的影響力も弱体であった。ルター派において「律法」なり「規則」が重視されていたとしても、「信仰」に基礎づけられて重視されていたわけではなく、したがって信徒の世俗における態度は信仰とは無縁な世俗の論理に支配されがちであった。この点はルター派内部の改革運動として登場し、ある程度の禁欲生活をもたらした、一七世紀末から展開されたシュペーナー、フランケ、ツィンツェンドルフらのドイツ敬虔主義によっても基本的には変更されることはなかった。

そうしてウェーバーは、こうした特徴がドイツ民族の政治的運命及び生活関係の全面に大きな影響を及ぼすようになった、と言っている。後にナチス体制を体験したヘルムート・プレスナー（一八九二―一九八五）も『遅れてきた国民』のなかで、啓蒙主義的国家理念の弱体さと領邦教会制と結びついたルター派の優位に、近現代ドイツの根本問題を見いだすことになるが、本章では、ドイツにおいてもっとも定着していたルター派の「エートス」を確認することにとどめたい。

第二章　「文明化」と「文化」——市民層と貴族

一九世紀後半、ドイツが統一された頃から一九三〇年頃までは、ドイツ学問の黄金時代といっていい時期であった。少なくとも、医学、工学、法学、経済学、歴史学、哲学といった学問で世界の最先端を行っていたのはドイツである。遅れて国家的統一を成し遂げたドイツが急速に世界の強国にのしあがっていくうえで、発達した学問が重要な役割を果たしたことはいうまでもない。博士を生み出す場、学問の拠点は大学であった。近代以降のドイツを代表する思想家の多くは、カント、フィヒテ、ヘーゲルにしても、ニーチェ、ウェーバーにしても、フッサール、ハイデガー、シュミットなどにしても教授であった。可能であったらマルクスもベンヤミンも教授になっていたろう。このようにいくつかの例を挙げただけでも、ドイツにおける大学の地位は他国と比べて著しく高いように思われる。今日では忘れられがちだが、一九世紀後半から一九三〇年代にかけての五〇年前後、〈学問におけるドイツ時代〉とでも言うべき時代がまちがいなく存在していた。少なくとも近代以降のドイツは思想と哲学の国、博士と教授の国といわれる場合が多い。*

＊　以前一九九〇年頃ドイツでテレビ番組を見ていたときのことである。天気予報の番組で、日本の同種の番組の「お天気のお姉さん」（当時はよくこういわれた）にあたる女性が予報をしていたが、驚いたことに画面下に女性の名前が「〇〇博士」

と表示されていた。日本では一般に肩書きとして「博士」を用いることはめったにないが、ドイツでは学位を持っていれば、それを表示するのが日常的なのだ。大学教員宛の郵便物には「プロフェッサー・ドクター〇〇様」と記載するのが普通である。日本人の感覚からすれば「教授博士様」というのは過剰な肩書きと思えるが、ドイツではそうでない。それだけ博士という資格、肩書きがドイツにおいて重みがあるということなのだろう。

近代化に並行して国民文化、もしくは国民性が形成される過程において、大学という場が、すなわち、大学出の知識階層、特に大学教授が大きな役割を果たしているということ、そのことが国民文化の、したがってドイツ思想の特質を決める上でいかに重要な意味をもっているのか、この問題にノルベルト・エリアス（一八九七―一九九〇）は『文明化の過程』『宮廷社会』『ドイツ人』といった著作で取り組んだ。

1　「文明化」と「文化」の概念

「文明化」とは先進国の自己意識の表現であり、「文化」とは後発国の自己意識の表現であるというのが、エリアスの最初の主張である。「文明化」とはまずヨーロッパの非ヨーロッパに対する自己意識の表現であり、ついでヨーロッパ内部における先進国の自己意識を表現する言葉であった。近世以降のヨーロッパにおいてイギリスとフランスが常に「文明化」の意識を代表しており、だからこそ両国において「文明社会論」が、アダム・スミスやデイヴィット・ヒュームらによって、そしてまたアレクシ・ド・トックヴィルやフランソア・ギゾーらによって展開されたわけである。これに対し「文化」概念の方はヨーロッパ内部の後進国の自己意識として、とりわけドイツにおいて、一八世紀後半以降に用いられるようになった。ドイツにおいて「文明社会論」は有力な議論になっていない。

今でこそドイツは先進国の代表的な国の一つと思われているが、近世においては長らく後進国の地位に甘んじていた。思想史家アイザイア・バーリンは、長年にわたるドイツの文化的停滞を強調している。ドイツにルネサンスはなかったという自説を披瀝したあと、バーリンは、その頃のドイツは、フランスのような「群を抜いた国民」ではなかっただけでなく、スペイン、イギリス、イタリアのような「第一級の国民」でもなく、オランダやポーランドにも「劣って」いた、と述べ、イタリア・ルネサンス盛期の一五〇〇年頃には、ドイツにもデューラーやグリューネヴァルトのような「すぐれた画家」がいたのに、一六〇〇年頃の時点で、フランスのモンテーニュやラブレー、イギリスのシェークスピア、ベーコン、スペインのセルバンテス、ベラスケス、イタリアのガリレオ、ジョルダーノ・ブルーノに比肩しうるような人物が一体ドイツにいたといえるのか、と挑発的な発言をしている。それぞれの国がその頃に範とすべき古典文学をもったのに対し、ドイツにおける古典時代はかなり遅れて一八世紀から一九世紀への転換期、ゲーテやシラーの時代にやってきたが、まだ国民的統一には程遠い状態にあった。

陸続きの隣国ドイツを見下していた先進国フランスに対するドイツ人の「屈辱感」が「文化」概念の生まれる心理的前提であった。後進国の先進国に対する意識は三つの段階をたどって「文化」意識にたどり着く。出発点となる第一段階には、先進国に対する「劣等感」があり、第二段階になると先進国を「模倣」し、そうして第三段階には「模倣」に対する「反乱」が生じ、この第三段階において「文化」意識が生まれる。なぜ他国の文化を模倣し、その猿真似をしなければならないのか、われわれにには自分たちに固有の「文化」があるではないか、という自己意識が誕生する。そのような意識の最初のあらわれが、一八世紀のドイツ敬虔主義と呼ばれる宗教的、精神的な覚醒運動である。バーリンは宗教用語で語られている敬虔主義の意識を次のようにパラフレーズしている。

フランス人には、彼らの絵画、音楽、建築、それから聖職者たちがサロンで貴婦人と交わす優雅な会話をやらせておけばよろしい。それらすべては社会の垢のようなもので、価値がない。むしろ軽蔑すべきものだ。本当に大事なのは魂だけ、人間と神の関係、人間と自分自身の関係だけであって、それ以外には何も重要ではない。内なる精神、個人の心の深み、内面性——それだけが実在のものなのだ。（『ある思想史家の回想』）

『文明化の過程』においてエリアスが焦点をあてているのは、ドイツが長い沈滞の時期からようやく目覚め、敬虔主義を経て文化的に活性化を開始した一七六〇年頃から一八三〇年頃にいたる時期、ドイツの国民文化が形成された時期にあたる。当時ドイツにとって先進国と意識されたのはイギリスとフランス、特に隣国フランスであった。エリアスはドイツの国民文化の形成過程をフランスの場合と比較することによって、ドイツの文明化の過程の特徴を明らかにする。

さて先にも触れたように、「文明化」とか「文明化されている」というのはヨーロッパの自己意識を表現している。文明化されている「われわれ」と「文明化されていない」、あるいは「文明化以前」の「かれら」が対比され、自分たちの優越性が意識され、確認される。時間的、歴史的軸に即して言えば、ここ二、三〇〇年のヨーロッパが「文明化」されており、これに対し、それ以前のヨーロッパ、あるいは非ヨーロッパのもっと「未開の」社会よりも進化し、優越していると自覚された。

この際確認すべきことは、ヨーロッパ内部の先進国フランスは「文明化」という点でドイツに優越していると意識するが、ドイツも、より「未開の」と意識する国、地域に対しては「文明化」の担い手として自己の優越性を意識するということである。[*] つまり、「文明化」はヨーロッパの自己意識の表現ではあるが、「文明化」という言葉の意味は、ヨーロッパのさまざまな国にとって決して同じではない。ここではフランスとドイツを比較しよう。

＊　ドイツ人が仏英ではなく、遅れたとみなされた他のヨーロッパ国民や、アジア人、例えば日本人に接した場合には「文明化」が自国民のプライドを表現する言葉になりうる。この場合、ドイツ人はドイツ人であると同時に、ヨーロッパ人の自己意識をもって日本人に接しているわけである。一八八〇年代にドイツに留学した森鷗外はドイツ語の能力がきわめて優秀で「文明化」をめぐってドイツ人のナウマン博士と論争をしているが、このとき、ナウマンは鷗外＝日本人に対し、「文明化」の名のもとに語っている。

エリアスによれば、フランス語の「文明化」は自国民の一種のプライドを表現するものでもある。ヨーロッパの、あるいは人類の進歩に対して自国民のもっている積極的な意義についての誇りが、「文明化」という言葉に込められている。これに対しドイツの場合は少し違っている。「文明化」はたしかにある種「有益なもの」を意味してはいるが、それ自体は「二流の価値」をもっているにすぎない。バーリンの「敬虔主義論」にもみられたように、ドイツにおいて「文明化」は人間の「外面」「表面」だけに関係する言葉であると理解された。その意味で「文明化」はドイツ人のプライドを十分に表現する言葉にはならない。バーリンもいうように、事実問題としても当時からみて「ここ二、三〇〇年の文明化の過程」にドイツ人は積極的には関わっていなかった。

では、ドイツ人のプライドを表現する言葉、自己意識を表現する上で「文明化」よりもっと適切な言葉はないのか？　そうした要請に応えられるのがまさに「文化」という言葉であった。日本語に訳すと同じ「文化」となるが、英語の culture（カルチャー）とドイツ語の **Kultur**（クルトゥア）とでは違いがある。意味上対応する言葉であっても、国によってその言葉の重みやニュアンスは違っている。ドイツ人にとって「クルトゥア」とは、英語以上におのれのアイデンティティの基礎にあるきわめて重要なもの、重い意味をもつ言葉なのだが、英語において「カルチャー」とはそれほど重たいものではなく、せいぜいのところアイデンティティの背景となるものである。「クルトゥア」とはしばしば言語化しにくいものであり、特に音楽はそれを表現するものとしてドイツにおいてはことのほか重視されている。*

＊　中村世軏氏のエッセイを読んだ記憶がある。モスクワ交響楽団がハンブルクを訪れ、ベートーヴェンの演奏をした時のことが書かれていた。当時その種の演奏が流行っていたのかもしれないが、非常に軽いタッチでベートーヴェンを演奏した、というのである。終った後指揮者がお辞儀をし、聴衆の拍手を受けて演奏会は終るはずだった。ところがハンブルクのドイツ人聴衆は一切の拍手を拒んだ。誰もが自国民の、あるいは、おのれのアイデンティティが侮辱されたと思ったのである。気まずい沈黙が続いた。指揮者が当惑して引き下がろうとしたそのとき、誰かが靴で床を踏み鳴らしだした。そうして瞬く間に聴衆がこぞって床を叩きだした、というのである（『プレジデント』、一九九〇年九月）。このエピソードはドイツ人にとって音楽＝文化の持つ重みを証言しているように思われる。また近代ドイツの市民階級の教養において音楽教育がいかに重要な意味をもったかについては宮本直美の『教養の歴史社会学――ドイツ市民社会と音楽』（岩波書店）が詳しい。社会文化史的にはなによりも山西龍郎『音のアルカディア――角笛の鳴り響くところ』（ありな書房）を逸せない。

ドイツは二〇世紀の二度の大戦でいずれも敗戦国になったが、第一次大戦の時と第二次大戦のときでは、「文化」意識のありかたがまるで違っていた。第一次大戦で敗北したとはいえ、自国が戦場となって荒らされたわけではない。それに諸事情が重なって「敗北」したとはいえ、軍事的、政治的な敗北であって、思想的、文化的には決して敗北していないという意識や議論は広範に存在していた。意識的、無意識的の如何を問わず、一九二〇年代ドイツの思想文化は戦勝国に対する思想戦、文化戦という意味合いを多少ともももつことになり、それは当然政治的敗北を心理的に埋め合わせるものになった。戦勝国が近代を代表する先進国であった以上、その思想戦は近代批判という意味も含まざるをえない。ワイマール・ドイツの「文化的多産性」（生松敬三）にはそのような動機にも根ざすところがあった。現在からワイマール・ドイツの思想文化をみると、近代批判の宝庫のようにもみえる理由はこの辺にある。これに対し第二次大戦の敗北は軍事的政治的意味での壊滅的敗北であると同時に、再起不能なまでの文化的敗北としても受けとめられた。史上例のないほどの組織された残虐な体制を築き上げたナチズムはドイツ人のアイデンティティを大きく傷つけ、文化概念にも深刻な影響を与えずにはおかなかった。

さてこのあたりで、もう少し詳しく「文明化」と「文化」の意味内容に触れておこう。ドイツ語の「文化」はすぐれて人間の「業績」を意味するのに対し、「文明化」は成し遂げられた業績も意味するが、それ以上に人間の「態度」「振舞い」に関係する言葉である。「文明化」は人間の態度―振舞いを問題にし、しかも「洗練された」態度―振舞いをあらわし、そこから派生して人間の言葉遣い、社交形式、衣服の着こなしといった社会的特質を表現する。したがって「文明化」は民族間の、あるいは国民間の相違を重視せず、すべての人間に共通するものを強調する。

これは先進国の意識に対応している。先進国は民族・国民の相違を重視しない、あるいはむしろそうした違いが目に入りにくい。「文明化」の概念において、民族・国民の相違はある程度まで後退している、というのが正確かもしれない。先進国はとかく、他国も遅れてではあるが、やがて自国と同じような発展をたどるであろうし、またたどるべきである、と考えがちである。それはドイツだけの問題ではない。たとえば比較的最近でも時間的ずれを伴って、日本や中国も「先進国」のそのような視線にさらされてきた。一方クルトゥア＝文化というドイツ語は民族・国民の相違を、つまりは集団の独自性を重視し、強調する。その意味でこの文化概念は民族学や人類学において多用されている。

では一体なぜこのような違いが生まれたのだろうか。「文化」概念は、先進国にはるかに遅れて政治的な統一と安定に達した民族・国民の意識に対応している。例えば日本の明治維新とほぼ同時期に政治的統一を達成したイタリアであり、ドイツである。イタリアと違って宗教的にもカソリックとプロテスタンティズムに分裂しているドイツの場合、問題はより複雑であった。概して後進国は多数の小邦に分裂し、領土も幾度か変更になるという不安定な状態が長く続いた。ポーランドの国歌は素晴らしいメロディーを含む名曲だが、「ポーランドは滅びず」という歌詞で始まっている。ドイツ人やポーランド人にとって「ドイツとは何か」、「ポーランドとは何か」が常に切実な問題であった。先進国は絶えず政治的に進出し、自分たちの発展こそ普遍的モデルであると考えて、その文化を強要してくるので、後発国において「われわれの特性は何か」が繰り返し問題とされ、民族・国民的特性を擁護する「文化」概念に依拠した抵抗がおこなわれる。これに対し数世紀前にすでに政治的安定を確保した先進国のイギリスやフランスにおいて、もはや「イギリスとは何か」「フランスとは何か」はほとんど論議の主題にはなっていない、とエリアスはいっている。

2　「文明化」と「文化」の社会的基礎

ドイツの場合、「文明化」に対するアンティテーゼとしての「文化」概念は一八世紀後半から一九世紀前半にかけて「教養市民層」によって提出された、というのがエリアスの第二の主張である。「教養市民層」というのはドイツ特有の概念である、といわれている。実質的にこの概念に含まれる人びとは他国にもいるが、かれらが「教養市民層」としてくくられるのはドイツ特有のものといってよい。具体的にいうと教養市民層、つまりBildungsbuergertumとは大学教育を受けた経済的にも身分的にも恵まれたひとたちを指し、まだ作家の少なかった当時において圧倒的に官吏、教授、牧師、といった職業の人たちから構成されていた。

「市民」とは元来第三身分ともいわれていた。ドイツ語で言えば市民とはBürger、つまり城壁＝Burgの内部に住む人を指していた。中世都市*は壁で囲まれ、周囲から隔離された空間であり、そこに住み市民権をもった人が市民であった。通常、農民はもちろんのこと、聖職者や貴族は城壁の外に住んでおり、彼らと区別された城壁内の（市民権をもった）住人が市民だったのであり、具体的には小売商人や手工業者たちであった。都市というと日本ではまず行政的概念として観念されやすいが、ヨーロッパの中世都市は市民たちが領主たちから権力を奪い取って成立した自治都市が多かった。マックス・ウェーバーのいう「誓約共同体としての都市」である。数百年後かれらの系譜のなかから「教養市民層」と呼ばれる人たちも生まれてくる。

＊　中世都市については基本文献だけでも数えきれない。世界的規模での都市の類型学、中世都市の位置づけについては、ウェーバー『都市の類型学』（創文社）、その研究書として田中豊治『ウェーバー都市論の研究』（岩波書店）、また、より一般的な研究としてエーディト・エネン『ヨーロッパ都市文化の創造』（知泉書館）を挙げておきたい。なおレーヴィット『ヨーロッパのニヒリズム』（筑摩書房）、増田四郎『西欧市民意識の形成』（講談社）、同『ヨーロッパとは何か』（岩波書店）も参照。ただし一九世紀の工業化の過程で都市の壁は、経済発展の「邪魔」であるということでほとんどが撤去された。だが現在でも壁の面影は十分感じることができる。

エリアスが『文明化の過程』の第一部で問題にしている一七六〇年から一八三〇年に至る時期について、本書では市民層を次のように理解し分類しておきたい。

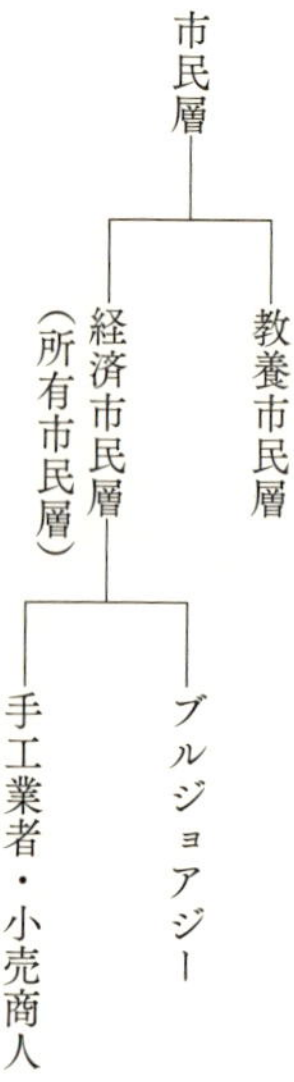

市民層は教養市民層と所有市民層ないし経済市民層に分けられ、経済市民層はさらに社会的上層にあたる企業家、大商人らのブルジョアジーと社会的中下層にあたる手工業者、小売商人らとに分けられる。* 教養市民層はどちらかといえば社会的上層に属する。これらの内部的多様性を含みながら、当時はまだ「教養市民層」も「経済＝所有市民層」も、ブルジョアジーや手工業者も「市民層」としての一体性を保持していた。ドイツに限らず、どの国にも「教養市民層」にあたる人はいるが、ドイツのように独自の階層として強調されることはなかったし、当面の問題に即していえば、ドイツの国民文化を形成する上で大きな役割を果したのが、教養市民層と特定できる人びとだった。特に教養市民層のイデオローグになったのは、牧師や官吏よりも、文章、論文、書物を発表する機会の多い教授、作家たちであった。知識人という言葉を使うとすれば、教授は国家の官僚だから国家依存的な制度的知識人であるのに対し、作家は国家に雇われているわけではないという意味で自由ではあるが、国家に代わって市場の動向に左右される市場依存的知識人であった。

* ヴェルナー・ゾンバルトは『ブルジョワ　近代経済人の精神史』（中央公論社）のなかで「ブルジョワ」を初期資本主義の資本主義的企業家を「古い型のブルジョワ」と呼び、これと新しい型の「ブルジョワ」である「近現代の企業家」とを区別している。セシル・ローズやヴァルター・ラーテナウは後者の「ブルジョワ」にあたる。本書ではゾンバルトの言う新しい型の「ブルジョワ」のみをブルジョアジーと呼んでいる。

一八世紀後半の時点のドイツでは、まだ文化市場（これも厳密には経済市場ではある）は小規模であった。作家は読者がいてこそ収入を得るが、まだ作家を経済的に支えるに足るだけの読者数がなく、書物を買うだけの経済的余裕のある人が少なかった。それだけまだ市民層が貧しかったのである。その意味で、国家に雇われ経済的にも安定している制度的知識人の方が、作家よりも教養市民層のイデオローグとして重要であった。

ところで一般的には、近代において国民国家が形成されたわけだが、国民文化形成に際して、当時の主要な階級間の階級関係がどうであったかが、つまり貴族階級と市民階級の関係がどうであったのかが重要な意味をもっている。先にも述べたようにこの時期は、ドイツが長い停滞の時期から覚醒し、ドイツの思想文化が急速に成長し、かつ活気を呈した時期でもあった。ヘルダー、ゲーテらのシュトルム・ウント・ドランク（疾風怒濤の時代）、カント、フィヒテ、ヘーゲルらのドイツ古典主義哲学、バッハ、モーツァルト、ベートーヴェンらのドイツ古典音楽、シュレーゲル兄弟やノヴァーリスらのドイツ・ロマン主義と呼ばれる諸々の文化運動の開花した時代にあたる。この頃に、ドイツ人の自己意識は「文化」概念へと構成され、「文化」と「文明」との対比という思考を生み出した。ドイツの場合「文化」と「文明」の対立は、さしあたりまず国内における宮廷貴族と市民階級の社会的対立を表現していた。

当時、ドイツの宮廷貴族はどのような状態にあったのか。すでに安定した国内統一を成し遂げて久しいフランスと違って、ドイツはプロイセン、ザクセン、バイエルンといった強力な領邦を含めて二〇〇以上の小邦に分裂していたといわれており、各邦ごとに小さな宮廷社会が散在していたのが通例である。フランスでは首都に強大な宮廷社会が成立しており、特にルイ一四世からルイ一六世に至る時期、ヨーロッパ全体の宮廷社会の模範になっていた。ヨーロッパの宮廷社会はある意味で国家を超えた国家横断的社会をなしており、多くの宮廷貴族は自国の農民や市民に対してよりも、他国の貴族に仲間意識をもっていた。血縁的につながっている場合もあったし、共通の宮廷言語（当時はフランス語）、共通の礼儀作法をもっていたからである。

ドイツの宮廷貴族もドイツ語を使わず、フランス語を用いていただけでなく、ドイツ語を「低級」で「野蛮」な言語、つまり下層階級の言語であるとして蔑視していた。そもそも宮廷の中心人物フリードリヒ大王自身が『ドイツ文学について』（一七八〇）においてそのような価値観を抱き、ドイツ文学は著しく遅れているとみなしていた。エリアスにいわせれば、「大王」の考えは事実認識としても「正しくない」し、あまりにも貴族階級の価値観にどっぷりつかっており、視野が狭かった。一七八〇年前後にはレッシングやゲーテ、シラーの作品はすでに発表されており、それらを愛読する読者層もようやく形成され始めていたのだから、ドイツ語を単純に「野蛮」な言語ということは適切ではない。「大王」がこれらの作品を知らなかったのではないかと疑うよりも、「大王」の価値観では、これら市民的著作家の作品は評価できなかった、と考える方が妥当であろう。いい例がかれのシェークスピア観である。かれは、芝居小屋でドイツ語に翻訳されたシェークスピアの「俗悪な戯曲」が上演され、見物人の好評を博していることに触れ、ドイツ人の「趣味の悪さ」を嘆いている。シェークスピアでさえ否定されているのである。フリードリヒ大王にとって、規範となるのはフランスの古典悲劇であった。シェークスピアの作品は劇作法上のあらゆる規則に反しており、例えば、人足や墓堀人が登場したすぐ後に、君主や王妃が現れるたりするが、「大王」にとってこうした「下賤」と「高貴」を奇妙に混ぜ合わせる方法は何ら人を感動させるものではない。

エリアスはここでの問題点を二つ指摘する。第一に、大王にとって、人足や墓堀人に代表される「民衆」の「粗野な冗談」は楽しめないだけでなく、忌まわしいものであった。第二に、大王は、ヨーロッパ貴族社会の伝統的価値観からして、身分の違いに対する戦いが主題となっている文学作品を理解できないだけでなく、身分の低い人の苦しみや悩みも「偉大さ」や「悲劇性」をもっているということを示そうとした作品は、かれの理解の範囲を超えていた。こうしてシェークスピアとフランスの古典作家を比較して、シェークスピアが民衆的趣味をもっていることを大王はけなしているのに、レッシングは同じ理由でシェークスピアを賞賛しているという事実ほど、当時の貴族階級と市民階級の対立を如実に示している事例はない。総括すれば、ドイツの宮廷社会は単にフランス語で話していただけでなく、ルイ一四世の王室を模倣し、その礼儀作法や価値観を共有していたのだ、といえよう。

こうした宮廷貴族の社会的性格を前提として出現してくる「文化と文明の対立」はドイツ国内の社会的対立、市民層と貴族の対立を反映していた。これがエリアスの第三の主張である。一方でフランス語を話し、フランスの模範に倣って「文明化された」宮廷貴族があり、他方でドイツ語を話す「中流階級の知識層」である教授や文学者が文化意識の担い手になった。エリアスによれば、当時のドイツにおける市民層と宮廷貴族の関係は、次の二つの点で特徴づけられる。第一に、両者を分け隔てる社会的＝身分的壁は高く、両者は強く社会的に分離されていたため、市民層は宮廷生活から排除されていただけでなく、日常生活においても貴族と接することは少なかった。第二に、政府の高官はほとんど貴族に独占されており、市民層は政治活動から締め出され、国の政治的発展に影響力をもたなかった。

このいずれの点においてもイギリスやフランスは違っていた。フランスの場合、市民階級と宮廷貴族を隔てる社会的壁は、比較的早い時期に低くなっており、宮廷社会＝社交界＝上流社会は市民階級の有能な人材を同化＝吸収していた。同様に一部の市民階級は早くから政治と行政に関与し、両階級の社会的接触は密接になっていた。こうしてフランスではすでに一八世紀の時点で、宮廷貴族と上層市民階級の間に、礼儀作法の点で著しい相違はなくなっていただけでなく、同じような本を読み、同じような劇をみるといった具合に、価値意識の面でも共通点が増大していた。

では一体なぜドイツとフランスの間でこのような違いが生まれたのだろうか。エリアスは先進国特有の「拡張主義」に着目する。先進国の植民主義的拡張傾向は対外的にあらわれるだけでなく、国内においても同様の傾向を示し、宮廷的・貴族的風俗は他の階層をこれに同化＝植民化しようとする傾向をもっている。これに対し近世以降ドイツ国内では、さまざまな階層や集団が少ないチャンスを求めて争い、互いに分け隔てあう傾向が強まった。フランスと比べて貴族や市民の生活圏は狭く、豊かさの度合いも低いので、互いを隔てる身分的壁は強化されざるをえなかった。このような市民と貴族の社会的対立から「文明化された」貴族に対する市民の不満や批判が「文化」概念に流れ込んでいった。すでにカントの「世界市民的意図における一般的考察」（一七八四）（『啓蒙とは何か』）に両概念の対立図式はみられる。

エリアスは「教養市民層」をしばしば「中流階層の知識層」と呼んでいる。かれらは市民層の知的文化的な前衛であった。前進志向、上昇志向が強い一方で、貴族の側で築いた社会的壁に強く阻止されていた。とりわけ有名なのは、市民階級の人間としての個人的体験を反映していると思われる、ゲーテの『若きヴェルテルの悩み』に描かれた事例だろう。一方でヴェルテル＝ゲーテは宮廷貴族を外面的な華美さ、格式などに明け暮れていると非難してはいるが、よせばいいのにそうした軽蔑すべき貴族連中の館で催された宴会で出かけていき、屈辱的な体験をする。食事が終って伯爵家の庭を散歩しているヴェルテルは、自分たちのなかに一人の市民（ヴェルテル）がまぎれこんでいるのに不快感を覚え身分的誇りを傷つけられた貴族たちから、出て行くようにと要請される。ここはお前たちの来るところではないというわけだ。館から出たヴェルテルが丘に登ってホメロスを読むというくだりからは、ヴェルテルの誇りと屈辱感が鮮烈に読み取れる。今日なら身分意識も経済力や学歴の力、メディアの力（メディアの世界で有名であること）などによって多少とも相対化されているが、なにせ身分意識が圧倒的だった時代のことである。エリアスが適確に要約しているように、『ヴェルテル』において、一方では宮廷貴族と結びつけられる「浅薄さ」「格式」「外面的雑談」などが、他方において市民と結びつけられた「内面性」「感情の深さ」「書物への沈潜」「個人的人格の形成」などが表現されている。ひとりホメロスを読むというくだりは屈辱感をあらわすと同時に内面性の豊かさを誇示するいわば泣かせどころであるわけだが、この対立をエリアスはさらに大きな文脈に位置づける。

3　宮廷社会と大学

その文脈とは宮廷文化と大学文化の対比であり、これがさらに国民的文脈でフランスの国民文化とドイツの国民文化へと対比される。これがエリアスの第四の主張である。二つの文化の相違は何よりも宮廷貴族と中流階級の知識層の違いに起因するわけだが、具体的にはその礼儀作法や言葉遣いにあらわれてくる。宮廷社会においては細部に至るまで「言葉遣い」や「文体上の決まり」があり、廷臣の文体、廷臣の言葉遣いが、すなわち、良き言葉遣いとは何か、良い文章とは何かが、決められていた。そういうものは市民階級がもっとも嫌うところであった。外面的なものや細かなことにこだわる形式的な作法は、市民層にとって民衆の経験と触れ合うことのない空虚な態度に思われた。後に市民階級自身の態度がこの場合とはまた違った脈絡で、民衆の経験と触れ合うところがないと批判されることになるのは皮肉なことだが、この時点における貴族との対抗関係において民衆に近いのは市民であり、市民自身が民衆であったといってもよい。

宮廷社会からも政治活動からも排除されていた市民層は、おのずと経済活動と精神活動に向かうようになった。前者の市民層が経済市民層であり、後者の市民層が教養市民層、とりわけ教授たちであった。中流階層の知識人にとって精神的拠点になるのは大学であり、大学が宮廷と対抗する中流階層の結集地になった。かれら自身大学の卒業生であり、その一部は大学に職を求め、また一部は芸術家、文学者になった。宮廷の社交や政治活動に求めることができなかった「心のはけ口」を、かれらは精神的業績の達成に、とりわけ学問的、芸術的業績の達成に求めた。宮廷貴族にとって大事なのは業績の達成ではなく、「高貴な振舞い」の形成であった。中流階層の知識人にとって心のはけ口として重要なのは、ドイツ語で「書くということ」「読むということ」であったが、かれらは読書したこと、思索したことを、共に語り合う機会に乏しかった。貴族的社交に対抗する、カフェや自発的結社のような市民的社交の形式が相対的に未発達だったのである。

当時のドイツにおいて中流階層の知識人の存在様式の特徴は何よりもその社会的孤立にあった。既に述べたようにかれらは宮廷社会・宮廷貴族から孤立していただけでなく、さらに二つの意味でも孤立していた。まず第一に、かれらは市民階級内部においても孤立していた。知識人は市民階級の「前衛」だったので、市民階級一般との内面的接点が弱かった。エリアスは「市民という広い後背地」を欠いている、と述べている。貴族が「民衆」の経験と接点がなかったとすれば、それほどではなかったとはいえ、中流の知識人も、自分たちと同じ社会的位置にあり、自分たちと同じような考えを持ち、読者として自分たちを支えてくれるような民衆をもっていなかった。民衆＝市民との接点をもとうとすると、おのれの文化意識を裏切ることにならざるをえなかった。第二に知識人自体が孤立していた。経済的発達が遅れ小邦分立状態だったため、知識人それぞれが小さな領域ごとに分断され、お互いの接触が少なく、日常的会話や意見の交換の機会に恵まれなかっただけでなく、お互いの精神的業績もあまり知らなかった。メディア社会のネットワークがドイツでは未熟であった。* そもそもパリにおけるような知識人の結集度はドイツの諸都市においては望むべくもなかったのである。

＊　エルンスト・ヴァイグル『啓蒙の都市周遊』（岩波書店）、I・ホーフ『啓蒙主義』（平凡社）などに、それぞれが孤立気味とはいえ都市ごとにそれなりに盛り上がりを見せた啓蒙期のドイツ都市文化が活写されている。ちなみにヴァイグルが取り上げているのはベルリン、チューリヒ、ウィーン、ライプチヒ、ハンブルク、ハレなどであるが、ベルリンはドイツ内においてさえ中心地だったわけではない。

こうして中流階層の知識人は三重の意味で孤立していたわけだが、このように孤立した位置は、社会の中にごく限られた場——それが強いて言えば大学になるわけだが——を確保しているというより、社会からも孤立し、「空中に浮かんでいる」感じになる。この浮遊感は立場によりプラスにもマイナスにも評価できるわけで、エリアスの同時代人であるカール・マンハイムは『イデオロギーとユートピア』（一九二九）のなかで、中流階層の知識人を「相対的に社会を自由に浮動する知識人」と呼び、知識人は社会的に強固な根をもっていないという意味では不安定だが、特定の社会的利害にあまりとらわれていないという意味では、より普遍的な立場に接近しやすいと評価した。カントなどに代表されるこの時代のドイツの市民的な知識人がしばしば「世界市民的」＝コスモポリタン的立場に近づいたのは、この文脈で理解することができよう。

ドイツの中流階層の知識人のプライドを基礎づけるものは政治と経済の彼方に、すなわち「純粋に精神的なもの」の領域に、学問や宗教、哲学、芸術といった大学と密接につながっている領域にあった。そこから派生して、ドイツの知識人層には次のような特徴を指摘できる。第一に、「純粋に精神的なもの」と政治経済の領域を画然と分け、前者を特に「文化」とイメージする傾向がある。したがって第二に、政治、経済の領域が視野から抜けおちてしまいがちである。宮廷貴族を批判する際にもこの問題点は露呈し、宮廷貴族の政治的社会的な特権に批判的な視野が及ぶことはなく、宮廷貴族の「人間的振舞い」が批判されるにとどまる。第三に、知識人層において社交的会話ではなく書物が重視されることに対応して、文章語が重視される。フランスではパリの社交界という一つの場所に知識人も結集し、容易に意見交換や会話を享受できたのに対し、ドイツでは相対的に小さい多くの都市しかなく、しかもそれらが社交の中心地として十分には機能せず、知識人は全国に散在していたため、集会、組織、会話も限定されたものにとどまり、市民的社交が発達する条件を欠いていた。強いてあげれば、大学やカフェがごく限られた意味でささやかな社交の場を提供していたにすぎず、こうした条件の下で会話以上に著作に対して重要な意味が与えられるようになった。大規模で優雅な宮廷社会を場として百年以上にわたって磨き上げられ会話や談話が重要なコミュニケーションの手段として発達していたフランスと違って、ドイツの知識人の間の最も重要なコミュニケーション手段は話し言葉よりも、書物、ないしは書物というかたちで表現された統一的文章語であった、とエリアスは結論づける。会話をし社交をするフランスの知識人に対して、著作を物し、書物と内面性を本来の場＝避難所とするドイツの知識人、という対比はこうして生まれてくる。

4　社会的対立から国民的対立へ

宮廷文化が市民層を比較的広範囲に吸収し、そうした意味での宮廷文化が国民文化を形成した英仏と違って、ドイツの場合、宮廷文化と市民文化は分断されており、宮廷社会はフランス語を話し、フランスの宮廷社会の風俗礼儀作法を模倣していたので、ドイツにおいては市民層、とりわけその前衛である知識階層がドイツの国民文化をつくりだす主体になっていった。

この傾向は一九世紀初頭のナポレオンのドイツ侵略以降急速に盛り上がりをみせる。こうしてドイツ市民層とドイツ宮廷貴族の社会的対立の表現であった「文化と文明」の対立は、ドイツ教養市民層の自己意識＝文化がドイツの国民文化へと格上げされることによって、ドイツ国民文化とフランス国民文化の対立を表現するものへと変化していくことになる、というのがエリアスの五番目の基本的な主張である。

一八世紀後半のドイツにおいて、特定の人間的性格の対比が社会的対立を表し、例えば「深さ」「誠実さ」「真の美徳」が「文化」の特性と、「浅薄さ」「偽り」「外面的礼儀」が「文明」の特性とされ、「文化」の担い手がドイツの市民層、「文明」の担い手がドイツの宮廷貴族である、と理解された。しかしフランス革命以降、一方でドイツにおける市民層のより一層の台頭があり、他方でドイツの台頭によるフランスとの対立があった。その結果「文明化」意識の担い手はただちにドイツの宮廷貴族を意味する度合いが低下し、次第にフランスを、時には西欧一般を指すようになり、ナポレオンのドイツ侵攻がこの流れを決定づけた。ドイツの市民層がドイツの第二位の階層から次第にドイツの国民意識の担い手へと成長し、それとともに「文化と文明」という対立命題も国内の社会的対立命題から国民的対立命題に変化していく。今や、「誠実さ」「深さ」といった特質が市民的性質からドイツ的性格へと格上げされ、「うわべを取り繕う礼儀正しさ」が「フランス的性格」である、とされるようになっていく。

一八世紀末から一九世紀初頭にかけて歴史的に形成された「文明化」のフランスと「文化」のドイツという対立図式の背景を、エリアスはほぼ以上のように説明した。こうして出来上がった国民性の原型に関する教養市民層の見方はその後広く受容され、今日でもある程度受け入れられているが、ドイツの側からみるならば、とりわけ両国の対立が深刻化した時に、例えば第一次大戦時に多用され、イデオロギー的役割を果たすことになった。エリアスの取り上げている対象自体は一九世紀への転換期のことではあるが、それを取り上げる視線、評価の仕方に現代的な価値意識がおのずと現れ出ることになる。歴史的理由から一九世紀への転換期に生まれ、第一次大戦では多用されて、今日でもある程度流布している俗説、「ドイツ文化」と「フランス文明」という対比は、決して本来的な対立、民族的、非歴史的な対立なのではなく、特定の歴史的条件の下で生まれてきた対比にすぎないことを、エリアスは明らかにした。本章ではその歴史的条件を、一八世紀後半から一九世紀初頭の時点における先進国と後発国の関係、特に宮廷貴族と市民的知識人との関係においてみてきた。だがこの後、こうした特定の歴史的条件はなくなってしまうわけではないが変貌していかざるをえない。

エリアスのこのような問題意識は同時代において孤立していたわけではなく、他の論者の議論とも無関係ではない。国民性の概念を非歴史的にとらえ民族固有のものととらえるのでない限り、「国民性」の由来を歴史的に説明する試みはなされる。第一章で取り上げたウェーバーの「資本主義の精神」論が宗教倫理の観点から、イギリス、ドイツ、フランス、アメリカなどの国民性を比較検討する試みだったとすれば、エリアスは主導的階級に着目してその社会的存在様式と生活様式の観点から国民性を比較検討した論文だといえよう。ウェーバーとエリアスが論じた問題のその後の展開については第六章で取り上げる。

第三章　市民層の社交形式

前章で述べたように、上流階級の集う宮廷社会からしめ出されていた市民層は、一八世紀後半以降、自分たち独自の社交場、社交形式を求めるようになった。市民の社交場としては、多少とも上からの社交場という性格をもっていたのが、大学や、劇場、美術館などの王立／公立の文化施設であり、これに対し、下からの社交場という性格をもっていたのが、カフェ、サロン、結社などであった。ただしこれらの実態は「上から」の性格と「下から」の性格とが多少とも混在しているのが普通である。大学については前章で少し触れたので、ここでは下からの社交形式について取り上げることにしたい。

統一以前のドイツにおいて、ドイツの市民層／ブルジョアジーはまださほど豊かではなく、英仏と比べて、文化的関心をもった市民層／ブルジョアジーは弱体であった。文化を支える強力で豊かなミドルクラスである市民層が、ドイツには弱体だったため、人民の文化生活の育成はもっぱら領邦国家による上からのイニシアチブでおこなわれていた。教育制度や図書館、劇場の整備、科学や芸術の育成に大きな役割を果したのは、経済市民層であるというより領邦国家であった。領邦国家の担い手は官吏、教授、聖職者たち、つまり貴族と「教養市民層」であった。市民層の社交場といったが、大学にせよ、劇場や美術館にせよ王立、もしくは国立であり、下からの純然たる市民層の社交場というわけではなかった。しかし成立の由来は市民主体でなかったにせよ、一八世紀から一九世紀後半にいたるプロセスで、それらは次第に市民的社交場へと組み換えられていった。

　近代社会の形成期における社交形式は市民的社交形式のほかに、二つのタイプの社交形式があった。上流階級の宮廷的社交形式と下層民の民衆的社交形式がそれである。前者は劇場や舞踏会、サロンなどを場として、後者は居酒屋や市場《いちば》を主たる場としていた。これら三つの社交形式の対抗関係をみておく必要がある。市民的社交形式は上流階級の社交形式と対立していただけでなく、下層民の民衆的社交形式とも対立していた。市民的社交の場としてはカフェがよく知られている。コーヒーを飲むところ、軽食の場、単なるおしゃべりの場所という今日のイメージからすると、カフェが社会文化史的に意味ある文化装置であった、というのは意外に思えるかもしれないが、一時期は市民の〈解放された空間〉という役割を果たしていた。

　カフェは一七世紀にトルコからヨーロッパ諸国に流布したといわれており、カフェという呼び名も定着していったが、一方でコーヒーハウス（イギリス）、コンディトライ（ドイツ）、バール（イタリア）、喫茶店（日本）など各国独自の名称も用いられており、国別時代別にそれぞれ文化的意味合いにニュアンスの相違がある。しかし基本的性格は同一で、機能的にいえばコーヒー、紅茶を中心に軽い飲食物が提供される。後にはアルコール類も提供される場合が多くなる。また読書室やビリヤード場が併設されている場合もある。雑談、暇つぶし、社交や議論の場、情報交換、商談の場、新聞や書物を読む場などとして機能してきた。全盛期には各都市を代表するようなカフェがあり、フローリアン（ヴェネチア）、ツェントラール（ウィーン）、ロマーニッシェス・カフェ（ベルリン）、カフェ・ニューヨーク（ブダペスト）、オデオン（チューリヒ）などは同時に観光名所にさえなっていた。

今日でもカフェは死語になってしまったわけではない。世界中に、もちろん日本でも、カフェは多数存在している。だが〈カフェの時代〉はすでに終っている。カフェという施設が文化的に意味ある空間でありえたのはおおよそのところ一九二〇年代までであった。あるいは第二次大戦後にもう一度郷愁的に「一九二〇年代」を反復したといってよい一九六〇年代を最後とする戦後の一時期までであったように思われる。なぜならば、カフェとはまさしく市民的な文化装置なのであり、市民の生活様式に適合的な社交空間であったから、市民の時代の終わりとともに、カフェの時代は少なくとも全盛期を終える。ドイツの場合もカフェのありかた、営業形式は、カフェの誕生期、全盛期、そしてその余韻がまだいくばくか残っていた本書の対象とする時期である二〇世紀への転換期から一九二〇年代、そして現在を通じてまったく同じだったわけではない。それぞれの時期の市民的な生活様式が必ずしも同じではないからである*。

＊　カフェと聞いて読者が「スターバックス」とか「ドトール」などをイメージするとしたら、間違っているとは言わないまでも、イメージとしてはここで言うカフェとはかなりズレているように思われる。日本に限っても「スターバックス」などは戦前のカフェや戦後の喫茶店とも違っている。実際「スターバックス」やそれに類する店はカフェとも喫茶店とも自称していない。カフェの基本的特徴をほぼ継承しているとはいえ、カフェがあらわしている文化、生活様式と「スターバックス」のあらわしている文化、生活様式は明らかに違っている。

1　市民的社交の場としてのカフェ

カフェの由来については諸説があって正確なところは不明だが、ドイツの作家ヘルマン・ケステンの『カフェの詩人たち』によれば、一七世紀中期にコーヒーが中東からヨーロッパに入り、一七〇〇年頃にはすでにヨーロッパの主要都市にカフェが存在していた。イスタンブールあたりを起点として、ヴェネチアからウィーンへ、あるいはパリ、アムステルダムへと定着していったのであろう。一八世紀と一九世紀がいわばカフェの世紀といってよい時代で、二〇世紀の最初の三分の一位までがその余韻の残る時代であった、といっていいかもしれない。もちろん現在でもカフェやそれに類したものは多数存在しているが、もはや文化世界ないし文化的風景においてかつてほどの意味ある存在でなくなって久しい。

ここでは一七、八世紀を想定しているのだが、初期のカフェは民主的施設であった。カフェは実態に即していえば市民層の社会的交流の、つまり社交の場であったが、原則として万人に〈開放され〉ており、社会的上層の人も下層の人も出入り可能な空間であった。カフェはあらゆる階層、あらゆる種類の人びとが集まる空間として、貴重な新しい場所であり、そこでは人びとは差別されることがないと理解され、その限りで民主的な社会空間であった。カフェにおいて、身分の違いを問わず、あらゆる人に〈開かれた〉社会的空間が提供されたが、従来は街路や広場あるいは教会を別にすれば、そのような社会的空間は存在しなかった。そこに行けば、身分や階級、職業、年齢の違いを越えて、あらゆる人と接触が可能であった。それがひとまずカフェ出現の画期的意義であった。ただし誰でもそこに行けるとはいうものの、カフェは街路とただちに同じではなかった。カフェやクラブ、サロンといった施設、ないし組織は〈開かれた〉空間であると同時に、実は〈閉じられた〉空間でもあった。よく検討してみると、一見〈開かれた〉民主的な社会空間が実質的には客を選別＝排除していることがわかる。上と下との、すなわち貴族と下層民との差別化がなされ、カフェは事実上貴族の宮廷や下層民の居酒屋と区別された市民的な社会空間になっていた。その意味でカフェは、一方で万人に

〈開かれた〉空間でありながら、他面において市民的性格の濃厚な、その意味では〈閉じられて〉もいるという、二面性をもった社会空間であった。これをハーバマスに倣って「市民的公共圏」の二面性ということもできよう（『公共性の構造転換』）。暴力や身分的特権が役にたたない民主的な領域を安定的に確保するための前提条件として、おのずと一定の社交上の約束事が必要になる。誰でも入れるという開放性は宮廷社会の閉鎖性との対抗関係を示す特徴だが、初期のカフェにおいては特に居酒屋との対抗関係が意識されており、「下品」で「乱暴」な居酒屋に対し、「上品さ」や「礼儀正しさ」が客に要求された。肉体的欲求は言うまでもなく、日常の立居振舞いについても節制が、自己抑制が要求され、そこで商売の案件や公共の問題が理性的に議論され、そのような理性的で自己抑制的態度こそが商売上も有益であり、肉体労働にも有益だ、というのである。カフェにおいて特定のマナーが要求され、酔っ払いや「下品」な振舞いは禁止されている場合もあった。カフェという「公共の場」に集う場合に要求される「理性的な」「真面目な」「有益な」と形容される態度は、貴族の宮廷社会や下層民の居酒屋の堕落振りと対比される市民的な徳性と理解されていた。一般に下層民は、街路、市場、広場、民衆向けの芝居小屋、とりわけ居酒屋に「たむろ」していた。カフェにおいて要求される「理性的」態度と無縁な下層民は、「粗野」で「騒がしい」輩である、とイメージされた。これに対し、よく知られているように宮廷社会は高級にして低俗な場であった。宮廷とは社交上の事細かな規則が定められ、優雅に、もしくは豪華な衣装に身を包んだ貴族の集まる場であるという評判の一方で、そこでの馬鹿騒ぎ、退廃については、オペラ作品などからうかがい知ることができるし、特にロココ時代の貴族の「放蕩振り」、男女関係の「乱脈振り」はよく知られている。こうした貴族の実態と、お行儀のよさ、洗練された態度といわれるイメージとのずれが、「高級にして低俗な場」であるといわれる所以であった。

主としてイギリスの場合に即してカフェ（イギリスではコーヒーハウス）を分析したアロン・ホワイトとピーター・ストリブラスの共著『境界侵犯』によれば、一七世紀末から一八世紀前半の市民的社交形式においてカフェが中心的役割を果たしており、全体として、居酒屋に対しカフェが優位になっていく流れが認められる。同書はこの転換過程を、仕事に取りかかる前からビールやワインを飲んで酔っ払うという、居酒屋における非生産的な消費を、生産的な余暇に置き換える流れととらえている。コーヒーは自己抑制に相応しい飲み物であるとされ、カフェは情報交換を含めて生産を促進する空間とみなされていたのである。同じような傾向は後発国ドイツにおいて百年近く遅れてみられるようになった。＊

＊　ベルリンにおけるカフェは一九世紀前半にスイス人やオーストリア人によって本格的に導入されたが、当初は伝統的にコンディトライと呼ばれるお菓子屋に付属した茶房という性格も残り、この時期に由来するヨスティやクランツラーという名のカフェはしばしばお菓子が売りものであった。すでに一八世紀にカフェ文化を確立し、市民の遊技場、社交場としてカフェが定着していたウィーンと比べると、ベルリンにおいてカフェの定着は著しく遅れていた。コンディトライともウィーン風カフェとも異なる、急速に現代化するベルリンのモダンな生活に相応しいカフェが登場するには、二〇世紀への転換期を待たねばならなかった。ドイツ語圏のカフェについて比較的詳しい文献としてW・カイザー『カフェハウスの文化史』（関西大学出版部）がある。

貴族は身分的差異に立脚した存在で、そこに存在理由もあったわけだから、元来カフェのような公共空間において「平民」と場を共有するのは好むところではなかったが、カフェでは自己抑制や理性が強調されることによって、下層階級も実質的には排除されていた。こうしてカフェは、一方で宮廷の社交から、他方では居酒屋や市場におけるお祭り騒ぎとも切り離されたところで繁栄していく。カフェに代表されるような社交形式によって、市民層は確かに宮廷的社交や居酒屋の交流とも異なる新しい社交形式を作り出したが、その結果従来は漠然と一体化していた民衆一般から区分けされ独立することにもなった。ホワイトとストリブラスによれば、市民的社交形式は、民衆文化一般から離脱し、同時にこれを否定的なものとみなし、切り離された民衆を自分たちと異なる下層民として区別することによって確立した。

カフェと同様、劇場や歌劇場も市民的社交場になっていった。新たにそういうものとして建設された場合もあれば、従来の施設が市民的社交の場として再編された場合もあった。従来の芝居小屋においては、まだ民衆芝居と市民的演劇は未分化であった。座席に座って演じられる劇を静かに礼儀正しく、精神を集中して見まもり、筋の展開を追うという鑑賞方法は市民文化の一環として確立した。出し物の最中に粗野な叫び声をあげたり、物を投げあったりと、とかく騒々しかった従来の民衆芝居の観客に対し、より洗練された理性的な観客を想定した市民的演劇の時代である。

同じような傾向は演奏会にも認められる。一八世紀以前には家庭においてはもちろんのこと、居酒屋、劇場、公園、などで行われた演奏会の最中に、おしゃべりしたり遊んだり奇声を発したりするのは日常的な光景であったが、一九世紀前半の「ビーダーマイアー期」に現在普通に行われている演奏形式が定着した（ウィリアム・ウェーバー『音楽と中産階級——演奏会の社会史』）。沈黙して精神を集中し演奏に聴き入るという鑑賞態度である。絵画の鑑賞や読書のスタイルについても同じようなことがいえる。絵画の分野ではこの時期室内が描く対象として発見され、室内画、室内で読書する人が好んで描かれた。シュピッツヴェークやケルスティングの絵画をこの文脈で想起することができよう。ワイマールの王立美術館に所蔵されるケルスティングの室内画には素朴さと沈黙が支配している。またこの時期には読書スタイルも変貌し、個室でひとり黙って本を読むという読書のスタイルが一般化した。

これらいずれの分野においても市民層のエートス、市民的趣向に沿った形への組み換えが行われていたことがわかる。

イギリスでは一八世紀初頭、カフェに代表される市民的社交形式＝「市民的公共圏」がすでにかなり発達していたが、後発国のドイツの場合、当時まだ市民的公共圏を構成する市民的公衆は問題にならなかっただけでなく、一八世紀末になっても市民的社交を行うことのできる経済的にゆたかな公衆はまだ限られていた。一八世紀末の時点で、北ドイツのキール大学の教授はいまだ人びとに「クラブ」や「カフェ」が知られていないことを嘆いているし、南西部のバーデン州の小都市でも「洗練された社交的教養」や「サークル」の欠如が指摘されている。転機となったのは一八世紀から一九世紀への世紀転換期の頃である。その頃から遊歩道での散歩、近郊へのハイキング、スウィミングといった新しい娯楽や、ホームコンサート、ダンスパーティ、カフェやコンサート通いといった市民的社交形式が流布し、一九世紀前半のビーダーマイアー期に開花する。

以上のような経緯をふまえホワイト並びにストリブラスは次のように総括している。文化論としてみれば、カフェの発達とともに、民衆文化や宮廷文化とも区別される第三の文化として市民文化が成立する。市民文化は勤勉で理性的に仕事をする市民というセルフイメージにもとづき、一方で空虚な娯楽に興じる宮廷貴族と差異化を図り、他方で乱暴で下品な民衆との差異化を図っていく、そういう二重性によって特徴づけられる。これを都市論としてみれば、民衆文化に固有の場所としての街路と訣別することによって、つまり街路文化から脱出することよって市民文化を形成した、ということになろう。

これまでの叙述から想像されるように、カフェや結社などの市民的社交形式の発展には一定の前提条件が必要である。一言でいえば、一定程度豊かな市民層が多数生まれ、しかも彼らが集団をなして存在していることである。それが可能な空間は都市、とりわけ大都市をおいてほかにない。そこでは社会生活が一定程度都会化されており、①豊かな市民層が集団で存在し、②広汎な職業上の可能性があり、何よりも③文化伝達の社会的形式や諸機関が、つまりメディア的ネットワークが高度に集中している。高等教育機関、劇場、出版社、新聞社、各種の結社、カフェ・レストラン、遊歩道などの集中である。さまざまな文化を媒介とした社交、それを成り立たせる組織＝施設、それを支える経済と市民、こういうものがあったればこそ、市民的社交形式が、さらには「市民的公共性」（ハーバマス）が開花するようになる。すでに述べたように、ドイツではこのような市民的社交形式が、イギリスやフランスより著しく遅れただけでなく、小さな都市に散在しており、独自の洗練された市民的社交の形成は立ち遅れることになった。ささやかながらビーダーマイアー期に本格的な始まりをみせたカフェなどの市民的社交形式はパリに数十年遅れて二〇世紀への転換期に一挙に開花する。一八世紀にすでに定着していた有名なウィーンのカフェ文化が全面開花したのもこの時期であった。だが全面開花は衰退の始まりでもある。初期のカフェにみられた民主的性格はある意味で当然のものとなり新鮮さを失い、それとともに大衆化、商業化が進展する。市民の社交形式であったカフェも大衆向きに変貌していく。開かれれば開かれるほど、個性の表現としての文化（カフェ文化）は衰退していくのである。

2　サロンの隆盛と衰退

サロンはカフェほど広範に定着したわけでなく、またそこでは貴族も有力なメンバーになっており、必ずしも純然たる市民的社交場ではなかったが、それでも市民的社交形式としての意味合いは大きい。カフェは商業施設としておのれを〈開いて〉いくことによって急速に普及したが、それに比例してその文化的意義も曖昧にならざるをえなかったのに対し、サロンは女主人によって最初からメンバーを選別されていたという意味で〈閉じた〉集団だったから、社会的広がりという意味ではカフェに遠く及ばないものの、その社交形式は逆に濃密さをある程度まで保持することができた。

サロンはフランスにまず定着し、ドイツでは一九世紀への転換期に繁栄した。フランス語で「サロン」という言葉はすでに一六六四年に使われた記録があるようだが、当初は「謁見の間」を意味しており、ドイツ語では最初これを「大広間」と訳していた。一八世紀半ばにサロンは「謁見の間」から支配関係を脱色し、「集会の間」へと機能転換していく。この種のサロンは上流市民層の家にもあったとされている。ペトラ・ドリンガーによれば（『ベルリンサロン』）、文学的集いを意味する用語法はまだ一七、八世紀にはみられず、会話の場、文学サロンの意味を含む社交の場としてサロンという言葉が最初に用いられたといってもいいのは、スタール夫人の小説『コリンナ』（一八〇五）であったという。サロンで食事がふるまわれ、ピアノが演奏されたりしながら、自由な会話を目的とする新しい形式の社交が行われるようになった。当初アルコールや煙草は原則的に禁じられ、理性的な会話が期待されていた。もっともサロンが広く流布した一八四〇年代にもなると初期のサロンの密度が薄れると同時に多様化し、シュティフターによれば（シュティフター編『ウィーンとウィーン人』）、文学サロン以外に「法律サロン、美的サロン、政治サロン、急進サロン、保守サロン、理髪サロン」までがあったらしい。サロンの形骸化を意識してか、ベルリンのサロニエール（サロン主宰者）には「サロン」という言葉を避ける傾向さえあった。だが歴史学的な実態分析に入り込むと限りがないので、ここでは文学サロンに注目しよう。

概して裕福なユダヤ人女性を主宰者とするサロンが多く、ドイツでは特にベルリンで活発な活動がなされた。一九世紀への転換期には、まだ議会も大学もなかったベルリンは、プロイセンの首都ではあったものの、必ずしも知的な意味で先進的な都市とはいえなかったが、そのベルリンに、従来は社会的に隔てられていた異なる身分や階級に属するひとたちが交流できる空間が、裕福な女主人のイニシァチブによって作られたのである。プロイセンの官僚や貴族、ベルリンに住む知識階級や芸術家たちが、ともに集まり、互いの意見交換をしたり、作品を朗読しあったり、音楽の演奏を聴き、ときには人生の問題を語り合うという、従来のドイツには考えられなかった新しい社交が提供され、また実現した。理性的な会話が強調されたとはいえ、サロンは純然たる啓蒙主義的組織ではなく、家父長制的人間関係から解放された男女の新しい出会いの場所でもあり、特定の政治的社会的原則に立脚した結社とは違って、手紙が重視されたりしたことにもあらわれているように（デュルメン『近世の文化と日常生活3』）、親密な生活圏の新たな構築を目指すものでもあった。

サロンの発達の意義は、まず第一に、フランスと違って貴族と市民層が分け隔てられ、互いの交流がなかったドイツにおいて、貴族の文化と市民の文化が触れ合い、相互に浸透するという画期的な事態が生まれた点にあり、したがって第二に、そこでは家父長制的な階層秩序から自由な表現が好まれ、

「自由な主体」が実現された点にある。第二章で紹介したエリアスの議論との関連でも、サロンの隆盛は注目に値する。教養市民層と貴族が主体であったという意味では上流文化の範囲内の出来事であったとはいえ、サロンの登場は画期的であった。フランスのサロンの伝統を継承していたものの単なる模倣以上のものであり、セイラ・ビンハビブはフランスとドイツのサロンを比較して、フランスのサロンが強大な絶対君主のイニシアチブで発達したため、ヒエラルヒーを前提として様式化され、儀式化された作法に縛られていたところがあったのに対し、ドイツにはサロンを助成するような強力な宮廷が存在せず、貴族もまた相対的に弱体であるという条件の下にあったので、礼儀作法にしてもフランスほど窮屈に形式化されておらず、より自発的なものであった、とみなしている（「パーリアとその影　下――ハンナ・アーレントのラーエル・ファルンハーゲン伝記」、『みすず』第四六七号）。

フランス革命以後第一次大戦勃発までがサロンの時代であったとすれば、この間にベルリンには問題とするに足るサロンが九〇ほどあったと言われているが、数あるサロンのなかでもっとも有名だったのが、ベルリン最初のサロンと言ってもよいヘンリエッテ・ヘルツを主宰者とするサロンと、もっとも文化史的意義があったとされるユダヤ人女性ラーエル・ファルンハーゲンを中心とするサロンとであり、それもあってかハンナ・アレントは初期の著作をファルンハーゲン研究（『ラーエル・ファルンハーゲン』）にあてている。これらはいずれもユダヤ人の啓蒙思想家モーゼス・メンデルスゾーンが開拓した精神的思想的な地盤の上に開花したものである。この時期のサロンに出入りしていた人物のうち名前を知られた人を若干挙げれば、フンボルト兄弟やシュレーゲル兄弟、シュライエルマッハー、ハインリヒ・クライスト、クレメンス・ブレンターノ、ジャン・パウルといった人びとがいる。この時代のドイツを席巻した古典主義、シュトルム・ウント・ドランク、ロマン主義がサロンでも有力な思想であったが、本章の市民層の社交形式という観点からすれば、特にシュライエルマッハーが展開した社交の思想が、サロンというゆるやかな文化装置を支えていた考え方として重要である。

シュライエルマッハーの社交論は広く言えば「フンボルトの教養の理念」と一括される、この時代を風靡した教養論の一環をなすものといってよい。宗教論や解釈学的方法で知名度の高いシュライエルマッハーではあるが、家族の生活と経済的な職業生活のいずれにも還元されない独自の領域としての社交という分野の重要性を確立したのもかれである。市民社会とは多様な利害、多様な生活意識に分かれた社会であると同時に、異質な他者をもまだ共感的に理解することが可能であったという意味では、一定の同質性を前提していた社会でもある。多様性は克服すべき、マイナスに評価される前提ではなくて、それ自体多様な経験をあらわすものであり、そうした多様な経験と交わる機会を与えてくれるのが、理性的で自由な会話の享受を本領とするサロンという社交の場であった。

このように市民社会における社交性の次元の重要性を示した点にサロンの意義はあったといえよう。ただし多様性の場であるとはいえ、文学的サロンにおいて政治問題は排除されていたということ、そして普遍的人間にかかわる、その意味でコスモポリタン的な話題に時間が割かれていたのがドイツのサロンの特徴でもあった。だからこそ貴族と教養市民の社交も可能だった。こういえるとすれば、サロンの数自体は必ずしも減っていなかったとはいえ、一九世紀後半以降、その文化的意義が薄れていくのも了解できよう。というのも、市民社会が一段と多様化し複雑化するに応じて、人びとはますます多忙になり、利害関係を離れた会話に興じる心理的余裕がなくなっていくだけでなく、増大するさまざまな文化的組織や旅行、スポーツといった新しい社交形態の魅力はサロンの役割を相対的に低下させることになったからである。ベルリンの市民社会をたばねるような一つの社会は失われ、サロンが職業ごとに、あるいは関心に応じて分化する傾向にあった。ここでもう一度先に紹介したシュテフターの言葉を思い出そう。またサロン自体も変化した。自由で理性的な会話にとどまらず、サロンを成り立たせていた一定の約束事が失われていく。サロンが多少なりとも実現していた普遍的関心に立脚した社交にしても、十分に定着することはなく、ベルリンの市民社会はそのもろさを露呈していく。二〇世紀への転換期のベルリンについて、シュテファン・ツヴァイク（一八八一―一九四二）がパリと比較しながらつぎのように述べているのは、ベルリンにおけるサロン衰退の原因を如実に示している。

ドイツでは将校の奥方は教師の夫人と、教師の夫人は商人のおかみと、商人のおかみはまたけっして労働者の細君と「つきあわ」なかったのである。しかしパリでは、革命の遺産がまだ血のなかにいきいきとめぐっていた。プロレタリアの労働者も、自分を彼の雇主とまったくおなじような自由な市民と感じ、カフェではボーイも金モールをつけた将軍と同僚のように手を握り、勤勉で堅実で清潔な小市民の細君たちは同じ廊下で売春婦に対して鼻皺を寄せて軽蔑することもなく、毎日その女と会談の上でしゃべり、彼女らの子供たちはその女に花を贈った。（『昨日の世界』）

市民社会は、一方で内部的多様性をもちながら、他方でそれらの多様な局面がある程度統一を保持している社会でもあったが、一九世紀の過程で、一方では初期市民社会を継承しつつも、他方においては市民社会の統一性を形骸化するような現代的大都市を生み出してもいく。サロンの外部に誕生した広大な都市社会は市民社会の延長線上に生まれたものとして、多様な経験と、それも従来以上に多様な経験と触れ合える空間でもある。しかしそのような関係は持続しがたい。初期市民社会の統一性の局面が衰弱している都市社会においては、それだけ多様な経験と触れ合う可能性を生みだしながらも、その一方で、互いに激しくぶつかり合い、社会に軋みを生み出していくことにもなる。これを階級対立といいかえてもよい。現代的都市社会の側からみれば、サロンにおける社交が前提している初期市民社会の多様性の世界は、いわば殺菌された社会であり、多様な局面相互の関係には危険が伴わない。都市社会を舞台とする開かれた多様性の世界の方が危険なだけに刺激と活力に富み、愛好されるようになり、閉じられたサロンの魅力は減退する。ツヴァイクにいわせれば、パリの市民社会は現代的大都市を生みつつも、市民社会の統一性が伝統と化して相変わらず生きているのに対し、ベルリンでは急速な都市化が進行することによって、複数の小社会が分立し、互いの対話は成立し難くなり、市民社会は一層形骸化する。

だが実はそこまでいうといいすぎであろう。サロンのような空間での親密な会話は成立しがたくなったにしても、現代的大都市の成立は一方的に市民社会内部の諸集団の対話を難しくするのではなく、むしろアンビバレントな状況を生み出しているはずである。一方では、都市社会のなかの小社会が互いに孤立し合ったまま接触を回避するような状況が生まれはするが、他方において小社会相互の関係や、小社会の集団内部において市民社会的な共感の枠組みを欠いたむき出しの接触や衝突を不可避にするような状況も発生していた。実際先ほどの引用とは一見相反するようなベルリンの状況についても、ツヴァイクは同じ書物のなかで報告している。かれがベルリンで参加した「来りつつある者たち」という団体はノレンドルフ広場のカフェで会合をもっていたが、そこには、

> きわめて異質な者同士が、ひしめき集った。詩人と建築家、スノブとジャーナリスト、織物工芸家とか女流彫刻家を装う若い娘たち、ドイツ語を仕上げようとする、ロシアの学生や雪のようなブロンドのスカンジナヴィアの女たちである。ドイツ自身があらゆる地方からそれに代表者を

送っていた。骨ばったヴェストファーレン人、堅気なバイエルン人、シュレージェンのユダヤ人という具合である。それらすべてが荒々しい議論を交わしながら、まったく勝手気ままに相集った。(同右)

「来たりつつある者たち」は詩人のルートヴィヒ・ヤコボウスキーが創設した団体で、読書会や討論会を催しており、一種の「文学的ボヘミアンのたまり場」(ユリウス・バブ『ベルリンのボヘミアン』)といってよく、ベルリンのボヘミアンとして知られたペーター・ヒレや後に人智学を創設して有名になるルドルフ・シュタイナー、あるいは性科学者で後に『世界大戦の道徳史』を著わすマグヌス・ヒルシュフェルトや在野の社会文化史的レポーターのハンス・オストヴァルトも関わっていた(名称は同じだが後にとりあげるワイマール時代にエルンスト・ユンガーが関係した「来たりつつある者たち」という団体とは特に関係はない)。世紀転換期の青年の精神的、思想的状況については、また別の箇所でも取り上げるが、ここでの内部的多様性と衝突の激しさは、サロンの場合と著しく相違していることがわかる。青年は新しい社交形式を求めていたのである。

3　社交形式としての結社

マックス・ウェーバーはその「社会学」体系において結社に重要な意味づけを与え、二〇世紀初頭のドイツにおいて、結社という組織原理が重要であると考えていた。共同体が解体した後、共同体という従来の支えを失った孤立した個人は、家族以外に支えをもたないのかというと、決してそうではなかった。やはり何らかの集団の支えを必要とする。ウェーバーの概念規定によれば「結社」とは

「団体」の下位概念であり、「アンシュタルト」と両極的関係にある。ウェーバーは典型的「アンシュタルト」として国家を想定している。「アンシュタルト」としての国家は「制定された秩序」、すなわち国家法をもち、それが領土の範囲内で相対的には「実効性をもって通用」しており、しかもそれは全成員の合意に基づいて成立したわけではない、そういう意味での団体である。これに対し「結社」はあくまで成員の自由な合意に基づいているところに特色があり、したがってその「制定された秩序」は合意に参加した者に対してのみ妥当を要求する。ウェーバーの社会学体系において、政治社会学、もしくは国家社会学における「アンシュタルト」と「結社」の関係は、宗教社会学における「教会」と「ゼクテ」（セクト）に対応する（『支配の社会学』）。したがって「教会」と「ゼクテ」の世俗化した形態が、「アンシュタルト」と「結社」であるという関係になる。自主的参加を原則とする宗教組織である「ゼクテ」については『プロテスタンティズムの倫理と資本主義の精神』においても触れられているが、正面からこれを論じたのは「アメリカのゼクテと資本主義の精神」という短い論文である。その意味でこのウェーバーの論文は、問題意識においてトックヴィルの『アメリカの民主主義』の系譜につながっている。トックヴィルがフランスとアメリカを対比しているのに対し、ウェーバーがドイツとアメリカを対比しているのは、当然といえば当然である。いずれもアメリカにおける自主的結社の意義を論じている。

ここでは市民的社交形式の一形態としての結社に着目する。「結社」は目的なり主張なりをベースにした社交形式であるという点でカフェやサロンと区別される。サロンは具体的な目的や特定の主張を掲げた組織であるというよりは、そういうものを捨象した人間的社交という性格が強い。カフェはそれらを含みながらも一般的にはやや雑然とした社交形式である。

これら三つの社交形式に共通しているのは、いずれもが多少とも成員の平等並びに自発性を前提していることである。これらの社交はいずれも一八世紀に開花し、一九世紀への転換期から一九世紀前半に全盛期を迎えている。一九世紀の過程で資本主義化とともに初期の平等主義、普遍主義が衰弱し、市民的基盤も薄れて、徐々に衰退していく。ただし衰退するのは市民的な社交形式であって、社交形式それ自体は継続する。市民的社交形式はヨーロッパ横断的な現象である。この点にもヨーロッパの文化的一体性が感じられる。宗教改革にしてもルターのドイツのみの出来事ではなく、ただちに全ヨーロッパ的現象になったし、啓蒙思想にしてもフランスやイギリスのみの現象ではなく、やはりヨーロッパ全体に広まった。この点はアジアの概念と根本的に違っている。

とはいえヨーロッパは多様である。それをあえて単純化していえば結社も西欧型と中・東欧型とに分けられる。後者の場合、結社はよりエリート主義的で、教養市民層を中核とし、貴族階級ともしばしば妥協的である。身分的障壁が西欧型よりも比較的長期にわたって温存され、西欧型のように社交好きな中産的市民層を基盤とすることはできなかった。ドイツは基本的に中・東欧型に属するが、宗教改革以後に定着した領邦教会制のために、世俗化の進展とともに、宗教の内面的捕縛力が著しく衰退していったといわれている（ヘルムート・プレスナー『遅れてきた国民』）ように、教会が市民層の内面的支えにならなかっただけに、これらの社交形態が重要な意味をもってくる。職業的利害組織のようなものはあったが、その外部に親密さの新しい形式が模索されていたのである。人間は常に親密さを組織してきた。「親密さ」、つまり〈閉じる〉ことと、平等主義の原則、つまり〈開く〉ことを、どう折り合いをつけるか、思想の問題としていえば、典型的に〈開く〉思想である自由主義をいかに、どの程度〈閉じる〉かが常に問題であった。最終的には人類を単位とするという意味で〈開く〉思想である自由主義思想はこの点で〈閉じる思想〉である民主主義思想と結びつくことになった（シュミット『現代議会主義の精神史的地位』）。自由主義と民主主義とは逆説的に結びついているのである。

もう少し結社に焦点をあてることにしよう。ハーバマスは結社に「政治的に論議する公衆」を見出している（『公共性の構造転換』、未来社）。例えば読書クラブ、読書協会と呼ばれる結社がある。それは、議長を規則に従って選び新規に加入するメンバーの可否を決めることになっており、規則があり目的がはっきりしているので、ウェーバーの言う典型的な結社にあたる。ハーバマスによると、一八世紀末のドイツには二七〇以上の読書協会の存在が確認されている。一般にそのための特別な読書室、議論をする部屋があり、新聞や雑誌を題材に議論が交わされた。読書室が併設されていたカフェもあり、男だけの集まりで、全員が一心不乱に新聞類を読んでいる情景を描いた風俗画を見たことがある。新聞や雑誌が議論の素材として取り上げるに足るものとして出版され熱心に読まれるようになった時代でもあった。啓蒙時代の「読書欲」「読書熱」については同時代にも報告されている（デュルメン、前掲書）。ハーバマスによれば、サロンやクラブ、読書協会などにおける民間人の議論はたとえ市民層が多数であっても、市民階級のイデオロギーであるとして否定すべきものではなく、そこには生産と消費の循環に直接支配されてはいない、社交性の領域が成り立っており、生活の必要からの解放という「政治的性格」をもち、成熟した「フマニテート（人間性）」が展開されていた。そうして重要なことに、「文化的に論議する公衆」の意思疎通は、家庭の私生活圏において行われる「密室の読書」に依存していたのである。

結社の普及は読書協会に限らず、音楽、美術などのいわば教養団体から、なかには政治的意味合いのものまで、多様な団体があった。その過程で当初市民団体から排除されていた小商人や手工業者たちも結社に参加したり、新たに結社をつくったりした。書物の出版とはいえ、市場を通して商品として読者に送り届けられるわけだが、今日の文化産業のイメージからそれを判断すると誤る可能性がある。市場には二重の機能があって、出版業についてみれば、一方では、広く公衆に文化財への通路を開くという機能が、他方では文化財の内容までをおのれの需要に順応させる機能とがある。一八世紀から一九世紀初頭の出版業の、例えばポケット文庫による大量頒布などは、書籍への接近可能性を増大させるという解放的機能をもっていたのであり、いまだ本の内容までが市場の影響を蒙ることはなかった、というのがハーバマスの見解である。

だがこうした趨勢も特に一九世紀後半にもなるとあやしいものになっていく。密室で一人本を読む読書人自体の自律性が崩壊していくのである。その根本原因をハーバマスは国家と社会の相互浸透という新しい事態にみてとっている。社会は再び国家に依存し、国家は社会に限りなく浸透される。この点の検討は第二部を参照されたい。

第四章　一九世紀ドイツにおけるブルジョアジーの思想

本章の問題に関連する、すでに第二章で述べた大枠を、まず再確認しておきたい。一九世紀の過程、とりわけその後半にドイツの市民層は次第に豊かになっていったが、それはまた市民層の一体性が崩れ、内的な分化が進展していった時期でもあり、それにもかかわらず他方で、市民層の一体性というフィクションがどうにかぎりぎりのところで成り立ちえた時期でもあった。ドイツの場合、市民層は「教養市民層」と「経済市民層」に分けて論じられる場合が多く、後者についていえば資本主義の発達とともに資本家、企業家に上昇していく人たちと、かれらに雇われる労働者に転落していく人たちに分かれていく傾向にある。上流市民層を構成するようになる前者をここでは仮説的に「ブルジョアジー」と呼び、後者を市民階級から区別して工場労働者、ないしプロレタリアートと呼ぶことにしたい。それ以外の市民層は次第に「ブルジョアジー」や「プロレタリアート」の双方と自分自身を区別して、両者の間に位置する中間的身分としての自己意識を強めていく。ここでは彼らを「中産層」Mittelstand、時には市民層と呼ぶことにしたい。これはかなりの程度英語のミドルクラスに対応するが、階級概念ではなく身分概念であることに注意する必要がある。規模は小さいものの、おのれの生産手段を私有しているという意味で、かれらの一部を「小市民層」なり「小ブルジョア層」、あるいは「中小ブルジョアジー」（柳沢治『ドイツ中小ブルジョアジーの史的分析』）と呼ぶ語法もある。

一方「教養市民層」は一貫して中上流の市民層という位置を占めていたが、従来「教養市民層」の中核をなしていた官僚や教授といった制度的知識人と並んで、あらたに作家・芸術家・弁護士といった自由業の人たち、すなわち日常的に組織に拘束されているわけではないという意味で、そしてまた貴族や金持ちといった個人的なパトロンに従属しないようになったという意味で、制度的知識人よりは非制度的であるという限りにおいて自由な、しかし市場の動向に基本的に拘束されているという意味では市場志向的な知識人が、一九世紀の過程で社会的一群をなすようになっていく。制度的知識人が安定的に中上流の市民層という位置を維持しえたのに対し、市場志向的、もしくは市場依存的な自由な知識人の方は資本主義的発展の影響をより直接的に受けやすく、したがって「経済市民層」が社会的上層と下層とに分解したのにやや遅れて対応し、かれらも中上流の「自由」な知識人と、読者、観客に依存する、出版社などの文化産業に依存する、雇われ知識人とに分解していくようになる。*

* 思想家の思想的営為を理解する上で、当の思想家が何で生活をたてていたか、どのくらいの財産をもっていたかは無視しえない重要性をもっている。例えばアドルノの『キルケゴール』論（みすず書房）は年金生活者としてのキルケゴールとその思想とを見事に関連づけている。アドルノの思想にも同じ視点からアプローチできよう。

1　一九世紀のブルジョアジーと都市の改造

ブルジョアジーの思想はどういうところに現れてくるのだろうか。本章ではそれを都市の構造、並びに建築物のありかたに即してみていくことにしたい。まず都市論の観点からみてみよう。ヨーロッパの都市について全体的には、例えばマックス・ウェーバーの都市論がその見取り図を与えてくれる（『都市の類型学』）。ウェーバーはいくつかの観点を組み合わせている。古典古代的都市と中世都市、南欧型の都市と北欧型の都市、沿岸型の都市と内陸型の都市といった諸類型が取り上げられている。ドイツ語圏の都市についていえば基本的に北欧型の中世都市であるということになる。一九世紀中葉の時点で考えると、都市の原型となるのが中世都市であり、ヨーロッパの主要都市は王侯都市が多く、その場合中世都市は絶対主義、絶対王政によって王権を誇示する構造に改造されるが、基本的には中世都市の性格を保持したままである。

中世都市の規定的担い手は中世の市民、絶対主義の規定的担い手は国王であったとすれば、一九世紀ヨーロッパは資本主義的発展の時代で、これを担い方向づけを与えるのが、とりわけブルジョアジーであった。主要国において共通に見られるのは中世都市の構造が資本主義的発展の阻害要因になり、いかに都市を現代的に改造するかがブルジョアジーの最大の課題であった。中世都市には都市壁というものがあり、また概してその道は細く曲がりくねっており、人と物資、商品の円滑な流通を阻害する要因であった。また馬車に代わる新しい輸送手段として、当時急速に発展をみた鉄道輸送にみあうかたちで都市を改造するのがブルジョアジーにとって焦眉の課題であった。ドイツで最初の鉄道は一八三五年にニュルンベルク—フュルト間に開通した。

主要都市で大規模な都市改造が行われた。従来、壁が次々と外側に拡大されていきながらも、壁自体は残されていたが、一九世紀中期以降になると、最終的にブルジョアジーの意向に沿うかたちでそれも撤去されていく。もっとも徹底して大規模に都市改造が行われたのがパリであり、当時の市長オスマンの名前をとってオスマンのパリ大改造と呼ばれている。これによって「古いパリ」は一掃される。今日われわれが「古いパリ」と思っている建物や風景の大半が改造されて以後のパリである。都市改造がもっとも中途半端に終ったのがベルリンであり、パリとベルリンの中間に位置するのがウィーンである。ベルリンには「ホーブレヒト計画」と呼ばれる改造計画があったものの、元来小規模なものであり、それでさえ十分には実現されなかった。国家による上からの改造という政治的意志がベルリンでは相対的に弱かった。ウィーンの都市改造は「リング」計画と呼ばれている。リングはウィーン旧市街を囲む環状道路のことであり、都市壁を撤去してそこに環状道路を作り、道路に面して各種のモニュメンタルな建造物を配するという計画も、基本的にはブルジョアジーの意向に沿うかたちで実現された。このような都市改造は多かれ少なかれ各都市で実施され、残った古い都市部の旧市街が多少とも博物館化するのに対して、改造後に開発された新しい新市街が発展していく。

パリについて言えば、オスマンは徹底的に「古いパリ」、中世的なパリを解体した。シベルブシュが『鉄道旅行の歴史』で述べているように、ブルジョアジーの実業を促進するためという、経済的、商業交易的目的に合致するようなかたちで中世都市パリは改造された。産業革命により生み出された新たな交通量は、中世的な旧市街の道路網では賄いきれない。オスマンの政治的権力により、ブルジョアジーの必要に合わせて交通形態を改変し、効率にあわせた経済的合理性に基づいて現代的大都市の形成が強行された。そこで目指された道路は、一見バロック的な直線路に似ているが、権力を誇示するための直線性とは違い、経済的合理性を追求した結果だった。

2　ショースキーの「ウィーン都市改造」論

オスマンによるパリの大改造に対応するのが、ドイツ語圏のウィーンの場合、やがてメインストリートになるリング大通りの建設である。ここではオスマンにあたる人物を名指しすることはできないが、強いて言えば、個人名ではなくオーストリアの自由派であったブルジョアジーである。本章でリング通りの建設と言う場合、大通りの建設それ自体にとどまらず、リング沿いに議事堂、市庁舎、大学、劇場などのモニュメンタルな建物を建設することも含めている。今日リング通りは旧市街である第一区を取り囲んでいる大通りだが、ここは元々ウィーン市と市外とを分ける部分であり、ここに都市壁があり、その周囲をドイツ語でギュルテルと呼ぶ広い空地が占めており、外敵を防げるように工夫されていた。第一区内には王宮があり、シュテファン寺院と呼ばれる豪華な教会があり、貴族の大邸宅もあった。そこではバロック様式の建築が支配的だった。ハプスブルク王朝のフランツ・ヨーゼフの治世は一八四八年から一九一六年の長きに及んだが、リング計画が開始される頃には、一八四八年革命の結果、短命に終ったとはいえ、ブルジョアジーがウィーンの市政を掌握していた。リング通りが建設された一八七〇年代は、ウィーンにおいてブルジョアジーの支配が実現していた短い時期と重なっている。

リング大通り建設をめぐってはカール・ショースキーの重厚な研究（『世紀末ウィーン』）があるので、これを本章の文脈に合わせて紹介したい。旧市街が貴族の思想を体現した構造になっているとすれば、リング通りは新興のブルジョアジーの思想を体現した構造になっており、旧市街とリング通りの関係をみれば、当時のウィーンにおける貴族と市民層の関係がシンボリックに明らかになる、というのがショースキーの視点であり分析方法でもある。

旧市街には貴族の価値観のシンボルとなる建物が多い。国王の住まうバロック様式の王宮、貴族の住まう優雅な大邸宅、教権の所在するシュテファン寺院のゴシック的な伽藍、さらに軍事エリート（貴族）の住まう兵舎などが、旧市街の主要な建造物であった。これに対しリング大通り沿いに建設される主要な建物はいずれも市民＝ブルジョアジーの「自由主義的価値観」を視覚的に表現する、彼らのシンボルとなる建物であった、とショースキーは述べている。国会議事堂は議会主義の理念を、市庁舎は地方自治の理念を、大学は高度な学問の理念を、ブルク劇場は演劇芸術の理念をという具合に、いずれも自由主義的価値を具体化するものであった。この他リング通り沿いには王宮、美術館、博物館、歌劇場、公園などもあり、建造物の地理的集中性やモニュメンタル性においてウィーンを凌ぐ都市はほとんどない。

ショースキーはこれら建築物の様式や相互関係に着目して、ウィーンにおける貴族と市民層の関係を次のように解読していく。まず第一に、ブルジョアジーの独自性の弱さである。おのれの自由主義的価値理念を建築的に表現するに際して、ウィーンのブルジョアジーはおのれの様式をもてず、過去の様式、大半は貴族的な様式を無節操に借用している。議事堂は古典ギリシャ様式、市庁舎はゴシック様式、大学はルネサンス様式、ブルク劇場は初期のバロック様式に則ってつくられている、という。ブルジョアジーは自前の様式をもてなかっただけでなく、芸術様式を貴族に依存している。第二に、建物相互の関係に着目すると、建物を有機的に、もしくは特定の原理に基づいて関連づけるのではなく、建物は相互に無関係のまま建設、並置されているだけで、相互に優先順位はない。強いていえば、それぞれの建物が環状大通りに面しているという点で関係しあっているにすぎない、とショースキーはいう。第三に、旧市街のバロック様式と比較して、リング通りは次のように特徴づけられる。バロック様式には中心と周縁があり、空間は等価的ではなく序列があり、見る人を中心に誘うように配置されている。これに対しリング大通りはどの空間も等価的であり、他の空間に従属しておらず、互いの関係は並列的である。バロックの設計者がリング通りを設計するとすれば、間違いなく大通りを都心部たる旧市街と結びつけ、そこに従属させたはずだが、リング計画においては大通りと旧市街を結ぶ通りはあるにしても、概して小さく、曲がりくねっており、結合通りとしては目立つものではない。その意味でリング通りと旧市街は接点が乏しく、旧市街は資本主義的流通の過程から切断されて博物館化する。第四に、リング大通りは環状の流れに、言い換えれば人や物品の流通に配慮しており、環状に象徴されるように、特定方向を帰着点乃至目標として設定しておらず、止むことのない循環が想定されている。

ウィーン自由主義＝ブルジョアジーの意向に沿うかたちで作られたリング大通りだが、それは完成と同時に批判に晒される。特に世紀末になると、政治的には大衆運動が盛り上がりを見せ、自由派に挑戦するようになるし、文化的には世紀末の一連の革新的世代が登場して、自由派の価値観に揺さぶりをかけた。前者には労働者の運動や反ユダヤ主義の運動があり、後者には一連のモダニスト世代、例えば文学のホフマンスタール、音楽ではシェーンベルク、建築ではオットー・ヴァーグナー、絵画ではグスタフ・クリムトといった人たちがいた。

リング大通りの批判に限っていえば、ショースキーはいずれも建築家であるカミロ・ジッテとオットー・ヴァーグナーの議論を取り上げる。ジッテは「共同体主義」と総括される、いわば伝統派の立場をとっていたのに対し、ヴァーグナーは「合理主義」と総括される、いわば革新派の立場に依拠していた。かれらはともにリング計画の批判者であったが、その都市思想は対蹠的だった。

まずカミロ・ジッテ（一八四三―一九〇三）を取り上げる。かれの主要な思想は一八八九年に出版された『都市建設』に示されており、これは『広場の造形』というタイトルで邦訳されている。ジッテは中世都市と現代都市を対比し、共同体の立場から現代都市を批判する。「近代的＝現代的」とはジッテにとって「技術的合理性」を意味し、①現代都市は技術的合理性の原理にのっとって幾何学的に設計されており、②街路を中心とする交通本位の空間であり、③画一的で一様な都市たらざるをえないのに対し、中世都市は「自由な形式」に、つまり「自然成長性」に依拠している。ここでは「自由」と「自然成長性」が同一視されていることに注目しよう。ジッテは中世都市にみられる「自然に成長してくる」不規則な街路を称賛する。ここでは自然成長性と人工性・意図的な計画性が対比され、自然成長性の観点から人工性・計画性が批判されている。当時のウィーンの文脈でいえば、行政官僚や土木技師、投機家などが計画性の推進者として批判される。一方ジッテにとって積極的な意味での鍵概念は「広場」であった。「中世とルネサンス期において都市の広場は公共生活の展開という点で生き生きとした実際的用途をもっていた」ともいわれ、「四方を囲まれた気持ちのよい空間」であると同時に、「公共生活」の営まれる場所でもあった。このように考えるジッテにとって、新たに建設されたリング大通りは「非情な」「功利的合理主義」の最悪の事例であった。だがジッテの立場は単純に共同体に立脚する後ろ向きの立場ではなかった。交通本位の現代都市空間に「広場」という人間的共同体の空間を、つまり合理的社会という枠組みの中に共同体の体験が可能な空間をつくるよう提案しているのである。

このような提案のなされる社会的背景として、ショースキーはオーストリアには当時まだ工業化以前の社会と文化、特に職人社会が残っていた、ということを指摘している。実際ジッテはリヒャルト・ヴァーグナーの思想的影響を受けており、ヴァーグナーの崇拝者であったことは、息子をジークフリートと名づけているところからも推測される。ヴァーグナーはその音楽や著作において「近代」に反対し、ドイツ中世の職人社会を称賛していたことは（『ニュルンベルクのマイスタージンガー』）広く知られている。

一方革新派もしくは近代派の代表として、ショースキーはオットー・ヴァーグナー（一八四一―一九一八）を取り上げている。オットーはかれの設計した地下鉄駅などで今日でもウィーンでは一定の存在感がある。かれの主要な思想は一八九五年に刊行された『近代建築』に表明されている。オットーは一八九三年のウィーン開発コンペで受賞したとき、芸術＝建築は「人間の必要」に奉仕すべきであり、特に能率と節約を重視しなければならない、と宣言した。このオットーの根本思想は、ジッテには到底受け入れがたい考えであった。オットーは近現代の都市文明の価値を支持し、芸術の役割は実際的目的に奉仕することであり、その目的は「現代生活」のなかから見出されなければならない、と繰り返し強調した。ジッテが共同体的過去から広場というモデルを取り出し、現代都市の画一性、一様性を批判したとすれば、オットー・ヴァーグナーは現代都市を受け入れて、その価値を表現するための新しい表現形式を模索していた。オットーにとってリング大通りにはまだそうした新しい表現様式が欠如していたのである。リング大通りに欠けているのは「芸術と目的」の一致であり、ヴァーグナー自身は「抑制された優雅さ」という芸術の目指すものと「簡素さと実利性」という技術的合理性の目指すものとの統一を建築的に実現しようとしていた。芸術と技術、芸術と経済の一致を追求していたと言い換えてもよい。技術的合理性の要求を受け入れている点がジッテとの違いである。

　ショースキーはヴァーグナーの活躍した一八九〇年代、つまり世紀転換期という時代を都市建築論的観点から位置づける。かつて一八七〇年代、すなわちリング大通り建設の時代は、都市が広場を中心として構成されていた時代から、「大通り」、つまりブールヴァールを中心とする時代への転換期にあたる時代であった。中世都市において都心部は人びとが生活する場でもあったが、今や流通・輸送のための、移動するための空間に変貌しつつあった。ところがヴァーグナーの時代である一八九〇年代になると、時代はさらに転換する。ショースキーによれば、世紀転換期のウィーンにおいて、今や「大通り」に代わって「市街鉄道」が都市の偉大さと進歩を表現するシンボルの地位を獲得しつつあった。一九世紀初頭の鉄道の発明は近代技術史の幕開けであった。イギリスにやや遅れドイツにもニュルンベルク―フュルト間を皮切りに鉄道が導入され、急速に鉄道輸送の時代に変貌していくことになったが、当初一九世紀前半から中葉にかけては鉄道の時代といってもまだ遠距離鉄道の時代であった。都市内の交通、つまり市街鉄道が発達をするためには、それに先立って中世都市を解体し近代＝現代都市に変える大規模な都市改造が不可欠だった。パリならばオスマン計画が実現されて以後、ウィーンならばリング大通り建設が終って以降に、はじめて市街鉄道の建設が開始する。「広場」から「大通り」へ、そして「大通り」から「市街鉄道」へという流れを、オットー・ヴァーグナーは促進しようとした。

　ジッテが歩行者の観点にたって都市を考えていたとすれば、ヴァーグナーは乗物の観点から都会をみていた。もちろんヴァーグナーとて歩行者の観点をまったく無視しているわけではないが、かれが歩行者の経験を是認したのは、「ビジネスマンの精神」から、あるいは「買い物客の精神」からであった。ジッテがリング通り計画のなかでもっとも嫌っていた「街路の主導性」を、ヴァーグナーは受け入れている。ジッテは時の経過に伴う時間の作用を恐れ、広場という包まれた場所、人間的社交的な囲みに都市の希望を託した。ヴァーグナーは基本的に都市を時の支配に委ねたといってよい。地理の思想と歴史の思想の違いといっていいだろうか。ヴァーグナーにとって街路とは動く人間の動脈であり、最高の存在だった。かれにとって広場の意味は、ジッテの場合より慎ましく、ただ単に街路の使用者に方向と道しるべを与えるものにすぎなかった。ショースキーは大体このように述べている。

ショースキーから離れていえば、ジッテとはもちろん、ヴァーグナーとも区別される思想のストレートな表現であるリング大通り計画に、「ブルジョアジー」の思想がより直截に実現されている。ブルジョアジーの思想を「流通」＝「循環」、すなわちサーキュレーションをキーワードにして説明しているのがシベルブシュである（『鉄道旅行の歴史』）。直接にはパリのブルジョアジーについて触れた文章だが、ウィーンやベルリンのブルジョアジーにも当てはまり、ブルジョアジー特有の基本的立場をあらわしている。サーキュレーションという言葉は一九世紀という時代を理解する鍵概念である。サーキュレーションは実際の交通、往来を意味するだけではなく、血液の循環や商品の流通という意味でも用いられた。ブルジョアジーの価値観からすれば、流通の一部になるもの、流通に貢献するものは「健康的」であり「進歩的」であり、「建設的」であるとされ、プラスのイメージを付与される。逆に流通と結びつかないものは「病的」で「中世的」、「破壊的」であるとされ、マイナスのイメージを与えられた。言い換えれば、他のものとの連絡、交換、交易、動きなどが人類の進歩と啓蒙を意味するとされ、他のものとの断絶や孤立は克服すべき障害であるとされた。一方には「光」「空気」「生命」という循環し流通するものがあり、他方には「隔離」「停滞」「暗さ」「死」という流通に結びつかないものがある、という次第である。こうした価値観は台頭し、上昇する市民層、とりわけブルジョアジーによって主張された。こうした意味で過去三百年の市民階級の歴史は現実の交通の発達との関連で説明できる、とシベルブシュは注目すべき見解を述べている。ここでは鉄道が問題になっているものの、シベルブシュの観点からは、自動車や飛行機も視野に入れて市民階級の歴史を書くという、興味をかきたてられる課題も出てくる。

二一世紀の今日、大衆の時代といわれるようになって久しいが、ある意味で依然として市民階級の、もしくはブルジョアジーの時代が続いている。大衆が市民に代わる新しい原理を実現したというより、市民の世界に、より実態に即して言えばブルジョアジーの世界に包摂されたというのが実態だからである。依然としてわれわれは資本主義的流通、循環の時代に生きている。流通し循環するものがプラスに評価され、そうでないものがマイナスに評価されるのは一九世紀以降、趨勢的に一貫して見られる傾向である。マルクスの『共産党宣言』はタイトル通り、共産主義を宣言し、ブルジョアジーに対抗し、労働者階級が立ち上がるべきことを論じてはいるが、決してブルジョアジーをマイナスに評価してはおらず、その歴史的役割の重要性を強調している。

シベルブシュの文脈でいえば「明るく社交的」というのは流通・循環に向いている人間ということに他ならない。社交的でない人間は、まして引き籠りのような若者が歓迎されないのは、円滑に流通世界に適応できないからであり、資本主義的流通の世界に適合的でないためである。* 本書の鍵概念として用いている、〈開くこと〉と〈閉じること〉という言葉を用いるとすれば、ブルジョアジーは絶えず〈開いていく〉思想に立脚しており、それによって拡大再生産も保証されることになる。

＊　学生の推薦状を時々書くことがある。推薦状に彼または彼女はとても明るく社交的ですと書かねばならず、間違っても一人でいるのが好きな学生などと書いてはならない。資本主義的流通・循環に相応しい人間であると推薦せざるをえないわけである。

第三章において、市民的な社交形式の一つとしてカフェを挙げた。宮廷社会の社交が閉じているのを批判して、市民層はカフェという社交の場をつくり、これを万人に〈開いた〉はずなのだが、実は実質的に下層階級に対し〈閉じている〉という面もあった、と述べておいた。ブルジョアジーは典型的に〈開く〉姿勢を示しているが、その背後で実は〈閉じて〉もいることを忘れてはならない。開くと閉じるという態度の弁証法を読み解くことが重要である。

3　市民層と百貨店——ベンヤミンの視点から

次に、ブルジョアジーの思想を建造物の面からみておこう。典型的にブルジョアジーの思想を表現している建造物であり、商業形式でもあるのが「百貨店」である。百貨店は典型的に市民的な営業組織であり、市民の思想に適合的であるばかりか、建築物としてみた場合も典型的に市民的な建物である。

ヨーロッパ都市の建築物は中世に由来するものもあるが、絶対王政期に国王の政治権力を誇示するために建設された王宮や教会、王立の歌劇場など豪華な建物は、総じて貴族的な様式で建設されている。これに対し市民的といってよい建築物で、なおかつ都市の風景を決めるだけの存在感のある建物といえば、とりわけ百貨店や博覧会建築、鉄道駅であろう。これらはいずれも人間や物の「流通」を目的とする建物である。博覧会ではエッフェル塔のように残されたものもあるが、大半は取り壊されただけに、百貨店の意義は大きい。世界最初の百貨店といわれるパリのボン・マルシェが営業を開始したのが一八五二年、最初の万国博覧会がロンドンで開催されたのは一八五一年のことであり、いずれも一九世紀中期のことであった。鉄道輸送が発達し、ブルジョアジーの意向に沿う都市改造が行われた時代のことであり、丁度市民の、ブルジョアジーの時代に重なっている。ボン・マルシェをモデルにしたエミール・ゾラの『ボヌール・デ・ダム百貨店』(一八八三)は当時の百貨店の実相を小説という形式で活写している。

ボン・マルシェの研究書(『ボン・マルシェ』)を著したマイケル・ミラーは百貨店の登場を「小売業の革命」と呼び、百貨店は伝統的な小売業と比較して少なくとも次の三つの点で「革命的」であった、と述べている。第一に薄利多売を原則としていること、第二に、定価を導入したこと、第三に、店に入るということは買うということを義務づけないこと、以上三点である。百貨店の新しさは従来の小売業を〈開いて〉、商品を本格的に〈展示〉した点にある。意外なことに商品を万人に展示するようになったのは比較的新しく、一九世紀中葉以降、博覧会や百貨店においてのことであった。もちろんそれ以前にも商品がまったく人目に触れなかったわけではないが、通常は店に入ると何が欲しいか店主にいって、奥からそれをもってきてもらい、それをみるというかたちをとり、しかもひとたびみたら買わねばならないという雰囲気が濃厚であった、といわれている。つまり、伝統的な小売形態においては、顧客と商品ないし店の関係は個別的で集中的であった。

これに対し百貨店の場合、展示されたさまざまな商品を自由に、時には散漫な意識で眺めることも可能であり、みたからといって買わねばならないということもなく、複数の商品を見比べることもできた。また伝統的に小売業では定価というものがなく、売り手と買い手のさまざまなやり取りの中で決められていた。買うに際して色々な芝居じみた振舞いをしたり、うるさく値切ったりすることは日常茶飯事であった。つまり、そういうやりとりに「能動的に参加する」ことが買い物の基本的経験になっていた。それによって安く買える可能性もあるわけだが、他面において、そういうやりとりをしなければならないということが心理的な負担になってもいた。そこに定価制が導入されると、買い手の能動的な参加は不必要になり、買い物は受動的なショッピングに変貌する。「小売業の革命」とはこのような意味であろう。

百貨店を社会文化史的に取り上げた代表的文献として一連のベンヤミンの諸論稿、「パリ――一九世紀の首都」、「ボードレールにおける第二帝政期のパリ」、「ボードレールにおける若干のモチーフについて」などがある。ベンヤミンは小売業の発展を、パッサージュから百貨店へ、という流れにおいてとらえている。パッサージュとはガラス屋根つきのアーケード街で、ヨーロッパの一九世紀前半から中葉にかけて流行した商業施設であり、そこには当時どちらかといえば高級な小売店が出店しており、この他カフェ、レストランや娯楽場も付設されているのが普通だった。ヨーロッパではパリでもっとも栄えたといわれるパッサージュだが、その写真集をみると、イギリスやスペイン、イタリア、ロシア、ドイツ、オーストリアなどヨーロッパのどの国にも作られていたことがわかる。パリでは特に一九世紀前半に多数生まれ、一八三〇年代がパッサージュの黄金時代であった、とベンヤミンは書いている。これに対しベルリンではあまりパッサージュは栄えなかった。一八七三年に皇帝の即位を記念して、カイザーガレリーと呼ばれるパッサージュが建設されたが、これ以外には小さなものがあっただけで、数が少ないだけでなく都市風景においても意味ある存在とはいえなかった。ベルリンでは実質的にはカイザーガレリーひとつであるといってもいいほどである。*

* ベルリンに留学していた森鷗外がカイザーガレリーを題材にして「扣鈕《ぼたん》」という詩をつくっている。二連はこうである。「べるりんの　都大路の／ぱつさあじゆ　電燈あをき／店にて買ひぬ／はたとせまえに」。これは彼の『舞姫』の登場人物のモデルにあたる女性を回顧している歌と思われる。ベルリンの「都大路」とはウンター・デン・リンデン大通りのことで、ここにあった「ぱつさあじゆ」はカイザーガレリーにほかならない。

ベンヤミンがパッサージュに着目するのはここで目的のないブラブラ歩き、すなわち「遊歩」というものが発達したためである。パリでは遊歩が栄えたが、ベルリンでは発達しなかった。遊歩が発達する条件として、ベンヤミンは二つの事情を挙げている。ひとつは、ブラブラ歩きをするだけの経済的余裕のある人、特に金利生活者層が一定程度存在すること、いまひとつが、ブラブラ歩きに適した空間が存在することであり、パッサージュはまさにそうした場所としてつくられた。一九世紀初頭のパリにおいて街路はかなり危険な空間であり、馬車、荷車などの交通が賑わい、街路を生活の場とする〈路上の人〉もおり、街路には汚物も多かったので、のんびり歩くには安全な場所とはいえなかった。また照明技術の発展段階にも制約されて、夜の街路は危険であった。パリという都市全体が輸送・交通の場になり、単に原材料、商品といった物品のみならず、人間までもが煩雑に輸送されるようになった。こうした街路事情のときにつくられたパッサージュは、ベンヤミンの見事な表現を借りれば、「街路を室内化した」という意味で安全な空間でもあった。アーケード街なのでパッサージュは通路として建設されてはいるが、ガラス屋根で覆われ、両脇には高級品店が並び、カフェや娯楽場が併設されている場合も多く、乗物や天候を気にする必要のない、安全に守られた空間、つまり、街路にして室内という性格の空間、正確にいえば街路のかたちをとった室内という性格の空間だったので、ブラブラ歩きをしやすい場所であった。

目的のないブラブラ歩きとは資本主義的な循環・流通の世界から脱却、もしくは脱落している営みでもある。それを「亀のように歩く」といったベンヤミンが遊歩という現象に着目したのはこのためかもしれない。実際当時、パッサージュに群がっていた人たちは、社会学的には貴族と市民階級の脱落者だったといわれている。貴族は非生産的な階級として資本主義的流通・循環の世界から脱落した存在だったし、市民層についていえば、大多数の人は職業をもって仕事をしなければならなかったわけだから、パッサージュをぶらついていられるのは資本主義的流通・循環の世界から脱落していた一部の市民階級の人たち位のものであった。ベンヤミン論（『ヴァルター・ベンヤミン』）の著者でもあるイーグルトンによれば、それが「退廃するプチ・ブルジョアの浮遊する残滓」である遊歩者であった。ここで「退廃」とは非生産性を意味している。とはいえ、遊歩という行為それ自体と遊歩者という存在とは区別されねばならない。目的のないブラブラ歩きそれ自体は資本主義社会と直接関係するものではないし、パッサージュの中でブラブラ歩きに終始するような遊歩者もいたかもしれないが、遊歩者の多くが一切の消費行為を行わなかったとは考えられない。生産の世界からは脱落していたかもしれないが、遊歩者といえども消費者であった限りで多少なりとも経済社会に関係している。

ただパッサージュの時代には未だ資本主義的流通・循環の法則が社会全体を貫徹していたわけではない。パッサージュにおいては未だ伝統的小売業が支配的であった、とベンヤミンはいっている。パッサージュは「産業による贅沢が近頃発明したもののひとつ」であり「高級品販売の中心」でもあるといわれており、まだそういう店にだれもが入れるわけではなく、入ったら買わねばならないという雰囲気が支配的であった。そういう雰囲気のパッサージュから事実上下層階級や路上の人たちがしめ出されていたのはいうまでもない。大量生産、大量販売の時代にはまだなっていなかった。

一九世紀前半のパリにおいて、彼ら遊歩者は都市の一角に存在するのを未だ許されていた、ともいえる。流通・循環する世界から相対的に自由な空間であるパッサージュに隔離された存在、それが遊歩者であった。街路は室内化されている限りで資本主義社会の侵入をある程度防ぐことも可能であり、室内は資本主義的経済循環の世界に対する最後の防波堤であった。〈私的空間としての室内〉という理解がまだ成り立ちえた時代だった。「室内」の歴史は今後書かれねばならない。

だが、資本主義的発展はそうした特別区の存在さえ許容しないほど拡大し全面化していく。それがパリでいえば一九世紀後半にあたる。パッサージュは廃れ、百貨店時代の幕開けである。パリの百貨店ボン・マルシェは一八五二年に開業している。遊歩者も流通・循環する世界に巻き込まれ、一般の消費者大衆のなかに吸収されてゆく。また遊歩者の一部はブラブラ歩きの体験をもとに、パリ情報を書いたり描いたりする物書き・芸術家になってゆく。それも自由な作家・芸術家ではなく、文化産業に雇われた物書き・芸術家に、つまり消費者の文化的娯楽的欲求に適った商品を販売せざるを得ない一種のサラリーマンになり、芸術文化も資本主義的な流通・循環の世界に取り込まれた商品になっていったのである。

ベルリンでは、パリのようにパッサージュが繁栄せず、しかもパッサージュの時代が短かったということは、それだけベルリンの方が急激に資本主義的流通・循環の世界に巻き込まれることになった、ということであろう。ベンヤミンはパッサージュの時代を「近代＝現代」への「ためらいの時代」と呼んでいるが、ベルリンには「ためらって」いる余裕などなかったのである。

ベンヤミンにとってパッサージュが「街路を室内化」したものであるとすれば、百貨店は「室内を街路化」したものである。一見似た表現であるが、両者の違いは大きい。閉じた空間である私的空間も開かれることによって終焉し、解体する。それは皮肉なことに実はブルジョアジーが目指したことでもあり、市民層も自己解体していった。街路を室内化した限りで、パッサージュはより〈開かれた〉空間であり、多くの人を呼び寄せることも可能だったが、室内化されている限りにおいて〈閉じられ〉てもいた。一方百貨店は室内を街路化したものである以上、パッサージュとは比較にならないほど〈開かれた〉空間だった。室内の奥深くに街路の侵入を認めることによって、百貨店はそこに〈開かれた〉空間をつくりだす。パッサージュにはまだ見られた〈閉じられ〉ているという閉鎖性＝親密性は失われ、中に入ったからといって買わなければならないという心理的圧迫感は薄れ、はじめから何も買うつもりのない、顧客ならぬ単なる通行人をも包括する開放空間として百貨店は発展していく。パリでは一九世紀中葉以降、ベルリンでは一八九〇年代以降のことである。

ヴェルトハイム、ティーツ、ヴェステンス百貨店（カー・デー・ヴェー）などの有力な百貨店はこの時期に誕生した。百貨店によってパッサージュとは比べものにならないほどの大量の人を中に呼び入れることが可能になった。百貨店に流れ込むこれらの人びとは、たとえブラブラ歩きをしていても、もはやベンヤミンのいう意味での遊歩者ではなくて、むしろ群衆とか大衆と呼ばれる方が相応しい存在になっている。ブルジョアジーは大衆を必要とするが、みずからも大衆化することを望んでいたのだろうか。パッサージュがベルリン都市風景においてまったく存在感がなかったのに対し、百貨店建築は一定の存在感を示し、特に都心部のライプチヒ広場に面したヴェルトハイム百貨店は建築家アルフレート・メッセルの手になるもので、その規模や外装、内装を含めて威容を誇示した。

一九世紀後半を念頭においていえば、ブルジョアジーの時代が到来する。経済的豊かさにおいて市民的中産層一般から突出した存在に上昇し、その限りで彼らと離反する一方で、貴族と並んで、もしくは貴族を押しのけて支配階級の一翼を担うようになると、彼らブルジョアジーの思想が社会全体に浸透し、中産層一般も意識の上ではブルジョア的にならざるをえない時代になる。中産層もそのイデオロギーはともかく、日常生活においては流通・循環の世界に巻き込まれ、そのおちこぼれ的存在だった遊歩者にしても一部のボヘミアン化した人たちを除けば、芸術家や作家を含めてサラリーマン、消費者として、程度の差こそあれ、ブルジョア的生活に追随していかざるをえなかった。

このような流れの中で、カミロ・ジッテ的な共同体を志向する都市計画は現実の発展との接点を失っていき、リアリティをもつ都市計画はオットー・ヴァーグナーの場合のように、技術的合理性を受け入れた上で、いかに「芸術」的性格を与えるかになっていった。そのため後の一九二〇年代のベルリンでは、かつてジッテが希望を託した広場さえ、建築家マルティン・ヴァーグナーによって技術的合理性の観点から大幅に改造されることになる。

4　アレントのブルジョアジー論

市民層のなかから次第にブルジョアジーが突出していくようになり、一九世紀後半以降、つまり

〈思想史における現代〉が次第に姿を現すようになる時代には、ブルジョアジー中心の社会、国家が形成されるようになる。遅れてきた資本主義国家のドイツも、ユンカー階級の政治、行政、軍事における存在感にもかかわらず、統一以後、特に一九世紀末以降ブルジョアジーが主導するという意味でブルジョアジー中心の社会に変わっていく。ブルジョアジーの基本的関心は流通・循環の促進にあり、そのためにすべてを流動化するのを厭わなかった。あるいは、すべてをエネルギー化する、もしくはすべてを商品化する衝動と計算がブルジョアジーの本領であった。その勢いは国境を超えてゆく。帝国主義時代の到来である。

帝国主義の時代にブルジョアジーはさらに変貌する。この時期のブルジョアジーについてはハンナ・アレント（一九〇六―一九七五）が『全体主義の起源』のなかで触れている。アレントはホブスンの『帝国主義論』などに依拠しながら、一八八四年から一九一四年に至る三〇年間を「帝国主義の時代」と呼んでいる。本書で言う「世紀転換期」にほぼ対応する時期である。すでに述べたブルジョアジーの絶えず〈開いて〉いく衝動に、アレントは「膨張」という名を与えている。「膨張」こそが「帝国主義時代」の「新しい原理」であり「原動力」であった。「膨張」への衝動を誰よりもあからさまに語ったのがセシル・ローズであり、アレントは、「拡張がすべてである。そして地球の表面積が限られている以上、われわれの課題は可能な限り多くをとることでなければならない」というセシル・ローズの言葉を引用している。かれは国民国家の枠組みを超え、全地球的規模で発想していた。その政治的実績はともかく、貿易と経済がすでにあらゆる国を世界政策に巻き込んでいるという「現実感覚」において、セシル・ローズは、ビスマルクやカプリヴィ（ドイツ）、グラッドストーン（イギリス）、クレマンソー（フランス）といった同時代の政治家を凌いでいる、とアレントには思われた。

それ自体は経済的領域（「事業投機」）に由来する膨張や拡張志向が、「帝国主義の時代」には「中心的な政治理念」になった。経済の論理と政治の論理にはもともと一定のずれがある。経済においては生産の絶えざる拡張は可能であり、不断に〈開いて〉いくことも不可能ではないが、政治の場合には〈開放〉にも限界がある。限界なり境界を設定し〈閉じる〉ことが政治だからである。「自国の国境を超えたところから別の国の法律が始まる」ことは国民国家の当然の前提であった。帝国主義が成立したのは、経済の領域における拡張志向と政治的枠組みとのずれが深刻なまでに増大し、国民国家の前提する国境が拡張のための決定的な障害になったときである。アレントは「大企業と超国家組織との精神が政治をとらえてしまった」というフリードリヒ・ナウマンの言葉を引用しているが、これに類する言葉はどこからでも拾い出すことができた。政治領域においても海外からの侵略は昔からあったではないかと思う人がいるかもしれないが、植民のための移住と「帝国主義」における「資本の輸出」では根本的に性格が違っている。

より具体的にいえば、帝国主義的膨張を実現する契機になったのは「資本の過剰生産」という経済的危機であった。国内に有効な投資先がみつからず資本が過剰になるという事態である。往々にして遠隔地に投資された過剰資本は、投資先においては服すべき合理的な規則がいまだ存在せず、無規制のままに放任されていたから、投資家は多少とも「投機家やばくち打ち」に変身し、そのことがまた本国の経済に逆流することになって、本国の経済にも深刻な影響を与えるようになり、その意味からも国家権力の介入が要請されていたのである。こうした経済的事情のなかにアレントは新しいタイプのブルジョアジーの台頭をみてとり、かれらを「金融家」という名前で呼んでいる。かれらの利益の源泉は、産業資本のように生産過程にあるのでも、商業資本のように交換過程にあるのでもなく、もっぱら仲介手数料に、つまり仲介過程にあった。その意味で「金融家」は経済史上まったく新しい現象であった、とアレントはいっている。さっそくマルクス主義者のヒルファーディングが『金融資本論』（一九一〇）を著わすことになった所以である。

「金融家」の台頭は重要な影響をもたらし、特に金持ちの利益を「国民経済の利益」から切り離すとともに、「経済的頽廃」をも生み出すようになった。「退廃」について補足すれば、遠くにいながら資本を投下し他国や他の大陸を収奪するという帝国主義の新しい方法は、社会や政治の監視の目の届かないところで行われるだけに、詐欺的、投機的行為が跋扈しやすくし、商取引や株取引のモラルを著しく低下させることになった。影響はこれにとどまらない。詐欺行為には「世論のみせかけの情報」が不可欠だから、首尾よく詐欺行為をおこなうには、報道機関の一部を掌握することが必要になる。莫大な経済力を背景に行えば、それも難しいことではない。

国家はブルジョアジーの要請に従うほかなかった。帝国主義の新しさは、政治が経済の世界に完全に波長を合わせるようになった点にある。「国家の暴力手段の膨張のみが自国資本のとどまることを知らぬ流出を正常な秩序ある軌道に乗せることができた」のである。アレントはいっている。帝国主義において、

権力はすべての政治行為の原動力として……決して止むことなく回りつづけるモーターとして理解されており、それは、資本の右舷の蓄積をもたらすという不可思議なモーターと正確に対応するものだからである。……帝国主義的拡大のプロセスがいったん始まったら最後、政治的共同体はこのプロセスにとって邪魔者でしかなく、破壊されるほかない。（『全体主義の起源』2）

政治権力はその担い手の「政治体」、すなわち政治組織を必要とする。その意味で政治権力には必

ず「固定化する力」として、本書の用語でいえば〈閉じる力〉として作動するところがある。政治権力がこの力を発揮することによって「政治体」は成立する。人間は「政治体」へと閉じられることによって安定した生活をおくることも可能になる。〈閉じる力〉は「膨張」や「既存のものの絶えざる変質」を阻止するように作動できるから、「膨張」する力にとって〈閉じる力〉は障害物にならざるをえない。したがって政治権力はその担い手と政治体を必要とするにもかかわらず、政治体を解体する方向に作動するという皮肉な事態になる。

アレントにとって、こうした矛盾に満ちた事態を生みだすのが「帝国主義の時代」であり、そこでは政治と経済のいずれの領域においても「プロセス的思考」が優位になっていた。帝国主義の段階においてブルジョアジーの思想である「プロセス的思考」が政治領域位においても支配的になることによって、「政治体」は構造的に不安定になってしまったのである。帝国主義の後継者である「全体主義」の時代になると、「プロセス的思考」の支配は一段と徹底化して、植民地においては勿論のこと、本国においても「政治的に確立された構造」の一切を破壊することになった。

アレントによれば、「帝国主義」の段階において、ブルジョアジーははじめて政治権力を掌握した。従来ブルジョアジーは私人であることを本領とし、私人として思考し行動してきた階級であり、公的問題への関心を欠いていたため、私人としての行動の格率を公的な問題にまで適用することになった。ドイツの帝国主義は当初対外政治においてこの原則を実施するだけだったこともあって、「国家の諸機関」は「社会の非情さ」から私的個人を守ってきたが、やがて個々の市民は、「サラリーマン」であれ「労働者」であれ、「法と正義を守る国家」のわずかな保護さえも失い、「社会的アナーキー」に直接身を晒されることになった。敗戦とワイマール共和国の成立がこの流れを決定的に促進したと受け止められたのは、いうまでもない。*

＊　明らかにその脅威をもっとも感じたのが中産的諸階層であった。後にナチの経済問題の専門家になり、党綱領の作成にかかわったゴットフリート・フェーダーが「利子奴隷制打破」を宣言して政界入りするのはこのような文脈においてであった。

いま一度繰り返せば、ブルジョアジーの基本的関心は流通、循環の促進にあり、そのためにすべてを流動化しエネルギー化しようとする。そうした意向を実現する手段が経済力に裏打ちされたテクノロジーである。程度の差こそあれブルジョアジー以外のひとも、そうしたブルジョアジーの意向に大きく影響されるようになる。となるとブルジョアジーの意向を踏まえた上で、一方の極に「自由主義」の名のもとにブルジョアジーの意向を全面的に肯定する立場があり、他方の極に修正マルクス主義ないし社会民主主義があって、これはブルジョアジーの立場を多少穏便に修正する立場であり、大体のところ政治思想はその両極の間で展開される。ブルジョアジーの意向を基本的に受け入れる以上そうならざるをえない。

第五章　保守主義とロマン主義

ワイマール共和国は、当時、世界でもっとも進んだ自由主義的で民主主義的な憲法をもっていた。ナチが第一党に躍り出たワイマール時代最後の国政選挙を別にすれば、一貫して第一党に位置していた穏健な社会主義勢力である社会民主党と、自由民主主義的な「ブルジョア政党」とに支えられていた時代でもあったということを考えるなら、自由主義と民主主義が定着し、合理的で理性的な議論や態度が尊重されていた時期であるという印象をもつ人がいても不自然ではない。だが、ワイマール体制は支持されることはなかったといういいすぎだとしても、少なくとも趨勢においても「愛される」ことは少なかった。共和政の一四年間には、やや安定したかにみえた数年もあったが、総じて政治的、経済的にのみならず、社会的にも安定性を欠き、騒乱が続いた。左右の急進勢力のみならず、一部の「自由業者」、芸術家の間にも革命的変革への願望や不安がつきまとっていた時代であり、共和主義者のいない共和国というワイマール共和国評は的確に実態を表現していた。潜在的な共和国反対派は無視しえない重みをもっていたのである。左翼的・社会主義的な反対派を除いた共和国反対派が保守主義的意識の担い手であった。ワイマール時代には保守主義的意識がロマン主義化することによって急進化し、ワイマール体制を内側から崩壊させる上で、大きな役割を果たした。その間の事情に触れる（第二部以下）に先立ち、本章ではロマン主義と保守主義、とりわけロマン主義の基本的性格を明らかにしておきたい。そのため本章の内容は、ドイツの事情を念頭においてはいるものの、章末の箇所を除きロマン主義と保守主義の一般的な性格規定になっている。

1　近代批判の思想としてのロマン主義と保守主義

（1）ロマン主義の非政治的性格

〈ロマン主義と政治〉は通常次のような意味で問題にされる。自由民主主義や社会主義はそれぞれ固有の政治的主張内容をもっているのに対し、ロマン主義に固有の政治的主張はなく（シェンク『ロマン主義の精神』）、ロマン主義それ自体は政治思想とはいえない。われわれも普通ロマン主義、ロマン派というと、シューベルトやシューマンの音楽、あるいはロマン主義の絵画、文学の事例を思い出す。ロマン主義とはすぐれて芸術や文学にかかわる言葉、つまり非政治的な領域に関係する言葉である。

したがって政治をどうとらえるべきか、あるいは政治に対してどう対応すべきかといった基本的問題に対してロマン主義者はなすすべがない。ロマン主義の立場からは、政治をこう認識すべきであるとか、政治にはこう対応すべきであるという主張は生まれてこない。つまり、ロマン主義それ自体と政治は無関係なのである。

そこで問題は、それ自体無関係であるにもかかわらず、一体なぜ〈ロマン主義と政治〉の関係は問題とされるのか、である。「ロマン主義の政治」ということは本来ありえないわけだから、順序としてはまずロマン主義の問題関心を明らかにし、その観点から政治を認識しようとする場合、あるいは政治領域において行動しようとする場合、どのような特色や問題点が生じてくるのか、こういった問題を取り上げることにしたい。

(2)〈近代〉への対応としての保守主義とロマン主義

ロマン主義は非歴史的にいつの時代にも存在した考え方、主張ではなくて、特定の歴史的前提の下に生まれてきた思潮である。ロマン主義は〈近代〉を、近代の思想原理、近代社会、近代文化を前提としているので、近代が一定程度定着している地域や国においてはじめて成立する可能性がある。近代が危機に陥った時に、近代の内部的な批判としてロマン主義は発生する。

歴史的にみると、おおよそ一八世紀末から一九世紀はじめにかけて、ヨーロッパの主要国においてロマン主義が生まれている。ほぼ同じ頃に政治思想としての保守主義も発生しているように、ロマン主義と保守主義には一定の並行関係が認められる。保守主義もロマン主義も近代の成立を前提として、近代に対する内部的批判として発生してきた考え方であり、その限りにおいて両思想には重複するところがあり、ロマン主義者が同時に保守主義者であるというのも珍しくはない。

また、ロマン主義や保守主義は近代に対する内部的批判の思想だから、歴史的に一回限りの現象なのではなく、近代が危機に陥った時には常に現れてくる可能性があり、二一世紀の今日にも現実的な意味をもった思想である。当初一八世紀から一九世紀にかけて保守主義とロマン主義が成立してきたということは、一八世紀後半には「近代」と呼んでいいような社会的現実が存在し、その時点での近代のあり方を批判したということだから、それ以後の時代においても、近代が危機におちいれば保守主義やロマン主義が台頭し活性化する可能性は十分ある。実際ドイツの一九二〇年代はまさにそのような時代だったわけであり、本章でロマン主義と保守主義を取り上げる理由もそこにある。成立期の保守主義やロマン主義がどうであったかよりも、帝政期からワイマール共和国期において保守主義やロマン主義がどうとらえられたかが問題なのである。

（3）後発国の自己主張としてのロマン主義

本章で後発国という場合、当面ドイツを念頭においている。今でこそドイツは先進国の代表的な国と認められているが、一七世紀の宗教戦争である三〇年戦争によって土地や経済、文化が壊滅的打撃を受け、以後長らく後進国の地位に甘んじることになったことは、すでに触れた通りである。

ロマン主義は近代に対する内部的批判だから、ドイツよりも先に近代社会、近代国家を形成していったイギリスやフランスにも生まれている。文学を例に挙げれば、イギリスのコールリッジやバイロン、フランスのシャトーブリアンなどはロマン主義者として知られている。だがロマン主義の中心になったのはむしろドイツの諸都市であった。なぜだろうか。一つには、ロマン主義は特に近代が危機に陥った時に近代の内部的批判としてあらわれるわけだから、近代社会がドイツよりも問題なく形成されていった国では、あまりラディカルなかたちでは出てこないという事情がある。いま一つの理由は、表題に掲げた「後進国の自己主張としてのロマン主義」という問題に関係している。ドイツにおいては近代に対する批判がただ単に自国の近代に対する批判であるだけでなく、同時に近代をより純粋に体現し、その近代をドイツにも強要するかにみえる先進国――特に隣国フランス――に対する批判、後進国ドイツの自己主張という意味も併せもっていたために、その近代批判はより激しくまた徹底化された。

先進国はみずから先頭に立って歩んできた道――近代化の過程――を普遍的な意味をもった路線であると考えがちである。遅れた国もこれから自分たちが歩んできた道を歩むはずだ、いやそれどころか自分たちと同じ道を歩むべきである、その意味で自分たちの歴史は後進国の模範になるものだと考える傾向にある。これをドイツのロマン主義者たちは不当な押しつけであると考えた。自分たちは君らイギリス人やフランス人とは違った独自の道を行くのだ、何で君らの猿真似をしなければならないのだ、という次第である。後進国の自己主張とはこういう意味であり、その論拠となったのが、ロマン主義の「個性」の思想、「自我」の思想であった。ロマン主義の場合より限定的な意味においてであったが、保守主義にもそうした面は認められないではない。

(4)　過渡期の現象としてのロマン主義

ロマン主義を一つの運動としてみると、一時的な現象、過渡的な現象であるというところに特徴がある。同じ近代に対する対抗運動であっても、保守主義との違いはここにある。ロマン主義は長くは続かず、比較的短期間に急激な盛り上がりを見せ、その後急速に退潮していく。個々のロマン主義者の場合も同じである。生涯の若い時期にロマン主義者になっても、やがていつのまにか、あるいは突然変わってしまいがちである。ロマン主義は、形式的なもの、組織的・制度的なものにうまくおさまりえないものの反逆であり、形式や組織を打破したり批判するところにその本領があるので、みずからの形式、組織原理を少なくとも積極的なかたちではもっていない。この点でもロマン主義と保守主義は違っている。

ある現象なり運動なりが持続していくには、みずからの形式なり組織原理をもたねばならないが、それを積極的にはもっていない以上、ロマン主義は本来持続しようがない。政治には制度面と運動面がある。議会は政治の制度的表現である。制度によってはうまく解決できない社会的利害対立が現に存在する点に運動としての政治が成り立つ根拠がある。ロマン主義は政治の運動的側面の方と関係が深いのに対し、保守主義は制度的側面にも積極的に関係することができる。

2　保守主義とロマン主義の成立

一八世紀後半以降にロマン主義や保守主義が批判し反逆したのは近代のどのような側面だったろうか。近代は思想的側面、文化的側面、社会・政治的側面などがあり複雑で多面的だが、ここでは説明の都合上ここでは思想的側面に限定したい。

今日近代思想はさまざまな批判に晒されながらも、まだ一定の生命力をもっており、今日の社会や政治を支えている思考様式の根幹に、いろいろかたちを変えながらもいまだ息づいている。したがって一七世紀頃から始まり一九世紀に入ると、近代社会は大きく変容し、二〇世紀に現代社会へと変貌していくといったような「教科書的説明」がなされていても、それは二〇世紀にもなると近代社会が姿を消して近代思想も時代遅れの過去の遺物になってしまったという意味に理解すべきではない。多かれ少なかれ依然としてわれわれは「近代人」たらざるをえないわけで、二一世紀の今日においてすら、近代に対する批判があとを絶たないのは当然である。

近代思想の原型にあたるものはヨーロッパにおいて一七世紀から一八世紀の時期に成立した。デカルト、ホッブズ、ジョン・ロック、アダム・スミス、ヴォルテール、モンテスキューといった名前が近代思想史の中心人物として登場する。その後近代思想は幾多の批判を受けながらも、その批判を受け止め、一定の自己批判、自己変革を遂げつつ今日に至っているというのが実情である。近代に対する最初の本格的な批判はまず一八世紀末から一九世紀前半にかけて一挙に登場する。本書では説明の都合上一七、一八世紀段階の近代を前期近代と呼ぶ。そして近代に対する批判を受けて前期近代の思想が変わっていくプロセスを一九世紀にみることができる。本書では一九世紀的な近代を後期近代と名づけておく。

一九世紀前半において前期近代を批判する思想は、今日「イズム」と呼ばれるものだけについてみても、保守主義、ロマン主義、社会主義、アナーキズム、実存主義などがあった。これらの思想の批判を受けて近代思想も次第に変貌していく。近代思想は哲学、政治、経済、芸術などきわめて多岐にわたっているが、いまこれを単純化して、近代を思考様式と社会的側面とに分け、近代思想を思考様式の面から近代合理主義、社会的側面から資本主義的市民社会と特徴づけておこう。

カール・マンハイムもいうように（『保守主義的思考』）、「保守主義」は他律的に出現した。状況に強いられていわばやむをえず「保守主義」になったのである。一般に保守的な意識と保守主義は区別されている。古いものを維持しようとする意識、これまで行ってきたことをこれからも同じように続けていこうとする保守的な意識それ自体は、近代以前から人間に固有な意識として存在していた。マックス・ウェーバーもこうした意識を「伝統主義」と呼んで保守主義と区別している。昔から存在していた保守的な意識が保守主義というイズムに理論化されるきっかけになった歴史的理由、すなわち保守的な意識が「保守主義」になるきっかけを与えたのは、近代の成立（正確には前期近代の成立）であった。近代の中のある種の傾向が保守的な意識を徹底的に否定し、抹殺しようとしたために、保守的な意識はいわば自己防衛のために、保守主義に転化して理論武装をせざるをえなくなった。自己防衛のために、自己正当化のために、おのれの存在をある程度理論的に説明する必要に追い込まれたわけである。近代のなかのある種の傾向とは、とりわけ近代合理主義、もしくは「啓蒙合理主義」であり、時期的には一八世紀に確立した、といわれている。

しかしこの保守的な意識の試みには本来矛盾があった。保守主義は「主義」といわれるものの、主義というほどの積極的な理論をもたないところに特徴がある。理論化すると零れ落ちてしまうものの重要性を説くのが保守主義であるといってもよい。近代合理主義は人間の過去の「知恵」や、長い時間をかけて蓄積された人間の「経験」などを、「合理的」でない、あるいは「科学的」でも「客観的」でもなく、したがって不確実なものであるという理由で否定してしまうか軽視する傾向にあった。こうして「科学的」認識にまでは客観化されていないが、日常生活で重要な役割をはたしている「知恵」や「経験」の意義を説く思想としての「保守主義」が誕生することになった。

保守主義と区別される保守的な意識が昔からあったのと同様に、合理主義と区別される合理的な思考も近代合理主義誕生以前の昔から存在した。この論点についてはウェーバーの『宗教社会学』やアドルノとホルクハイマーの共著『啓蒙の弁証法』などにおいても論じられている。呪術は「非合理的」とみなされがちだが、神の意志を合理的にコントロールしようとする試みであり、合理的意識、合理的思考の産物である。したがって一八世紀に近代合理主義、すなわち啓蒙合理主義が確立したという命題は、昔からあった合理的な志向が理論化され徹底化されたことを意味する。徹底化は極端なまでに進み、生活のあらゆる領域を、思想や経済、政治、宗教、文化、日常生活のすべてにわたって徹底的に合理化しようとしたのが啓蒙思想の合理主義であった。合理主義は共通なもの、量化可能なものを重視するので、このような徹底的な合理主義によって抹殺される危険にあったものとして、保守主義であれば個別的なもの、持続するものを、ロマン主義であれば感性や個性を強く意識するようになり、それらの意義をなんとしてでも強調し、近代合理主義の攻撃から救済しなければならない、という切実な社会的意欲から、保守主義やロマン主義の思想は生まれてきた。

3　ロマン主義の思考様式

こうして啓蒙思想の理性の優位に対して、ロマン主義において感性の優位、もしくは感性の復権が説かれる。ここで重要なことは、啓蒙思想の理性信仰に対してロマン主義がただ単に感性のことも忘れては困るといったことにあるのではない。ロマン主義は、それ以上の主張を展開している。

啓蒙主義の立場からみると、ロマン主義の重視する感性はその場その時において変わってしまうもの、つまり一時的なものであり、またロマン主義は個性や個別性を重視するが、人の感じ方はそれぞれであり、考え方もバラバラでまとまりはなく、いずれにしてもそんなものに思想の根拠をおくことはできない。

だが少なくとも真正のロマン主義者はバラバラな、あるいは恣意的な判断をめざしていたわけではなく、かれらなりに「真理」をめざしていた。啓蒙主義にとって、①感性に依拠し、②個性を重視することと、③真理を追究することとは相容れなかったが、ロマン主義者にとって、①②と③の真理の追究とは決して矛盾せず、相容れないわけではなかった。ロマン主義者は両者が矛盾しない精神的境位をめざしていただけでなくそれ以上の主張を展開している。啓蒙主義的理解とは逆に、ロマン主義者にとって①②こそが判断の真理性を保証する。真理に到達する上で、①②は不可避的な必要悪なのではなく、そもそも①②を通らなければ真理には到達できない、と感性や個性にポジティブな意味を与え、感性に根拠をおく判断こそが信頼するに値する、個人の感覚的確信こそが出発点として必要だ、とみなしており、その意味でロマン主義は個人の主体性を重視する思想であった。

その点にはロマン主義の社会観も関係している。前期近代の思想、とくにその社会観にはある種の共通点がある。社会は人間の自立（近代思想とはこれを追求する思想である）を支えてくれるもの、あるいは人間の自律を促進してくれるものであるというイメージが、大体において前期近代に共有されている。ところが一八世紀から一九世紀にかけて形成されていった現実の社会は、前期近代思想において期待された（ホッブズ、ロック、スミスの系列を参照）ようには展開せず、近代社会は確かに人間の自立を支えてくれる面ももっているが、それと同時に、いやそれ以上に、人間の自立を脅かす、人間の自立にとって脅威になるものだという社会のイメージが次第に有力になっていく。そうして、複雑になり巨大化した圧倒的に優位な社会とそれに脅かされた無力な個人という状況理解を前提として、何らかの意味で個人の復権、あるいは個人の救済を図ろうとする動きがさまざまなかたちで発生する。ロマン主義にせよ、保守主義にせよ、あるいは社会主義にせよ、すべてこうした状況を前提とし、個人の復権・救済を図ろうとする点では同じ性格をもっていた。より具体的な面で社会の優位をどうとらえるか、あるいは個人の救済をどのような手段、方法によってどの程度まで実現しようとするかという点では、もちろんこれらの思想は分かれて対立するようになる。

ロマン主義にみられる個人の主体性の復権という意図は、〈真理は主体性に依存する〉と言い換えることができよう。この点では、アイザイア・バーリンのロマン主義論が参考になる（『ロマン主義の精神』序言）。

バーリンによれば、さまざまなロマン主義者に唯一共通してみられるのは、「現世の根本問題は原理的に解決可能である」という二千年の長きにわたって信じられてきたことに対する異議申し立て、である。世界とは何か、人生とは何かといった根本問題の解決は、今は不可能でもいつか解決されるだろう、自分には解決できなくても誰か才能ある人が必ず解決してくれるだろうという、そういった信念に対する異議申し立て、これがロマン主義なのであり、バーリンはこれを思考様式における重大な「革命」であるといっている（『現実観』）。より具体的には、ロマン主義の主張は次の諸点に要約される（シェンク、前掲序）。

① 「真理」とは客観的構造をもっているのではない。もっていればそれを啓蒙思想的な合理主義によって把握することも不可能ではない。

② 客観的「真理」は存在しない。換言すれば、主体＝個人と無縁なかたちで存在するような客観的「真理」など存在しない。

③ したがってロマン主義において「真理」とは「それを問いただす者＝主体によってつくりだされる」ことになる。

つまり、「真理」とは客観的に存在するのではなく、主体に依存したかたちでしか存在しえない。ロマン主義は主体と客体を分離して考えるのではなく、主体と客体の相互性、相互関係に着目して

「真理」を考えていこうとしている。このようなバーリンのロマン主義論では、ある意味で主体は強化されている、といえる。「真理」とは客観的に存在しているのではなく、主体との関係においてしか存在しえない、と理解することによって、そこにはみずから真理をつくり出していく主体、それをなしうるだけの強い主体が想定されているからである。しかし重要なことは、主体が強化されているのはあくまでも理論上のことであって、実際には必ずしもそのようにはならない、という事情である。

4　ロマン主義的「個性」の両義性

　客観的「真理」がありえないとすれば、主体は絶えずみずからその都度「真理」を見出していかねばならない。そしてそのためには強力な主体が持続的に存在しなければならない。だがそうした主体は実際問題として例外的であり、しかも例外的存在が持続的に存在し続けるのはなおさらまれである。

　ロマン主義は感性のほか、「自我」や「個性」をことのほか重視し、称揚する傾向にある。ロマン主義の立場を一貫して推し進めれば、本来自分のものでないものをことごとく排除し、本来自分のものであるもの、すなわち〈個性的なもの〉だけにしか依拠できなくなる。この自己純粋化のプロセスにおいて、伝統や慣習、常識などを自分に由来しないものとして次々に排除していくと、その結果、現実問題としては、なるほど自我は純粋化するかもしれないが、同時に自我の衰弱をもたらすことにもなりかねない。伝統や慣習、他人の意見などを排除した後に、一体どの程度自己に固有なものが残っているのか。自分に由来するもの以外は排除し、絶えず自分なりにそれなりの根拠をもった真理を発見していく（ロマン主義的「自由」はここにある）のは、きわめて難しく、また活力を要することである。こうした厳しさに耐えきれず、ある時突然に自ら排除したはずの既成の「真理」に、既成の思想や宗教に全面的に回帰し依存することになったとしても不思議ではない。一九世紀前半に多くのロマン主義者が結果的にカソリックに帰依することになったのはそのためである。

　このような意味でのロマン主義的自我の貧弱さ、空虚さに着目したひととして、ワイマール、ナチ期、戦後の西ドイツを通じてドイツを代表する政治哲学者だったカール・シュミットと、宗教を人間学的基礎との関連で独自にとらえた神学者パウル・ティリッヒとが注目に値する。シュミットは一九一九年に『政治的ロマン主義』（第二版は一九二五年）を著わし、ティリッヒは一九三二年に「プロテスタンティズムと政治的ロマン主義」を書き、その論旨を発展させた著書『社会主義的決断』を一九三三年に公刊している。ロマン主義的自我の弱さと空虚さに着目した上で、シュミットはそれを政治的に無節操な「機会＝原因論」の概念によって（第一一章）、ティリッヒは人間の自我が何ものかによって「支えられ」ている（「根源的」受動性）ととらえ返した（第一八章）。一九一九年はワイマール共和国成立の年であり、一九三三年はその崩壊の年である。その短期間にすぐれたロマン主義論が二つも出現したこと自体、ワイマール共和国期がロマン主義的雰囲気の濃厚な時代であり、しかもロマン主義が政治化した時代であったことを物語っている。しかしこれらの議論は後の章で別個に取り上げることとして、ここではもう少し一八世紀末から一九世紀初頭の時期にとどまることにしよう。これまでの議論では、前期近代の思想とロマン主義を主として思考様式の面から対比した。次に社会的側面を取り上げる。

　前期近代の思想の総括をイギリス、スコットランドの思想家アダム・スミスの思想にみるとすれば、スミスは資本主義的な市民社会を支えるものとして、経済的側面では社会的分業（『諸国民の富』）が、道徳の面からは人びとの共有する「同感」という道徳感情（『道徳感情の理論』）に着目した。目にはみえないが、資本主義的な市民社会の秩序を支えているのは、人びとを経済的に結びつける社会的分業と、人びとに共有された「同感」、もしくは共感という道徳感情である。こうした考えに立脚したスミスの市民社会論では、社会が人間の自立を助けてくれるものだというイメージがまだどうにか成り立っていた。

スミスの市民社会論に対し、ロマン主義はどのような関係にあるのか。ロマン主義は経済社会の分業が生み出す生産力の上昇に目を向けるというより、むしろそのマイナス面に関心を寄せ、資本主義的な市民社会からの脱出を目指す。すなわち社会的分業と同感によって秩序が維持されているような〈共通の世界〉から離脱することによって「個性」の実現を図る。その〈共通の世界〉が市民社会の一定程度の同質性の内実である。ロマン主義者は〈共通の世界〉から離脱しようとしたわけだが、その〈共通の世界〉がまさに崩壊しようとしていた危機の時代がロマン主義の時代であったともいえる。それゆえロマン主義は〈共通の意味の世界〉の崩壊を素早く感知し、さらに崩壊を促進する役割も果たした。しかし崩壊が進むと、その新しい状況に馴染めず、失われた〈共通の世界〉への憧憬もまた生まれてくる。

社会史的観点からいえば、一八世紀から一九世紀にかけて、それまで市民社会の基礎にあったある程度の社会的同質性が失われていき、社会的多様性が増大し、その分だけ社会的対立も鮮明になっていくという過程が進行する。その根本原因は社会の資本主義的な発展にあり、従来の小独立生産者＝小商品生産者の世界が急速に資本主義社会へ、つまり階級的利害対立の世界へ変貌していく、そういう背景のもとに、ロマン主義は発生した。こうした状況において支配層の人びとは、社会的多様性の増大は押しとどめることのできない時代の流れであるにしても、多様性の増大が深刻な階級対立を生み出さないように、一方では貧困対策、社会政策に取り組み、他方ではさまざまな手段を用いて〈国民としての一体性〉をつくりだそうとした。

ロマン主義は前期近代の市民社会の同感の世界、コモンセンスの世界に俗物の世界の烙印を押し、そこから脱出することによって、ひたすらおのれの「個性」の実現を図ろうとする。この時期の市民的・貴族的なサロンにはそのような性格も認められる。「同感」にせよ「理性」にせよ、いずれにしても他人ももっているものであり、そういうものではなく自分だけのものを拠点にしなければならないとされ、「自我」や「個性」は「理性」や「同感」よりはナチュラルなものとして受けとめられた。他人と共有するものが軽視され、唯一無二のかけがえのない自我の価値が強調されるとき、「自我」や「個性」が強調されているため、一見個人が強化されているようにもみえるが、その背後で個人は衰弱しているという事情についてはすでに触れた通りである。

スミス的な分業の世界に対しロマン主義はどのように対処したのか。スミスは分業がもたらす弊害に気づいていながらも分業の積極的な面、すなわち分業によって生産力が増大し国民が豊かになることを強調していたことに対比していえば、ロマン主義はむしろ分業のマイナス面に敏感で、貧富の差の拡大や人間の断片化といった事態を批判した。

ロマン主義以前の諸個人は、ジョン・ロックの理性的人間にせよ、スミス的な同感的人間にせよ、市民社会という「共同世界」に属する人間だったが、ここロマン主義においてはじめて「共同世界」からも離脱した、従来よりもはるかに孤立した諸個人が出現してきたわけであり、この人間像はほとんどそのまま今日にも通用するような人間像でもあった。

5　ロマン主義の影響と意義

ロマン主義的「個性」の思想の射程は思いの外広く、まず先にも触れたように、後進国の先進国に対する自己主張の根拠になる。その意味でナショナリズムはロマン主義を思想的源泉の一つとしている。ナショナリズムの思想的源泉はロマン主義以外にもあり、一八世紀のドイツの宗教的革新運動である敬虔主義の、例えばツィンツェンドルフも個性の主張を展開していた。また個性の主張は歴史的、地理的にも重要な意味をもった。やや単純化していえば、啓蒙合理主義にとって歴史・過去というものは無知、蒙昧な時代であって、啓蒙によってそれらを克服することを目指していたわけだが、ロマン主義の個性の思想は、過去のそれぞれの時代が「個性」をもった時代で、その「個性」はかけがえのない価値をもっているという方向に展開できる。ロマン主義の影響もあって過去への関心が高まり、歴史学も飛躍的な発展を遂げた（ランケやブルクハルト）。一九世紀は歴史の時代、歴史主義の時代であるともいわれている。ドイツではヨーゼフ・ゲレスやグリム兄弟によって過去の民間伝承が大々的に収集された。地理的にみると、ヨーロッパだけでなく非ヨーロッパ地域にも関心を寄せ、従来は未開の地、野蛮な土地と思われていたところにも「個性」を認めるようになり、それなりの存在理由が認められるようになった。その結果、探検の時代、航海の時代が始まり、ヨーロッパ人が全世界に出ていくことになった。ドイツではアレクサンダー・フンボルトの世界探検旅行が有名である。

ロマン主義の役割は近代の批判にあったわけだが、近代思想の方ではロマン主義の批判、問題提起を一定程度受け入れ、吸収していこうとする。その意味でロマン主義は近代の自己批判、自己変革運動の一つでもあった。近代思想の観点からみれば、ロマン主義は、近代にとって〈周辺的〉なもの、あるいは〈外部的〉なもの、これを取り込み吸収する試みであった。感性とは近代的人間像にとって〈周辺的〉なものであったし、ドイツ自身が近代ヨーロッパ世界にとって、少なくとも当時は〈周辺的〉な地域であった。ドイツのロマン主義やドイツの敬虔主義、こうした運動はドイツのなかでも周辺的地域であった東部ドイツ、植民地域で生まれ、活況を呈していたということも、そのことと無縁ではなかった（ヨーゼフ・ナードラー『ベルリンのロマン主義』）。

個性を重視するロマン主義の姿勢は、〈周辺的〉、〈外部的〉なものの探索に向かった。人間の内部について見れば、〈内面性の世界〉の探求ということで、従来あまり知られていなかった人間の感情世界、時にはフロイトに先立って無意識の世界の探検が行われるようになった。〈ドイツ的内面性の世界〉はここに花開いたわけである。ノヴァーリスやホフマンのドイツ・ロマン主義の文学世界がそうであるし、そして何より世界的に有名で、ドイツ人の誇りになっている内面的なドイツ音楽とドイツ観念論哲学も、こうした文脈において生まれてきた。〈周辺的・外部的なもの〉の探索は人間の探求に向かっただけでなく、外地の探求にも向かったわけで、近代ヨーロッパからみれば周辺的だったドイツだけでなくさらに周辺的な東ヨーロッパ諸国、そしてさらには近代ヨーロッパにとっては外部ともいうべき非ヨーロッパ世界の探求、そして取り込みにまで向かうことになった。

6　世紀転換期以降の保守主義とロマン主義

本書では章ごとに問題を設定しているわけだが、問題は展開されて運動していくものであり、その運動する世界を問題圏と呼ぶとすれば、問題圏はひとつのサイクルになっているように思われる。例えば「先進国と後進国の関係」という問題を設定した場合、まず先進国に追いつくという動機から先進国の模倣がなされ、次いで模倣の過程で後進国はおのれの独自性に目覚め、先進国に反逆し、さらに模倣と反逆を経て後進国は変貌する、という〈ワンサイクルの問題圏〉を想定することができる。

問題を「世紀転換期以降のドイツ保守主義」と設定した場合、どのような問題圏を読み取ることができるだろうか。一八世紀末から一九世紀にかけて成立したドイツ保守主義の社会的基盤が、特権を失うおそれのあった貴族や資本主義的発展にようやく巻き込まれつつあった市民層にあったとすれば、二〇世紀への世紀転換期における保守主義の社会的基盤は主として中産層に、つまり中小市民層にあった。ドイツの統一以後、もはや資本主義以前に戻るという願望がリアリティを失うと、保守主義勢力も大きく転換していく。かつて市民層は伝統的な身分社会に対抗しており、その意味では「普遍的身分」を自称する根拠をもっていたが、統一以後の中小市民層は「中産層」として大資本と労働者階級の中間にはさまれた一階層に過ぎず、普遍的と自称する根拠を欠いていた。かれらには事実上ブルジョアジーを中心とする近代化の推進勢力と妥協し、新体制に参与していく方向しか残されていなかった。こうして一八八〇年代以降、とりわけ一八九〇年代になると、各種の利害団体が組織されるようになった。農民、手工業者、小売商といった伝統的な市民層（旧中産層）や、一九世紀末に急速に増大したホワイトカラー、官吏などの「新中産層」が、従来のように上からの操作の対象に甘んじることなく、利害集団を結成し、みずからの利害を主張し始めたのである。注目すべきことにこうした動向とほぼ並行して、全ドイツ連盟（一八九一）やオスト・マルク協会（一八九四）といったナショナリスティックな団体や大衆向けの文化的諸団体も結成されている。その背後には経済の構造変化に伴い急激な都市の膨張や人口の移動もあって、小市民層は社会的に上昇するにせよ没落するにせよ、あるいは横滑りにせよ、イリーの表現を借りれば「どれか他の地位への移動途中」の流動的な状態にまきこまれた存在であり、アイデンティティを形成しにくい不安定な位置にあったためにそうした動きを見せたわけである。とりわけ没落への不安は大きく、ワイマール共和国の成立は相対的に労働者の地位を上げたために、かれらの不安感は一段と増大した。

教養市民層、なかでも官吏や大学人は保守的意識の担い手であった。「本来それがどうであったか」というランケ的観点にたち、対象に対する思い入れを排したワイマール文化論（『ワイマル文化を生きた人びと』）の筆者ウォルター・ラカーは、大学人の態度を取り上げた章のタイトルを「反ワイマールの大学」と名づけ、総じて大学人を支配していたムードが「反共和的」であったばかりでなく、「ワイマール文化」を「最初の真に現代的な文化」であるととらえたうえで、多くの大学人が「ワイマール共和国とそれが代弁している一切のもの」に反対であったわけではないにせよ、それらに積極的なかかわりをもたなかった、と述べている。ナチズムに完全に共鳴することはなかったが、議会制民主主義には「嫌悪と公然たる敵意」を示していた、というのが保守的な教養市民層に典型的な態度であった。

当初保守主義的反対の声はエリート主義的性格をおびており、大衆運動との結びつきを欠いた孤立した声にすぎなかったが、次第に小市民層を社会的基盤とし、保守主義的意識は広範な拡がりを見せるようになり、当然それとともに多様な利害が流入し、内部的対立も増大する。そうなるとかれらの保守的意識を正当化すると同時に、内部的対立を調停できるような理論的立場が追求される。こうして保守的意識は多少とも自覚的な保守主義思想に転化していく。資本主義的発展以前の時代に共感を寄せるかれらの根本的志向性は、理論化が進めば進むほど実現しがたいことが露呈し、〈根本的志向性〉と〈現代社会〉との矛盾から脱却するためには、①部分的な個々の論点に自己限定するか、そうでなければ②おのれの主張を多少ともロマン主義化せざるをえない。かくして保守主義的意識は単なる断片的主張にとどまらず、多少とも体系化しようとすると、方法としての、あるいは思考様式としてのロマン主義を採用せざるをえない。さしあたりここでは「ロマン主義化」という概念を、問題をその問題に固有の次元においてではなく、別の次元に移して論じる手法という意味で用いている。それはしばしば利害関係を隠蔽し、利害を片隅に追いやり、利害関係が矮小にみえるような、別の新鮮な次元を開示する手法でもある。だが〈ロマン主義化〉は持続的に説得力をもたない過渡期の手法であって、保守主義は再び保守主義的意識に回帰する。これが一つの〈精神史的なワンサイクル〉である。

右のような精神史的サイクルは帝政期からワイマール共和国期にも見られた。帝政期の保守主義は当初ポール・ド・ラガルドやユリウス・ラングベーンに見られるように社会的基盤を欠いていたが、世紀転換期に小市民層が自己に目覚め利害団体を組織するようになると、小市民層の多様な利害にもこたえる必要に迫られ、思想的体系化を目指す過程で多少ともロマン主義化する。そのきっかけとなったのが第一次世界大戦とその後の革命的変革の時代である。こうして保守革命の思想への道が開かれるのである。ワイマール時代の思想家がこのサイクルの原型を一八世紀から一九世紀への転換期に見出そうとしたのはそのためである。

第二部　〈崩壊〉の始まり

世紀転換期から一九二〇年代へ

ドイツにおいて本格的に現代思想が展開されるようになるのは、一九世紀から二〇世紀への転換期のことであった。本書で世紀転換期というとき、特に断らない限りこの時期を指すことにする。本書が焦点をあてるのは、近代から現代への移行期、言い換えれば現代思想の形成期に対してである。近代のなかに現代的なものが胚胎し、やがて現代的なものが支配的になる、〈精神史的なワンサイクル〉に関心を寄せている。第一章でマックス・ウェーバーの議論に即して、近代思想そのものというより近代を形成する「エートス」もしくは思想を取り上げたことに問題意識上は対応し、本章では現代的なものを形成する社会意識に焦点をあてたい。ドイツでは〈精神史的ワンサイクル〉が終わり、現代的なものが支配的になったかに見えた時に、ナチス体制による強烈な揺り戻しがあって、その流れは中断された。もちろんそう言えるのは理論的な大筋であって、実際の歴史過程はそれほど明快でなく、歴史における断絶面と同時に連続面もあることについては、本書のなかで触れる通りである。本書において、ナチ期やそれ以後の時期に触れることもあるが、基本的にワイマール共和国の崩壊の時点あたりまでを叙述の対象としているのは、その時点で精神史的なワンサイクルが終わったと判断しているためである。

第六章では、帝政期における市民層、とくに教養市民層の思想的崩壊とその内部的批判としてウェーバーの晩年の講演や宗教社会学を取り上げている。

第七章では、経済的利害対立にともないドイツ社会が多様化した結果生じた、市民層の一体性の崩壊と「社会的モデルネ」と「美的・文化的モデルネ」の分断について取り上げ、そうした状況のなかでさまざまな「新しい人間像」が模索されたが、期待されたようにはならず、結局大衆的人間像が優位になっていく過程を論じている。

第八章では、市民層の崩壊に対応して生まれてくるモダニズムの芸術運動、とりわけ印象主義と表現主義の社会意識をジンメルやハウザーの議論を紹介しながら追求している。

第九章では「モデルネ」の意識と一九二〇年代における「経験の貧困化」に焦点を当て、大都市、とりわけベルリンとの関係を論じる。

第一〇章では、第八章に続いてモダニズムの芸術運動をダダイズムと新即物主義に即して取り上げ、一九二四年に露呈した新しい潮流への適応と戸惑いを取り上げている。

第六章 「文明化」の挫折とウェーバーの宗教社会学

第二章においてエリアスの「文明化」論のなかから、一七六〇―一八三〇年頃のドイツにおける「文明化」論と「文化」意識の相克に関わる部分について取り上げたが、かれの「文明化」論の視野は広く、そこでの議論に尽きるものではない。本章では、一九世紀はじめに市民層を中心に、とりわけ教養市民層を中核にして確立されたドイツ国民文化の社会的性格が帝政期からワイマール共和国期にかけて、どのようなかたちで継続し変貌しているのかについて触れておきたい。

すでに述べたように、国民文化形成に際し宮廷貴族がイニシアティブを握り、上流市民階級も吸収した社交圏を形成したフランスの場合と違って、ドイツの国民文化の骨格は市民階級によって形成された。市民階級に許された領域であり、またかれらの誇りでもあった領域が文化領域だった。ただし国民文化の形成に際し、積極的な役割をはたさなかったからといって、ドイツの貴族が無力だったことにはならない。むしろ逆である。政治と軍事の領域において、上流階級の地位でもある官僚の地位と将校の地位を、圧倒的に掌握していたのは貴族である。こうした事情はドイツ統一後も変わらず、ワイマール共和国においてさえも基本的には継続していた。

1 エリアスの「文明化の挫折」論

（1） 市民階級の挫折と敗北

市民階級が文化の領域で自己実現を目指したことには、行政や軍部の支配層から排除されていたかれらにとって、その心理的埋め合わせという意味があった。ワイマール公国で有力な地位にあったゲーテのような例外はあっても、ドイツ人文主義ないし古典主義の代表者たる教養市民層には通常政治への道は〈閉ざされて〉おり、かれらの「理想主義」にはそうした「アウトサイダー的な立場」が反映している。一九世紀の一時期、古典主義の「理想主義」や「教養」の理念は、野党的＝反対派的なドイツの市民層に影響を与えたこともあったが、総じて政治的には野党的＝反対派的であるにとどまり、その影響力も限られていた。

一八四八年の革命が市民革命としては中途半端なかたちに終ったことは、ドイツ市民階級の「挫折」であったものの、これを起点に市民階級は経済的階級として上昇していくことにもなった。しかしデンマークやオーストリアに対する勝利を経て、フランスに対する軍事的勝利により最終的に達成された念願の統一は、国内的にみると、戦勝を実現した軍人＝ドイツ貴族に対するドイツ市民層の敗北を意味していた。これに対応する思想史的過程において、ドイツ理想主義の伝統は消えたとまではいわないまでも、権力主義的でナショナリスティックな思想傾向の前に影が薄くなっていく。

こうしてビスマルクによる統一以後、帝政期ドイツにおいて、市民階級はさらに変貌していく。エリアスによると（『ドイツ人について』）、一八七一年のフランスに対する軍事的勝利によってドイツの上流階級である戦士貴族（軍人貴族）や宮廷貴族は社会的に温存されただけでなく、一段と強力な階層になった。「古典派」にくみしていた教養市民層に属する人びとも、戦士貴族のリーダーシップのもとで統一国家が実現したという現実に頭を垂れ、貴族に屈服することによって、大方は理想主義の実現を断念し、貴族の優越的地位に基づく軍国主義国家に順応していっただけでなく、戦士貴族の「生き方や規範」までも受け入れるようになっていく。もちろん統一以後一段と進展する社会の資本主義化によって、市民層の経済的地位や豊かさは上昇し、貴族階級に接近する機会も増大したので、従来は融合せず別個に存在していたドイツの市民文化と宮廷文化は、無縁なままでいるのは難しくなる。とすれば、かつてフランスにおいて実現したように、遅ればせながらドイツにおいても、貴族的な生活様式と市民的な生活様式が融合して、新しい第三の生活様式が生まれ、それが統一されたドイツ国民の模範となるような事態が実現したのであろうか。

この点具体的には「今後解明すべき課題」であるとエリアスはいっているものの、おそらくフランスのようにはならなかったのである。しかし一方でエリアスは、依然としてドイツの貴族は市民層と距離を取ろうとしていると確認しながらも、他方で少なくとも「市民的な行動様式や感じ方」のなかに、「貴族の基準から生まれた評価や態度」が「浸透していった」こと、とりわけ貴族文化という場合、宮廷貴族の作法というより、戦士貴族の振舞いや行動様式が市民層の間に広まっていったことも確認している。ではどのように「浸透していった」のか、そして何が原因で依然としてフランスと違った発展をたどったのだろうか。

(2) 戦士貴族の伝統

この問題を明らかにするにはドイツにおける貴族の歴史的変貌について触れておかねばならない。根本問題はドイツの経済的な停滞に求められる。エリアスは近世においてヨーロッパの強大国に比べ、「ドイツ地域が相対的に無力だった長い時期があった」ことの歴史的影響を重視する。多数の領邦に分裂していたドイツにあって最大最強であったプロイセンにしてもまだ「比較的貧しい国」であり、フランスを中心とするヨーロッパの宮廷文化の辺境に位置していたにすぎない。国境は不安定で、国内では戦争に怯え、他国の脅威にさらされていたため、戦士層は絶えず戦いに備えていなければならなかった。プロイセンの貴族の生活意識や価値基準において、「宮廷の基準」よりも「軍事的基準」の方がはるかに重視され、「文明化」の進展はたちおくれた、とエリアスはいっている。

ヨーロッパに視野を拡げていえば、近世から近代への過程で戦士貴族から宮廷貴族への転換がみられた。エリアスも貴族を「戦士貴族」と「宮廷貴族」に分けて説明している。貨幣経済の発達は貴族階級を経済的に衰退させる。中央の絶対君主の場合は租税収入で収益を増大させることもできたが、大半の貴族は窮乏化して王や諸侯に仕えるようになる。かれらは比較的「自由な戦士」から、給金の支払いを受けて中央の支配者に仕えるサラリーマン的な戦士や将校に変わっていかざるをえない。「戦士の宮廷化」、つまり一一、一二世紀から緩慢に始まり、一七、一八世紀に終わる戦士貴族から宮廷貴族への移行、「戦士の階層」から「廷臣の階層」への移行という事態の進行である。同じく貴族と言っても、「戦士貴族」と「宮廷貴族」ではその性格が著しく異なるのはいうまでもない。

中央の支配権力が確立していない、ごく初期の段階、例えば物々交換と自給自足の時期には、一般に人間の相互依存関係は直接的で、絶えず人間が人間に対し脅威となりうる状況が日常化し、暴力行為も不可避的だった、と推定される。後の時代と比べて、戦士は自分の衝動や感情を自由に発散する可能性を、例えば「気狂いのように喜び」、「思う存分好色に耽り」、際限なく憎悪心を満足させる可能性をもっていたわけだが、逆に負けてしまえば他人の暴力や拷問を受け肉体的苦痛にさらされるだけでなく、徹底的に従属を強いられる可能性もあった。「戦士貴族」は本来そのような危険な世界を固有の生活の場としていたのである。

貨幣経済の発展により、人間の相互依存関係が複雑になり、直接には到底見渡すことができないほど媒介された関係に変わっていくと、つまり人間相互の機能分担が広範囲に及ぶようになると、個々の人間は機能上他者に大きく依存するようになり、それとともに次のような必要性が切実になる。他者の衝動的な暴力の発露はおのれの脅威であるにとどまらず、人間関係の円滑な進展、貨幣経済の発展の深刻な阻害要因にもなるので、激情の発散や攻撃欲を抑制するという経済的必要性からも、そうした抑制を担保しうる強制装置、暴力を独占する強力な支配権力が要請される。

（3）戦士貴族と学生組合

またエリアスは、帝政期において、とりわけ学生組合が「決闘」という貴族の習慣を受け入れ、「決闘に応じる能力」を重視している実態を批判している。元来決闘は国境を超えた貴族の風習に遡るヨーロッパ共通の慣習だったが、ドイツ以外の国では市民階級の台頭とともに次第に意味を失っていった。貴族が戦争する身分であるとすれば、市民は働く階級であり、労働が平和な状態に依存している以上、日常的には平和を志向する階級であった。しかしドイツでは統一以後、もしくはそれ以前から、上昇する市民層が貴族モデルを、それも戦士貴族モデルを継承し、「決闘」は市民階級の学生の間にも強制的な制度として広まった。もちろん「決闘は特定の人間的な態度、すなわち社会的に規制された暴力行為が奨励されることの象徴だった」。一九一八年になっても「上流階級だけでなく中間層の上層部でも、また貴族や将校団だけでなく、市民である学生組合や大学出身者でも、決闘が道徳基準の中核をなしていた」のはドイツだけである、とエリアスは述べている。

「貴族の行動や感情においても、戦士の価値が宮廷人の価値より重んじられていた」理由は、近世においてドイツのおかれていた状況に、すなわち政治的には分裂し、領土も不安定で、経済的にも貧しかったドイツの状況に求められる。統一以後著しく成長し、経済的発展を背景に急速に大国の地位に上昇したものの、「成金」「成り上がり」としての自信の欠如に由来する不安も大きかった。このような諸事情が重なり合って「決闘を許された社会」は出来上がったのである。

2　ウェーバーのドイツ「政治文化」批判の一断面

(1)　選挙法と民主主義

決闘を許された社会については、エリアスに先立って、市民階級の子弟であることを自認していたマックス・ウェーバーが批判的に取り上げている。第一次大戦中の一九一七年にウェーバーは、「ドイツにおける選挙法と民主主義」と題する論文（『政治論集1』）を発表している。表題にもみられるように、ドイツにおいて選挙法のあり方が民主主義の発展とどう関係しているかを論じた時事的な論文である。この文章はやや風変わりな構成をもち、前半はタイトルに即した問題を時事論的に論じている、論題に相応しい内容になっているが、半分をすぎたあたりで突然転調する。前半は三級選挙法など当時のドイツの政治制度、政治状況をめぐる知識をもたないとわかりにくい政治的、時事論的内容になっているが、後半になると一転して社会文化論的内容に変わり、ドイツにおける「貴族主義」の問題が主題となる。おそらく「選挙法と民主主義」について書き始めたが、タイトルに即した議論では論じつくしえぬ根本問題にたどり着いたために、このような構成になったということだろう。

それは第二章でエリアスの議論に即して紹介した、ドイツにおける貴族と市民層の歴史的な関係の問題でもある。ウェーバーによれば、今日のドイツに「貴族主義」はほとんど存在しない。言い換えれば、経済的、政治的、並びに精神的な面での真のエリートは存在しない。それぞれの面で国民の水準から頭抜け、国民の振舞いの模範になるような集団がドイツには欠如している。第二章でも述べたように、一八世紀から一九世紀にかけて、ドイツにもある種のエリートは存在した。だがかれらは地域的に分散し、まとまったエリート社会を構成していなかった。その限定的な意味でのエリートさえ、一九世紀の産業資本主義化の過程で、その「精神文化」の成り立つ基盤が掘り崩され、ニーチェの「教養俗物」批判にみられるようなドイツ的「教養」の危機は、ウェーバーの批判を経て一九二〇年代に極まる。

ウェーバーの議論の大筋はこうである。歴史的にみてもドイツに「貴族主義」的伝統はもともと弱体であって、むしろ市民的伝統の方が優位にたっている。だが目下の状況ではその市民的伝統も、「平民的」と呼んだ方が適切な内容に成り変っている。こうした状況認識の下、主としてイギリスとの比較で、「貴族主義」的伝統が欠如しているということの問題点と、ドイツにおける今後の可能性を具体的に論じたのがこの論文後半の内容になる。ウェーバーの代表作『プロテスタンティズムの倫理と資本主義の精神』において主としてイギリスの事例を論じつつ、ドイツが比較の対象にされているのと照応した内容になっている。

ただし右に要約されたウェーバーの主張内容は大筋のものであって、例えば「貴族主義」的伝統もミュンヘンにはささやかながらあるし、誇るべき「市民的」伝統もハンブルクには定着している、とされている。実証的に考える場合、ドイツのような長年小邦分立状態にあった国の場合は、地域的多様性を当然考慮しなければならない＊。

＊　ドイツ語圏で考えると、「貴族的」伝統の強い都市は何といってもウィーンであろうし、「市民的」伝統というのであれば、チューリッヒも逸せない。同じドイツ語文化圏のなかのウィーンとベルリンにおける「貴族主義的伝統と市民的伝統の相克」を比較検討するのは、本章の文脈からしても、有益な主題となろう。

(2)　「貴族主義」の育成

ウェーバーは、「市民的」伝統に立脚した上で「貴族主義」を身につけること、つまり精神の「貴族主義」を育成することをめざしていた。「貴族」と「貴族主義」を区別し、「貴族主義」の方に着目しているのであって、あるがままの「貴族」を肯定していたわけではなく、まして実体としての貴族を再興しようとしていたわけではない。かれは「貴族」の概念に、利害関係から相対的に自由な生活の余裕と、立居・振舞いの品位や優雅さという国民の模範になりうる資質をみてとり、それを貴族の専有から解き放ち民主化しようと考え、「貴族主義」の概念を構成した。したがって「貴族主義」とはいうものの、ウェーバーはその担い手として貴族ではなく、むしろ市民層にその役割を期待する。

何といっても「市民層」は経済的に社会を主導する階層だったからである。

ウェーバーは「貴族主義」を「政治的貴族主義」と「精神的貴族主義」に分けて論じ、「政治的貴族主義」を実際には政治の担い手に相応しい資質とみなしている。ここよりむしろ『職業としての政治』において詳論されているような政治家の資質である。ウェーバーは政治家を「政治によって生きる人」と「政治のために生きる人」とに分けて、政治を職業とすることにおのれの生活が依存している「政治によって生きる人」ではなく、「政治のために生きる人」こそが、政治家に相応しい資質であるという。この区別も実体的区別ではない。かれは「政治のために」生きることのできる条件として、経済的ゆとり、時間的ゆとり、内面的ゆとり、という三つの「ゆとり」を挙げている。このうちどれか一つではなく、三つの条件をすべて満たす必要がある。政治活動に従事することから得られる報酬に経済的に依存せざるをえない人は「政治のために」生きる人とはいえない。その意味でまず報酬・給与に依存しないだけの経済的ゆとりが必要になる。その条件に合致するのは「資産のある人」である。

とはいえ、資産を有するというだけでは「政治のために」生きられることにはならない。企業家は資産をもっているかもしれないが、おのれの経済活動に忙殺され、政治に時間を投入するだけの時間的余裕がないから、政治的意味で貴族として機能することができない。エルベ川以東の支配階級であるユンカーと呼ばれる大土地所有者は「土地貴族」などと訳されたりすることもあるが、当時資本主義経済に巻き込まれ、農民を雇って経済活動を行っていたので、実質的には農業企業家になっており、すでに激しい利害闘争に巻き込まれていたから、その点で市民的企業家と変わるところはなくなり、かれらも実態としては貴族であるというより徹底して「平民的徳性」の持ち主であった、とウェーバーはみている。となると経済的不安もなく時間的余裕もある存在として、大金利生活者が残るが、一見「政治のために生きる」資格を十分に備えているかにみえるかれらも、ただちに政治家たる資格のある人物とみなされているわけではない。そこでウェーバーは「内面的ゆとり」を条件に挙げる。ここで「内面的ゆとり」とは日常的な利害闘争からの距離を意味している。明示的にせよそうでないにせよ、社会は日常的に社会的利害が闘争を繰り広げている場であり、政治とは社会的利害闘争に何らかの決着をもたらす営みでもある。だが「政治のために生きる」ことが可能になるには——ウェーバーが最終的にいいたいのはこの先にあるのだが——日常的な社会的利害に対し単に距離をとるだけでは十分ではない。社会的な利害に対し両義的な態度をとれることが要求される。近代社会は利害闘争の場であるというのがウェーバーの社会科学において前提される認識だったから、そうした利害闘争の場に疎遠な、その外部に存在する人は、政治活動に従事するのに相応しい人物とはいえない。社会的利害闘争に疎いのではなく、そうした闘争世界を知ることのできる人であることが要求されると同時に、その対立する社会的利害対立から「内面的に距離をとる」ことができる、そうした意味での「内面的ゆとり」も要求されている。社会的利害闘争に関わりながらも、それから「内面的距離」をとることができるような社会的位置にある人こそが政治家たるに相応しい人物であった。現代では弁護士などをそうした資格を備えた専門職としてウェーバーは評価している。

　このような意味での「貴族主義」は、民主主義と比較した場合、「情緒的要因」に支配されることが比較的少ない。ウェーバーは「街頭の民主主義」には批判的であった。ベンヤミンは、政治家が選挙民の前に直接身を晒し判断される時代を「展示」、もしくは「展示的価値」の概念でとらえていたが（第一四章）、ウェーバーはそのようなことが不可避的になった時代に嫌悪感を抱いていた。〈展示〉

概念は現代思想におけるキーワードの一つである。

(3) 「精神の貴族主義」と学生組合

次に「精神的貴族主義」について、ウェーバーはこれを「趣味の文化」の一面ととらえている。一面では礼儀作法や振舞いといった人間の態度をあらわすエリアスの「文明化」概念と同じような意味で用いられ、他面では建築などに代表される芸術作品もこの用語の範囲に入れられている。元来こうした「趣味の文化」はフランスの宮廷などを本来の場として形成されたが、後に宮廷を離れて市民社会のなかで育成されるようになった。フランスが政治的経済的地位の弱体化にもかかわらず今日なお享受している威信は、その洗練された趣味文化に負うところが大きい、とウェーバーはいっている。宮廷に代わって趣味文化を育成する場として、かれは宮廷文化と市民文化の精神的交流が可能な社交形式であるイギリスの「クラブ」やフランスの「サロン」を重視した。例えばイギリスのクラブでは、貴族主義的紳士の育成(紳士教育)がめざされていたし、フランスのサロンでは「騎士道」精神の育成がめざされていた。これらの資質は民衆の模範になりえただけでなく、「市民的」資質の陶冶にも継承されるべき特質だった。

一方、ウェーバーが学生だった頃から第一次大戦に至る時期、ドイツ市民層の「趣味の文化」を事実上育成し訓練する場として、かれは大学、とくに学生の自主的団体である「学生組合」に注目している。ウェーバーもエリアスと同じ問題にたどり着いていたわけである。第三章でも述べたように、ドイツにもサロンやクラブは形成され、一定の伝統をもっていたが、ウェーバーはこれらに言及していない。ウェーバーによれば、元来、「学生組合」は青年が将来エリート的地位につくための社会教育的な制度だったが、今日、学生組合のコネが将来官吏の地位に就く上で有利な条件になっており、その実態はコネ社会への登竜門になっていた。しかも学生が新入生に教えていることといえば、紳士たるべき模範とは程遠く、「決闘」「飲酒」「サボリ」の三点セットにすぎなかった。行われていたのは「決闘申し込みに応じる能力」の育成や「飲酒強制」、各種の新入生いじめであり、いずれにせよ民衆の模範となるものではなく、ウェーバーは学生組合を「市民的」ではなく「平民的」団体であると酷評している。その挙動、振舞いに「品位」や「優雅さ」が欠如し、ドイツでは市民層のエリートでさえ「平民的」である、と「精神的貴族主義」の立場から慨嘆している。

このような次第であったから、ドイツに「充分な厚みと政治的伝統のある貴族主義」、広く民主化されるべき「貴族主義的な作法」は存在しなかった、とウェーバーは結論づける。* 作法や品位の育成に際してドイツでは宗教（ルター派）が無力だったことはすでに述べた通りである。

＊　その際ウェーバーは、ドイツ系オーストリア人の態度には「貴族主義的」なところがある、と述べている。ドイツ人名士の「成り上がり者」の人相に対し、「昔から良い社会教育を身につけた」オーストリア人の対比を参照されたい（『政治論集1』）。関連してカール・レーヴィットは、その回想録『ナチズムと私の生活　仙台からの告発』（法政大学出版局）のなかで、ドイツ人、オーストリア人、イタリア人を対比し、オーストリア人やイタリア人に人間的共感と賛美を呈し、印象論的記述ではあるが、心に残るコメントを残している。

3　ウェーバーにおける宗教社会学と政治

(1)　市民層と「貴族主義」

当時のドイツにおいて社会的に上昇しようとする場合、三つのエリートコースがあった、とウェーバーはみている。①土地を購入し世襲財産として「名目貴族」になる道、②大学に入り「学生組合」に加わり、官僚になる道、③軍隊に入り、将校になる道、がそれである。重要なことは、貴族と官僚、将校というエリートコースのいずれもが、産業資本主義の世界を固有の領域としてはいないということである。上流社会が依然として資本主義と無縁なところにできあがっているのが、ドイツの特徴であった。これらのルートを通じて追求されるのは「身分的名誉」だったが、ドイツの現状においてこれらのルートは、いずれにせよ、ユンカーと呼ばれる大土地所有者＝封建的支配者の勢力圏にくみこまれる、ということをウェーバーは繰り返し強調する。帝政期ドイツの社会構造はかれら土地貴族とブルジョアジーの妥協の上に成り立っていた。ウェーバーの政策論的、時事論的な状況分析における一貫した主要テーマが、ユンカーの利害を中心とする前近代的・政治的な資本主義と、電気・化学工業資本を中心とする近代的・合理的資本主義の対立を基軸とする帝政期ドイツの社会経済的構造を、後者の主導によって合理的資本主義へと転換し、さらにそれに対応する市民階級主体の近代的政治指導を確立することにあったとすれば、ウェーバーの実践的課題が、ユンカーの勢力圏とそれに深く結びついた社会的上昇のルートを根本的に解体すること、にあったのはいうまでもない。

ウェーバーは今後のドイツの政治文化的課題を、本物の上品な作法である、「貴族主義的な作法」を育成し発展させることにみていたが、そのためには冷静に出発点となるドイツの現状を確認しておく必要があった。その結果ウェーバーは、ドイツは「平民民族」であり――そういいたければ「市民的民族」であるといってもよいが、とウェーバーはいっている――いずれにせよ「ドイツの作法」が育つとすればこの基礎の上に立つほかない、とみていた。「市民的民族」が「貴族主義的作法」を身につけるようにという提言は、ユンカーの勢力圏を打倒する方向と結びつけられていたのである。

もっともかれは冷静に現実を見据え、「貴族主義的作法」の育成には当面見込みが薄いと考えてもいた。そうしていかにもウェーバーらしく、本物の作法を育成するための根本問題である、「エートス」論に踏み込んでいく。「貴族主義的作法」が根づくための人間的基礎は何かを問い、最終的には「個人の態度における内面的距離と慎み」を挙げている。ウェーバーが政治文化の領域に踏み込んだ発言をするとき、キーワードになるのはいつも「内面的距離」の育成であった。それがドイツでは社会的上層にも下層にも著しく欠けている、とウェーバーは述べている。このような問題は一九一七年に突然自覚されたわけではなく、少なくとも二〇世紀初頭の論文『プロテスタンティズムの倫理と資本主義の精神』にまで遡る問題意識であった。この問題に対しウェーバーはエリアスと別の宗教社会学的観点を示していたわけである。

（2）「貴族主義」と「内面的距離」

こうして再びウェーバーの宗教社会学的な研究、とりわけ第一章で触れた『プロテスタンティズムの倫理と資本主義の精神』の世界に立ち戻ることになる。ウェーバーはカルヴァン派とルター派を対比するに際し、カルヴァン派においては「宗教的貴族主義」が成立するのに対し、ルター派においてはそれを生み出す動機が認められないことを強調する。かれはカルヴァン派とカソリックの継承関係に触れて、こう述べている。

現世を超えた世俗の外側での修道士たちの宗教的貴族主義（カソリックの場合——引用者）に代わって、永遠の昔から神によって予定された聖徒たちの現世（世俗生活）内部における宗教的貴族主義（カルヴァン派——引用者）が生まれることになった。（『資本主義の精神』）

カルヴィニズムにおける「貴族主義」は半端なものではない。神によって決定済みの、永遠の救いに予定された者と永遠の滅びに予定された者の間の、目にはみえない断絶は圧倒的である。ウェーバーは「貴族主義」が生まれるか否かを、追求される「救いの内容」の如何によって説明をしている。ルター派の場合、信者の個別的な罪に対し与えられる「個々の恩恵」が「救いの内容」になるので、カルヴィニズムにおけるような「救いの確信」をみずから作り出すような「聖徒たちの貴族主義」は発展しようがなかった。

聖徒たちの「宗教的貴族主義」は、ある場合にはオランダのように、教会の内部で自由意志に基づいて作られた集会というかたちをとったり、ある場合にはイギリスのピューリタニズム（カルヴァン派）のように、「ゼクテ（信団）」というかたちをとったりしたが、「宗教的貴族主義」に縁の薄いルター派の場合、自由な信者のいずれの組織形態も弱体であった。ツィンツェンドルフの指導するヘルンフート兄弟団はカルヴァン派的な「聖徒的貴族主義」に合致するような立場を取っており、そこに自由な教団が形成される可能性はあったが、かれ自身はみずからルター派であることを強調しており、みずからの意に反して教団を結成したにすぎなかった。ツィンツェンドルフを含め、シュペーナーやフランケのドイツ敬虔主義はルター派内部の改革運動にとどまったのである。

そしてルター派における貴族主義的性格の弱さは、ウェーバーが「精神的貴族主義」の核心ととらえた「内面的距離」の問題とも関連している。最後にこの問題に触れよう。

（3）「政治家」の資質

ウェーバーは『職業としての政治』（一九一九）のなかで「政治家」の資質として「情熱」と「責任感」と「判断力」とを挙げている。これらはすべて「内面的距離」の問題に関連している。「情熱」とは、ウェーバーによれば、「事柄への献身」においてあらわれるべきものである。文脈に応じて「仕事」、「問題」、「対象」、「現実」などとも訳しわけられるが、ここでは「事柄」と訳したドイツ語の「ザッヘ（Sache）」は、ウェーバーのキーワードの一つであり、かれにとって人間が献身するに値する唯一のものと言ってよく、価値や理想や思想にしても「ザッヘ」のなかに組み込まれていてこそ、言い換えれば「ザッヘ」を通して当たられてこそ、追求するに値した。さらにかれにとって、「事柄に献身する」とは事柄に「即する」ことを通してはじめて、実現されるべきものであり、「即物的」（ザッハリヒ）、あるいは「即物性」（ザッハリヒカイト）はウェーバーにとって、われわれの生活を律すべき原則であった。政治家の態度がジンメルのいう「不毛な興奮」と区別されるとすれば、なによりも「事柄に即している」点にその根拠は求められる。

ウェーバーは戦時中や革命的騒乱の時期におけるドイツの左翼的インテリの精神的態度を「「革命」という誇らしげな名前で飾り立てられた乱痴気騒ぎ」であるとか、「知的道化師のロマンティシズム」であると酷評しているが、かれらには「事柄への献身」が欠けており、したがって「責任感」が欠如しているためであった。「責任感」なき情熱、あるいは「情熱」なき責任感のいずれに対してもウェーバーは批判的だった。「情熱」は「仕事（ザッヘ）」への奉仕として、「責任性」とむすびついてはじめて「政治家」をつくりだすというのがウェーバーの考えであった。そして最後に政治家の「決定的な心理的資質」として「判断力」をあげているが、これは「精神を集中」して冷静に現実を「あるがままに受けとめる能力」であるとされ、さらに事物と人間に対して「距離をおいて見ること」（「目測力」）と言い換えられている。「ザッハリヒ」に関連した用語として「距離」もウェーバーのキーワードの一つである。情熱は熱烈であればあるほど対象（事物や人間）を無視したり、また逆に対象と癒着したりしがちで、対象との適切な距離をとるのが難しくなる。政治は頭脳に基づく実践であるにしても、「軽薄な知的遊戯」ではなく人間的に「真剣な行為」であろうとするなら、是が非でも「情熱」と「距離」を両立させる必要がある。ウェーバーの説く対象への「距離への習熟」という場合、「対象」には自分自身も含まれており、おのれの経済的政治的利害はもちろんのこと、虚栄心のような人間的利害からも距離をとるべきであるのはいうまでもない。

『職業としての政治』に即してウェーバーの主張を紹介してきたが、これまでの叙述は政治領域や政治を職業とする人に限定して当てはまるわけではなく、より広範に妥当するものである。「職業としての政治」という訳語は間違った訳ではないが、誤解を招きやすい訳語である。数ある領域のうちで特に政治に従事する人は、どのような特徴をもった領域に従事しているのかを理解している必要があるという観点から、ウェーバーは「政治とは何か」を主として学生に向かってわかりやすく説明しており、単に職業政治家の心構えを説いているわけではない。ウェーバーは現代において価値ある仕事は、全体性を断念し、専門性に徹するところからのみ生まれてくると述べて（『資本主義の精神』）、専門性への奉仕を説いてはいるが、専門に徹するからといって、われわれは専門以外の領域に無縁なままでいられるわけではない。銀行員は経済行為のみを行っているわけではなく、仕事や日常生活の中で多少とも政治的行為を行い、また多少とも知的に考えたりしているはずである。経済的行為は経済人の、政治的行為は政治家の、知的な思考は学者・研究者の専管事項だというわけではない。学校を卒業して仕事をもつからといって、知的活動や政治的行為と無縁になるわけではなく、『職業としての学問』や『職業としての政治』の世界と無縁になってしまうことはない。

また『職業としての政治』で指摘された政治家に必要な三つの資質は、すぐれて政治領域での活動に必要な資質であるにしても、他の経済や学問の領域においても、程度の違いこそあれ、基本的には必要とされる資質である。「情熱」はどのような活動であれ望ましいし、対象から距離をとってなされる判断力は経済行為においても学問においても必要である。「責任感」にしても、何に対する責任かという責任の内容に違いはあるにせよ、あらゆる活動に要請されるものである。無条件に同じ意味で、また同じ程度に要請されるわけではないにしても、およそ人間的な活動に際し必要とされる資質が「情熱」と「責任感」であり、両者をつなぐ重要な位置を占める「判断力」を育成するのが、自分自身を含めた対象に対する「内面的距離」である、というのがウェーバーの考えであった。

（4）カルヴィニズムと「内面的距離」

こうして精神的貴族主義の「内面的距離」感覚の基礎にあるのは何であるかが問題になる。その答えはウェーバーの宗教社会学的研究に求められよう。ウェーバーの比較宗教社会学はヒンズー教や仏教、イスラム教、儒教までを視野に収めた壮大なスケールの研究であり、日本の宗教についても簡単ではあるものの鋭い指摘を残しているが、ドイツ人ウェーバーの自己認識の問題としてみれば、やはりカルヴァン派とルター派の対比にヒントが隠されているように思われる。

『職業としての政治』でも指摘されているように、ウェーバーにおいて「内面的距離」の問題は「情熱」の問題とワンセットで考察されている。まず対象に対する強い関心、情熱が前提とされる。しかし対象への関心や情熱は対象への内面的接近を意味するから、とかく対象との一体化、癒着が生まれやすい。自分自身、もしくは対象が「物神化」される、宗教用語で言えば、「被造物神化」という事態が発生しがちである。そのような自然な心の動きに対して、内面的に歯止めになるものがあるか否か、これが問題になる。「被造物神化」を峻拒するのが「内面的距離」の感覚である。しかも安定的に距離を確保するためには「内面性」が動揺していてはならない。「内面性」は何ものかに持続的、安定的に捕縛されていなければならない。しかもそれは政治的権威であったり、非合理的権威であってはならないのである。

まずルター派における「内面性」の場合はどうか。ルター派は「内面性」の領域を重視していながら、カルヴィニズムに比べて人間の内面性を宗教的に捕捉する力が弱いという特徴をもっているので、かえって宗教によって捉えられていない「内面性」の領域を広く残すことになった。これに対しカルヴィニズムは宗教が人間の意識を徹底して捕縛したので、宗教から自由な内面性の余地をほとんどもたなかった。カルヴィニズムの「一切の被造物は神から完全に隔絶し無価値である」という教説は、文化における感覚的、感情的要素を否定するだけでなく、あらゆる感覚的文化に対する原理的な嫌悪感をもたらし、一切の被造物に距離をおいて接する態度のもとになった。

ウェーバーもいうように、「人生と現世の「意味」についてのあらゆる疑問」はカルヴィニズムにおいてまったく排除され、内面のエネルギーはもっぱら宗教的行為=経済的行為に向けられることになった。こうした宗教的熱意と経済的功利とが結びついている事態を、ウェーバーは「カルヴィニズムの倫理の功利主義」と呼んでいる。*

＊　人生の意味問題に時間を消費することは「禁欲的合理主義」にとって時間の無駄でしかなかった。さらに感覚芸術についても、神を想う気持ちを忘れさせる、被造物神化の疑いをかけられた。学問を例外として文学と感覚芸術は抑圧されることになった。禁欲は霜が降りるように、「ありし日の愉しきイギリスの生活の上に降りしいた」のである。ピューリタン（カルヴァン派）のイギリスが経験主義と功利主義を生み出し、ルター派のドイツが観念論哲学や古典音楽を生み出したのはこの点と関連があると思われる。政治文化の国民的類型の基礎に宗教倫理があるわけだ。

本節の主題に即していえば、ルター派ではなくカルヴァン派の方が「内面的距離」を生み出す宗教的基盤になりえた。「内面性」が確保されてさえいれば、自動的に「内面的距離」の感覚も育成されるということにはならないのである。

（5）職業人と「鉄の檻」

ウェーバーは『資本主義の精神』の末尾で、宗教的情熱の失せた「資本主義精神」の時代を取り上げ、禁欲的人間の行く末について予言めいた言葉を書き記している。いまやバニヤンの「巡礼者」の内面的な孤独にかわって、「孤立的経済人」が姿をあらわしてくる。「神によろこばれ」ようとする動機は跡形もなく消え失せ、市民的な職業の「エートス」が定着する。経済的功利主義の時代が到来する。

専門の仕事への専念と、それに伴うファウスト的な人間の全面性からの断念は、現今の世界ではすべての価値ある行為の前提であって、したがって「業績」と「断念」は今日ではどうしても切り離しえないものとなっている。（『資本主義の精神』）

ゲーテはファウストの生涯を描くことによって、全面的でゆたかな「美しい人間性の時代」がわれわれの時代の文化発展のなかでもう一度表れてくることはもはやないのだ、ということをわれわれに教えている。「ピューリタン（カルヴァン派）は職業人たらんと欲した」が、「われわれは職業人たらざるをえない」のである。「資本主義精神」の時代の職業人は専門人たらざるをえないだけでなく、次のような厳しい生活環境のなかで仕事に邁進するほかはない。

遠くプロテスタンティズムの倫理に由来する〈世俗の中での禁欲〉は、みずから宗教的救済を追求する過程において次第に「機械的生産の技術的・経済的条件に結びつけられた近代的経済秩序」の、われわれにも周知の「強力な秩序界」を作り上げるのにも力を貸すことになった。経済問題への配慮は初期プロテスタントにとっていつでも脱ぐことのできる「薄い外皮」であったとすれば、こんにちわれわれ職業人にとってもはや到底脱ぐことのできない「鋼鉄」の「堅い檻」になってしまった、とウェーバーはいう。禁欲の「精神」は「鉄の檻」から抜け出してしまったが、禁欲自体は「鉄の檻」から強制されて、われわれの運命になっている。「鉄の檻」にゆきついた発展が終わるときについて、ウェーバーはそれがどうなるかはわからないといいつつも、今では有名になった次の言葉を記している。

　精神のない専門人、心情のない享楽人。この無のものは、人間性のかつて達したことのない段階にまですでに登りつめた、と自惚れるだろう。

「鉄の檻」ではあっても、その内部は比較的安全であるのみならず、楽の二乗に、つまり楽で楽しい世界につくりあげられていくからこそ、かつてない高みに登りつめたと思うことも可能だった。

「鉄の檻」という場合、檻の外部に出ることはできるのだろうか。ウェーバーの時代にはまだ檻の外部を夢想したり、檻の外部に希望を託す人もいたが、ウェーバーのように「鉄の檻」の外で生きることは事実上不可能であると考える人もいた。例えば、宇宙に夢を、といって「宇宙飛行」を檻の外部に出ることとイメージする人がいるけれども、ウェーバー的観点に立てば、分秒ごとに地上の指令に従わねばならない「飛行」はむしろ「鉄の檻」の最たるものであろう。また鉄の檻ということで、自分の周囲に、あるいは自分の外部に「鉄の檻」と名づけていいような強制的で硬質な枠組みがあり、それにわれわれはがんじがらめになっているとイメージするとき、われわれはほとんど無意識に「鉄の檻」に対し人間的欲求をもち自由に生きたい自分というものを対比するだけでなく。「自由に生きたい」「したいことをするんだ」という正当な欲求が「鉄の檻」である現代社会にむしばまれているとイメージしがちである。

いまの時代はもちろん、ウェーバーの時代においても管理と経営が徹底化している状況については、すでにウェーバーの「官僚制」論やミヒェルスの政党官僚制論が明らかにしていた。ここで注意すべきは、管理の全面化した「鉄の檻」はわれわれの意図・願望とは無関係に、いわば組織の論理によって生み出されたものではなく、ほかならぬわれわれの意図・願望が生み出しているということ、そしてその結果われわれの外部に「鉄の檻」が出来上がってしまっただけでなく、まさにこのわれわれ自身が、われわれの身体、内面までもが「鉄の檻」と化してしまっているのであって、「鉄の檻」に対峙するのは、遠く人文主義や啓蒙思想に由来する、自由を希求する「人間」なのではもはやなく、それ自身が「檻」と化した人間、鎧を身にまとい、往々にしてその鎧に気づかず、自由な個性の持ち主を自認しているわれわれ人間なのである。

「鉄の檻」、とウェーバーはいった。ウェーバーの見方では、主知主義的合理化の時代に「鉄の檻」に対抗する際の基軸として「存在の力強さ」（ニーチェ）などを持ち出すことは許されず、それは虚偽意識を生産するだけであった。ウェーバー以後の歩みは「鉄の檻」を住みやすくすることに向けられた。檻の中をできるだけ〈多様性の世界〉につくりあげ、そのそれぞれの部分で人びとを満足させるやり方、これこそが改良主義なり修正主義といわれる方法であり、ほとんどの政治的議論はこの路線上で演じられている。いわずもがなのワイマール時代はともかく、ナチの全体主義的支配体制においてさえ、その内部は思いのほか多様性の世界であったことを、古くはフランツ・ノイマンがすでに指摘していた（『ビヒモス』）。政治とはその意味で「退屈」で「つまらない」ものともいえようが、だからといって政治に面白さを求めるようになると、それはそれで問題であろう。ウェーバーは諦念をもって「鉄の檻」を宿命と受け止めた。檻の外部は存在しないのだ、という諦念である。

ウェーバーの同時代の芸術家や作家のなかには、檻の外部を「夢想」する人がいた。ウェーバーは、表現主義運動やドイツ革命の混乱期に活躍した人の多くを、ローザ・ルクセンブルクやクルト・アイスナーを含めて、空虚な夢想家とみなし、軽蔑しただけでなく罵倒さえもした。単に外部を望めば外に出られるほど「檻」は柔《やわ》ではない。たとえこの身は「檻」のなかにあろうとも、「檻」に吸収され尽くされないでいるためには、相当の努力のみならず、考え抜かれた戦略がなければならない。ウェーバーはそのための「英雄的な努力」を惜しまなかったわけだが、もちろん「英雄路線」とは違った戦略も可能であったかもしれないという検討は必要である。檻の裂け目を探す道である。

思想は社会と接点をもたねばならないという一見もっともな意見には慎重に当たった方がいい。われわれの前提とする社会は無条件に依拠できるような社会ではなく、何重にでも矛盾を含んでいる。

安易に社会性をもとうとすれば、修正主義に陥り、かえって社会に従属の度を深めてしまうのがおちである。修正主義への不信とは支配的な「全体性」への不信である。「断片」への注目が生まれる所以はここにある。断片の思想家としてアビィ・ヴァールブルクやクラカウアー、ベンヤミンの名前を想起することができる。

「断片」はおそらく「要素」とは区別されねばならない。ある〈もの〉は「鉄の檻」の「全体性」のなかに組み込まれ、「全体」にとって不可欠の「要素」になっている。少なくとも全体の中で一定の位置を占めている。だがその〈もの〉自体も全体的であり、「鉄の檻」の全体性のなかの「要素」として組み込まれているのは、その〈もの〉の「部分」であるにすぎない。「檻」の全体性から解放され、「要素性」を振り払った〈もの〉はもはや「要素」ではなく「断片」と呼ぶ方がふさわしい。ひとところ細部への注目、断片への注目ということが、ベンヤミンやヴァールブルクの名のもとにたびたび語られたが、ただ単に細部、部分に着目すればおのずとそこに「神が宿っている」わけではないのである。

第七章　社会の多様化——市民層の解体と大衆の成立

一八九〇年にビスマルクが皇帝と対立して退陣し、社会主義者鎮圧法は失効した。世紀転換期に国民の半数は労働者階級に属していたし、もともと社会主義者鎮圧法によって労働者の運動を押さえこむ政策には事実上無理があった。帝政期ドイツの支配階級のトリアーデをなすのが貴族と、しばしば二つに類型化されるブルジョアジーとであった。彼らの価値観によってつくられた社会と国家が帝政ドイツであった。労働者階級が台頭する一方で市民層の一体性という感覚はリアリティを失い、ますます虚偽意識に頽落していった。帝政期後半＝世紀転換期以降の時点において、各階級や階層の相互関係はどうなっていたのか。これが本章の主題となる。

1　社会の多様性の増大と一体性の崩壊

社会的枠組み＝社会体制はそれが「体制」である限りにおいて、社会諸階層をひとつにまとめあげる枠組みをもち、あわせてまた社会文化意識においてもある種の一体性、統一性をもっているものである。その一体性が解体したといわないまでも、急激に軋みをみせ始め崩壊の危機に入った時代、それが世紀転換期にあたる。近代化によって一体性が〈崩壊〉していく過程は社会生活の様々な局面において見られるけれども、本章では特に、「社会的近代」と「美的・文化的近代」の一体性の崩壊、並びに〈市民層の一体性〉の崩壊という二つの局面を取り上げる。「社会的近代」とは社会のレベルにおける近代化の所産を意味し、社会に関係する限り技術レベルにおける近代化や政治レベルにおける近代化も、ここに含める。技術レベルの近代とは、鉄道や照明方法の発達、上下水道や医療制度の整備といった技術的発展を、社会における近代化とは、社会保障制度の充実、労働時間の短縮などを、そうして政治レベルの近代化とは民主主義的諸制度の発展などを、意味している。これらの事態をここでは「社会的近代化」と呼ぶことにしたい。これに対し「美的・文化的近代」とは芸術と文化の歴史における近代のみならず、そして人びとの新しい日常的な生活意識をも含めて「美的・文化的近代」と呼ぶことにしたい（なお同じ事態を以下では「社会的モデルネ」と「美的・文化的モデルネ」の名前でも呼んでいる。また第八章も参照）。

「社会的近代」と「美的・文化的近代」の一体性の崩壊とは、社会と思想文化の一体性の崩壊ということでもある。社会の発展と思想文化の発展は、多少のずれを伴いながらも、ある程度照応関係にあるのが常態である（ボルケナウ『封建的世界像から市民的世界像へ』）。中世の思想文化は中世の社会構造の反映であり、両者の発展にズレがあっても、それは織り込み済みの範囲に収まっているのが普通である。ところがそのズレが急速に増大し、織り込み済みの範囲を超えてしまう、そういう変革期にあたるのがこの時期、世紀転換期であった。この場合の変革期とは「近代から現代への変革期」にあたる。実態に即していえば、〈近代から現代への転換〉は長い時間をかけて進展するプロセスであり、何年から何年までが近代なり現代であるというように厳密に規定できるものではない。その意味では、一九世紀初頭から一九三〇年代にいたる、百年にも及ぶ時間の経過を経て「近代から現代への転換」が行われた。その流れを急激に促進するようになったのが世紀転換期である。

「美的モデルネ」の意識が最初に鮮明に表現されたのはフランスの詩人ボードレール（一八二一―六七）の評論「現代生活の画家」（一八六三）においてである。このコンスタンティン・ギィーに関する美術批評のなかでボードレールが「現代」、つまり「モデルニテ」の美について述べていることは第八章でくわしく紹介しているので、ここではポイントのみを示しておこう。伝統的な美の観念によると、絵画は普遍的な永遠の美を表現すべきであって、古代ギリシャ人にとっての「美」は同時にまた近代フランス人にとっても「美」でなければならないし、古代人にとって美であったものは近代人にとっても美でなければならないとされていたのに対し、「モデルニテ（モデルネ＝近代）」とは「一時的なもの、移ろいやすいもの、偶発的なもの」への感受性であり、そうしたほんの一瞬だけ、ちらりとあらわれるようなもの、そういうものが「モデルニテ」の画家にとって「美」となる。ボードレールによって表現された「美意識」の転換は注目に価する。それは社会のレベルで用いられる近代概念、つまり「社会的モデルネ」とは著しく相違している。社会における近代という概念は、自由主義や民主主義、あるいは人権の理念や社会契約論といった鍵概念で説明されたり、ブルジョアジーと労働者の階級的な支配関係という文脈で語られており、「美的モデルネ」の概念とは区別されている。

当時のドイツはフランスの発展に数十年の「遅れ」があった。例えば百貨店建設の時期、印象主義誕生の時期などをみよ。モデルネないしモデルニテの意識も大分遅れ、ドイツでは世紀転換期になってようやく登場する。フランスの場合、すでにボードレールにおいてみられた社会的モデルネと美的モデルネの分裂、離反は、ドイツの場合、例えばジンメル（一八五八―一九一八）において出現する。

〈市民層の一体性〉が崩壊すると、さまざまな問題が生まれてくる。階層間の問題としてみると、まず市民層の中からブルジョアが突出し、市民とブルジョアの関係が問題にされる。作家トーマス・マン（一八七五―一九五五）の小説『ブデンブローク家の人びと』（一九〇一）はまさにドイツにおける市民とブルジョアの関係、もしくは市民のブルジョアへの変質を主題としているし、ウェーバーの『資本主義の精神』もこの問題と重なる。一九三二年にも政治学者のヘルマン・ヘラー（一八九一―一九三三）は「市民とブルジョア」と題する論文を雑誌『ノイエ・ルントシャウ（新展望）』に発表している。第二に、市民層の中からブルジョアと区別される中産層が独自の身分的自己意識を持つようになり、中産層という用語が一般化する。それは基本的に労働者との区別意識が身分意識となってあらわれたものであり、中産層と労働者の関係が問題となる。しかし中産層という自己意識をもつ人たちの社会的幅は広く、この頃から中産層を旧中産層と新中産層に分ける議論が登場してくる。前者は手工業者と小売商に代表され、しばしば農民もこれに加えられる。独立の小営業者であると同時に資本主義以前の昔から存在した職業でもあり、彼らは旧中産層と呼ばれる。これに対し資本主義の発展とともに生まれてきた職業を指す新中産層には中小の役人とホワイトカラー、教員そして弁護士、作家、芸術家などの専門職が含められている。第三に、市民と大衆の関連が問題になる。大衆という言葉はすでに一九世紀後半に使われているが、当初は今日の主たる用語法とは違って工場労働者を大衆と呼ぶ場合が多かった。だが労働者だけでなく、次第に市民、あるいは近代的個人と区別される新しいタイプの人間を表わす用語として大衆という言葉が用いられるようになっていく。この三つのいずれの場合においても市民層の存在感が薄れ、市民層という言葉のイメージは現実に対応しなくなる。元来概念は実態と一定程度距離があるものだが、ますます市民層概念のフィクション的性格が強く自覚されるようになり、市民層は経済的側面においてはもちろんのこと、意識の面でも一体性を失い分裂していくことになる。

2　新しい人間像を求めて

そうした状況の下で右にあげた諸問題に対してどのような対応がとられたのだろうか。第一に、失われていく市民という現実に対して、かつて存在したとされる〈古典的な市民〉を求める立場がある。作家のトーマス・マンは世紀転換期に『ブデンブローク家の人びと』においてその種の試みを行ったが、第二次大戦後の一九五五年まで生きたかれの作家的生涯を、ルカーチ（一八八五―一九七一）は「市民を求めて」というタイトルで総括している（同名のトーマス・マン論がある）。現実の市民に対して本来の市民、あるべき市民の像を形象化し、その歴史的運命を描いたのがトーマス・マンであった。

第二に、各階級や各階層の利害を代表する立場がある。例えば、中産層の利害を代表するような立場、あるいはブルジョアジーの利害を代表するような立場がある。ブルジョアの利害にも二つの利害があり、ユンカー（土地貴族）の経済的利害と癒着する封建的＝資本主義的な鉄鋼・石炭産業の利害と近代資本主義的な電気・科学工業の利害とが対立していたことはウェーバーも認識していた。これに対し中産層の利害を代表するのは難しい。実態に即してみれば、中産層は必ず中産的諸階層である。中産層は互いに利害が対立するような諸階層を内部に含んでおり、農民やホワイトカラー、手工業者、役人、自由業などの利害を統一するような中産層の経済的利害を見出すのは不可能に近い。したがって中産層の利害代表をめざすとなると、事実上統一的利害を見出せず、せいぜい反ブルジョア、反労働者といったような消極的もしくは否定的な主張しかなしえず、強いて求めれば経済的利害を超えたところに、すなわち反ブルジョアと反労働者とが成り立つような観念的レベルに共通点を求めざるをえなくなる。

第三に、市民に代わる「新しい人間像」を求める場合がある。「美的・文化的近代」の運動、「モデルネ（近代）」を主張した作家・芸術家の運動にはこの種の試みが多々みられる。いくつか例をあげておこう。世紀転換期に最初のモダニズム運動である印象主義がドイツにも登場し、分離派に結集する。分離派としてはウィーンのグスタフ・クリムトらの運動が有名だが、ドイツでも同時期のミュンヘンにもあったし、ベルリンではマックス・リーバーマンを中心に結集した。ノルウェーから来たムンクもこの種の運動に加わっている。印象主義はそれ以前の伝統的絵画と違ってまさに〈移ろいやすいもの〉のなかに「美」を認めようとする芸術運動であった。

またパリのキャバレーをエルンスト・ヴォルツォーゲンがドイツに導入し、ベルリンで一九〇二年に「超寄席」を開業した。ここにはオペレッタ作曲家のレオ・ファルやオスカー・シュトラウス、ベルリン風俗のルポライターのハンス・オストヴァルトやポスター画家で作家でもあったエートムント・エーデル、あるいはヴィクトール・ホレンダーなど大衆文化の旗主となる人びとが加わっていた。ドイツ語ではカバレット（Kabarett）と呼ばれるが、キャバレーと言われる場合も多い。本書では基本的にキャバレーを用いることにしたい。日本のキャバレーとは違って文学寄席というべきものに近く、政治的諷刺劇や歌、寸劇が行われた。これは伝統的な劇場とも民衆娯楽とも違う新しいタイプの芸術であり、しばしば「クラインクンスト（小演芸）」と呼ばれている。しかしパリにあってキャバレーを生みだした都会的環境や雰囲気がまだベルリンには必ずしも成熟しておらず、本格的なキャバレーの時代を迎えるには一九二〇年代を待たねばならなかった。

伝統的な市民的劇場はゲーテやシラー、レッシング、あるいはモリエール、シェークスピアなどを演じるハイカルチャーの場所であった。一方民衆芸術あるいは民衆娯楽としては、伝統的にドイツにはティンゲルタンゲル、あるいはヴァリエテと呼ばれる小劇場があった。ここでは民衆意識に近い出し物が提供されていたが、ハイカルチャーの側からは概して「低級」であるとみなされ、しばしばエロティックな出しものを売りにしていると批判された。ティンゲルタンゲルなりヴァリエテがより「高級な」ものに衣替えしたのがカバレットであると言えるかもしれない。衣替えを媒介したのが新しい都会のメンタリティとしての「モデルネ」の意識、すなわち動態化した都会に相応しい意識の一般化である。オスカー・パニッツァは論文「古典主義とヴァリエテの侵入」（一八九六）において、寸劇、曲芸、ソングといったヴァリエテの要素、そしてすべてを等価的に並置するモンタージュ的手法が伝統的な「古典主義」の分野にまで侵入し、その文化的基礎を解体している現状に触れている。

ワイマール共和国末期のトーキー映画に世界的大ヒットになった『嘆きの天使』という作品がある。ジョゼフ・スタンバークを監督とし、主役はマレーネ・ディートリヒとエミール・ヤニングスであった。プロイセンの軍国主義精神を体現した高校の教授ヤニングスが地元の安キャバレーの踊り子ディートリヒに夢中になって身を持ち崩すことになるというストーリーであるが、この安キャバレーのような小劇場が、映画をみると「嘆きの天使」という名前のティンゲルタンゲルであることがわかる。二〇世紀初頭にドイツに入ってきたキャバレーは次第に定着し、一九二〇年代には黄金時代を迎える。

『嘆きの天使』の音楽を担当したフリードリヒ・ホレンダー（一八九六—一九七六）自身二〇年代ベルリンのカバレット世界の中心人物の一人であった。今日でもカバレット（キャバレー）という形式はドイツに定着している。それはボードレール的意味での「モデルニテ」に対応する娯楽芸術といってよく、「一時的なもの」「移ろいやすいもの」に表現を与えようとしていた。フリードリヒ・ホレンダーは「キャバレー」（『ヴェルトビューネ』、一九三二）と題する小論においてキャバレーの形式について述べている。

この圧縮された形式に固有な法則は、注意をひく言葉やすぐ理解される身振りの素早い効果を要求するだけでなく、緊急に挑発的で短く、暴露的で本質的な音楽を要求する。そのリズムや色づけにおいて、そのメロディやドラマにおいて、音楽は電光石火のフラッシュで爆発しなければならず、時間を展開し作り出す余裕はない。燃え続ける過程は誕生の瞬間でなければならないし、その雰囲気は最初のビートにおいて現在していなければならない。

「キャバレー」は瞬間性や即効性を持ち味とすると同時に「挑発的」で「暴露的」なので、従来のオペラや交響曲、コラールなどの音楽の場合と違って、「攻撃性」を特徴とする。攻撃に喜びを見いだせない、闘いが好きでない「キャバレー」は生き残ることができない。「夜のリラックスさせる娯楽を隠れ蓑」に、他のどこにもまして「キャバレー」は「毒の入ったクッキー」を投与し、「穏やかな血液」を煮えたぎらせ、「怠惰な頭脳を刺激して」思考させるのだ。ホレンダーの主張は宣言のごとく明快である。

さらにまた社会主義運動にも新しい人間像を求めているところがある。社会主義の実現を目指すということには、ただ単に労働者の権利を擁護する新しい経済体制を樹立するという以上のことが期待され、社会主義体制の下で資本主義のもとでの人間と区別される〈新しい人間〉の誕生が模索され、それはしばしば「社会主義的人間」と呼ばれた。社会主義と総称される運動にはいくつかの潮流が含まれている。ドイツの社会主義運動においては確かにマルクス主義（マルクス、エンゲルス、カウツキー、ヒルファーディング、ローザ・ルクセンブルク）がもっとも有力であったが、この他にイギリスのフェビアン社会主義に近い改良主義的社会主義（ベルンシュタイン）の流れもあったし、また市民的文化遺産を継承した上で社会主義を考える市民的社会主義（ラートブルッフ、ティリッヒ、ヘラー）の系譜もあった。ラートブルッフ（一八七八―一九四九）は、世紀転換期に「われわれ若者を社会主義者に仕立て上げた」のはカール・マルクスではなく、アルノー・ホルツ、そしてユリウス・ハルトやリヒャルト・デーメルらの「社会的抒情詩」であった、と回顧している（「抒情詩について」）。かれらは詩や文学において「モデルネ」の意識を作品化した。この時代の自然主義的な抒情詩は「大都会」、「プロレタリアート」、「社会革命」に真剣に取り組んでいた青年の意気を表現していた、というのである。それにグスタフ・ランダウアー、エーリヒ・ミューザームらのアナーキズムも社会主義と接点があった。世紀転換期ドイツにおける「ブルジョア社会」から内面的に疎外された人びとのなかで、少なからぬ人がマルクス主義によって空虚な意識を満たすことはできなかったのである。

これらの系列の運動はお互い対立面も大きいが、ブルジョアジーの「物質主義」や市民的「理想主義」を超えた〈新しい人間像〉を模索しているという点では共通していた。またすでに紹介したように、社会主義思想を批判していたマックス・ウェーバーの学問も市民階級が貴族的精神を身につけて新しい人間に脱皮することを説き、そのために「禁欲的プロテスタンティズムの精神」が不可欠であることを論じてもいた。牧師で政治家でもあったフリードリヒ・ナウマン（一八六〇―一九一九）の運動も新しい人間像を模索していた。

3　大衆の誕生と一九二〇年代

これらさまざまな、新しい人間像への期待はおおむね裏切られることになり、実際に新しいタイプの人間像として有力になっていったのは「大衆」と呼ばれる人たちだった。先にも触れたように、当初世紀転換期において「大衆」という言葉はまだ労働者階級を指すような意味で用いられていたが、次第に「大衆」は新しいタイプの人間であるという理解が有力になる。その転機となったのがドイツ革命とワイマール共和国の成立である。ドイツにおける初期の大衆論としては、パウル・ティリッヒの『大衆と精神――大衆の哲学に関する研究』（一九二二）とテオドール・ガイガー（一八九一―一九五二）の『大衆とその行動――革命の社会学への寄与』（一九二六）とがある。これらはいずれもドイツ革命期の大衆の運動に触発された著作であり、ティリッヒは革命における「動態的な大衆」の動きに強い関心を寄せた。

ティリッヒの講演は「哲学」と銘打たれているし、ガイガーの大衆論は理論的研究であるのに対し、ワイマール時代末期にアンケート調査などを駆使したジークフリート・クラカウアー（一八八九―一九六六）の『サラリーマン』（一九三〇）は実態分析的大衆論にあたる。かれは大衆を代表する存在をサラリーマンにみている。またクラカウアーがフランクフルト新聞に多数発表した主としてベルリンを舞台とする短いルポルタージュにも大衆論といっていいものが含まれている。これらは概して大衆のあり方に対し批判的で、その虚偽意識と現実のずれを暴き出した。この他、オットー・ズーアの

『サラリーマンの生計』やカール・ドライフスの『サラリーマンの職業とイデオロギー』といったサラリーマン論や、ハンス・ファラダのサラリーマン小説『庶民よ、どうする？』なども ワイマール時代末期の産物であった。この他にスペインの哲学者オルテガが有名な『大衆の反逆』を書いており、一九二〇年代は大衆論が最初に興隆をみた時期にあたる。大衆論には二つの側面があり、一方では大衆の無組織性を強調し、他方ではその一体性や画一性を指摘するところに大衆論の独自性がある。大衆の一体性に特に着目する場合、大衆論は群衆論の性格をおびる。第二次大戦後ノーベル賞を受賞したルーマニア生まれの作家エリアス・カネッティ（一九〇五―九四）は、一九二〇年代のフランクフルトとウィーンでの大衆（群衆）体験に衝撃を受け、群衆（大衆）の研究をライフワークとする決心をしている（『群衆と権力』）。大衆論は一九四〇年代から一九五〇年代にかけて第二の流行期を迎える。この時期の大衆論はいわばナチ・ショックの結果生まれたもので、大衆がナチを政権に就けたという認識を出発点としており、レーデラー『大衆の国家』やジークムント・ノイマンの『大衆国家と独裁』（原題は「恒久の革命」）、ハンナ・アレントの『全体主義の起源』などがその代表的な研究になる。注目すべきことにこの三人はいずれもドイツからナチを逃れてアメリカに亡命した人たちであった。

これまで本章において〈市民層の一体性〉が崩壊した後に期待され、また想定された人間像を説明してきた。そのうち〈古典的市民〉と〈新しい人間〉については、彼らが実在していたわけではなく、ウェーバーにしてもトーマス・マンにしても〈古典的市民〉なり〈新しい人間〉を求めていたのであり、それらの人間像が現実に存在しているというわけではなかった。当時のドイツにリアリティをもって実在していたのはブルジョアであり中産的諸階層であり労働者であり大衆であった。求められた

「古典的市民」や「新しい人間」はリアリティを欠いた空虚な存在にとどまるか、リアリティを得ようとすれば、結局中産的諸階層や大衆に接近していかざるをえなかったのである。以上が話の大枠である。

さてここでようやく一九二〇年代に到達する。当時リアリティをもって存在していた階層としてブルジョアジーと中産的諸階層と労働者を挙げておいた。だとすれば当時の中心的な政治問題は、ブルジョアジーと労働者が基本的に対立し、間に存在する中産的諸階層をどちらが味方につけるのか、ブルジョアジーが中産層を味方にして労働者と対立するのか、それとも労働者が中産層を味方につけてブルジョアジーと対立するのか、であった。

4　ワイマール共和国期の諸政党と市民層

状況をやや単純化していえば、帝政期のドイツにおいて、資本主義的ブルジョアジーが中産階級と結びつき、中産層を「国家の支柱」として体制内に取り込むのに成功した。帝政期の前半にあたるビスマルクの時代に、政府は社会主義運動を露骨に弾圧し、帝政期の後半にしても労働者を体制外部の存在と位置づけていた。ところが一九一九年に始まるワイマール共和国においては状況が逆転した。政治的に民主化が実現し、労働者は体制内部の存在になった。労働者の利害を代表する政党は基本的に二つ、社会民主党（SPD）と共産党（KPD）があり、このうち社会民主党は諸政党のなかでももっとも有力な政党だったし、基本的にワイマール体制を支持していた。労働者はみずからの利害や要求を、政党を通して実現することがある程度可能になった。中産層が内部にさまざまな利害を含み、一枚岩でなかったため、その利害は代表され難く、中産層がおのれの利害を代表する政党としてともかく支持した政党は、ワイマール共和国の一四年間の過程で変化しており、その意味で信頼できる政党をもっていなかったのに対し、労働者の利害はある程度統一的に把握することが可能だった。こうしてワイマール共和制を基準にして考えれば、労働者は体制内化したのに対し、中産層はワイマール体制から疎外された、少なくとも精神的、または心理的に疎外された、ということができる。とはいえ中産層といえども通常はワイマール共和国の政治体制のなかで自らの利害を実現しようとするわけで、中産層の利害を考慮してくれる政党となると、共和国の当初はドイツ民主党（DDP）とドイツ人民党（DVP）、もしくはカソリックの中央党（ZP）であった。ただしこれらの政党、とりわけ前二者は通常ブルジョア政党といわれており、中産層の利害代表政党ではなく、ブルジョアジーの利害を代表していたにすぎず、一九二〇年代末以降、中産層は急速にこれらの政党から離反していく。

ここでワイマール共和国時代の政党状況について最低限触れておきたい。中道派といっていい政党としては、ドイツ民主党とドイツ人民党、そして中央党があった。ドイツ民主党の創設にはあのマックス・ウェーバーもかかわっており、このほか大企業の経営者で文人でもあったヴァルター・ラーテナウ、牧師で社会活動家、政治家でもあるフリードリヒ・ナウマンなどもいた。文字通り中道中の中道派である。これに対しドイツ人民党は中道右派的な政党で民主党のように著名人は少なかったが、後にワイマール共和国を代表することになる政治家であるグスタフ・シュトレーゼマン（一八七八—一九二九）がこの党に属し、長年外務大臣の地位にあった。一方中央党はカソリック系の宗教政党であり、ブルジョア的／市民的政党であった、といわれている。これに対し右派の政党としては、ドイツ国家人民党（DNVP）と国民社会主義ドイツ労働者党＝ナチ党（NSDAP）があり、前者は穏健右派、後者のナチ党は急進的右翼政党である。一方左翼陣営に属する政党は基本的に二つで、先にも触れたドイツ社会民主党、ドイツ共産党がそれである。前者が穏健中道左派、後者が急進左派ということになる。この他にもマイナーな諸政党が存在し、全体としては多くの政党が乱立していた。

なおワイマール共和国期は通常三つの時期に、すなわち一九一九年から一九二三年にいたる初期は革命的変革期、一九二四年から一九二九年にいたる中期は相対的安定期、一九二九年から一九三三年にいたる後期は恐慌期と分けられている。多党乱立であったワイマール時代の政党状況の特徴は次のように要約できる。第一に、社会民主党と中央党の支持率、国会議員の数は多少の波はあるものの、あまり変化がなく、安定している。第二にブルジョア政党といわれる民主党と人民党はワイマール共和国初期には支持を集め、両党とも当初は一〇パーセントを超える得票率を得たこともあったが、以後長期低落傾向に入り、一九二九年以降の後期になると急速に支持率を落とし、五パーセント以下にまで落ち込み、最終的には二パーセントを割っている。第三に、急進政党は後期になって支持率を上げている。共産党は恐慌期＝後期には急速に支持率が増大し一〇パーセントを超え、社会民主党には劣るものの、大都市の未熟練労働者から特に支持されていた。だが共産党よりも後期になって圧倒的に支持率を増大させたのが国民社会主義ドイツ労働者党、つまりナチである。前回の一九二八年の国政選挙でたった一二名の議席しかなかったナチが、一九三〇年九月の国政選挙では一挙に一〇七議席を獲得するようになる。保守派ないし右派の国家人民党もブルジョア政党ほどではないが、後期に勢力が低下する。

以上の事実からどのようなことがいえるだろうか。カソリック教徒と社会主義者はそれぞれ支持政党が決まっていてある程度安定している。後期に勢力が著しく低下したのは二つのブルジョア政党と伝統的保守派、穏健右翼の政党である。従ってナチの支持基盤はプロテスタントであり、従来ブルジョア政党に期待をしていた元々保守的な人たちである、ということになる。それが中産的諸階層であることはいうまでもない。彼らはワイマール体制から疎外されていたが、それでも当初はブルジョア政党や伝統的保守派に期待をかけていた。だが思うように期待は満たされず、利害代表を見出せない状態が続くと、遂に絶望的になり右翼急進主義のナチを支持するに至った、と考えることができる。つまりブルジョア政党や社会主義政党が中産層に対し何らアピールすることができず、思想的にも社会主義と自由民主主義が中産層にアピールできなかった。

　これは当然といえば当然であった。ドイツの社会主義政党はどちらも基本的にマルクス主義に立脚していた。正統派のマルクス主義は中産層没落論の立場であり、中産層の大半は経済的に没落して労働者になると考え、ホワイトカラーにしても生産手段を持たないのだから労働者であるとみなし、中産層の身分意識に理解を示さなかった。これが原則的立場であった。自由民主主義は自由な経済競争の立場に近く、手工業、中小企業ではなく大企業よりとみなされていた。

　ようやく共和国の末期になり、社会民主党系の労働組合の機関誌『労働』や党の傍系のキリスト教的知識人、ティリッヒやエドゥアルト・ハイマンらの雑誌『新社会主義論叢』などにおいて、中産層問題が真剣に取り上げられるようになったが、党中央まで影響が及ぶまでには至らなかった。

5　ティリッヒの「動態的大衆」論

　次にワイマール時代の広義の「大衆」論のなかから主な議論を紹介しておきたい。そのうち前半期の議論はティリッヒの『大衆と精神』（一九二二）にせよガイガーの『大衆とその行動』（一九二六）にせよ、時期が時期だけにドイツ革命期の大衆＝群衆経験を出発点としており、ティリッヒは「動態的大衆」に、ガイガーは「革命的大衆」に焦点を当てている。以下ティリッヒの「大衆」論を中心にみていくことにしよう。

ティリッヒにとって「大衆」は近代市民社会が機能不全に陥った歴史的時点においてあらわれてきた人間類型ではなく、近代以前にもみられた人間の結合様式、心理的特質を示すものであった。ティリッヒの政治思想においてキーワードとして用いられているのが、〈有機的〉〈動態的〉〈機械的〉の三つの概念である。かれは「大衆」を「有機的大衆」、「機械的大衆」、「動態的大衆」の三つの類型に分けて、相互の弁証法的な関係に着目する。このうち「有機的大衆」は大衆が大衆になる出発点の類型であり、特に問題となるのは「機械的大衆」と「動態的大衆」の方である。「機械的大衆」は「精神的、社会的な統一性の解体過程」から直接生まれてくる人間類型で、そのもっとも重要な特徴は宗教や道徳、故郷、国家、職業などの「精神的諸形式」が解体した結果生まれてくる「心情の喪失」にあった。精神的諸形式は崩壊したわけだから、「機械的大衆」――多くの場合「プロレタリア」の意味であるとガイガーは解釈している――の「運動」を推進するのは、「生物学的本能」や「直接的な存在意志」、「執拗な原初的暴力の姿をとった力への意志」などの、精神化される以前の諸力だった。「精神的な社会的主体性」の担い手にとってみれば、「機械的大衆」は「対象」であり「手段」であって、その意味で「技術的な大衆」でもあった。かれらは絶対主義的支配においてであろうと民主制においてであろうと、いずれにせよ支配の対象であり、量的に把握された労働力として経済的支配の対象でもあった。本書の用語でいえば〈具体的現実〉ならぬ〈制度的現実〉のなかに〈もの〉として組み入れられた存在、それが「機械的大衆」であった。

だがティリッヒの人間観によれば、精神的に規定され、手段化された人間においても、原初的人間の諸傾向は深層に生き残っている。それは委縮し、収縮しているにせよ、いまだ破壊され尽くされてはいない。「新たな原理」が生まれる希望と根拠はそこにある。躍動する「動態的大衆」の生まれてくる根拠もそこにある。ティリッヒによれば「新しい原理」はまだ自分自身を表現する言葉を見出せず、沈黙している。語るとしてもさしあたりは否定の言葉だけだ。「機械的大衆」の真っただ中に「動態的大衆」が発生する。「動態的大衆」は両義的である。一方で依然として「機械的大衆」の存在様式を強要する制度に対し発せられる否定の言葉についていくと同時に、他方では「大衆と深く結びつきつつ、かれらのうちに漠然としてある原理」を語ることのできる「指導者」にもついていくアンビバレントな存在だった。

> 動態的大衆の運動はさしあたりまず否定的な傾向をもつ。それは精神生活や社会生活における主観性の諸形態に反抗する。それら諸形態の活動によってかれらは大衆になった。あるいは、まだそのプロセスが最後まで行っていない場合には、大衆になるおそれがあったからである。（強調はティリッヒ）

ティリッヒが敗戦後の革命的動揺の時期にみたのは、このような躍動する「動態的大衆」だった。「動態的大衆」は革命的だが、常に社会的であると同時に精神的でもあった。「動態的大衆」の動態的である所以は、かれらを大衆化している形式（形態）を克服しようと運動する点にあった。「動態的大衆」はこのように「機械的大衆」としての原存在から出発し、それを「有機的大衆」へ止揚しようとする。

ティリッヒにとって歴史上「偉大な時代」とは、現実の、あるいは迫りくる「大衆の機械化」した状況のなかから歴史を変革する大衆の動態的で躍動する力が発生した時代であった。ヘレニズムや原始キリスト教期の宗教運動や民族大移動期の政治運動や民族運動、宗教改革期の精神的宗教運動や社会主義の経済運動などが、その具体的事例にあたる。ただし「動態的大衆」があらわれて「機械的大衆」のあり方を打倒しようとしても、右にあげた事例のように成功するのはまれで、大半は中途半端な結果に終わったり、結局当初と変わり映えのしない機械化に帰着することになりがちだった。

ティリッヒは一九二二年の時点で「機械化」されるのを潔しとせず、制度的現実から距離をとり流動化する大衆の存在に着目し、かれらを躍動する「動態的な大衆」へと概念構成したわけだが、その後ワイマール時代中期の相対的安定期にもなると「動態的大衆」は影をひそめ、次に紹介するクラカウアーの「サラリーマン」やユンガーの「労働人」などの、ティリッヒ的にいえば「機械的」な人間像がリアリティをもつようになる。大衆は躍動性を失うものの、その動態性までがすっかり失われてしまうわけではないとティリッヒはみたが、スポーツや娯楽、文化的催しに興ずるようになった大衆は文化産業によって「気散じ」状態に誘導され、「統制された群衆」に近い存在になっていくのが実態であった。

だが「原初的人間の諸傾向」は委縮し精神性を奪われながらも依然として深層で生き延びているというティリッヒの議論は、平凡なことをいっているようにも読めるが、実は重要である。大衆が「動態的大衆」になることによって教養市民層と大衆との対立は克服される、とティリッヒはいっている。そこで問題になっているのは、「動態的大衆」における「形式」の位置づけであり、それは第一五章で取り上げる表現主義論争でのルカーチとブロッホの対立点、〈完結した現実像〉（ルカーチ）か〈混沌とした現実像〉（ブロッホ）か、という論点と同質の問題である。「形式」をめざすことは結論を、つまり完結を追求することになるが、ティリッヒは、「動態的大衆」の指導者は「形式」を否定せず、意のままに対処できなければならない、といっている。かれは大衆の運動が自律的な、ある「形式」へと完結するのを望んでいるのだろうか。

動態的大衆の指導者は形式を意のままにすることができて――形式を下層に対し完成品として与えるのではなく、形式に援助されて、壊したり改変したりして、客観的原理の深みから新しい形式を獲得することが必要である。

この後段でいわれる「新しい形式」は完成品として、完結したものとして与えられる「形式」とは別である。「動態的大衆」は当初否定の言葉を発するが、形式を否定して問題を拡散させてしまうわけではない。「形式」には本質的に閉じるところがあるわけだが、「動態性」の層位は崩壊期には〈閉じる〉と同時に〈開いて〉もいる。ティリッヒはいっている。

主観的教養層の形式の世界全体を、またそのきわめて高度な諸形式を打破することができる者だけが、大衆における客観的精神の躍動に自由に開く者だけが、すなわち動態的大衆の革命的力強さに共鳴していると思うひとだけが、大衆の教育者に、つまり大衆とともに仕事をし、与えまた奪い、大衆自身がその運動の表現形式を見いだせるようにする教育者になれる。直接性の法則が大衆心理学の第一の法則なら、大衆指導者に対する第一の要請は、神において直截であることである。

ここで、「形式」は本質的に〈閉じる〉ことであるという消息が前提されながら、繰り返し〈開く〉ことが要求されている。形式の世界から見れば、直接性の世界は混沌としているのである。だがこうした議論はまだかなり抽象的である。ワイマール時代に戻って言えば、大衆が再び「動態的大衆」として躍動化するのは一九三〇年代に入ってからのことだが、その時期の心的精神的状況を具体的に解明するには、ティリッヒもまた別の概念装置を必要とすることになる（第一八章を参照）。

6　クラカウアーのサラリーマン論

世紀転換期頃から急速に増加し始めたサラリーマンについて、クラカウアーはフランクフルト新聞にルポルタージュを連載し、これを一九三〇年に『サラリーマン　最近のドイツから』と題して公刊した。この種の本では第二次大戦後のアメリカの社会学者ライト・ミルズの『ホワイトカラー』が知られているが、クラカウアーの研究はごく初期のものであり、すでにアンケートや聞き取りの手法を用いているという点で最先端をいく研究でもあった。

まず同書を紹介しておこう。当時サラリーマン（ホワイトカラーや職員とも訳される）は比較的新しい現象であり、まださほど研究がなされているわけではなく、特にその心理的側面は未知の領域だったが、ようやくいくつかの小説の中で主役として登場するようになってきた。ワイマール共和国になって幾分注目されるようになったのは直接的にはサラリーマン、サラリーウーマンの数量的増大のためである。最初に学問的に職員層を取り上げたのはエミール・レーデラー、オットー・ズーア、テオドール・ガイガーといった経済学者、社会学者だった。サラリーマン小説としてはハンス・ファラダ『庶民よ、どうする？』やエーリヒ・ケストナーの『ファービアン』などがワイマール時代末期に発表されている。クラカウアーによれば一九二〇年代末期の時点でドイツにサラリーマンは三五〇万人おり、そのうち一二〇万人は女性である。女性が多いのがサラリーマン＝サラリーウーマン層の特徴である。その増加率は二〇世紀に入り労働者の増加率を倍以上も上回り、人口比でいうと労働者五人に対しサラリーマン一人という比率にまで増加した。サラリーマンの中心をなすのが商業関係のサラリーマンであった。

サラリーマンが注目されるようになった第二の理由は、むしろ質的な問題に関係しており、サラリーマンを新しい時代、新しい文化のシンボルとみなしているためである。クラカウアーはサラリーマンと大都市とを結びつけ、次のように述べている。

> ベルリンは、今日ではだれの目にも明らかなサラリーマン文化の都市である。サラリーマンによってサラリーマンのためにつくられた文化の都市、大部分のサラリーマンが文化と考えているような文化をもった都市である。

つまり従来の工場労働者とも、手工業の職人とも違う新しいタイプの労働者、特に女性が多く進出している、大都市に多いような、新しい業種の労働者、従来の高級官僚とも当然違っている労働者、それがサラリーマンだというわけである。クラカウアーと同じ意味において本書では一九二〇年代の市民層を代表する存在としてサラリーマンに着目することにしたい。クラカウアー以前にもサラリーマンが問題にされなかったわけではなく、例えば経済学者のエミール・レーデラーはその代表的な研究者である。そこで指摘されているのは「サラリーマンのプロレタリア化」という現象、より一般的には「中産層のプロレタリア化」と呼ばれる現象であった。年収を比較してみるとサラリーマンと労働者はほぼ同じような状態にある。経済的にみるとサラリーマンはすでにプロレタリア化している。しかしそれにもかかわらず、かれらは、自分たちは労働者ではない、自分たちはかれらとは違うという意識を強くもっている。レーデラーはここでサラリーマンのこの種の虚偽意識を批判するわけである。またオットー・ズーアの社会学的なサラリーマン研究がある。クラカウアーはズーアの『サラリーマンの生計』（一九二八）という書物に依拠しつつ、おおよそ次のようなことを述べている。

サラリーマンの場合、食費は平均的労働者より少ないが、そのかわりいわゆる文化的諸欲求にはさらに多額の予算をあてている。サラリーマンは光熱費込みの住居費と被服費をあわせたよりも多くの金を文化的需要にかけている、とズーアは述べている。「文化的諸欲求」には健康管理、交通、贈物、援助等とならんで、とくにタバコ類や飲食店、精神的および社交的催しなどにかける費用が考えられる。

ズーアの原書によって補足すれば、ズーアは「精神的および社交的欲求」として具体的に、新聞、書籍、授業料、教材費、旅行、劇場、映画やその他の娯楽を挙げている。

なぜこういうことになるのかを、クラカウアーは「精神的宿無し」という概念を用いて説明する。「宿無し」の原語にあたるObdachlosは、直接には「屋根がないこと」を意味し、これに「精神的」という形容詞がつけられている。かれは労働者階級とサラリーマンを比較する。クラカウアーによれば、特に下層のサラリーマンには労働者を見下しているものもいたが、平均的労働者はこのようなサラリーマンより物質的にまさっているばかりか、「一層確かな生活の土台」を持っていた。サラリーマンに欠落している「確かな生活の土台」とはマルクス主義、正確には一つの思想世界である。もちろん平均的労働者はマルクスの著作など読んではいないが、ドイツではマルクス主義政党である社会民主党によって労働者の心の奥深くまでが組織され、日常的にマルクスの理論、教えは教育されていた。特に重要なのはマルクス主義によって「労働者の何たるか」を教えられ、社会における労働者の位置、歴史における労働者の位置、労働者の役割について教えられていたことである。

これに対しサラリーマンは「精神的に雨露をしのぐ宿をもたない」という点で、労働者と区別される。労働者にとってのマルクス主義にあたる精神的土台がサラリーマンには与えられていない、というわけである。そうだとすれば、もともとなかったのか、あるいは、あったものが失われてしまったのか、それが問題である。「サラリーマン階級の住む、プチブル的思想、感情の家」は経済の発展とともに土台を奪われ崩壊してしまっている。サラリーマンの「精神的宿」にあたるものをクラカウアーは「プチブル的思想、感情の家」と呼び、それも資本主義的発展とともに「家」としての役割を果たさなくなってしまった、とみなしている。

ではクラカウアーのいう「小市民的思想と感情」とは何か、結局これが問題になる。かつての「精神的宿」が失われた結果、今や「仰ぎみる教え」も「訪ねあてる目標」もサラリーマンには存在しない。かつては「精神的宿」として小市民＝サラリーマンに人生の目標やある種の道徳意識を与えていた「小市民的な思想と感情」とは、クラカウアー自身具体的に述べていないものの、基本的にはルター派的な宗教意識と教養市民的な文化意識であった。ルター派的宗教意識（エートス）は形骸化しつつもなおドイツ人一般の日常意識に影響を与えていたし、教養市民の伝統的文化意識もまた初等中等教育を通してある程度影響を与えていたと推測される。しかしそのいずれもが趨勢としては、例えばプレスナーの『遅れてきた国民』において叙述されているように、一九世紀の世俗化過程で衰退してしまった。仕上げを行ったのが一九二三年のハイパーインフレーションであった。サラリーマンの「精神的宿」は一九二〇年代の時点ですでに崩壊し、その内面に「空洞」状態が広がっていたことは、クラカウアーだけでなくエルンスト・ブロッホにも共有されていた認識である。

そうしたサラリーマンの精神的「空洞」状態を、クラカウアーはさらに「きらびやかさ」と「気散じ＝気晴らし」の概念を用いて解明する。サラリーマンの生活の特徴は、生活の現実をより高級にみせかけることにある。サラリーマンに必要なのは空洞を埋める内容ではなく「きらびやかさ」であり、それは「精神の集中」状態ではなく「気散じ」の状態に適合的である。ここでクラカウアーは「内容」ではなく「きらびやかさ」を、「精神の集中」ではなく「気散じ」をサラリーマンの心的状態の特徴とみている。クラカウアーは実際にサラリーマンに取材を試みており、次のような言葉を引き出している。

　なぜみんなロカール（娯楽場、ダンスホール、居酒屋、キャバレーなどの総称）にいきたがるのか。それはおそらく家がみじめできらびやかさにふれたいからだ。（知り合いのサラリーマンの言葉）

　まじめな話では気が散ってしまって、楽しみたいと思っている世界に集中できなくなるの。（ある速記タイピストの言葉）

かれらに気晴らしの機会と場所を提供するのは資本主義的企業であり、大都市ベルリンにそうした場所や機会はこと欠かない。さまざまな娯楽産業、文化産業がベルリンに叢生する。クラカウアーはそうした娯楽施設の代表として、ベルリンで最も賑やかなポツダム広場に面した「ハウス・ファーターラント」を挙げている。ただその主要な客層がサラリーマンであるというクラカウアーの叙述には、サラリーマンの平均的収入では「ハウス・ファーターラント」のような贅沢な施設にはめったには行けないというマックス・レッシガーの異論もある（『一九三〇年のサラリーマン』）。

それはともかく、「きらびやかさ」と「気散じ」を求めてみても、サラリーマン精神の空洞状態は所詮埋められるものではない、とクラカウアーは主張する。「きらびやかさ」も「気散じ」も空洞を埋めるべき具体的内容をもたないからであろう。本章でサラリーマン論を紹介したのは、サラリーマンが現代都市の住民として、新しい人間類型を典型的に表現しているからであり、サラリーマン的な行動様式は狭義のサラリーマン層を超えて広く定着しつつあり、その意味でサラリーマンは大衆層の核心をなす部分でもあったからである。同様にサラリーマン層を超えて流行したワイマール時代のダンス熱や旅行熱においても「内容」が欠落し形式化していることをクラカウアーは指摘していた。

7　ユンガーの〈労働人〉論

クラカウアーは市民層の大衆への変貌を「サラリーマン」を中心に検討した。これに対しエルンスト・ユンガーは市民層が労働者に変貌した、つまり第一次大戦の全体戦争を経て生まれた全体社会は市民の生き延びる社会的条件を解体し、〈労働人〉というべき新しい人間類型を生みだしつつある、とみている。ただし工場労働者のみを想定しているのではなく、サラリーマンや芸術家も労働者になったといっているので、ユンガーのいう意味での「労働者《アルバイター》」を工場労働者とはっきり区別するため、本書では特に〈労働人〉と訳すことにしたい。従来の工場労働者はもちろん、中産的諸階層までもが同一の人間類型へと変貌する。人間類型を根本的に規定するのは、生産関係ではなく「型」に基づく生活様式であり、いまや市民も労働者も同じ「型」を生きている、というのがユンガーの認識であった。

　ユンガーは一八九五年にハイデルベルクで生まれたドイツの作家で、百歳を越える長命をえて一九九八年に亡くなった。ワンダーフォーゲル運動を経て第一次大戦に志願兵として参戦した典型的な前線世代の一員である。西部戦線の闘いに加わり何度も負傷したが、その功績により勲章を受章している。終戦後、直ちに作家活動を開始し、『鋼鉄の嵐のなかで　ある突撃隊員の日記から』（一九二〇）と『内的体験としての戦闘』（一九二二）を立て続けに発表し戦争文学者としての地位を確立した。かれの戦争論は単なる観察記録にとどまらず、生活様式そのものの表現であり、その後も『火と血』（一九二五）や『冒険好きの心　日夜の記録』（一九二九）、さらに『全体的動員（総動員）』（一九三〇）、『労働人　支配と形態』（一九三二）といった著作において戦争についての考察を発表した。敗戦後ただちに戦争論を発表しえたのは、戦時中ユンガーが書いていた「戦時日記」が役にたったものと思われる。

一九二三年に除隊し大学に戻り、哲学や動物学を学んだが、それはかれの考察にも影響を与えている。作家活動と並んでかれは保守革命派の運動にもかかわり、同派のマイナーな諸雑誌に多数の「政治的」評論を発表し、右翼急進主義の代表的論客になった。ゲッベルスからナチへの入党を勧誘されたこともあり、この誘いは断っているが、ナチの機関紙『フェルキッシャー・ベオバハター（民族の観察者）』にも論文を寄せている。以下主としてワイマール時代の代表的評論『労働人　支配と形態』によりつつユンガーの「労働人」像を検討する（以下拙著『ワイマール文化とファシズム』による）。

ユンガーは自由主義の時代、すなわち議論の時代は終わったと確信しており、そのこともあってかその叙述は思想を論証するというより結論として読者に突きつけるスタイルをとっており、読者はユンガーの叙述を受け入れるか否定するか、どちらかしかない。かれによると、市民の時代は一九世紀後半から危機に陥り、大戦を通じて決定的な崩壊過程に入り、ワイマール共和国の時代は「市民」の時代から「労働人」の時代への過渡期と位置づけられる。ユンガーの思想において戦争体験が決定的な意味をもっていた。かれの「労働人」像をつくりあげたのは全体戦争における兵士のイメージだった。ユンガーによれば、従来労働者と市民は分けて論じられていたが、それは単なる一特殊領域としての経済領域からの区別であって、労働者は市民と同質の人間ととらえられ、ただ経済的にみると「市民」より序列が下の存在ととらえられていたにすぎなかった。これに対しユンガーのいう「労働人」は経済過程から生まれてくるのではない。では「労働人」とは一体何をもって「労働人」というのか。

ユンガーは「労働人」の規定要因を「生活様式」に求める。労働は単に労働の様式なのではなく生活原理でもあった。労働は単に特定の生産関係における経済活動ではなく、「労働人」の「存在」そのものの表現であり、その意味で経済領域を超えて全体化されている。もちろん労働を分割することは可能であり、分業形態をとることもできるが、同時にそれらは相互に全体的に関連しあっている機能でもあり、したがって市民の時代に想定された個性的能力の表現という性格はもはや労働からは失われている。

ユンガーにとってワイマール共和国の時代は「トータルな労働の時代」であり、今日あらゆる人が「労働」に巻き込まれている。例えば、工場での仕事も戦場における戦闘行為も、大学の学問も、あるいは芸術制作も、すべての人間の行為が、同質の「労働」とみなしうるようになっている。労働空間は無限に広がり全面化しているので、狭義の労働時間以外の時間も、余暇とか娯楽、安息の時間とはならず、あらゆる状態、あらゆる時間が労働によって満たされる。

今日人びとは日曜日だからといって以前のように安楽をむさぼったりはせず、スポーツをしたり街頭行進をしたりしているが、ユンガーにいわせれば、この種の余暇の過ごし方は「むきだしの労働の性格」をおびている。かつてアドルノは教養の前提としての余暇について語った（『ゾチオロギカ』）が、それが妥当するのは市民の場合であって、「労働人」においては余暇自体が根本的に変わってしまっている。市民相互の公共的意思疎通の媒体となることもなく、労働と同一化した余暇はもはや教養の前提にならない。「労働人」にとって「労働」は「存在」の表現、「生活様式」そのものなのだから、「労働人」は労働しているときに十分満たされており、プロレタリアのように労働条件の改善をめぐって交渉したり、いやいやながら働くこともない。

このように新しい意味づけを与えられた「労働人」は「ゲシュタルト（形態）」としての「労働人」とも言われる。「生活様式としての労働」によって生み出される「労働人」については、生活構造を歴史的に規定することによってある程度まで歴史化してとらえることもできるが、ここにユンガーが導入した「ゲシュタルト」という言葉によって最終的には形而上化され、合理的把握の範囲を超えてしまう。「労働人」という大部の書物なのに「労働人」とは何かを少しもあきらかにしていないという批判（オシーツキィ、『ヴェルトビューネ』誌）が出てくる理由はここにある。

「ゲシュタルトとしての労働人」とは従来の市民的な個性的個人とは根本的に異質な「型」としての「労働人」である。それは、生活原理としての労働の全体的性格が「市民」の個性的性格を崩壊させ、伝統的階級区分や身分的区別を消し去った後に生まれてきた人間類型である。ユンガーはマルクス主義的階級論とも、中産層的な身分意識とも区別される立場に立った「労働人」論を展開している。市民的な思想世界においては、「ブルジョアとプロレタリア」あるいは「個人と大衆」の基本的な人間的対立があるとされたけれども、意思疎通のための従来の市民的で自由主義的な目的組織であり、組織形態である「集会」、「政党」、「会議」などによって、こうした対立を克服することはできない。

しかしユンガーによれば、個性や人格といった市民的な概念が解体した後に生まれてくる「型としての労働人」の時代にあっては、従来の市民的対立は「集合行進」(Aufmarsch)、「従者団」(Gefolgschaft)、「陣営」(Lager) といった新しい集団の形態＝「有機的構成態」において「止揚」されている。「労働人」がこのような「有機的構成態」に入りこむのは、「市民」の場合のように倫理的根拠や社会的、政治的根拠にもとづいてではなく、また個性的個人のように自由な決断によるのでもない。「労働人」はみずからの意志、価値、倫理、イデオロギーなどを超えたところに、すなわち、それぞれの主観的思い入れの如何にかかわりなく、存在そのものとしてそこに巻き込まれている(Einbeziehung)ために、「有機的構成態」は出来上がる。そういう「有機的構成態」が社会の中心に出来上がるようになると、それに比べて政党やさまざまの目的結社は時代遅れになる、いや、それ以上にそうした目的結社を作り出す中核にある思想や倫理がもはや時代遅れになってしまった、というのがユンガーの時代認識であった。かくして人びとはもはや結社や政党に属さず、流動性そのものとしての「運動」に属し「行進」する。議論は何ごとも決定せず、行動がことを決定する。人びとが議論をせず行動するようになるのも当然である。

以上のようにユンガーの理論構成において近代以前の共同体的価値はもちろんのこと、人文主義的、市民的な理念や近代的倫理も、あるいは人格や個性という概念も、一切が崩壊したか、時代遅れであると診断されているとすると、実質的内容をもった文化遺産がすべて消去された後に一体何が残されているのであろうか。行動をしたり行進をしたり労働をしたりする際に、その実質的内容を問われないとするならば、ユンガーが何といおうと、そこに残るのは「行動」それ自体、「行進」それ自体、あるいは「労働」それ自体という形式だけになる。「行動」は時代のキーワードの一つになっていたが、その際行動の実質的内容を捨象してもっぱら形式的に生きる生活をわれわれに強いるものは何なのか、これが問題である。

ユンガーの著作は保守革命派などにみられた志向性に説得的でまとまった表現を与えたものとして広く注目されたが、個性や人格の時代の終焉という時代認識に限れば、バウハウスなどのモダニズム運動においても感じられていたことであり、一つのトレンドとなる思想でもあったが、ユンガーはなかでも徹底した結論を導き出した。

8　「ブント」と「有機的構成態」

市民的結社に代わる新しい集団のあり方は世紀転換期の青年運動以来模索されており、ドイツ革命期には革命の推進主体の組織として「レーテ（評議会）」や「ブント（同盟）」が積極的意味内容を体現するものとして注目された。しかし「ブント」にせよ「レーテ」にせよ多少とも近代的主体を継承する面があったのに対し、ユンガーのいう「集合行進」や「従者団」、「陣営」においては、大胆にそうした個人主義的痕跡は振り払われている。そこではブルジョアとプロレタリアも、個人も大衆も、従来のあり方、存在様式から脱皮し、いずれもが「労働人」として同じ集団に属している。ユンガーは「集合行進」、「従者団」、「陣営」などの新しい集団を「有機的構成態」と呼んでいる。「レーテ」、とりわけ政治的労働者評議会は一九一八年に始まるドイツ革命の推進主体の組織として期待され、全国に多数のレーテが形成されたが、盛り上りと同時に衰退もはやく、一九一九年の経過とともに崩壊した。「レーテ」の理論家カール・コルシュは一九二〇年代には共産主義左派の理論家であり、ルカーチと並び称されるマルクス主義哲学者でもあったが、実践家でもあり、「ドイツにおける政治的労働者評議会問題の変遷」（一九二一）においてレーテが挫折した原因を分析し、レーテ存立の政治的社会的条件の揃っていた短い時期に法廷や議会、行政府の旧勢力を排除できなかった点に主たる原因をみた。しかし本章の観点により関連するのは「ブント」の方であった。

第三章で市民層の社交形式として、カフェ、サロン、結社などを取り上げたが、世紀転換期にベルリンのシュテークリッツで起こったワンダーフォーゲル運動に始まるドイツの青年運動には、従来の市民的／ブルジョア的な社交形式＝人間関係に満たされない青年市民層の心情から生まれたようなところがある。ウォルター・ラカーはその『ドイツ青年運動』において、敗戦とワイマール共和国成立以後の、一九二〇年代のドイツ青年運動は、野山を歩き歌を歌いキャンプを行うという従来のワンダーフォーゲル運動とは違う性格をもつようになったと述べ、ワイマール時代を「ブント（同盟）」の時代と名づけている。

ブントという言葉は以前から用いられていたが、人間の新しい組織形態として特に注目されるようになったのはワイマール時代のことである。社会学者のフェルディナント・テンニースは代表作『ゲマインシャフトとゲゼルシャフト』（一八七八）のなかで、近代と前近代の人間関係を特徴づける言葉として、「自然成長的」で「有機的」な「ゲマインシャフト」と「人工的」で「機械的」な「ゲゼルシャフト」を区別したが、より若い世代のヘルマン・シュマーレンバッハは「ブントの社会学的概念」（一九二二）において第三のキーワードとして「ブント」を提示した。シュテファン・ゲオルゲの信奉者であると同時に社会学徒としてウェーバーを学んでもいたシュマーレンバッハは、ウェーバーがテンニースの「ゲゼルシャフト」の概念を「ゲゼルシャフト形成」（Vergesellschaftung）として用いたことにおそらく示唆をえて、「ブント」を「ゲマインシャフト」と「ゲゼルシャフト」の両方の契機をもつものとして概念規定した。その際「ブント」の概念は他の概念と異なり「非日常性」をベースにもち、「友情」を基盤とする人間関係であるとされており、具体的には青年運動を想定しているように思われる。しかしユンガーにとって「ブント」もまた市民時代の産物にみえたはずである。ユンガーのいう「有機的構成態」からみれば、シュマーレンバッハのいう「非日常性」はすでに日常化していた。ウェーバーのいう「カリスマの日常化」がここに当てはまるように思われる。

第八章　モダニズムの展開と社会的基礎

世紀転換期はドイツ・モダニズムが発生した時期であり、以後一九二〇年代まではドイツにおけるモダニズムの全盛期であった。本書でモダニズムとは、狭義の芸術における革新的運動を指すだけでなく、学問や社会風俗の分野にもみられる、時代の社会思潮をあらわす言葉として用いている。モダニズムの意味でモダニティ（ドイツ語ではモデルネ）、あるいはモダンという言葉を用いた比較的初期の例としては、前章でもみたように美術批評家でもあったシャルル・ボードレールが、同時代のパリの風俗画家コンスタンティン・ギィーを論じた「現代生活の画家」（一八六三）がある。ボードレールの美術評論のうち、ここではまず「現代」（フランス語ではモデルニテ）に込められた意味、ならびに「現代」を描きうる資質について述べられた個所を紹介しておこう。

1　ボードレールの「モデルニテ（現代）」論

（1）「現代生活」の「新しさ」

芸術作品は永遠の美、普遍的な美を描くべきであるという考えがある。この考えによれば、レオナルド・ダ・ヴィンチの《モナ・リザ》やフェルメールのデルフト風景絵画が、国籍や年齢を問わず、今日でも広く愛好され、賞賛されているのは、かれらが普遍的な美を描き得ているためである。ボードレール自身必ずしもこうした考えを否定してはいなかったが、この問題をより厳密に考察した。かれは「現代性」(モデルニテ)を明快に規定している。

現代性とは、一時的なもの、うつろい易いもの、偶発的なもので、これが芸術の半分をなし、他の半分が、永遠なもの、不易なものである。(『ボードレール批評2』)

この文章を、芸術には「一時的なもの」を描く芸術と、「永遠なもの」を描く芸術との二種類がある、と解釈するのは間違いであろう。芸術作品が普遍的な美を描くものだとしても、創作者や作品の享受者は常に同じ思想や感性の持主でない以上、そこに普遍的ならざる、個別的なもの、一時的なものも描かれざるをえないし、かりに普遍的な美のみが描かれるようなことがありえたとしても、それを享受する人は時代によって違うわけで、受け取りかたも違ってこざるをえない。またどの絵も時代や画家を問わず、同じような美を描き、作品の与える芸術的感動も同じようなものになって、描かれる対象と技術的達成度にしか相違はなくなってしまうという事態は、望ましくないし、芸術作品の実態とも合致しない。

芸術には、対象の〈個別性〉を徹底して個別的に描ききることが要請される。それは作品の描いた美の普遍性や永遠性とは一応別個のものである。個別性の細部の描写を通して普遍的で永遠の美が表現されたとしても、個別性は個別性として独自の意義をもっている。「一時的」で「うつろい易い」、「偶発的なもの」、つまり「現代性」を描くことは、かつて見られたことがなく、ほんの一瞬だけ実現しえた現実の配置状況の「新しさ」（ヌボーテ）を見出し、作品に定着させることが、「現代生活の画家」に要請されている。つまり、芸術は「永遠なもの」と「一時的なもの」とを表現するものであり、永遠の美と同時に「一時的な」美を、つまり「現代性」の美も表現していなければならない。このように考えると、聖書から題材をとったり、歴史的事件を描いたりする伝統的な絵画は、それ自体題材において普遍的で永遠なものを描いているのであり、街角に佇む庶民を描いた風俗画は普遍的な美を欠き、「一時的なもの」を描いているにすぎない、といったような考えは、社会に共有されてきた、悪しき題材主義に基づく通念であることが明らかになる。

(2)「意のままに再び見出された幼年期」

ボードレールはまた、「現代生活」の「新しさ」を表現するためにどのような資質が必要であるかを、コンスタンティン・ギィーに即して論じている。まず問題になるのは子どもらしさだ。かれにとって何よりも「すべてを新しくみる」ところに、子どもの子どもらしさたる所以がある。伝統や通念や経験にとらわれない〈ゼロ状態〉において、〈もの〉をそのものとして初めてみたようにみるのが子どもであった。そこには大人が失ってしまった〈始まりの意識〉がある。だがギィーとて大人である。大人はどのようにして再び「幼年期」を見出すのか。この問題に関連してボードレールは、子どもの「陶酔」状態と、大病をした人の「恢復期」に触れている。

子どもは「いつも酔っている」。いつも忘我の状態である、つまり「自我」の形成される以前にある子どもはいわば自然状態において新たに〈もの〉をみているわけだが、子どもならぬ大人が疑似的に幼児期を回復するのは、陶酔状態における忘我の時である。忘我状態において、「自我」の奥深くまで侵入していた伝統や通念も同時に忘れられるので、じかに〈もの〉に触れ合うことも可能になる。天才とは「幼年期」を「再び意のままに見出す」ことのできる人である。またボードレールはギィーを「恢復期」にある人に喩えている。体験した人には特に理解しやすいことだろうが、死の危機にもあった大病からの「恢復期」にある人は少し前まで、一旦死の淵に立たされ、そこからの脱出はおのれの力では果たせず、医者や医療体制にすべてを委ねざるをえない、まったくの受動的状態におかれていたわけで、病前の自分の肉体的力や社会的地位、人間関係の一切がほとんどリアリティを失っていたから、文字通りゼロ状態に近いところにいたばかりであり、まだ必ずしも復帰のめどもたっておらず、ようやく多少とも回復の兆しがみえてきた状態にある。「恢復期」という曖昧な時期にあるということが重要である。まだ日常性には戻っておらず、ゼロ状態の記憶も新たであるような中間期に、ボードレールは着目している。

とはいえギィーは大病をしたわけではない。にもかかわらずかれは「永遠に恢復期にある」ような、大人でありまた子どもでもあるような「天才」である、とボードレールはいっている。子どもでもないのに、大病もしていないのに、意のままにゼロ状態を回復することができるという意味での「天才」であった。そうしてギィーの場合、ギィーを「天才」にした媒介項は「群衆」であった点が注目に値する。「群衆の中の芸術家」（阿部良雄）と呼ばれるボードレールにして理解しえた論点であろう。「群衆がギィーの領分であることは、空気が鳥の領分、水が魚の領分であるのと同じだ」という文章に、ボードレールは次のように続けている。

> かれの情熱と職務、それは群衆と結婚することだ。完全な遊歩者にとって、情熱的な観察者にとって、数の中に、波打つものの中に、運動の中に、うつろい易いものと無限なものの中に住ま

いを定めることは、涯しもない歓楽である。わが家の外にいて、しかも、どこにいてもわが家の気持ちでいること。

群衆と一体化し、「数」であり、「運動」であり、「うつろい易く無限なもの」である群衆を住処とするのが「歓楽」であるような「遊歩者」、それが「天才」ギィーの姿である。「群衆のなかにいて退屈するような人間は、馬鹿だ！　馬鹿だ！」、とご丁寧にもギィーは「馬鹿」を繰り返しているが、「飽くことなく非我をもとめる自我」であるギィーは、群衆の中では自我が衰弱、もしくは消滅しやすく、非我状態になり易いことを知り尽くしていた。この非我＝自我は外界の色彩や形態をむさぼるように吸い込むことができ、そうした「非我」を「生気あるイマージュ」に翻訳し、再現できるからこそ、ギィーは意のままに幼児期を回復できる「天才」たりえたのである。

2　「現代性《モデルネ》」の基盤としての大都会

右に述べたような「現代性」の意識が発生する社会文化史的な基盤は大都市にあった。都市の規模の拡大と一定の成熟が、「現代性」の意識を生み出す母胎になる。「一九世紀の首都」（ベンヤミン）といわれるパリに、最初の「現代性《モデルニテ》」の意識が誕生したのは当然である。最初のモダニズム運動の一つといっていいのが、印象主義であった。その風潮はすでに一八六〇年代にみられ、マネの《草上の昼食》は一八六三年に完成しているが、「印象派展」と銘打った展覧会が最初に開催されたのは一八七四年のことであった。マネのほか、モネ、ルノアール、シスレーらが印象派として特に知られている。

ドイツでは大都市の発達と成熟はパリにかなり遅れていたから、印象派が誕生するのは一八九〇年代、文字通り世紀転換期のことであった。マックス・リーバーマン、ロヴィス・コリント、レッサー・ウリィといった画家がいる。モダニズム（印象主義）と大都会の関係については、アーノルト・ハウザー（一八九二―一九七八）が的確に論じている（『芸術と文学の社会史』）。一九二〇年代の大都会を経験したからこそ、ハウザーにそうした考察も可能になったのかもしれない。印象主義は最初の現代的都市の思想である。市民社会が「動態化」して一定程度成熟することが、印象主義の成立する社会的基盤である。社会が動態化する本来の場はもちろん大都会にあった。ハウザーによると、印象主義は二重の意味で「大都市の芸術」であった。第一に、印象主義は「風景としての都会」を発見し、主たる描写の対象を田舎から都会へ移した。第二に、印象主義は世界を「都会人」の目で見て、外界の印象に「都会人」の感性で反応した。もちろん印象主義を待たずとも、以前から都市は題材に選ばれ、歴史的に由緒ある場所や建物が描かれていた。問題は「都会人の目」にある。ハウザーはいかにもジンメル的に言っている。印象主義が描くのは単に都会の特定の場所であるというにとどまらず、「大都市生活の激しい移り変わり」、「神経的なリズム」、「突発的で鋭いが直ちにまたどこかに消えてしまうような印象」であった。では、都会に固有な経験、すなわち、現実を〈動態的なもの〉として経験するとはどのような事態を指すのだろうか。動態的な都市社会において、「現実」は何よりも「生成中」の「一つの過程」として経験される。「現実」はまさに「ある一瞬」に他ならず、「いま」「ここ」にある「現実」は、次の「瞬間」には消えてなくなり、二度と戻ってこないという意味で、まさに「いま」「ここ」にしか存在していない。印象主義にとって「現実」とは、それを作り上げる諸々の力の拮抗関係における、一時的で一回的な「配置状況」にほかならない。それは偶発的な配置であり、不安定な均衡状態にある。こうして印象主義的な動態性の体験は、「静止している自然」を「一つの過程」として経験し、一切の安定し確固としたものに「非完結的」、「未完成」という性格を与えるから、印象主義にとって「現実」は重さを欠き、軽みを帯びたものになり、そこに浮遊感が漂う。

　このような動態的現実に相応しい芸術はどのような特徴をそなえていなければならないのか。ハウザーによれば、第一に、さまざまな現象の「瞬間的」で「過渡的」な性格を描き出しうるものであること、第二に、「瞬間的」で「過渡的」で、一つの連続体としてたち現れる「現実」を区別するに際して「視覚」に優位が与えられること、である。印象主義にとって「現実」とはすぐれて「感覚的な現実」であり、わけても「視覚」によってとらえられた「現実」にほかならない。印象主義の画期的な新しさはここにある。印象主義以前に、たとえば「自然主義」にさえもまだみられた「客観的」現実への信頼感がここでは決定的に失われている。人びとの感覚的受容の如何にかかわりなく〈客観的現実〉が実在しているという確固たる信念に代わって、いまや主体の側での「みる」という行為が優位になり、「現実」は主観化される。

　次に印象主義はどのような絵画的手法を用いて「視覚」の自律化を追求したのか。ハウザーによると、それは第一に、現実の総体を視覚によってとらえられる現実に特化、もしくは「単純化」し、視覚的にとらえられない現実を捨象する方法であり、物体のヴォリューム（三次元）を二次元の「平面」に還元することによって「物体の造形性」を解消する。それにとどまらず、印象主義は第二に、物の「造形性」だけでなく、「輪郭」さえも放棄して、キャンバス上の画面を明確な輪郭のない「点の体系」にまで還元する。「点」が最小単位とされているのは第一五章の〈「点化」の思想〉との関連でも注目に値する。このようにして、印象主義の絵画は「明晰さ」や「鮮明さ」を失うことになるが、それを代償として「動態感」と「感覚的魅力」を獲得する。第三に、色彩と光を重視する方法である。

視覚によってとらえられた現実こそが真の現実であるという認識から、「現実」は光と色彩によってつくられているのだという認識に至るのは、自然の成り行きだった。動態感や感覚的魅力にしても、とりわけ色彩と光によってもたらされる、と考えられていた。

印象主義は絵画芸術の革新的な一様式であるにとどまらず、同時にある特定の生活様式の表現でもあり、実際に「印象主義的な生活様式」という言葉も用いられている。印象主義の社会的基盤であるとされる大都会＝動態的社会の原理によって、都会人の生活において「瞬間」や「変化」、「偶然」が優位に立つようになる。ハウザーによれば、それは生活を「気分」が支配することにほかならない。では「気分」とは何か。かれは「気分」の特徴として「変わり易さ」、対外的関係において「何ものにも拘束されない」こと、したがってまた拠点となるようなものを持とうとしない「傍観者的態度」の三点を挙げている。気分の支配とは現実の主観化であり、印象主義においてその端緒がみられた主観化の涯には表現主義がやってくるが、これもまた大都会を社会的基盤とする点では同じだった。

3　ジンメルにおける〈流行とモデルネの社会学〉

どのような言葉であれ、歴史の経過の中で微妙に意味を変化させていくものだが、学術用語も例外でない。例えば世紀転換期に多用された「社会政策」という言葉は、労働問題研究によって存在意義を疑問視されたりしたが、いずれにせよ今日では経済学の一分野に収められているのが実態に近い。しかし、ドイツの世紀転換期において「社会政策」とは社会科学全般を指す緩やかな言葉として用いられ、今日ならば政治学や社会学、哲学の分野に分類されるような人までが「社会政策学会」に参加している。その社会政策学会の勢力関係は大河内一男（『独逸社会政策思想史』）らによって、右派のアドルフ・ヴァーグナー、左派のルヨ・ブレンターノ、中間派のシュモラーと三派に分類されている。

一九一〇年に創設されたドイツ社会学会は、社会政策学会に所属していた左派のマックス・ウェーバーが中心となり、比較的若い世代を中心に結成され、ここには弟のアルフレート・ウェーバーや『ゲマインシャフトとゲゼルシャフト』で知られるフェルディナント・テンニース、そしてその才能にもかかわらず、ユダヤ系の出自ゆえにドイツのアカデミズムの周辺に位置せざるをえなかったゲオルク・ジンメル（一八五八―一九一八）、さらにユダヤ教哲学のマルティン・ブーバーまでもが加わっていた。だがここで想定されている社会学も、今日流通している社会学のイメージとは違っており、ウェーバーの『経済と社会』の構想にみられるように、一個別科学としての社会学というより、むしろマルクス主義社会科学と区別される独自の社会科学が想定されていた（住谷一彦『リストとヴェーバー』）。今日の社会学のイメージを決定づけたのは、一九二〇年代にドイツに留学してウェーバー社会学＝社会科学の一面を継承したタルコット・パーソンズであった。今日の社会学とパーソンズの社会学とはただちに同じではないが、パーソンズの影響のもとで第二次大戦後に社会学は一個別科学として世界のアカデミズムに定着することになった。

一九二〇年の死によって最終的には未完に終わった、膨大な量にのぼるウェーバーの『経済と社会』のみならず、やはり大部といってよいジンメルの『社会学』にも、綜合科学から個別科学への移行期の特徴があらわれている。ジンメルの初期の大作『道徳科学序説』（一八九二／九三）は未だ体系だった著作になっているが、中期の代表作といってよい『社会学』（一九〇八）は、そのタイトルと分量から想像されるのと違って、断片的なエッセイ風の叙述による、哲学的とも社会学的ともいえるような著作になっている。

ところで、本節の後半の課題は、「現代性（モデルネ）」の意識が印象主義や表現主義のような芸術上の潮流に入り込んでいただけでなく、社会学的分野にも侵入してきていることを、ジンメルの著作に即して明らかにすることにある。

（1）ジンメルの方法

ジンメルの主著『社会学』がエッセイの集合体のような書物になっているのは、ジンメルの思想的特質に由来する。ジンメルはどのような問題に取り組む時にも、それを精神現象として取り上げる志向性をもっており、橋や額縁、食事、取っ手などを主題とする時も、この志向性は貫かれている。しかも精神現象としての「もの」は固定的、静的にではなく、動態的に運動するものとしてとらえられる。このように「もの」を動態的な精神現象としてとらえたところにジンメルの魅力の源泉がある。後に取り上げることになる、ベンヤミンやクラカウアー、ブロッホ、アドルノら〈一九二〇年代の世代〉の思想家たち（この用語については本章最後に説明する）には、このようなジンメルの資質に魅了されていた人が少なくない。

ジンメルはある個所で、さりげなくみずからの方法論について語っている。かれの方法論が「モデルネ」の意識からつむぎだされたのは明白である。何らかの現象が出現した場合、そこに多数の力が結集している。さまざまな力が集まり、独特な配置になることによってその現象を成立させている。力は本来的に拡張する傾向にあるから、ある現象においてさまざまな個々の力相互の絶えざる衝突が繰り返される。その際力相互の関係は一時的なもので、諸力の配置状況は不断に変わっていくから、

「生の諸現象」は絶えざる変動を予見される「可能的な現象」である。絶えざる変貌を可能性として含んでいるという意味で、生のあるがままの姿（現実の直接的形態）が暗示する以上に、そこには「深い力」や「解消されない緊張」が含まれており、ジンメルの学問は現象からその包みを解いて、緊張を解放し、ゆたかな可能性を開示するという課題をもつ。

いささか抽象的に説明されたこのような方法論は、さまざまな方向に展開できるゆたかな可能性をもっているが、ジンメル自身は具体的にこの方法をどのように実践したのだろうか。ジンメルは抽象的で形式的なレベルから〈もの〉の精神現象に接近し、そこから二つの力の傾向性と相互関係、とりわけ対立関係を取り出し、両者の対抗関係を運動態として描き出し、より高次の関係性が生まれることを指摘するに終始する。そこから精神現象の新しい方向性を打ち出したりはしない。ルカーチなどはジンメルに魅了されながらも、その点が不満だった。ルカーチのような人にとって、新しい方向性を提示しえてこそ「偉大な思想家」の名に値するわけだが、ジンメルはこの点で単に「興味深い思想家」にとどまった。ジンメルは緊張関係を描き出したが、あくまでも自覚的に「緊張の場」にとどまっている。

もっともジンメルなりには方向性を示していたのかも知れない。かれは精神現象の〈精神史的なワンサイクル〉を描くだけだが、サイクルの中に一定の歴史的経過が含まれるという意味では、ある種の方向性を示してはいるからである。例えばある精神現象のなかに合理化的傾向と非合理化傾向という二つの形式的な力の対抗関係を読み取り、合理化傾向が優位になって一定期間安定しても、合理化は硬直化して生の現実には合致しなくなって、次第に非合理化傾向が対抗してくる、といったようなワンサイクルである。サイクルは何度も反復されるが、各サイクルはまったく同一に経過することはないので、サイクルごとの特徴は明らかにされるが、そこから新しい方向性を読み取ることはない。どうしても「緊張の場」は調和する安定性へと引き取られがちである。ジンメルの学問が「社会学的印象主義」（フリスビィ）といわれる所以はここにある。だがジンメルは必ずしも印象主義的立場に自足していたわけではない。その点には後段でまた触れることにして、ここではジンメルの方法論をもう少し具体的な適用例に即してみておくことにしよう。

（2）「ベルリン勧業博覧会」と「モデルネ」の意識

世紀転換期におけるドイツの大都市風景の新しさを一言でいえば〈雑然〉としているということであろう。一方では混沌とした交通事情があり、他方ではショーウィンドウ、電気照明の織りなす光広告などがあった。都心部の交通はさまざまな手段が混然としており、歩行者、荷車、自転車、馬車、路面電車、鉄道馬車、バスなどが、交通信号もなく雑然としていながらも、街はそれでも機能していた。例えば印象主義的手法で描かれたウリィの《フリードリヒ通り駅》と題された絵画にそのような光景をみることができる。いまだ路上において馬の存在感は大きかった時代である。王宮や教会、デパート建築などと並んで、消費意欲をかきたてるだけでなく、見物人の美意識にも訴えていたショーウィンドウ、夜の生活を一変する光広告、そしてリトファスゾイレと呼ばれる路上の広告塔などに象徴される消費と娯楽の都市としての新しい相貌は、ベルリンの「田舎者」を圧倒した。著しい上昇機運にあったが、遂に万国博覧会を開催できなかった帝政ドイツにおいて、その種のものとしてはもっとも大規模に開催されたベルリンの勧業博覧会（一八九六年）に関し、ジンメルの書いた報告がある（『ジンメル・コレクション』）。

大都市では、生活と仕事のテンポの慌ただしさ、生活環境の目まぐるしい変化によって、日常的に絶えず刺激を与えられている。そこから「モデルネ」の意識もうまれてくるわけだが、ジンメルによればその意識を生み出す社会的基礎は分業の著しい進展による、労働の細分化にあった。「諸能力の完全な発展」を阻まれた労働者にとって、その埋め合わせになるのが、消費と娯楽の産業である。かれらは「欲求不満のはけ口」を、「多様性」の世界に、あるいは「差異の魅力」に求めたり、「受容と享受の世界」に求めたりする。今日のテレビやインターネット・メディアの独裁ほど特定分野に特化していないにしても、すでに消費と娯楽の産業の台頭は著しかった。

ジンメル的思考の特徴は、人間の受容能力、感覚能力の限界に着目したところにある。知覚にせよ、視覚にせよ、あるいは聴覚にせよ、受け入れることのできる限界というものがある。大都会には人間が処理し対応できる限界を超えた力が、情報なり刺激なりのかたちで押し寄せてくるが、勧業博覧会は「世界都市」ベルリンに相応しく、万国博覧会に匹敵する規模で行われていたので、いわばミニ大都会として入場者の対応力を超えた刺激を与えている、とジンメルには思われた。「ありとあらゆる種類の工業製品がところ狭しと肩を接して並んでいる」のをみると、われわれの知覚能力は限界に達し「麻痺」してしまう。ここで知覚能力は精神の統制を離れ、ジンメルがいうところの「催眠状態」という、脱精神的な新しい心的な境位（その両義性については後に〈一九二〇年代の世代〉が関心を寄せる）が生まれてくる。そこでは、

　個々の印象は、もはや意識のいちばん表層の部分をかすめていくだけで、最後に記憶に残るのは、くりかえし湧き上がってくる思い、つまり、ここは楽しむべき場所なのだ、という思いだけとなる。（『ジンメル・コレクション』）

そういう「思い」などより、個々の印象の方が本来は強く大切なものなのに、印象は衰弱して死んだかのようになり、唯一娯楽だけが「公分母」として残っているにすぎない。「能力の完全な発展」をかなわぬ夢にした産業自身がその心理的な埋め合わせをしてくれるわけである。産業のこうした広範化は、次に述べる流行現象の拡大と同義である。

（3）流行現象と「モデルネ」の意識

ジンメルの方法論がより鮮明にあらわれているのは、かれの「流行（モード）」論であろう。方法論としてみると、ジンメルは流行も精神現象として理解し、その上で流行の形式と内容を区別する。まず流行の内容に着目して現代の特徴に目を向ける。ジンメルの同時代は、もともと、流行の本来の領域とみなされていた服装の分野を超えて、学問や思想、芸術の分野にまで流行現象が広がっていった時代である。今や衣服や遊戯の類にとどまらず、「宗教」、「学問的関心」、「社会主義」や「個人主義」にまで流行現象がみられる。現代の文化が知られるためには市場に提供されねばならず、一旦市場に公開されると〈流行の法則〉というべきものに服さざるをえない。相対主義的な立場に立つジンメルはニュートラルな分析に終始する。例えば「衣服」と「宗教」の間の価値的優劣に触れているのではなく、従来流行に馴染まないと考えられていた「学問」や「宗教」などの領域までもが、流行の圏域に組み込まれるに至った時代の状況に、ニュートラルに言及するところにジンメルの本領があった。

人びとはなぜ流行現象に加わるのだろうか。ジンメルはまず流行の内容面を検討する。人びとが流行に従う場合、別に流行の「内容」を信じているわけではない点が重要である。人がある衣服を身に着ける場合、その服の服としてのよさを信じているならば、この事態は流行と呼ばれない。衣服それ自体はわれわれの欲求に「即物的」に適合しているが、その範囲を超えて、幅の広い上着にするか、それとも狭い上着にするかの選択に際し、「即物的根拠」は作動せず、その決定はすでに流行の圏域における問題になっている。人がその「即物的根拠」、つまり「内容」を信じている場合、それは流行とは呼ばれないのであり、流行現象において、人びとは「内容」的意味に無関心になり、形式的意味にひきよせられていく。

このように即物的—非即物的というジンメルの説明も考慮に入れると、われわれの生活諸領域全体は流行現象との関連で等質的でないことがわかる。すなわち、「即物的決定」だけが価値を持つような領域と、そうでない領域とは区別される。ジンメルのいう「即物的決定」だけが価値をもつ領域とは、因果連関に服し、しかも特定の目的なり価値なりに依拠することによって成り立つような領域であろう。例えば、われわれが「社会主義」を信奉し、その「生の内容」を選択する場合、その動機は「即物的」であり、流行の動機としての非即物性とは相容れない。

一方流行の「流行」としての魅力は、「事物」の「内容的意味」から離反することによって、はじめて与えられる。「内容的意味」を抜きに「事物」は成り立たないのに、「内容的意味」に無関心のまま、どのような「内容」の「事物」をも受け入れていくのが流行だから、そこにはどうしても一抹の「軽薄さ」がつきまとうことになる。では、「事物」の内容的意味から独立に成り立つ〈形式としての流行〉とは何か。ジンメルは差異化と均等化という形式的概念をキーワードに流行現象を考察する。次の文章にはジンメルの「形式社会学」的性格がストレートにあらわれている。

流行は社会的均等化への傾向と、個性的差異——への傾向とを一つの統一的な行為の中で合流させる、多数の生の形式の中の一つの特殊な形式に他ならない。（「流行」）

流行現象の中では、均等化と差異化への欲求という相互に異質な二つの人間的欲求が併存し、合流している。衣服やバッグの流行にみられるように、われわれは差異化のモメントによって他人から嫉まれ、均等化のモメントにより社会的に承認される。この二つの異質な力の相互関係から、ジンメルは流行の変化とうつろいやすい一時的性格を説明する。かれによれば、流行は本質的に交替していくものである。実際に流行はやがてすたれ、別のものの流行の影に後退していくだけでなく、ジンメルの強調するところによれば、他の流行と後退していくことを自ら望んでいる。流行現象には均等化への欲求と差異化への欲求とが同時に共存しているので、流行は必然的に交替していかざるをえない。流行に加わる人が増大すると、社会的均等化は高まり、それが一定程度を超えると、今度は流行のもう一つの局面である「差異化」への欲求が生かされなくなる。この意味で流行はその「始まり」においてすでに自己否定的契機を孕んでいる。こうして流行においては二つの相反する欲求があくまでも同時に充足されなければならないのである。つまり流行は流行現象として成功することによって、流行としては消滅していく。

流行の非即物的な魅力はここから説明される。ジンメルによれば、人びとが流行に加わる際の非即物的動機は、流行の「始まり」における「新奇さの魅力」とその終焉における「儚さの魅力」とに他ならない。流行する「事物」が「新しいこと」、そして新しいのは「一時的」にすぎないこと、それが事物の内容とは無関係に成り立つ流行現象の魅力なのである。流行は過去と現在の境界にあり、流行が栄えている限り、そこに加わっている人はいまを生きているという現在性の感情を与えられ、生きていることが現在進行中と感じられる。流行において、いまここにあるものは次々と新しいものに追いやられ後退していくので、背後に押しやられた、いましがた新しかったものは、別にその内容を信じられていたわけでないから、「新奇さ」のもつ衝撃力が失われると、背後に蓄積されることもなく、ひそやかに退いていくばかりである。過去は過ぎ去った過去としてさえ定立されない。

4　ジンメルにおける〈印象主義と表現主義〉

印象主義が今日でも幅広く受け入れられている理由は、その都会的な「モデルネ」の意識が今日につながっていることと、ある程度安定した秩序化の見込みとにあるといえよう。前者についてはすでに触れてあるので、後者について一言しておきたい。印象主義においては画家の目が主観化され、画像も〈点化〉された。客観的現実という全体性が存在するという信念が失われて、主観化、断片化したわけである。となると全体性や客観性はすでに失われているわけだから、主観と主観、断片と断片は疎遠なままであったり対立しあったりし、混沌とした状況が生まれてくる。印象主義はそのような状況への方向性を与えた。

世紀転換期に、自然主義が大都市の悲惨さ、貧困を発見し描いたとすれば、印象主義は〈多様性〉であると同時に〈動態的〉でもある大都会の美を発見した。それは〈直接性〉の美でもあった。*

* フランスの小説ではすでにエミール・ゾラ『獲物の分け前』（一八七一）が、そうした大都会パリの「美」を見事に描き出しているし、ベルリンについては建築家アウグスト・エンデルの『大都会の美』（一九〇八）と題された評論がある。

印象主義以前には直接性の彼方に、もしくは背後に、隠れた別の世界をみたりしていたのかもしれないが、今では都会の〈表層〉にも美が見出される。〈動態性〉の美とは一時的な〈瞬間〉の美であり、ボードレールの「モデルニテ」の概念につながっている。それは瞬間的だから移ろいやすく、そこに〈浮遊感覚〉も生じる。とりわけ印象主義において発見された新しい美＝大都市の美は、多様な要素が動き回る中で、それらが一瞬においてつくりだす〈調和〉、〈秩序〉を定着させたものであり、その限りで秩序であるにもかかわらず、安定性を欠いている。ただしそれは保守的な心情によって賛美される多様性の美とは区別されねばならない。有機的で静的な多様性を想定する初期保守主義のユストゥス・メーザーは、官僚的合理主義の画一化の手法が多様性の世界を解体していると批判している。しかし、その画一化は確かにある種の多様性の世界を解体するが、その一方で新たに別の人工的多様性の世界を生み出していることに、目が行き届いていないように思われる。大都会はまさにそうした新しい多様性の世界であった。印象主義において、〈多様性の美〉は、例えば、人物、交通、広告、服装、職業などの都市風景のカオスとして感じられ、しかもウリィやスカルヴィーナの絵画にみられるとおり、カオスは攻撃的でなく、時に美しいとも感じられる。

　印象主義における多様性は静的ではなく動態的に変化していくものであり、「美」「調和」「秩序」とみえたのも一瞬だけのことである。多様性とは実はカオスにすぎないことが露呈する。しかしひとたびゼロにされた秩序は、再び姿を変えて秩序化すると見通されていたから、カオスを美と感じることもできた。まだカオスのなかに〈裂け目〉が隠されているのは必ずしも自覚されていなかった。しかし〈裂け目〉を悲惨さというかたちで発見するのは難しくはないので、印象主義による都会の美の発見とほぼ時期を同じくして大都市の悲惨さが発見されるようになった。それはこの時期に書かれた自然主義の社会小説や社会政策学会の都市の労働者や住宅の研究などに明らかである。

　たとえ一時期であるにせよ調和＝美を構成することが可能であると信じていたのが印象主義である

とすれば、カオスはカオスのままで遂に出口がないとしか思えなかったのが表現主義である。秩序解体の方向性を与えることと、実際の有様はまた別である。印象主義において自立した主観、描かれた断片はアナーキーへの方向性を持つものの、実際には諸々の断片は秩序化している。例えばレッサー・ウリィによるベルリン風景の絵画は、鉄道駅近辺の混沌とした情景を描いているものの、画面全体は安定しており、観るひとに不安を感じさせることはない。画面を構成する諸要素がバラバラであったにしても、それらが秩序を解体するとは思われていないのである。

ところが表現主義の絵画となると、全体性の崩壊はより徹底しており、主観や断片は秩序を構成することはない。カオスの先に秩序が予見されるのではなく、カオスが常態になったのが表現主義の意識である。印象主義において個人の主観、個人の視覚が単位とされるにいたったが、その場合の個人は当然社会の中の個人であると想定されていた。しかしここに共通感覚ではなくて個人の感覚が原点として措定されたことが重要である。多様性が秩序化した社会から、やがて例外的にではなく日常的に脱落するものが発生してくるようになる。方向としてみれば、文化の基盤は社会から個人に移っていく（印象主義段階）が、その際に個人が社会から切断されていく方向が明白になったのが、表現主義段階であった。この時点で、芸術に即していえば、社会から切断され、おのれにのみ依拠する自律化の方向が、より徹底化されるわけである。

ドイツにおける表現主義は絵画についていえば、一九〇五年にドレースデンで旗揚げしたエミール・ノルデらの色彩の濃密な集団の「ブリュッケ（橋）」、一九一一年にミュンヘンでカンディンスキーらによって結成され、抽象絵画を始めた集団「青い騎士」、そして一九一五年前後のベルリンにあらわれたエルンスト・ルードヴィヒ・キルヒナーやマックス・ベックマンらの大都市の「疎外」や

「狂気」を描いた画家たちなどがいる。

ジンメルはまさにこのような段階における芸術様式として表現主義を理解する。亡くなる直前の論文「現代文化の葛藤」（一九一八）において、かれは表現主義を現代文化の「葛藤」の産物ととらえている。先に「印象主義的立場に自足していたわけではない」と述べた所以である。文化の歴史は形式と内容の葛藤という観点から説明される。動態的な空間である大都市では「内容」が絶えず変わっていくので、形式と内容のずれが生じやすい。農村は比較的変化に乏しく、内容も長い時間をかけて緩慢に変化していくので、形式の老朽化にも時間がかかるのに対し、大都市では形式がすぐに古くなってしまう。ロンドンやパリ、ウィーンのような伝統豊かな都市と比べて、「無の上に立つ都市」（ハウゼンシュタイン）ともいわれるベルリンのような後発都市の場合、ことのほか変化は速く訪れる。

通常は一定の期間を経て内容が変わり、それに対応する形式が古くなりすぎると、新しい内容は自らに相応しい、従来とは違った形式に収まっていくものである。こうした内容と形式の組み合わせの変化は長い時間的経過を経て何度も繰り返される。生の実相という内容を形式に組み込めなくなり、形式が古くなるような事態が短期間のうちにあまりにたびたび発生するようになると、従来のように特定の形式に対する不信感が生まれてくるだけでなく、芸術様式であれ、制度、法律であれ、理論や道徳であれ、その違いに関わりなく、形式そのものに対する不信感も生まれ易くなる。ジンメルのいう「現代文化の葛藤」は、文化が文化であるためには、どうしても何らかの形式が必要であるにもかかわらず、形式それ自体に反逆せざるをえない時に発生する。ジンメルはそうした矛盾に満ちた志向性を担った運動として「表現主義」を理解している。形式をもたない、あるいはもちえない内容の主張なので、それは「爆発」だったり「叫び」や「反逆」といわれたりする。ウォルター・ラカーは表現主義の精神を「自由に浮動する無目的な反逆精神」であると述べている（『ヴァイマル文化を生きた人々』）。しかし表現主義がいかなる形式に対しても反逆することを存在理由としている限り、それは一時的な過渡期の精神たらざるをえなかったのである。

このようにジンメルは表現主義の思想を内在的に理解できたが、それはかれ自身の立場が印象主義に近かったことによる。印象主義と表現主義には相違点も多いが、いずれも「モデルネの意識」を出発点としているという意味で共通面も多かったからである。表現主義にあってジンメルになかったものの、それは強いアナーキーへの志向性であり、否定のラディカリズムであった。

先に〈一九二〇年代の世代〉といったのは、スチュアート・ヒューズの「一八九〇年代の世代」（『意識と社会』）をヒントにした用語で、詳しくは第一二章で取り上げている。ヒューズは一九世紀の支配的な社会思潮である「実証主義」に対する反逆を出発点として、現代思想の定礎を行った思想家としてフロイトとクローチェ、ウェーバーに着目をし、いずれも著作活動を一八九〇年代に始めているところから、かれらを「一八九〇年代の世代」と一括した。それにならっていえば、ほぼ一九二〇年代に著作活動を開始した一群の思想家を〈一九二〇年代の世代の思想家〉と呼ぶことができるのではないか。多少一九二〇年代からはみ出す人物も加えていえば、ジョルジュ・ルカーチ、カール・マンハイム、エルンスト・ブロッホ、ヴァルター・ベンヤミン、パウル・ティリッヒ、ジークフリート・クラカウアー、テオドール・ヴィーゼングルント・アドルノなどの名前を挙げることができよう。この世代の少なからぬ人たちに、青年期にジンメルに心酔した時期があったのは注目に値する。しかもかれらはやがて〈ジンメルとの別れ〉を経験し、ジンメルの思想圏から自立していく過程で独自の思想的立脚点を確立していった。過渡期の思想家ジンメルが触媒となって、ジンメルを経過することによって〈一九二〇年代の世代〉は誕生したのである。

第九章　生と形式——経験の貧困化と大都市の精神状況

1　生と形式——日本とドイツ

ジンメル的響きをもつ「生と形式」という主題に即していえば、大戦が始まって以降、共和国の成立をへてハイパーインフレーションにいたる一〇年間は、政治的混乱期であるにとどまらず、さまざまな意味での形式（制度や道徳、作法、伝統など）にガタがきたり、崩壊したりして、それまで形式におさめられていた「生」の諸相が激流のごとくに噴出し、表面化した時期でもあった。生活や社会的地位の激変で、翻弄された人にとっては消耗する〈失なわれた一〇年〉だったが、一部の人たちにとっては、ほんのつかの間のことであるにせよ、〈自然状態〉を幻視しえた、文字通り幻のような一時期が到来した。負け戦としての戦争直後や革命、内乱の時期にはそういう精神的ドラマが生まれやすい。

第二次大戦直後のドイツや日本にも同じような時期があったが、とくに戦争がはじめて本格的な「全面戦争」になった第一次大戦以降のドイツはそうであった。ルーデンドルフ（『全面戦争』）やエルンスト・ユンガー（「全体的動員」）、あるいは藤田省三（『全体主義の時代経験』）などの議論を借用して整理すれば、「全面戦争」とは、①銃前銃後の区別がなくなり、軍人のみならず、国民全体が戦争に巻き込まれるという意味や、②軍事それ自体のみならず、政治はもちろん、経済や文化、マスメディアのすべてが戦争に動員されているという意味で、さらにその結果③国民が肉体的にのみならず、精神的にも動員されたという、三重の意味において「全体的」な戦争であった。このような意味で全体的に動員された戦争における敗北は、軍事的敗北にとどまらない全面的な敗北として受けとめられやすいから、従来ドイツ社会を支えていた諸々の生活形式は急速にリアリティを失い、おのれの自我から形式を脱ぎ捨てた「生」そのものこそが本物のリアリティであるかのように思えてくるのだが、形式から抜け出た「生」の奔流の行方は見通せず、善かれ悪しかれ、社会的根拠があるかないかに関わりなく、さまざまな可能性を〈幻視〉する文化人が叢生する。一部のアヴァンギャルドにとって、すでに第一次大戦以前にユートピア的に直観していたことが、いまや実現の機会を迎えたようにさえ思われた（例えば建築家のブルーノ・タウト）。政治的前衛に即して革命をみると、結局のところ革命の主体的担い手が欠如し、多数派社会民主党の路線に則った革命の名に値しない「革命」へと終息していったという説が説得力をもつことになろうが、知識階層の人びとも意外に積極的に関わっていた。だが政治的前衛にせよ芸術的アヴァンギャルドにせよ革命を主体的に担う準備不足が露呈した。

形式の解体を促進した動因として、敗戦、革命といった政治状況を重視するか、それとも一九二二／二三年の「史上空前のインフレーション」による社会経済的な解体状況の方が決定的であったとみるべきかという問題は、実証史学的には決定しがたい。戦後日本社会の変貌の根本原因は何かという問題をめぐって、敗戦・占領を重視するか、それとも経済の高度成長の方をとるべきか、という判断と似ている。「生」の内容が区分けされ、しかるべき形式をえて収まっていくには、ある程度の時間の経過が必要であったが、そうした経過の後でさえ根本的判断は分かれている。

そうして所詮は従来と代わり映えのしない形式に収斂していくのが明白であるという、マックス・ウェーバーの皮肉な目からみれば（『職業としての学問』）、敗戦後の革命・反革命の騒ぎ、表現主義・ダダ的な混乱は、混沌とした運動が形式に収まっていく上で不可避的に通る、一時的な「馬鹿騒ぎ」、たわごとにすぎないということにもなろう。

本章ではウェーバー的視点とは違って、この時期を「ドイツ零年」ととらえることにしたい。開戦・敗戦・革命・インフレと政治的、社会的激動の続く一九一四年から一九二三年末までの、いわば〈混沌の一〇年間〉に、ドイツ社会が精神的状況を含めて「ゼロ状況」に落ち込み、その解体的状況が文化風土を〈荒野〉に変え、一方では多数の〈狼〉（ヘッセ『荒野の狼』）を生み出す母胎になっていったが、他方において、人びとの間に解放感を生み出し、伝統や慣習、常識、道徳、社会的権力、制度的枠組みなどからある程度自由に、自分の生活を自分で決める喜びを広汎にうみだすことになった。こうした解体期に垣間みられる消息に気づいていたのは、例えばベンヤミンであり、藤田省三であった。*

＊　第二次大戦後の日本については野坂昭如の描く「焼跡闇市の時代」がそれであるし、ドイツの同時期についてはジークフリート・レンツの『愉しかりしわが闇市』やファスビンダー監督の映画『マリア・ブラウンの結婚』などは解体に伴う新鮮な社会的活気を描いた作品である。同じ問題は第一次大戦後にもあった。

ベンヤミンは第一次大戦後の〈ゼロ状況〉のなかに「経験の貧困化」を見て取ったが、別に崩壊について嘆き節をうたったわけではなく、当時人びとは「経験から解放されたがって」いたのだ、とも書いている。そこに生まれるような〈ゼロ状況〉を戦争やインフレによらずとも自覚的に設定できる人物を、ベンヤミンは「破壊的性格」の人間と呼んでいる。

このような発想は同時代の状況から生まれた。戦争は、特に戦争における敗北は経済的生産力や国民の士気を衰弱させるだけでなく、支配勢力も弱体化させるので、革命に転化しやすい。ロシアはその代表的事例である。ドイツの場合も敗戦と革命の勃発はほとんど同時期であった。一九一八年一一月九日、北ドイツの軍港キールで兵士が起こした反乱がきっかけとなって、革命的動きは全国に波及した。皇帝ヴィルヘルムII世はオランダに逃亡し、プロイセン以来のホーエンツォレルン王朝は崩壊した。第一次大戦は少なくとも全ヨーロッパ的出来事だったから、オーストリア・ハンガリー帝国のハプスブルク王朝も滅び、ロマノフ王朝は一年前のロシア革命で崩壊していた。戦争によって王朝の時代は終わり、各国で革命的騒乱が生じた。

世界最大の社会主義政党を擁していたドイツで、意外にも主体的に革命を担いうる勢力は弱体であった。それが意外でも何でもなかったことは、すでに世紀転換期にトロツキーの知るところであった

(『わが生涯』)。一九一八年一二月末から翌年にかけて急遽ローザ・ルクセンブルクやカール・リープクネヒトを指導者とするドイツ共産党が設立されたが、直後の一九一九年一月中旬、かれらは官憲の手で惨殺された。権力者の地位に就けば、権力の維持に必要なことは何でもやる。「国家理性」はいともたやすく踏みにじられる。一九一九年は革命勢力とこれに反対する勢力との激突の年でもあったが、多数派社会民主党の路線に沿った穏健な政府に有利なかたちで事態は進行し、革命的動きは趨勢において終息に向かった。とはいえハイパーインフレーションによる社会不安もあって、左右の急進派の激突が最終的に終息するのは、一九二三年末になってのことであり、その仕上げとなったのが一九二三年一一月八日のヒトラー一揆であり、これがたやすく鎮圧されて、政治的にはようやく安定期を迎える。

社会経済的には一九二二年から一九二三年一一月にいたる史上空前のインフレーションの影響が大きかった。マルクの貨幣価値が戦前と比べて一兆分の一にまで低下するようなことになれば、信じられるものもなくなって当然である。その結果、生活だけでなくモラルも解体する。このように事態を一瞥しただけでも、戦時体制の成立、敗戦による王朝の崩壊、苛酷なヴェルサイユ条約による賠償負担、革命的騒乱、ハイパーインフレーションと続く〈失われた〉一〇年の結果、「ドイツ零年」と呼んでいいような事態が生まれていた。

　「一九一八年のドイツの理念」、この造形にさいしては戦場から帰還する兵士たちが発言権を持つであろうが、このものが実際にどういう相貌を呈しうるか、あるいは呈すべきか、これについてあらかじめ言えるものはいまのところまだひとりもいない。しかしドイツの将来はそれで決まることだろう。

一九一八年に発表された「価値自由」に関するマックス・ウェーバーの学術論文の末尾におかれた発言は、その後のドイツの発展の核心を適確についており、実際、ドイツの将来は文筆家や社会主義者によってではなく、帰還兵士の世代によって方向を与えられた。その内実がどういうものになるか、まだ誰にもわからないとウェーバーが述べた帰還兵士については、一五年後にベンヤミンの有名な証言がある（「経験と貧困」、『ベンヤミン著作集』）。

（2）「経験の貧困化」

ヴァルター・ベンヤミン（一八九二―一九四〇）は「経験と貧困」において、戦場から戻った直後の兵士たちの精神状況のみならず、その延長線上にワイマール共和国期の精神状況をも描き出しているので、やや長いが引用するだけの価値がある。

当時、われわれは、戦場から帰還した兵隊が一様にむっつりおしだまっていたのを、この眼でたしかめたのではなかったか。そうだ、かれらには、ひとに告げることのできるような、ゆたかな経験などなかったのだ。経験はすっかり貧弱なものになってしまっていた。あれから十年後、戦争文学の氾濫の中で堰を切ったように出てきたものも、ひとの口からひとの耳へ流れ込んでいく経験などでは決してなかった。……ひとびとは、経験がすべて虚偽と化したことを知っていた。戦略上の経験は陣地戦によって、経済上の経験はインフレーションによって、体力上の経験は飢餓によって、道徳上の経験は権力者の実態によって、あの頃ほど見事に化けの皮を剥がされたことがない。まだ鉄道馬車で学校に通ったことのある一つの世代が、いま青空に浮かぶ雲のほかは何もかも変貌してしまった風景のなかにたっていた。

戦争からインフレに至る時代において「経験の相場はすっかり下落してしまった」。経験が貧困になった、虚偽となった、衰弱した、というわけである。経験が解体し、まったく失われたとまでは言っていないが、経験が成り立ちにくくなっている、とベンヤミンは言っている。兵士たちは押し黙っていたのは必ずしも負けたからではない。戦場において語るべき経験など何ひとつなかったからである。戦争体験を雄弁に、滑らかに語る語り口はなんとも空虚になってしまった。戦争が多少とも形象化されるようになるまでに一〇年を要し、一九二〇年代末に戦争文学が盛んになる。反戦の立場のものでは、映画化もされたエーリヒ・マリア・レマルクの『西部戦線異状なし』（一九二九）のほか共産党の作家ルートヴィヒ・レンの『戦争』（一九二九）などがあり、右翼陣営ではユンガー兄弟を中心とするグループが戦争を肯定し、時に賛美した。ベンヤミンにとってユンガー・グループによって語られていることは「経験」ではなかった。とくにエルンスト・ユンガー編の戦争論集『戦争と戦士』（一九三〇）については批判の一文を草しているが、ユンガー自身との思想的対決にはなっていない。

　ベンヤミンのいう「経験」の喪失とは、あるいは「経験」とは具体的にどのような事態を指すのか。「経験」の反対概念はテクノロジー、もしくは機械である。第一次大戦は史上最初の機械化された総力戦であり、かつての戦争形態と違って、そこに「経験」は生まれにくい。「経験」とは、対象なり、出来事や事態なりを、その文字の通りに経過するものとして、その源泉にまでたどって理解できるものである。行為について言えば、行為の結果を指すのではなく、行われること、行われるプロセス、実践の過程を意味する。個人の時間のなかでは経過するもの、持続的であること、出来事が個人の中で反芻され、繰り返すことが可能なもの、それが経験である。

　ベンヤミンは「経験」を阻むものとして戦争や工場労働の例を挙げている。第一次大戦は最初の機械化された戦争であるという点でそれ以前の戦争と違っている。従来の戦争の場合、鉄砲は用いられたが、基本的には向こう側に並んでいる具体的な敵と戦を闘わせるという戦争の形態であり、戦闘のプロセスを経験することも可能だった。これに対し第一次大戦は、傷ついたり死んだりする「プロセス」のない、史上まったく新しい戦争形態であった。機械の破壊力は人間の咀嚼力を超えて圧倒的なもので、爆弾一発で兵士は瞬時のうちに殺される。一瞬のことなので戦闘体験は負傷するのも死ぬのも経験にはなりえず、せいぜい「ショック」を与えるのみであった。

当時急速に発達してきた精神分析の用語を用いれば、新しい戦争は「トラウマ（心的外傷）」をもたらす。戦争に動員された人たちが多数、精神的に傷を負うことになった。過去の戦争にはなかったことである。第一次大戦には当時既に名前の知られたドイツの作家、芸術家も多数動員されており、かなりの人が戦闘行為に巻き込まれ、ノイローゼに、精神的病に倒れることになったことになった。その衝撃の大きさはかれらの作品にあらわれている。

例えばドイツの表現主義のなかで特に大都市の絵画を描いたことで知られるエルンスト・ルートヴィヒ・キルヒナーやマックス・ベックマンは戦争に加わり、精神に変調を来し、除隊になっており、その後の絵画に影響が現れている（ウィレット、前掲書）。

ベンヤミンは労働についても触れている。歴史的にみると、人間の身体のリズムと機械のリズムの関係は、機械がまだ人間の手の延長であるという性格を保持している時代、つまり手仕事の時代、手工業の時代には調整可能だった。せいぜい初期資本主義の時代までのことである。産業資本主義の時代を経て高度資本主義の時代になり、機械の方が人間の身体よりも圧倒的に強力で効率もよく、すぐれた成果を収めるようになると、人間が機械を使うというより、機械が人間を調教するようになる。

さらに重要なことは、社会の「機械化」という新しい事態の発生である。ベンヤミンからみれば父親世代にあたるユダヤ人で、大企業の二代目経営者であり、後にワイマール共和国初期の外務大臣を務め、ドイツ人にとって屈辱的なヴェルサイユ条約を受諾した責任者とされ、一九二二年にベルリンで右翼に暗殺されたヴァルター・ラーテナウという人物がいる。かれは経営者、政治家であると同時に多数の著作をもつ思想家でもあった。かれの現代社会論のキーワードが「機械化」であり、「機械化」は工場労働に導入された方法であるにとどまらず、社会の構成原理になっていること、したがってまた単に工場労働者にとってのみならず、社会の「機械化」を通してすべての人の運命になったことを、ラーテナウは論じている。用語こそ違うものの、同時代のウェーバーやロベルト・ミヒェルスの「官僚制」論も基本的にはラーテナウと同じ問題に焦点をあてており、ベンヤミンの場合はその「機械化」が「経験」を困難にしていることに目を向けているわけである。ラーテナウをふまえていえば、戦争のような非日常的事態においてだけでなく、われわれが宿命的にそこで生きざるをえない日常の社会生活においても、経験は成り立ちにくくなっている。

あるいはこうもいえよう。未知なものがあってこその経験である。何ほどか未知のところがあって、「問題的」なところがあってはじめて、それを知ろう、認識しようとする衝動が生まれ、そこから「経験」の過程が始まるからである。完全に既知になってしまうと、人はそれを経験することはできない。哲学者のエルンスト・カッシーラー（一八七四―一九四五）はワイマール時代末期に「ジャン・ジャック・ルソー問題」（一九三二）と題する論文を発表しているが、そこでもいわれているように、完全に既知になったもの、すなわち「事実」ならば、それを所有することはできる。だからこそその種の知識を「客観的認識」であるとして、学校や大学で教えられるわけだが、それらは特定の文化体制内部では「有効」な知識になるかもしれないが、われわれの見方を触発したり、われわれの知識や生活意識の枠組みそのものを揺さぶり動かすような衝撃力はもたず、われわれの「生」にとっては死んだも同然の知識にとどまる。われわれはとかく体制内部を〈ただひとつのリアルな世界〉と思いがちだが、プルーストもいうごとく、芸術なり読書なりによってわれわれが「自分自身から脱出」できるなら、「われわれの世界」と同じでなく、「知られないままであるかも知れない風景をもった、別の世界について」（『プルースト評論選』）知ることもできる。

他方において、まったく人間的に共感できるところがないと、やはりそれを経験することはできない。われわれは猫や犬の場合はともかく、蛇や蚊には人間的に共感できないし、あまりに異質なところの多い文化を共感的に理解することもできない。また死体愛好者についてもそういう人がいることは了解しても人間的に共感するのはきわめて難しいことだろう。多少とも人間的に共感できるところがあってはじめて、それを知ろう、認識しようという衝動も生まれるのであって、まったく共感できないものを経験することはできないのである。

（3）　経験の解体とワイマール期の精神状況

もう少しベンヤミンの〈経験の貧困化〉論を見ておこう。われわれの経験は貧困化しているという現実を率直に認めなければならないというのが、ベンヤミンの出発点となる認識と立場であった。ベンヤミンは経験の貧困な状態を「新しい野蛮状態」と呼んでいる。それを赤裸々のものにしたのが帰還兵たちであり、かれらはわれわれ現代人の精神状態を先取りしていた。ただ、「経験の貧困化」という言葉は、ベンヤミンがその事態を否定的にみていたかのような印象を与えるかもしれないが、必ずしもそうではない。「野蛮」という言葉は文明の欠如、非文明的状態という意味で用いられており、ここではニュートラルに使われている。ベンヤミンにとって「非文明的」とは、本書の言う文明の〈ゼロ状態〉を意味し、その意味では大人より子どもの方が「野蛮」なのであった。ベンヤミンは文明の欠如、〈ゼロ状態〉がどのような精神的、思想的状況を生み出すのかを考察している。〈ゼロ状況〉に対して両極端の対応が生まれる。一方で、経験の貧困化した状態に耐えられず、熱烈に新しい経験を求めるような精神状況が生まれてくる。ベンヤミンによれば、新しい経験を渇望するのが「新しい貧困」状態なのである。「占星術やヨガ、クリスチャンサイエンス、手相術、菜食主義、降霊術」などの氾濫、もしくは流行がそれである。ワイマール共和国の時代、特にその初期に、今日からみてかなりいかがわしい「思想」が流行していた状況については、多数の同時代的証言があり、例えばパウル・ティリッヒの『現代の宗教的状況』やヘンリー・パクター『ワイマール・エチュード』などに具体的紹介がある。またディークは当時のベルリンの街頭で出会える人として「コミンテルンの代理人、ダダイストの詩人、表現主義の画家、アナーキストの哲学者、セックス研究家、菜食主義者、エスペラントの予言者、たかり屋、売春婦、同性愛者、麻薬常習者、ヌード・ダンサー、闇取引人、犯罪者」などを列挙している。そこに氾濫していた「いかがわしい思想」が何がしかの「新しい経験」を含んでいるように思われたからこその流行（「経験の渇望 Erfahrungshunger」）であった。

ベンヤミンのいう「新しい貧困」は経済的貧困ではなく精神的「貧困」に焦点をあてているが、その裏側の精神的豊かさを表す用語として、ドイツでは伝統的に「教養」という言葉が用いられていた。

帰還した兵士たちに典型的にみられ、そして一九二〇年代のドイツ、とりわけ大都市に劇的に現れた「新しい貧困」、しかし突然「教養」が失われてしまったわけではない。一九二〇年代の新しい状況においで教養が無意味なものになってしまった、あるいは単に「装飾」にすぎなくなってしまったということ、それどころか「装飾」としてさえ無意味になってしまったことが、誰の目にも明らかになったということであろう。

ベンヤミンにとって、このような意味での一九二〇年代的状況を生きることは人類史的経験にもなった。かれにいわせれば、新しい経験に憧れるのではなく、むしろ「経験から解放されたがっている人」たちもいる。かれらは経験が貧弱になってきた結果生まれてきた、経験の、あるいは文明の〈ゼロ状況〉を歓迎する。そうした人びとのうち、思想家、芸術家数人の名前をベンヤミンは挙げているが、大半はベンヤミンとほぼ同時代の人物であり、具体的には、アインシュタイン、パウル・クレー、ベルトルト・ブレヒト、アドルフ・ロース、パウル・シェーアバルトといった人たちである。今ここでその理由を個別的に説明している余裕はないが、かれらはいずれも「新しい貧困」をポジティブに活用したという意味で、ベンヤミンにとって重要な学者、芸術家たちであった。

このように、経験が貧困化し、精神の〈ゼロ状況〉が先に展望されるとき、どのような対応がありうるのか。前章で触れた印象主義や表現主義の問題との関連でいえば、経験の貧困化とは、形式が内容を汲みつくしえず古くなったことを意味するだけでなく、形式の包みを解かれた内容自体も貧困になっている事態を表している。狭い世界で単調な活動を繰り返す日常に「貧困」を見るならばともかく、戦争、革命といった市民的日常を超えた、それこそ劇的な数年であったはずなのに、それでもそこに経験の「貧困」しか見出し得ないというのでは、およそ救われないのではないだろうか。いましがた紹介したベンヤミンが挙げているような英雄的人物ならばともかく、われわれにも可能な対応方法はありうるのか。

　ベンヤミンは「経験」を「ドラマティック」な出来事への参加によってイメージしてはいない。戦争や革命のような誰がみても「劇的」な事件、例えば甲子園球場に選手として出場したことがあるとか、インドを放浪したというような、人に語りうる、関心をもってもらえるような出来事への参加が、経験らしい経験と理解されているわけではない。大都会の真っただ中で、あるいはベルリンの幼年時代に、目立たない細部において、それは蓄積されている。

（4）状況化的思考の誕生

　一般的にはこういうことだろう。「形式」を「形式」が生まれる以前の「生」の具体相からみていくこと、あるいは同じことだが、概念という「形式」をそれ以前の「経験」の場に戻し、「事柄」との関連でとらえ返すのである。道徳や宗教といった日常的意識を暗黙のうちに規定している力を問題にする場合、それらが生まれて力をえる以前の状況、道徳や宗教という概念に硬直化する以前の状況を自分なりに再生してみること、そうしてその状況を自ら生きるなかで、道徳や宗教を自己の内部で追創造することが必要である。宗教や道徳はわれわれにとってとりあえず「形式」として、「型」として意識される。つまり、なにがしか「強制的なもの」としてたち現れる。だからこそその際に、形式なり型を「状況」へとずらすこと、状況化することが重要になってくる。出来事を抽象化するのではなく、具体的な場所空間とともに記憶にとどめること、本書のキーワードの一つを用いれば、それが「経験」ということなのである。

「教育」においては「状況」を与えること、あるいは「状況」をフィクションとして与えることが重要であるとすれば、教育における演劇、映画、文学といった芸術の役割は大きい。ワイマール共和制期はバウハウスに限らず「芸術教育」に関心が高まった時期でもある。あるいは自らの内面に「状況」を作り出す訓練（これこそが教育の要諦である）において学問の果たす役割も無視できない。大学とは、とりわけゼミナールとは、形式以前の状況を作り出す訓練を一種の知的遊戯として行う場でもある。大学や学問からフィクションや遊戯的側面を実用性がないとか不真面目だとして追放するのは、経験の場を奪うことにもなろう。「状況化」するということは、「形式」の助けをかりずに「事柄」「現実」に対応することである。道徳のような形式を、理論のような形式を与えることに教育を矮小化してはならない。「状況」が与えられれば生徒や学生は自分たちの生活内容に対応するみずからの「形式」を探し発見するように促されるはずである。子どもであろうと、「形式」なしには生きていけないからである。

やや話が抽象的になった。少し具体的な場に戻ろう。先にワイマール共和政期には諸々の形式が崩壊して状況化した、と述べた。特に首都ベルリンにとりわけ著しく状況化に適した空間として経験されていた。

3　ベルリンにおける「ゼロ状況」——カネッティのベルリン体験

第一次大戦後、とりわけインフレ期のドイツでは、全国規模で異常なダンス熱におおわれた、と多くの文献で指摘されている（ラカー『ワイマル文化を生きた人びと』、ハンス・オストヴァルト『インフレーションの道徳史』など）が、そうした熱狂的態度は「経験の貧困化」という「ゼロ状況」への国民的対応であった。このような時期は、後から省みると混乱期にみえるもので、混乱期に特有の次のような精神状況が生まれてくる。政治的、社会的、思想文化的枠組みの崩壊の結果として、例えば保守主義者を自認していたトーマス・マンはそれまで属していた思想圏を離脱して一時期「保守革命」を唱え、その後共和制支持に変わったし、革命派であったアウグスト・ヴィンニッヒやエルンスト・ニーキッシュは「社会主義」の側から「保守革命」派に転じた、という具合に、思想的に左右の陣営が複雑に交錯するようになる。またイデオロギーに拠らない集団、マックス・シェーラー門下のフォルラートいうところの「人生集団」も結成されて注目された。擬似宗教的なルドルフ・シュタイナーの共同体やヘルマン・カイザーリングの「知恵の学園」などがその代表的なものである（マックス・シェーラー編『知識社会学の試み』）。

混乱と活気は往々にして同時的に起こる。首都ベルリンの知的精神的活力は当時パリやニューヨークを凌いでいたともいわれており、その証言にも事欠かない。二〇世紀初頭のウィーン、ベルリン、パリ、ロンドンを比較した文章としては、シュテファン・ツヴァイクの観察（『昨日の世界』）が有名である。一九二〇年代についてはウィーンとベルリンを比較したものでしかないが、東欧圏からやってきたエリアス・カネッティやマネス・シュペルバーの回想録がポイントをついている。ここではカネッティの回想記を紹介する。

カネッティは一九〇五年にブルガリアに生まれたが、先祖はスペインから移住したユダヤ人であった。子ども時代にマンチェスターやウィーンに住んだこともあり、多言語的環境で育った。その後ウィーンやフランクフルト、チューリッヒにも住み、再びウィーンに戻ったのが一九二四年であった。カネッティがウィーンで過ごしていたのは「殺菌された知的生活」であり、「どんな混合をも禁じるある種の衛生法」、徹底的に〈閉じる〉ことによってかろうじて維持される市民的文化圏にほかならなかった。ところが一九二〇年代後半のベルリンでは、ウィーンとまったく正反対のことが起こっていた。ベルリンでは「あらゆる種類の接触」が、つまり絶えず〈開かれ〉てあることが生活の真の内容の一部」をなしていた。ベルリンでは、とカネッティはいっている。

> ひとはあるカオスのなかで行動していたが、しかしそれははかり知れぬように思えた。新しいものが毎日生じ、つい三日前にはそれこそあたらしかったものをうちすえた。さまざまな物が混乱のなかをあちこち死体のように漂い、その代わり人間たちが物となった。これは新即物主義として知られていた。（『耳の中の炬火　伝記一九二一―一九三一』）

「ベルリンの田舎者」によくみられた反応という面もあったかもしれないが、それでも歴史的伝統の蓄積が少なく、ハイパーインフレーションを経験したばかりのベルリンはまた特別だった。ベルリンの「ヴェステンス百貨店」を舞台にして大ヒットした同時代のレヴュー「何かが起こりそうだ」は、ベルリンの雰囲気を表現する言葉として広く流通した。カネッティはベルリンを「空所」と呼び、エルンスト・ブロッホは「空洞」と名づけた（『この時代の遺産』）。真空地帯を乱舞するベルリンにおける「新しいもの」の氾濫についてはクラカウアーの証言もある（『大衆の装飾』）。カネッティの引用をさらに続けよう。

> あらゆるものがベルリンでは同じように近くにあったし、どんな種類の影響力も許されていた。
> ――騒音は大きかったし、ひとは騒音と雑踏のまっただなかで、見聞に値するさまざまなものが

当地にはあるということを強く意識していた。——ひとはウィーンのような古い首都からやってきていたとしても、当地では田舎者になったような気がしたし、驚いて眼を見張るうちに、やがて開いた目がふさがらないものがあり、それがひとを興奮させ活気づけた。……ひとがグロッスのデッサンから平手打ちを食らったように受ける、身の毛のよだつ共存と混沌という印象は大仰なわけでは決してなかった。（同右）

それはベルリンでは「自然」なことだった。大都会の「モデルネ」とは何であるかを、カネッティはリアルに描き出している。『群衆と権力』をはじめとするカネッティの理論的著作における主題は「群衆」であり、その基本的テーゼは「見知らぬものとの接触恐怖」、そしてまた群衆という接触恐怖の極致において逆説的にも恐怖感が消え去る、という認識だった。群衆の魅力はそこにある。

ウィーンでは未知のものとの接触が用心深く周到に回避され、いささか無理をして上流市民階級や貴族の文化的一体性が保持されていたとすれば、ベルリンでは未知のものや既知のものを含めて、あらゆるものとの絶えざる接触が日常をなし、未知のものとの接触も「恐怖」となる以上に「活気」や「魅力」の源泉になっていた。カネッティの見事な観察はさらに続く。

こうしたものがまったく多面的かつ対立的に、まったく容赦なく、ひとに殴りかかった。ひとは何かを理解する暇もなかった。……私に最も深甚な影響を与えたこと、以後の人生を、今日においてすら、決定したことは、私を襲ったあらゆるものの非一致であった。……互いにすぐ近くにいて、しかも互いに戦っているけれども、どの名前も相手の息の根を止めるわけでは決してないような、多くの偉大な名前の。重要なのは、日々の普段の接触。（同右）

カネッティのいうあらゆるものとの「不断の接触」、リチャード・セネット的にいえば、つねに影響に「晒されていること」（『視覚の判断力』）は一般に大都市の特徴であろうが、多数のものに強く晒され続けることから容易に逃れられないのが、一九二〇年代のベルリンであった。このようなベルリンの精神状況に持続的に耐えるのはしんどいから、そこから逃亡して精神を緊張緩和する方向に向かった人も多かったろうが、それでも逃げ切れないで、緊張を生きる生真面目な雰囲気もベルリンにはあった。溢れるばかりの体験、そしてまた新しい体験に次ぐ体験、それは「経験」とも紙一重だった。

4　ジンメルと大都市の精神

とはいえ精神の持続的緊張に長くは耐えられないのが大多数の人間だから、大都市においては緊張を緩和するための方法もおのずと発展する。二〇世紀初頭に発表された、ジンメルの開拓的論文「大都市と精神生活」（一九〇三）はすでにこの方法を主題としている。かれは「大都市の精神生活」の特徴として「神経生活」が高揚することをあげている。農村と比べると、生活空間としての大都市は複雑に意味構成されており、常時住民に多数の刺激を送り続けるので、その処理に神経をすり減らしかねない。もっとも、多数の複雑な刺激を浴び続けるとはいえ、繰り返し同じような刺激を受ける場合には、次第に刺激にもなれてその衝撃力が弱まるだけでなく、刺激自体もパターン化されるから、予想されるほどには苦労することもなく、対応できるようになる。

だが事態はさほど単純ではない。絶えず繰り返し同じような刺激を与えられているわけではないからである。表面的にみると、動態的な生活空間としての大都市は、住民に次々と新しい刺激を送り込んでおり、その結果人びとは「絶えざる印象の急激な交替」に晒されて、それらの印象をその都度区別していく必要に迫られる。ジンメルの都市論の独自性は、刺激豊かな大都市という環境の中で、一方で絶えず送り込まれる複雑な印象をその都度区別していく必要が高まることを強調しながら、他方でそれにもかかわらず、大都市の人間の区別能力は退化し、ついにはその現実像も変貌していかざるをえない（この点は後述）ことを指摘した点にある。ではなぜ都会人の区別能力は退化するのか。

日常生活のなかでわれわれはさまざまな事態、さまざまな人間や事物に遭遇する。元来それらの事物＝事態は人びとに対し、その場そのときに応じてそれ特有の違った刺激を送り込み、それに対応して刺激を受ける人間の側でも違った反応を示す。事柄＝事態と人間との幾多の試行錯誤を含むこうした関係の蓄積こそが、経験を生み出す母胎になるわけだが、ジンメルによると、大都市という生活環境ではそれも失われていかざるをえない。ただしここには二つの方向性＝可能性がある。第一の方向は、人間と事柄＝事態の交渉過程をパターン化し、事物＝事態から受ける刺激の衝撃の馴致をめざす。しかしジンメルはむしろ第二の方向に着目する。常時多数の刺激を蒙っていると、やがて当人の神経は麻痺し、刺激に対する感受性も鈍り、遂には送り込まれる無数の刺激に対しいかなる反応も示さなくなる。ジンメルはこの方向については結論的に述べているだけで、「無感覚化」の生まれる過程については格別述べていないが、おそらく次のような次第で変貌していく、と想定されていたはずである。出会った事柄＝事態に対しその都度事柄＝事態に見合った新しい反応を示すのが人間経験の誕生する基礎課程であるにしても、大都市という生活環境を前提にした場合、新たな事物に出会うたびに、その都度それ特有の反応を示していたのでは、それだけで多大の時間を要し、実際に生活自体が成り立たなくなってしまうので、次々と送り込まれる刺激に対し、その都度適切な対応をするのは実際問題として不可能である。だからこそ先に触れた第一のパターン化の方向が生まれ、時間も節約されるのだろうし、また無感覚化という第二の方向も出てくることになる。刺激に対し無感覚になるという事態には、単に消極的な意味で大都市によっておのれの感覚能力を無化されることを意味するだけでなく、同時に大都市という新しい生活環境に対する積極的な取り組みとして「無感覚になる」という意味もあった。

ジンメルは「無感覚化」の二重の意味を理解する洞察力を持ち合わせていたが、さしあたり、どちらの意味にも妥当する範囲で無感覚化の意義を検討する。刺激に対し無感覚になるというこの新しい事態を、ジンメルは「倦怠」と呼んでいる。「倦怠」の本質は、刺激に対しそれ特有の対応をできないという意味での無能力、すなわち「事物の相違に対する無感覚」にほかならない。それは元来感覚能力が乏しいという意味の「鈍感」とも、感覚に左右されまいとする「ダンディ」における感覚の超越志向とも、根本的に違っている、大都市によって歴史的、社会的に形成された「精神生活」上の特質だった。

だがそれにしても、「事物の相違」をリアルに認識できないというのは、ゆゆしき事態の発生であろう。ジンメルによると、「倦怠」した者にとって「事物」は「くすんだ灰色の色調」でたちあらわれる。「くすんだ灰色」だけに事物相互の差異が曖昧になっている。しかしそれにもかかわらず事物相互の差異は明白である、ということもあわせて強調しておかねばならない。農村であると大都市であるとを問わず、リンゴはリンゴでしかなく、ミカンではありえないからである。「事物相互の差異が曖昧になる」とは一体どういう意味か、これこそが問題である。

ジンメルは「倦怠」とは大都市に支配的な貨幣経済の主観的反映である、とも述べている。貨幣は事物の共通面に着目し、個性的側面は捨象する。貨幣がすべての価値の公分母になることによって

「事物の核心」「事物の特性」「事物の特殊な価値」といわれるものは完膚なきまで空洞化してしまう。事物はすべて同じ比重を持ち、すべて同じ平面に横たわっているものとされ、「それのまとう断片の大きさ」によって相互に区別されるにすぎない。例えば大学の相違が学生数や建物の違いによってしか知られないようになるのである。こうして大都市の「精神生活」の特徴をなす「倦怠」が発生してくるということは、単に大都市の住民が「けだるい」生活をおくっているというのではなく、本来の意味で「事物の相違」が認められなくなること、つまり現実のリアリティの喪失にほかならない。

第一〇章　ダダイズムから新即物主義の時代へ

1　諸領域の自律化論

マックス・ウェーバーは「世界宗教の経済倫理」の「中間考察」において（『宗教社会学論選』）、文化諸領域の自律化という観点に立って、宗教から経済や政治、学問が自律化していくプロセスと、その際に生じる宗教と文化諸領域との緊張関係について見事な叙述を残している。後年ハーバマスは、ウェーバーの「自律化」論を独自に読み込み、この自律化の運動とそれらを総合する運動を「モデルネ（現代＝近代）」と呼んだ。総合化は難しく、自律化の進展していくのが実情だった。

その結果、経済それ自体、政治それ自体、学問それ自体、芸術それ自体の論理が追求され、それぞれが専門科学として独立する。いまだ政治経済学といわれていたアダム・スミスを経てリカードにける純粋経済学へ、ホッブズにおける伝統的政治学から科学としての政治学へ、そしてカントにおいて学問としての美学の確立が追求される。芸術においてはさらに下部領域の自律化が追求され、絵画、音楽、舞踊、文学などの領域が自律化していく。目的のための手段としてではなく、芸術はそれ自体として追求されるようになる。手段としての芸術といっても、実態は多様である。歴史的にみると、まず宗教のための、あるいは教会のための芸術があり、次いで君主の政治的権力を誇示するための芸術、その後には個人的な価値観や思想、感性の表現として芸術作品は制作された。

当初近代芸術は宗教や政治からの解放を目指していたが、一九世紀にもなると、芸術の主たる対立者として宗教や政治のほかに、経済と思想や価値が浮上してくる。宗教や政治への従属状態から解放されるため、芸術は当初経済と手を結んだ。市場と、あるいは市民層の経済力と手を結んだといってもよい。音楽でいえば同じく古典派といわれるものの、モーツァルトとベートーヴェンの間には断絶がある。バッハは基本的に教会音楽を作曲し、演奏した。モーツァルトは宮廷社会の内部で作曲をした。一九世紀前半、ベートーヴェンの時代に至ってはじめて、教会にも宮廷社会のパトロンにも依存しない生活がどうにか可能になった。かれは市場を目あてに、市民階級の支持を頼りにして作曲活動を行った。しかしそうなると今度は次第に市民層の経済力に、したがってその好みなり趣味に、あるいは市民層の思想や文化に依存するようになる。シラーに仮託した普遍的人類の理想は市民層の特殊な利害関心に矮小化される。音楽は思想、趣味を表現する手段になるべきでないと反省され、趣味や思想といった音楽にとって外部的なものではなく、音楽の内部的世界が追求される。この音楽的発展が行きつくと、特定の趣味や思想だけでなく、およそ人間的なものを表現する一切のものが回避され、思想表現の基になる要素である意味（表現）までが回避されるようにもなる。音楽についていえば、宗教や政治のみならず、思想や趣味からも解放された音楽そのものとして、純粋な音そのものが追求される。音楽の音楽たる所以は音にあるというわけである。

こうした動向は他の芸術諸領域にも生まれてくる。ダンス・舞踊・バレエと呼ばれる身体表現の領域においても、思想や価値、あるいは趣味の表現ではない、純粋な身体の動き〈そのもの〉が求められる（ラバンやヴィグマン）。絵画芸術の場合も同様である。思想や感情への従属から解放された絵画芸術の根源的要素として、色彩と形が注目された。「色彩」に重点をおいた様式として表現主義があり、特にドイツにおいて盛んだった。これに対し「形」の方を根源的要素として重視した様式が一時期のピカソに代表されるキュビスムであった。こうして一九世紀末以降になると「芸術のための芸術」がスローガンになり、それぞれの芸術の根源を純粋に表現することが追求された。それは社会史的にいえば、芸術（ハイカルチャー）が民衆的＝社会的基盤を喪失していく過程でもあった。ここにモダニズム一般の問題性がある。

こうした純粋な〈そのもの〉を求める動向の中で独自な位置を占めるのが文学の領域である。文学作品も美的な領域に属するが、音楽や絵画、舞踊などと違い、文字を必要とするところに特徴がある。文学作品である以上、言語を用いざるをえない。しかし文字を用いれば、どのような形であれ、そこに何らかの意味が発生してくる。意味から離れた純粋な表現というモダニズムの根本的な志向性は、文学の場合、本質的に、十分な形では実現しようがない。その意味で表現主義運動を主導するのは絵画や舞踊の領域であって、文学ではありえない。言語に意味的な要素と表現的な要素があるとすれば、文学は意味的側面を無視して純粋な表現になることはできない。そうした不可能なことを断固として企て、自滅したのがダダイズムであった。自滅は半ば織り込み済みだったともいえる。

2　「思想」？としてのダダイズム

ダダイズムは表現主義運動にやや遅れて、表現主義運動の延長線上に一時的に盛り上がった芸術運動である。ダダイズムは一九一六年にスイスのチューリヒにあったキャバレー・ヴォルテールにおいてフーゴー・バルを中心にエミー・バルやトリスタン・ツァラらが結集して旗揚げしたのが始まりである、といわれている。その後パリやケルン、ハノーファー、ベルリンあるいはニューヨークなど、都市ごとに独自なダダイズム運動が展開された。特にベルリンのダダは政治的であったことで知られており、リヒャルト・ヒュルゼンベック、ジョン・ハートフィールド、ヴィーラント・ヘルツフェルデ、フランツ・ユング、ゲオルク・グロッス、ラオル・ハウスマンなどが参加しているが、注目すべきことに、これらメンバーの多くが一九一八年末のドイツ共産党創立大会にも参加している。しかし概してかれらの活動は持続せず、かれらの出版した『誰もが自分のフットボール』、『プライテ（破産）』、『ゲーグナー（敵対者）』といった雑誌も出版禁止になったりしたこともあって、いずれも短命に終わった。

ダダという名前は、意味賦与の方法を批判するダダが意味賦与を避けるために、何ごとも意味しないダダという言葉を連発したことに由来しているという説が有力である。ダダの誕生にも戦争が決定的な意味をもっている。ダダは戦時中のチューリヒで起こった。中立国スイスは戦争逃避者の集合地であり、当時レーニンも住んでいた。西欧の諸々の価値はいままさに「崩壊」しつつある、とダダイストには思われた（バル『時代からの逃走』）。ハウスマンはいっている、「文化などくたばってしまえばいいのだ」、と。現状は〈ゼロ状況〉、つまりカオスであり、アナーキーである。それを認めることがダダの出発点になった。先はみえないし、思想的拠点もない。拠点に立脚する〈真面目〉な態度、〈真剣〉な態度はダダと無縁である。戦争の大義を信じて真剣に打ち込む軍人（例えばヒトラーもその一人だった）も、戦争に真面目に反対する平和主義者もダダには無縁である。ダダイズムにおける「真面目さ」の嘲笑、「はったり」の重要性に着目したのがスローターダイク（『シニカル理性批判』）であった。ダダは秩序なり、コスモスなりを求めたりしない。カオスは前提されており、カオスのなかで、つまり現状の中で融通自在に生きるのがダダの精神であった。ダダにおいて、現状は〈点〉としてとらえられ、一点に凝縮された現状と完全に同時的になること、つまり「時代をその動脈においてとらえ、その鼓動において思索し、生きること」が渇望された。主張内容が真剣に問題にされるというより、むしろ個人の瞬間的で創造的エネルギーが賛美される。そうなるためには文化的上部構造は叩き潰した方がいいというのがダダの根本的発想であった。総じて既成の文化には否定的態度で臨み、ダダの場合、戦争も既成文化を解体するという意味で肯定された。

したがってダダの思想を本気で要約したり整理したりするのは有益かどうか疑問が残る。そもそも思想などくだらない、思想などクソくらえだ、というのがダダの思想なのである。現実とは常にダイナミックに動いていく渦中にあり、それに対応して瞬間ごとに変わっていくのがダダイストである以上、ダダの思想について語るより、ダダの方法について語る方が有益であろう。文化とは意味づけられたものの体系だから、ダダは特定の意味の体系に否定的だっただけでなく、およそ意味賦与そのものに対しても批判的であるか、もしくは真剣でなかった。しかしわれわれは言葉を使って生きるほかなく、言葉を使うとそこに意味が発生してくるという表現主義のジレンマはここにもみられる。したがって意味体系の否定とは実践的には意味の否定であるというより、「意味体系の攪乱」という手法になる。こういった姿勢からダダイズムは「最後の芸術流派」である表現主義をことのほか目の敵にした（例えばハウスマン）。

ベンヤミンに触れる第一四章で、三つの全体性といってよい見方がベンヤミンにはある、と述べている個所がここに関連してくる。作品という全体性を場として、大衆の集団的想像力という全体性と制度化に収斂する全体性とがせめぎ合っている、という論点である。ダダイズムの場合に問題になるのは、三つの全体性が相争っているという論点をさらに具体的にどう解釈するかである。市民的＝ブルジョア的自律芸術は、作品には作品固有の自律的な世界がある、作品には固有の座標軸があるのだと考え、それ以外の二つの全体性、すなわち制度化も大衆の集団的想像力も、いずれも作品にとっては不純物であって、それら二つの全体性が作品に浸透してくるのをできるだけ排除しなければならない。問題はその先である。全体性を〈意味づけ〉の体系と解釈するならば、作品という場において相争っている三つの全体性とは、作品に固有の意味づけと、大衆的な意味づけ、そして制度に回収される意味づけに対応しており、あるいはこれに商品としての意味づけを加えてもいいかもしれない。これら複数の意味づけが相争っている現状において、作品を大衆の集団的想像力が奪い取らねばならないというのは、二〇世紀前半のイタリアの思想家アントニオ・グラムシの「ヘゲモニー」論にもつながる考えであろう。だがダダイズムはそのような方向で議論を展開したりはしない。先にも触れたようにダダは意味攪乱の方法を好む反意味論的立場に立っており、相争う複数の意味あるいは意味の体系の中で特定の意味に加担するというのではなく、意味賦与の方法自体を批判する、あるいはむしろ意味的立場を真面目に受け取らない。意味賦与は、いってみれば、全体性に向かう萌芽形態であり、ダダはどのような方向であれ全体性に向かうのは歓迎しないのである。ダダイストの共産党への参加もこの意味で相対化して理解し、疑ってかかる必要がある。ダダイズムは制度化としての全体性に対してだけ否定的だったわけではなく、大衆の集団的想像力も信用していなかった。事物を美しく飾ったり、滑らかな決まり文句によって説明したり、形而上学に頼ったりする態度にも強い反感をみせたのはいうまでもない。ダダイズムは芸術が意味をまとったりすると、これを批判する。いや批判するというより、侮る、罵倒すると言った方が実態に近い。ダダの意味攪乱をお祭り的＝カーニヴァル的ととらえれば、ダダはバフチン的カーニヴァル論とも近いところにいたともいえよう。

3　ダダイズムと同時代

しかし同時代の文脈においてみると、ダダイズムは必ずしもその真意が理解されない場合が多かった。ダダイズムを「悪ふざけ」と解釈して、それで終わりという対応が多かったからである。しかし「悪ふざけ」というダダ評は一面では当たっていた。悪ふざけの態度はその反対の「真面目さ」を攻撃する態度にもなってあらわれた。スローターダイクも強調しているように、真面目な顔をするもの、真面目な精神を派手にこき下ろすのがダダの戦略であった。制度に対しても戦略は適用され、ダダの悪行が訴えられ裁判になると、司法の場で大真面目におのれの行為の正当性を主張するのは、ダダのとる戦略ではない。むしろあっさりと「罪」を認めてできるだけ早く裁判を終わりにするのだ。司法制度など鼻から笑い飛ばしているのである。

真面目派の代表として、スローターダイクはクルト・トゥホルスキー（一八九〇―一九三五）を挙げている。詩人にして社会批評家でもあるトゥホルスキーはワイマール共和国期に左翼的週刊誌『ヴェルトビューネ』で論陣を張った。脇圭平はワイマール時代の知識人を三つの類型に分け、共和国を消極的に支持した「理性の共和派」の代表としてトーマス・マンを、右からの批判派「ナショナルボルシェヴィスト」の代表としてエルンスト・ニーキッシュを、左からの批判派「左翼知識人」の代表としてトゥホルスキーの名前を挙げている。かれらは程度の差こそあれいずれも〈真面目派〉だった。大学教授と違ってトゥホルスキーはキャバレーなどにも出入りする新しいタイプの知識人だった。かれらは以前から教授の世間知らず、クソ真面目さをからかっていたものだが、その一人トゥホルスキーでさえ良心的にダダイズムを取り上げ、悪乗りした騒々しいダダの大言壮語を真面目な言葉に翻訳した*。その上でかれは、ダダイストから〈はったり〉を差し引けば何も残らない、と結論づける。

＊ 後にナチの御用評論家になったベルンハルト・ディーボルトによって、トゥホルスキーはブレヒトやカール・クラウスと一緒にいわば〈不真面目派〉に入れられ批判された。「真面目」にも上がいたわけだ。しかし「真面目」も度が過ぎると反転する。これにはクラウスの反論（『第三のワルプルギスの夜』法政大学出版局）がある。

　だがスローターダイクによれば、トゥホルスキーの対応は「お笑い草」である。かれは一体誰が「差し引け」といったのだ、と問い返す。ここに問題の核心がある。「はったり」はダダにとって不可欠のもの、ダダの命である。それをトゥホルスキーのように「差し引いて」しまったら、ダダがダダである所以のものがなくなってしまう。ダダイズムから「はったり」を差し引くことはできないのである。ダダの場合、悪ふざけなり「はったり」は完全に自覚的な方法になっている。したがってそれを「はったり」にすぎないと暴いてみせたところで、それを克服したことになるはずはない*。

＊ 同じ問題は当然トゥホルスキーのナチに対する態度にも当てはまる。ナチズムもまたある意味で「はったり」「悪ふざけ」

の運動だったからである。「ナチなど馬鹿で空威張りするだけの存在、はったりをかませた威勢を張り、大口をたたいているにすぎない」と、政治的モラリズムに立脚して軽蔑するだけの態度は無力である（スローターダイク前掲書）。またトーマスマンの息子で若くして売れっ子だったクラウス・マンはナチ党員になっていた小学校時代の友人と偶然会った時の話を取り上げ「ゲーテも知らないハンス」と馬鹿にしているが、かれもまた同じような意味で無力であった（『転回点』晶文社）。

ダダイズムが活況を呈したのは一九一〇年代後半から一九二〇年代の前半にかけてのことである。ダダは芸術の歴史を否定することによって専門家と民衆の間の距離を一挙に飛び越え、芸術に活力を回復しようとした。かれらなりに「芸術のための芸術」の矛盾を乗り越えようとしたともいえる。ダダは地域ごとに集団化した。フーゴー・バルらの芸術的なチューリヒ・ダダ、グロッス、ハートフィールドらの政治的なベルリン・ダダ、ピカビア、ツァラらのパリ・ダダ、マックス・エルンストらのケルン・ダダ、シュヴィッタースを中心とするハノーファー・ダダ、そしてデュシャンらのニューヨーク・ダダが特に知られている。ダダは既成芸術を否定することによって芸術の初発の状態を人為的に作り出す試みであった。ダダイズムの時期は表現主義の後期と重なっている。

祭りが突然終わった感がするのは、一九二三年末のことであった。政治的混乱は終わり、ハイパーインフレーションによる社会的混乱も一応の終息をみた。芸術史の歩みはダダイズムによる芸術の否定によって行き着くところまで行った。ワンサイクルが終わったのである。祭りが終わると日常性に回帰する。リアリズムの復権である。だが新しいリアリズムは単純に一九世紀のリアリズムと同じではない。

4 「新即物主義」の〈新しさ〉

その新しいリアリズムをあらわす言葉としては「新即物主義《ノイエ・ザッハリヒカイト》（Neue Sachlichkeit）」が定着している。一九世紀中期から始まった芸術史のサイクルはここで一回りしたことになる。「新即物主義」は美術評論家フェリックス・ハルトラウプの命名によるものである。「新即物主義」の〈新しさ〉がどこにあるのかを、「大都会」を例に「形式と内容」の観点から簡単に概観しておきたい。先にも触れたように、印象主義においてはじめて都会の美、とりわけ大都市の美が発見された。一九世紀初頭のロマン主義にあっては都会ではなく田舎、田園風景が美しいとされていたが、一九世紀も後半になると、都会にも田園を思い出させるところがあるとか、都会の観光名所が描かれたりするようになる。しかし本来の意味での〈大都市の美〉が発見されたのは印象主義においてであった。都会の新しい風景、人びとで溢れかえる繁華街、煩雑な交通事情、カフェに座るエレガントな婦人、こういった風景が印象主義において「美」と感じられるようになった。次いで表現主義の時代になると、もはや大都市は美しい空間とはみなされず、大都市における人間の〈疎外〉された姿、〈狂気〉を生み出す場としての都会が描き出される。これに対し「新即物主義」が新たに発見したのは、工場の煙突、ガス・タンクのような近代テクノロジーで埋め尽くされた都会であり、それを印象主義のように美化するのでもなければ、表現主義のように告発するのでもなく、冷静に、淡々と、即物的に描き出した。

以上の系譜を芸術形式の面から見ると、印象主義以降次第に具象絵画から離反し、リアリズムからも離れていった流れから、「新即物主義」において再びリアリズムに復帰するわけだが、一九世紀的リアリズムが目に見える客観的な現実を精確に描き出すことをリアリズムと心得ていたとすれば、一九二〇年代の「新即物主義」という名のリアリズムのとらえる〈現実〉とは、われわれの視覚によってそれとわかるものを描いてはいるが、決して誰の目にもみえる「客観的」現実を描き出したものではなく、作者の意図によって構成された現実であった。あるがままの「客観的」現実ではなく主観によって構成された現実なのである。そこに「新即物主義」の芸術形式上の新しさがあった。国際的にみればこの構成という手法は、ロシアの構成主義、オランダのスティル・グループとも共通性をもっていた。

芸術史において〈構成された〉現実が強調されたのは、一九二〇年代中後期の「新即物主義」においてであったが、学問の世界ではそれに先立ってマックス・ウェーバーが「構成された現実」について語っている。ウェーバーによれば、現実を分析する際に用いる概念は「理念型」という性格を持つべきである。「理念型」というウェーバーの学問論のキーワードについては、『社会科学的及び社会政策的認識の「客観性」』（一九〇四）というかれの社会科学論において論じられている。ウェーバーにいわせれば、「資本主義の精神」はもちろんのこと、「封建制」や「資本主義」という用語にしても、すべて「理念型」的性格を持っている。「理念型」とは主体（学者）によって矛盾がないように理論的に構成されたものであり、構成に際しては現実の中に存在する事実、要因が素材として用いられる。それは純粋なかたちでは現実のどこにも存在せず、その限りにおいて「ユートピア的性格」をおびているが、「理念型」との距離によって現実を分析することができる。ウェーバーの独自性はかれの同時代に支配的だった実証主義や歴史主義との比較において明らかになる。実証主義や歴史主義は、現実をそれが「あったままに」とらえることを目指しているが、ウェーバーにいわせれば、学問によって「あったままの現実」をとらえることは不可能であり、その不可能なことを達成できたつもりになっている実証主義や歴史主義は実際には特定の形而上学を前提しているか、何らかの物語を語っているにすぎない。現実は構成的にとらえるしかないというのである。

5 精神史における〈一九二四年〉

時代の精神的雰囲気の変化は突然やってきて、その内部で生きている人間がその変化を事前に予測したり、感じ取ったりするのは難しいという以上にほとんど不可能に近い。*

* 一九三〇年代に学生だった丸山眞男が大学の教室の中の雰囲気でさえたった一年の違いで一変してしまったと述べているし、一九六〇年代末の大学紛争も起こった当初はあれほどの広がりをもって急速に広がるとは予見できなかったし、またその後あれほど見事に何もなかったかのように時代や大学の雰囲気が一変してしまったことも予想の範囲を大幅に超えている。まさにあっと言う間に勃発し、あれよ、あれよという間に燃え上がり、またあっという間に消えてしまうのである。比較的最近の事件を挙げれば、ベルリンの壁の崩壊も予想を超えた出来事であった。自分が生きているうちに壁が解体することはないだろうと述べた元西ドイツ首相のヘルムート・シュミットは壁解体から二五年になろうとしている今でも健在である。

ドイツのワイマール時代における〈一九二四年〉とはまさに急激な変貌の年であった。時代の雰囲気はこの年に一変した。ほんの一、二年前には革命派と反革命派が激突したり、フランス軍のルール占領があり、ラーテナウやエルツベルガーといった有力な自由主義的政治家が暗殺され、数か月前にはまだインフレに翻弄されていたし、ヒトラー一揆もあった、というのにである。時代は後に「黄金の二〇年代」と言われる束の間の「繁栄の時代」に突然変わってしまう。あれほど力のあった思想、イデオロギーは突然空虚な響きしかもたなくなり、従来の権威はもろくも崩壊する。中産階級の財産いた。いはインフレで失われ、知識人層も知的労働者、学卒プロレタリアに成り下がる。せき止められていた近代化路線が一挙に怒濤のごとく進撃する。とりわけベルリンには新しい婦人、新しい雑誌、新しい店舗、新しい職種、新しい娯楽が溢れかえり、素早いテンポで都市風景を変えてゆき、時代の変化を誰にでも印象づける。まるでジンメルのいう「流行現象」が社会のすべてを席巻したかのようである。新しい流れにすんなり適応できるものもいれば、戸惑って気難しい顔の連中もいた。〈制度的変革〉は革命の脅威がリアルだった敗戦直後に集中しているが、〈社会的雰囲気〉の方は、やや遅れて〈一九二四年〉に一変した。

「新即物主義」誕生の精神史的前提は〈近代的個人〉の解体である。ワイマール時代の思想世界において、〈近代的個人〉の崩壊は主として三つの視点から議論された。すなわち、世界戦争の帰結として、近代的工場労働の帰結として、現代的大都市の帰結としての崩壊であり、これらの視点に立った議論は相互に関係しあっている。第一の視点に立った議論としては、エルンスト・ユンガーの『労働人』があるし、第二の視点に立った議論としてはマルクス主義の著作、とりわけルカーチの『歴史と階級意識』（一九二三）が、第三の視点に立った議論としては、すでに紹介したジンメルの「大都市と精神生活」やヴァルター・ラーテナウの『現代の批判のために』（一九一二）が知られている。戦争文学や戦記ものにおいては、兵隊の英雄的態度を称賛する傾向があったが、一九二〇年代の戦争論や戦争文学においては新しい傾向が、すなわち、戦争の真の主役は軍服に身を包んだ兵士ではなく、巨大な軍事的メカニズムであるという新しい見方が登場する。ユンガーは一九二〇年代にいくつかの戦争文学作品において新しい戦士のイメージを描き出したが、最終的に一九三二年に『労働人』という書物を著わし、現代の戦士を労働者と重なるタイプとして描き出している。

ユンガーの「労働人」イメージは第七章ですでに触れたように独特なものである。ユンガーの「労働人」イメージは工場労働者、あるいは働く人一般と異なり、むしろ現代の人間像に近かった。われわれは労働に従事しているから労働者なのではない。われわれは労働しているときだけでなく、勉強しているときも、娯楽に興じているときも、スポーツを行っているときも、すべて「労働」に従事しているのだ、とユンガーはいっている。今日、スポーツも余暇の過ごし方も、すべて「労働」の性格をおびている。いまやわれわれは「労働」を逃れることができないのである。ユンガーのいう「労働者」とはこのような独自な意味を込められているので、ここでは特に「労働人」と訳している。

ルカーチは『歴史と階級意識』のなかで、資本主義のもとで進行する「合理化」の過程もまた近代的個人を解体する方向に作用する、と述べている。労働過程における合理化の進展によって労働者の「人間的・個人的な特性」は一段と合理化され、「ますます排除され」、労働者の労働は「機械的に反復される専門的機能」に変形される。もはや「伝統的な経験的結びつきをもつ労働の体験に基礎をおく生産方法」つまり手仕事的方法は不要となり、「労働者の人間的個性と特性」は「誤りの源泉」でしかなくなるので、労働者はおのれの個性や経験をみずから積極的に消去する。時間と空間のカテゴリーを用いていえば、いまや「時間」は「空間」の水準に平均化される、つまり空間化される。「時間」がもっている「質的な、変化する、流動的な性質」は奪い取られ、「時間」は固定化した、量的に測定可能な「物理的空間」へと凝縮してしまう。ルカーチはマルクスやウェーバー、とりわけマルクスに依拠して、このような議論を展開する。

ラーテナウには文明論的社会論を述べた数冊の著書があり、そのキーワードが「機械化」であった。シューベルトの『冬の旅』の一曲「菩提樹」のミュラーの歌詞にもあるように、百年前には「市門の前に植えられた一本の菩提樹の木の前にある泉」で生活用の水を汲んだものだったが、ラーテナウもいうごとく、今や少なくとも大都市においては水に限らず生活に必要なものはすべて公的に保証され、格別の努力もせずに入手できる。上下水道然り、ガスや電気また然りである。効率的に建設された道路は舗装され、交通のネットワークも整備されている。言い換えれば、われわれはもはや独立自営の生活者たりえず、生活を成り立たせる基本的条件を公共機関に依存しており、そうした生活保障のネットワークの完備が、近代化＝都市化の意味であった。さらにまたわれわれは生活に必要なものを公的に提供されるだけでなく、何が必要であるかというわれわれの欲望の内容までを機械的生産によってあらかじめ決められているのが実情である。

ユンガーやルカーチ、ラーテナウの議論から帰結するのは近代的個人の崩壊であった。史上空前といわれたインフレーションが終息したのは一九二三年末であったが、インフレーションは近代的個人を社会学的に代表していた市民階級を経済的にのみならず、精神的にも解体した。ポイケルトは『ワイマル共和国』において、この問題を「精神労働者の貧困化」ととらえ、次のように述べている。

従来市民的知識人はある程度確実な「中小の利子財産」で生活を維持していた。自分の財産が安定しており、自由に使える時間もあるという確信をもっていることが文化的生産には重要である。そうであればこそかりに雇用されることがあっても、場合によっては文化的作品や生産物の報酬を受け取るようなことがあっても、そのことがかれらの作品の形成、作品の質に何か根本的な影響を及ぼすような心配は少なかった。ところがインフレは彼らに壊滅的な打撃をあたえることになった。市民的な金利生活者の財産は、その多くがインフレによって失われてしまった。さらに重要なのはその結果である。知識階級、文化人階級もいまや総体として雇用や作品の販売にその生活が依存するようになってしまったのである。市民的中産層の自己意識と知識人の自己意識との葛藤は存在していても、弱体化していた。利子生活者の知識人のカリカチュアとして戦前にはボヘミアンが少数とは言え社会の周辺に存在していたが、インフレの後になると、もはやボヘミアンの存在できる社会的条件が失われてしまった。

大戦以前にはベルリンのカフェ・デス・ヴェステンス（西地区カフェ）はそうしたボヘミアン的知識人や芸術家がたむろし、俗に「誇大妄想的カフェ」と呼ばれて人気を博していたが、パクターも回想しているように（『ワイマール・エチュード』）、そのカフェを継承したロマーニッシェス・カフェにはそうしたボヘミアンも姿を消して、自分の作品の買い手を求めたり、コネを求めたりする芸術家、物書きの集合場所に変貌してしまった。かれらはいまや経済的市場に従属する、あるいは上司に従属するサラリーマン物書き、ジャーナリストであった。市場や上司に従属するマイナス・イメージのシンボルはジャーナリストに、より一般的にいえば、自由業的知識人、あるいは市場依存的な知識人たちになった。市場社会における知識人の位置、大衆文化に対する知識人の立場が根本的に変化してしまったのである。

インフレが終息し、気がついてみれば精神的風土は一変していた。ラーテナウいうところの「世界の機械化」、つまり「世界の技術化」がおおよそのところ完了したように思われた。こうした新しい事態に対し、従来は芸術家や知識人も批判的態度をとったり現実逃避的な態度をとったりすることもできたが、インフレが終わった今、かれらは逃れ難くこの技術化や市場化に巻き込まれている、と感じたのである。文化的雰囲気も変わらないはずはなかった。

6 エルンスト・トラー『どっこい、おいらは生きている』

時代の突然の変化を描き出すには、その変化に立ち会わなかった人物を登場させる方法が有効である。その地にいなかった人間、しかもできれば情報からも隔離されていた人間が望ましい。〈ムショがえり〉がそれである。ワイマール時代に〈ムショがえり〉を登場させた作品としては、エルンスト・トラーの戯曲『どっこい、おいらは生きている』やアルフレート・デーブリンの『ベルリン・アレクサンダー広場』などがある。ムショがえりではないものの、時代の変化を知らない主人公が登場するヨーゼフ・ロートの『果てしなき逃走』をここに加えてもいいかもしれない。*

＊ スローターダイク前掲書はトラーを取り上げている。本章はスローターダイクに負うところが多い。筆者の知る範囲では、倉本聡監督、高倉健主役の一九七〇年代の映画『冬の華』はムショ帰りの主人公が、その間の日本の経済の高度成長と豊かな社会化をまったく知らずに当惑する様を描いているし、一九八〇年代前半の映画『ジャスト・ア・ジゴロ』（デヴィット・ヘミングス監督、主役デヴィット・ボウイ）は第一次大戦で不在だった主人公が帰国後のドイツの変貌に当惑する様が描かれている。前者では主人公が再び殺人を犯し、後者では主人公はナチになるという結末である。

劇の主人公だけでなく、原作者のエルンスト・トラー自身も〈ムショがえり〉であるという意味で、特に興味深い『どっこい、おいらは生きている』をここで紹介しておきたい。トラー（一八九三―一九三九）は学生時代マックス・ウェーバーのサロン的集団（ウェーバー・クライス）周辺にいた人物で、マリアンネ・ウェーバーの手になる夫の伝記『マックス・ウェーバー』の邦訳書には、何ごとかを語るウェーバーの脇に立って尊敬のまなざしで師をみつめるかれの写真が掲載されている。戦争体験で一時的に精神の病になったといわれるが、後に熱烈な平和主義者に変貌する。一九一九年にミュンヘンンで革命が勃発した時、リーダーの一人として参加したが、革命はすぐに鎮圧され、彼自身は逮捕され刑務所に送られて、五年の刑に服した。一揆の首謀者として逮捕されたヒトラーは二年足らずで出獄できたのと比較すれば、当時も司法は左翼に厳しく、右翼に甘かったことがわかる。獄中で戯曲『機械破壊者』『群衆・人間』などを完成し、出獄後一九二七年に『どっこい、おいらは生きている』を書き上げたほか、自伝的作品の『獄中記』、『ドイツの青春』などの著書がある。ヒトラー政権成立とともに、スイス、フランス、イギリス、アメリカに亡命。一九三九年に亡命先のアメリカで自殺している。

さて『どっこい、おいらは生きている』だが、この戯曲はエルヴィン・ピスカートア（一八九三―一九六六）の演出としても知られている。かれは共産党員として演劇をプロレタリアの政治教育ととらえ、ベルリンの「フォルクスビューネ（人民劇場）」を拠点に活動をしていたが、やがて「全体劇場」の理念を構想するに至り、その実現により適したノレンドルフ劇場をピスカートア劇場として使うようになった。観客席も広く回り舞台を備えていただけでなく映像の映写にも適した劇場だった。そのこけら落としに選ばれたのがトラーの『どっこい、おいらは生きている』だった。序幕と五幕から成る戯曲で、途中に映像が大型スクリーンに映され、時代の変化を示す役割を果たしている。主要な登場人物はドイツ革命の関係者であり、主人公は植字工のカール・トーマス、このほかトーマスの恋人エヴァ・ベルク、革命の同志ヴィルヘルム・キルマンなどがいる。

まず序幕である。革命に参加した五名がその行為を罪に問われ、死刑判決を受け、刑の執行を待っているのが最初である。だがかれらに恩赦が与えられ、禁固刑に減刑される。精神の変調を来していたトーマスは病院に送られ、キルマンは革命への参加が自発的でなかったという理由で釈放される。

第一幕はその八年後の世界。年は一九二七年、すでに革命的混乱の時代は終わり、経済は一時的に安定し、相対的安定期と言われる時代になっていた。芸術史的にはダダ・表現主義の時代は終わり、新即物主義の時代に移っていた。この間スクリーンにヴェルサイユ条約やインフレ、レーニンの死などの事件の映像が映し出される。他のメンバーはすでに釈放されており、精神病院にいたトーマスはその間のこうした変化をまったく知らない。こうして第一幕が実質的に始まるわけだが、退院したトーマスは八年間の空白のために新しい状況にうまく適応できない。それをリアルに示すため新即物主義時代の地下鉄の様子や自動車が走り回る大都市の様子がスクリーンに映し出される。

そして第二幕である。場所は首相官邸。キルマンは釈放された後政治家に転じ、いまでは首相の地位にある。ここに昔の同志で釈放されたばかりのトーマスがやってくる。頭の中は〈古い思想〉で満たされたまま娑婆に放り出され、一九二七年の〈新しい、すっかり変わってしまった現実〉に直面する。ここがこの演劇の最大の見どころになる。一方でユートピア的でラディカルな〈古い左翼の発想〉があり、他方で社会は大衆消費社会に変貌し、革命は時代遅れになり、大衆は〈娯楽を追い求めている現状〉があり、主人公トーマスの当惑が主題になっている。

まずトーマスの戸惑いをキルマン首相との対話からみてみよう。古い左翼的考えのトーマスには、キルマンが首相の地位に就いているのも、やがて本当の革命を目指すための戦略のためだと思われ、率直にそうキルマンに語りかける。

キルマンはこう返事する。

キルマン「君はまだ革命があるような口ぶりじゃないか」

「あれから十年たっているんだぜ。僕らが棒みたいにまっすぐな道があると思っていたところへ、容赦のない現実というやつがやってきて、道をゆがめてしまった。でも前に進むことは進んでいるよ」

キルマンはいきなり「革命」を否定し、「容赦のない現実」という切札を持ち出す。

トーマス「それじゃあ君は本気でいまの仕事をやっているんだな」

キルマン「もちろんさ」

このように最初から二人の話は食い違っている。

トーマス「それじゃあ、民衆はどうするんだ」

旧左翼からすれば首相という地位は支配階級に奉仕する地位であり、首相でいる限り民衆を抑圧する側に回らざるをえない。左翼であるはずの君は首相の地位に就いて一体民衆をどうするつもりなのだ、とトーマスは大真面目にいう。キルマンは平然と答える。

キルマン「私は民衆に奉仕しているのさ」

と。トーマスはこれに対し左翼ならば当然の意見を吐く。

トーマス「大臣の椅子に就く者は、その志が善かれ悪しかれ、同志、つまり民衆の敵にならざるをえない、というのが君の意見だったのではないか？」

ここでまたキルマンは転向した人間に相応しい意見を述べる。

キルマン「人生は理屈の糸巻きに巻きつくされるものではないさ。自分の経験で学ぶんだよ」

「理論」でなく「経験」だという典型的に保守主義的な論理である。

トーマスはこの発言に興奮して、お前のようなやつは死んでしまえばいいんだ、と口走る。しかしキルマンは余裕たっぷりである。

キルマン「君は相変わらず逆上好きな夢想家だな。……責任を負うとなると、物事がつながり合って見えてくるんだ。権力は責任を与えるからね」

トーマス「君が理想を捨てていること、君が民衆に背いた政治をやっていることが君にはわからないのか！」

だがトーマス自身、すでに理想という言葉が空虚な響きしかもたない時代になっていることがわからない。すれ違いの論争はさらに続く。

キルマン「民衆に背いて政治をやるには勇気がいるよ。……上に立って仕事をする者は、複雑な機械が乱暴な手で渋滞させられないように、気をつけなければならないのさ」

「君らはいつになっても武器の戦争しか見えないんだな。バリケードに行け、バリケードに行け、労働者大衆諸君、と言うだけだ」

キルマンに失望したトーマスはがっかりして昔の恋人のところに行く。彼女ならばわかってくれるはずだと思って。だがさっそく元恋人のエヴァに一発くわされる。

エヴァ「あんたの夢見ているような極楽なんて有やしないわよ」

またもやあっさり革命を否定されたトーマスはあわてて言う。

トーマス「じゃあ君は一体何を大事に思うんだい？」

エヴァ「現実の瞬間を大事に思うわ。革命家は人生の無数の喜びをあきらめなきゃならないという考えはナンセンスよ」

「あんたと話していると、あんたがムショにいたこの八年の月日が他の百年よりもっとひどく私たちを変えてしまったことがわかってくるわ」

最後はなぜかトーマスも同感する。

トーマス「そうだ、時々おれは消えてしまった時代からやってきたような気がするよ」

結末はキルマンの暗殺やトーマスの自殺もあるドラマティックな仕立てなのだが、本節の文脈ではこれ以上の引用は不要であろう。要は時代の雰囲気の急激な変貌であった。

7　芸術史における新しい現実

むきだしの市場社会、大衆文化の幕開けである。従来より強固に存在し帝政崩壊以後も残っていた文化市場における垣根、大衆と教養市民層の境界線が取り払われ、教養市民が芸術制作者でありまた芸術消費者でもあったような時代はもう過去のものとなった。ベンヤミンはこの時代を芸術作品の技術的複製が可能になった時代として分析した（第一四章）。知識人、芸術家は逃れ難く市場社会、大衆社会に組み込まれてしまったので、そういう社会に批判的な態度をとったり、逃避的な態度をとることは難しくなった。

こうして「新即物主義」が台頭する。表現主義のように新しい現実に対し「絶望の叫び」を発したりするのではなく、冷静に新しい現実に直面することが新即物主義の課題だった。新しい現実に対応する社会意識、エートスはどのようなものだったのか。ジョン・ウィレットの研究『新即物主義』は第一次大戦後、ヒトラー政権成立に至る時期の芸術史の歩みをドイツ、フランス、ロシアを中心にしながらも全ヨーロッパを視野に入れて、思想的側面にまで踏み込んだ注目すべき大著である。ここでは同書を題材に一九二四年に始まる新しい傾向を若干紹介しておきたい。

かつてのダダイストのジョージ（ゲオルク）・グロッスは「新即物主義」の芸術家として登場する。「芸術」は死んでいなかったわけだ。かれは「不真面目」派だっただけに、再び時代の潮流に乗る。はったりは一貫している。かれ自身が「個性は時代遅れであり、捨て去らねばならない」と述べているように、いまでは非個人的、集団的芸術が称揚される。

バレエの分野では、バウハウスのオスカー・シュレンマーの機械的なトリアーディック・バレエ、ロシアのメイエルホリドのビオ・メハニカがこの傾向のものとして知られている。ここではロボットのような人間、あるいは生命を与えられたロボットが登場する。作家のオスカー・マリア・グラーフはいう。「われわれはあらゆる名前を埋葬してしまった。まず自分たちの名前から」、と。問題は個性よりも作品、あるいは作品が服している法則を見出すことである、とされる。同じくバウハウスの主要メンバーのカンディンスキー（『芸術における精神的なもの』）やクレー（『造形思考』）はそうした意味での芸術法則を探求した。ベルトルト・ブレヒトは『男は男』（一九二七）のなかで「人格」という考えを攻撃し、イタリアのピランデルロは人格の断片化を主張した。ロシアのトレチャコフは芸術制作の集団化を主張し、「事物の伝記」にも関心を示し、「森」「パン」「石炭」「紙」などの「事物の伝記」が書かれて然るべきだ、と述べている。グロッスとジョン・ハートフィールドは共同制作を行い、ピスカートアは集団的演劇論（集団的ドラマトゥルギー）を唱えた。手法としてのドキュメンタリーやルポルタージュがドイツやロシアで流行した。「カメラをもった少年は皆、イーゼル画との戦いにおける兵士である。取るに足らないレポーターの誰もが、自分のペン先を用いて文献学を抹殺しているのだ」、とはトレチャコフの言葉である。ルポルタージュの旗手エゴン・エルヴィン・キッシュの『突撃レポーター』（一九二五）や『皇帝・司祭・ボルシェヴィキ』（一九二七）が注目された。モンタージュの手法をふんだんに用いたルットマンの映画『伯林——大都会交響楽』もこの時期に制作されている。

一例としてバウハウスの動向を紹介しておこう。一九一九年に設立された国立の総合芸術学校のバウハウスは、ヴァルター・グロピウスをリーダーとし、先述した画家のカンディンスキーやクレー、建築家のミース・ファン・デル・ローエのほかラズロ・モホイ＝ナジ、オスカー・シュレンマーなど有力な芸術家をスタッフに迎え入れた。このほかデザイン、タイポロジー、色彩、舞台芸術などにもかかわる斬新な総合芸術学校であった。初期のバウハウスはモダニストのグロピウスを校長としていたものの、必ずしも一つの路線が貫かれていたわけでなく、アナーキーなところもあり、菜食主義者があらわれたかと思えば、左翼とのつながりを批判されたりもしていた。最初は中部ドイツの都市ワイマールに設立されたが、ワイマールの属するテューリンゲン州でナチの国会議員が誕生したこともあって、一九二五年四月にワイマールを追放され、秋口にベルリン近郊の都市デッサウに移転した。

バウハウスのワイマールからデッサウへの移転を、シュレンマーは的確にも「現代への移転」であると特徴づけた。学校の目的は再定義され、スタッフもかなり交替し、雰囲気も変わっていった。バウハウスの元来のコンセプト「芸術とテクノロジー　新たな統一」が実現されたのはワイマールより、むしろデッサウにおいてであった。この時期バウハウスにおいて二つの傾向が明らかになった。一方でユートピア的絵画、もしくは純粋絵画が後退し、また実用的で機能的な建築に重点が移動した。これは表現主義の影響が衰退し、新即物主義的になったことを意味する。他方でグロピウスの「建築と手仕事の総合」という理念の内実が変化を見せ始め、手仕事的側面が後退し、大量生産への道を歩み始めた。その第一歩としてバウハウス有限会社が設立され、知的財産権を保護し、製品を管理するようになった。実用性や機能性が一段と強調され、当初バウハウスの中心に位置づけられていた建築や絵画は主要部門からはずれ、修業内容は多様化すると同時に実用化された。この時期バウハウスの基礎課程として家具製作、金属細工、織物、彫刻、演劇、壁画、広告、タイポロジーなどがあった。

こうした動向のなか、創立者のグロピウスが校長を辞任し、一九二八年にハンネス・マイアーが後任に就き、グロピウスやモホイ＝ナジはバウハウスを辞職した。すでに一九二六年にマイアーは、芸術家の仕事は科学的、技術的な実験室での仕事になり、小説や芸術は死に絶える、と考え、その結果詩は「音声詩」に、小説は「短編」に、演劇は「寸劇」に、オペラは「レヴュー」に道を譲らねばならない、と述べていた。バウハウスの校長においても芸術よりは産業や技術が主たる関心事となり、究極的真理であるとか宗教的超越性は関心から消え去った。イデオロギーの時代は終わり、中立的で中性的な領域に関心は移動したのである。芸術と資本主義は協調するようになった。少なくとも和解したのである。

8　ルポルタージュの方法

ルポルタージュの方法が脚光を浴びていた一九二六年に、ヴィリィ・ハースの編集する高級な文化週刊紙の『文学世界』は「ルポルタージュと文学作品」という特集を組み、新聞や雑誌への評論の多いレオ・ラーニャ（一八九六―一九六一）が同名のエッセイを寄せているほか、「ルポルタージュの手法は文学作品にいかなる影響を及ぼすのか？」というアンケートに対するマックス・ブロートやアルフレート・デーブリン、ハインリヒ・マンなどの回答を掲載しているが、とりわけラーニャのルポルタージュ論が充実している。

ラーニャによれば、ルポルタージュには作者と「もの（Ding）」との新しい関係が示されている。ルポルタージュにおいては「触ってみる（abtasten）」とか「注意深く見る（besehen）」、「注意深く聞き従う（behorchen）」といった動詞が使用され、これらの動詞を総括する位置にあるのが、「体験（Erlebnis）」、もしくは「体験する」という言葉である。「体験」がレポーターと世界との関わり方を特徴づけるキーワードになっている。ラーニャは「文学的即物主義」の代表的例としてキッシュとその著作『突撃レポーター』を挙げている。かつてウェーバーは知識人を「学者」と「文筆家」に分けていた（『職業としての学問』）が、ラーニャはこのいずれとも区別される第三のタイプとして「レポーター」に着目する。「レポーター」は「事実の探求」を本領とし、あくまでも自ら体験したこと、みずから観察したことを読者に報告する。言い換えれば、受け取った多様な印象をその「直接性」のままに報告するのが「レポーター」なのである。ヘーゲル＝アドルノ的に「印象」自体すでに媒介されたもので決して直接性をストレートに表現してはいないという反論もありうるが、もう少しラーニャに従うなら、概念や知識によっては伝達できないものに取り組むのが「レポーター」である。かれは「印象の直接性」を伝達しようとする。「レポーター」にそれが可能な根拠は、対象との心理的距離の近さに求められる。対象から距離をとって、それを客体として観察するのではなく、対象に関与している、対象の世界に入り込んでいるのが「レポーター」である。対象から一定程度離れてこそ対象をとらえられるわけだが、対象とすっかり一体化してはいないにせよ、対象のなかに深く入り込んでいる「レポーター」に「印象の直接性」をとらえることはできるであろうか。印象に感応できるための内面的資質としてラーニャが挙げているのは、「勇気」であり「活力」であり「大胆さ」である。人間の知性なり構成力ではなくて一種の生命力のようなものが印象を定着させるために必要だ、と主張された。

同時代の議論において「レポーター」は「主観的」であるとされる場合もあれば、逆に「客観的」であるとされる場合もあった。なぜ相反する評価が生まれるのか。「レポーター」は対象を分析したり、判断したり評価したりはしない。あるいはそうするのを極力避ける。分析や評価は「印象の直接性」をとらえるのに適さないからである。分析や判断が入ると印象は間接的になってしまう。「レポーター」は対象や世界との「直接的接触」から印象がもたらされるに任せる。印象を信じるに値するものと考えているという限りにおいて、「レポーター」は印象主義に後戻りしていると言ってよい。直接的接触の結果もたらされる印象をそのまま記述するのが「レポーター」なのである。分析や判断を排除し、印象の生まれるままに任せるという意味で、それは「客観的」だとみなされる。だが他方で、「印象の直接性」というけれども、この印象それ自体は常に偶然に依存している。偶然性に依存しないのが「客観的」なのだから、その意味で「レポーター」は「主観的」だとされる。

ここに二つの「客観性」がある。一方は「現にそうである」という意味での「事実」に近づいているという意味での「客観性」であり、他方には構成された世界において成り立つような「客観性」である。前者の意味での「客観性」は分析や判断を回避することによって確保される。この種の「客観性」を批判したのがクラカウアー（『カリガリからヒトラーへ』）でありエルンスト・ブロッホ（『この時代の遺産』）であった。かれらにとって分析や判断こそが重要だった。「レポーター」のいう「事実」

としての「客観性」は決して客観性ではなく、「事実」の表面的形態にすぎず、表面を描写するだけでは「客観性」にならない。かれらにとって「客観性」とは「事実」そのものを指すのではなく、構成されることによって成り立つものであった。

クラカウアーによれば（同右）、「新即物主義」は表現主義時代に燃え盛った革命の希望が消え去った後の、「諦めと冷笑」という時代の一般的気分に合致している。「新即物主義」には二面性があり、直接的な現実を冷静に追求し、事実を客観的に取り上げようという、それ自体はポジティブな意欲と、他面で問いを発し、何らかの立場をとるのを回避するネガティブな意識とがあった。かれは典型的に「新即物主義的」な映画『伯林――大都会交響楽』を例にこの点を分析する。やはりこの時代に「横断面」という言葉が流行り、商才にたけたウルシュタイン社はさっそく同名のモダンな雑誌を発行しているが、ベルリンの横断面を映像化したのが、カール・マイアーが原案をつくり、ヴァルター・ルットマンが監督をした『伯林――大都会交響楽』であった。カメラマンはカール・フロイント、音楽はエトムント・マイゼルが担当している。

無声映画で晩春のベルリンの朝から夜までの横断面がモンタージュの手法で描かれ、マイゼルの都会風の無機的な音楽が流れる。夜明けの街に夜行列車がやってくるところから映画は始まる。まだ街路に人はいない。やがて街は目覚めて活動を始める。多数の労働者が工場に向かう。車輪が回り始める。電話の受話器が取り上げられる。昼の昼食。昼の太陽。人びとで一杯のカフェ。新聞の売り子。日が暮れるとともに機械も止まる。娯楽産業が開始する。スポーツ、ファッションショー、若い男女のランデヴー。ネオンに照らされた夜のベルリン、そしてダンサーの足など。

クラカウアーはマイアーとルットマンの思想の違いに着目する。マイアーはルットマンの表面的アプローチに嫌気がさし、中途で仕事から手をひいた。特にルットマンの編集方法が問題だった。その手法をクラカウアーは「対象の意味よりも、その形式的な性質に頼る」方法と特徴づける。ルットマンは「運動の純粋なパターン」を強調する。つまりベルリンという都会の生活の「テンポ」を表現する。「ベルリンのテンポ」とはすでに当時人口に膾炙した物言いであった。格別の筋をもたないこの映画をみてもっとも印象に残るのは「テンポ」である。テンポそれ自体が描かれ、例えば機械の機能などは問題にされない。ダンサーの足のテンポであれ、列車のテンポであれ、舗道を歩く歩行者のテンポであれ、それぞれの違いとは無関係に、テンポそれ自体の類似性を示すのがルットマンの方法であった。それはまた内容を捨象して形式性のレベルにおいて「客観性」を追求する方法でもあった。クラカウアーがそれを「客観性」と認めなかったのはいうまでもない。この手法は「モンタージュ」と名づけられている。ただしモンタージュの手法は「新即物主義」においてだけでなく、表現主義やシュールレアリスム、あるいはダダイズムにおいても多用された、モダニスト好みの手法であった。「モンタージュ」は現実肯定的にも批判的にも用いることができたわけである。

「レポーター」をドイツ知識人の類型学に位置づけるとすれば、近世以降ドイツの知識人を代表していたのが大学教授であり、一九世紀以降次第に「自由業」的な作家・文筆家が登場してくる。さらに一九世紀も末期に近づくと、作家・文筆家の系譜のなかからジャーナリストが新しい第三の知識人類型として台頭する。かれらは第二類型の作家・文筆家とある程度重なっている。第三の類型の方が組織に属している場合が多い。「レポーター」の社会学的背景はジャーナリストなのである。「経験」ではなく「体験」がレポーターのキーワードに選ばれている。

第三部　〈崩壊〉の経験

ワイマール時代の「政治思想」

第二部において世紀転換期からワイマール共和国に至る時期の社会意識の変遷を検討したのを受けて、第三部においてはワイマール時代の政治思想、政治文化について取り上げる。第一一章ではワイマール共和政成立前後の思想的営為を〈ポスト・ロマン主義〉の時代の政治意識という観点からみておきたい。ここでポスト・ロマン主義とは市民の時代以後を想定しており、実際に取り上げる人物のうち、ウェーバーにしてもトーマス・マンにしても、市民階級の人間であり、それぞれがおのれの市民的素姓を隠していないどころか、積極的に認めてもいる。本章の役割は、ポスト・ロマン主義に相応しい政治意識を対象とするのではなく、〈ポスト・ロマン主義的時代状況〉の始まりに当たって、市民的な思想家がその精神状況に対しどのような批判意識をもっていたのかに焦点をあてたい。マックス・ウェーバーは戦時中や戦後の評論や講演において作家や文筆家の政治評論の「無責任さ」に苛立ちを隠さなかった。トーマス・マンは自身作家でありながら作家や芸術家の、特にかれの言う「文明の文学者」の政治評論や政治的発言の「無責任さ」を厳しく批判した。マンやウェーバーが芸術家や文筆家に対する時に依拠していたのは「市民性」と言っていいような立場であった。もちろん両者が想定する「市民性」は重なるところが多いものの、当然ながら同じではなかった。その重なる層位を「生活における倫理の優位」を特徴とする「市民的生活形式」として描き出したのが、一時期ウェーバーの門弟でもあり、またマンの小説を偉大なリアリズムとして評価していたルカーチであった。市民的生活は「持続するもの」、「反復するもの」、「おだやかな仕事ぶり」によって支えられている、とルカーチはいった（『魂と形式』）。だがウェーバーやマンも自覚し、予見していたように、「市民性」の基盤はワイマール時代に成熟するどころか、一貫して衰退する傾向にあった。往々にして国民的な自由主義を基礎とする「市民性」の思想は、ワイマール共和国の精神的磁場において生き残ることはできず、まして育てられることもなかった。ハイパー・インフレーションにより財産を失った従来の市民階級は財産とワンセットだった教養も手放そうとしていた。インフレによって空虚な装飾になりかわっていたことが露呈した教養財や文化財は、もはやかれらの誇りであるというより重荷でしかなくなり、きっかけさえあればいつでも捨てる準備は整えられていた。その時はすぐにやって来た。経済恐慌が波及して以後、一九三〇年前後のことであった。

第一二章では、一九二〇年代の新しさを「社会的モデルネ」から「美的・文化的モデルネ」への関心の移動として取り上げ、この変化を世代間の対立との関係で説明している。「美的・文化的モデルネ」の意識を担う〈一九二〇年代の世代〉のアドルノやクラカウアー、ブロッホらはジンメルの影響を受け、その影響から離脱する過程でおのれの思想的立場を確立していったことを論じる。

第一三章では、マンハイムの政治思想論を紹介しつつ、四つの政治思想のなかでただひとつ二〇世紀に誕生した「ファシズム」の社会意識には市民的自由主義ともモダニズムともある面で接点があり、思想内容の陳腐さにも拘わらず、「ファシズム」は重要な意味をもっていることを論じている。

第一四章ではベンヤミンの思想の一断面に焦点を当てている。ベンヤミンは一面で啓蒙思想が民衆的基盤を失っていないことに着目しているが、複製の一般化する一九世紀後半以降複製化された商品としての芸術作品は民衆的基盤とは切断される。複製が開示する新しい世界については「無意識の世界」と「展示の世界」に即して説明される。

第一五章では、一九二〇年代に制度的現実からこぼれ落ちる具体的現実に依拠した社会運動や急進的政治運動が活発化したのに対応して、政治イメージが両極化して政治は限りなく溶解＝拡散する一方で「点的な」ものとしてイメージされるようになることを、シュミットやウェーバーに言及しながら論じている。

第一六章では、ワイマール共和国期の政治思想の一潮流として「保守」と「革命」の統一をめざす動きがあり、その代表的な思想潮流の「保守革命」論は次章で取り上げるが、それに先立ってそうした狭義の「保守革命」論とは区別される「保守」と「革命」を総合する議論のなかから本章ではとくにホフマンスタールとマンハイムの思想を紹介している。

第一七章では、右翼急進主義思想としての「保守革命」論をエルンスト・ユンガー、ハンス・ツェーラー（タート派）、「ナチス左派」に即して紹介し、ナチズムとの関係を論じている。

第一八章では、ナチ党が急激に台頭する一九三〇年代初頭の政治状況を思想的に分析したティリッヒのすぐれた思想的営為を、とくにその「根源」概念に着目して分析した。

第一九章では、政治思想の分析からはこぼれ落ちやすい「真剣さ」「真面目さ」といった問題に着目している。その観点から、ナチ政権成立前後の同時代のすぐれた観察者ズーアカンプの証言を筆頭におき、レオ・シュトラウスやシュミットの多少とも理論的な著作を取り上げている。

第一一章　〈ポスト・ロマン主義の世界〉と市民層
――マン、ウェーバー、シュミット

本章で取り上げる三人について言えば、マンとウェーバーはいずれも第一次大戦前に人格形成を終えているという意味の「戦前世代」の市民的な知識人に属するが、マンは作家＝文学者であるのに対し、ウェーバーの方は社会科学者にあたり、当時の〈ポスト・ロマン主義〉的精神状況に対する作家と学者の対応を取り上げるのが本章である。これに対しシュミットは国法学者にして政治学者でもあり、世代的には人格形成期に戦争を迎えたという典型的な「前線世代」に属してはいなかったが、マンとウェーバーがワイマール共和国期の精神世界にいわば外側から関係していたのに対し、内側から関係しており、かれらより若い世代の市民的知識人に属する。

まず時代の流れから疎外された作家トーマス・マンの戦時中のから終戦期にかけての思想的営みに注目しよう。

1　作家の「思想」

作家の思想を読み取るのは難しい。トーマス・マンの政治思想を取り上げる場合、かれの戦時中に書き継がれて発表されたかれの『非政治的人間の考察』（一九一八、以下『考察』と略記）を分析し、そこに描かれたかれの政治的立場がワイマール共和国期にどのように変わったのかを、かれの政治的内容を含む評論を中心に取り上げ、時にはかれの「ゲーテとトルストイ」論や「ヴァーグナー」論なども加えながら検討する研究は少なくない。保守派のマンが共和国成立後数年経って、共和国支持に立場を変更したが、それは時代の精神状況を考慮に入れた、戦略としての、理性的考慮に基づく共和国支持であるという意味で、「理性の共和派」と名づけられ、フリードリヒ・マイネッケらと同じ政治的立場に分類されている。

だが作家のマンを抜きにして、マンの政治評論、政治的パンフレットのみを題材に、かれの政治思想を研究しても、肝心のマンらしいものの見方は不十分にしかとらえられない。作家であるマンが作家として書いた政治評論を分析してはじめて、マンに独自な政治の見方もみえてくるはずである。とはいえそうした分析方法をとるのは、実際にはきわめて難しい。『考察』において、作家の政治論はにわかには信じられないこと、責任感が欠如していることを繰り返し説いていたのは、ほかならぬトーマス・マンだったからである。

思想を直接に述べてもうまく伝わらないからこそ、思想表現ではなく、小説という形式が必要とされるわけだから、マンの思想表現のみならず小説をも検討する必要があるのは当然である。しかし小説中に挿入された語り手の言葉なり登場人物の言葉なりを、そのまま作者の思想と理解することもできない。思想表現と小説とでは表現の世界や意味内容が根本的に違っている。マンにとって「小説」は「思想」や「道徳」とは別個の独自な領域である。小説世界とは道徳的判断が中断される領域である。ミラン・クンデラもいうように「道徳的判断を中断すること、それは小説の不道徳性なのではなく、それこそが小説の道徳なのである。マイネッケの「国家理性」という用語にならって、それを小説の存在する根拠としての〈小説理性〉といっていいかも知れない。それは別に小説家が「道徳的判断の正当性」に「絶対的に異議を申し立てる」からではなく、「道徳的判断」を小説の外に追い出すからなのである。道徳という一義性の世界を排除して、多義的な、つまりは、ありのままの現実をリアルに描き出すのが小説の役割であり、小説は決して大真面目に「道」を説いたりはしないのである。

　しかし小説世界は道徳的判断を目的としていないからといって、小説のなかで登場人物なりが道徳的判断を口にしたり「道徳的人物」に描かれたりすることを排除するわけではない。また問題は道徳に限らない。小説は特定の主張や思想なりを説くための表現形式ではないが、だからといって登場人物が思想を述べることを妨げはしない。思想や道徳は小説世界を構成する題材にすぎないのであり、そういう題材としてのみ存在を許されている。

　トーマス・マンは小説を説明するに際して、『考察』のなかでそうした事例を多数紹介している。例えば『メッシーナの花嫁』のなかでシラーは熱心に平和を賞賛したかと思うと、返す刀で今度は戦争の誉れを語り、「人間殺戮の讃歌」を述べたりもしている。シラーは「平和であれ戦争であれ、その違いには委細かまわず、両者の本質にディレッタント的な心情で取り組み、愛情を寄せ、自由な見方をしている」。これは上手な作家の手法である。

　『考察』のある箇所で、マンは「審美主義」について語っている。「審美主義」は芸術の立場であり、小説にも妥当する。思想の立場からみると、「審美主義」がいかに無責任で、いい加減なものにみえるかを、マンは小説作品からいくつかの例を挙げつつ説明しているが、かれ自身は作家として「審美主義」にみられる〈現実をあきらかにしようとする意志〉を尊重する。シラーに続いてマンはショーペンハウアーのある文章を典型的に「審美主義的」であるとして引用している。ショーペンハウアーはゲーテやシェイクスピアにみられるような「自然のやり方」と「下手な文学者」を対比している。

下手な文学者たちは、悪党や愚者を描くとき、実に拙劣な、わざとらしい描き方をする。だから読者には……そのような人物たちのひとりひとりの背後に作者がひそんでいることがわかってしまう。蔭に回った作者は、そのような人物たちの気持ちや話を絶えず否定しては、こう警告するのに余念がない、「こいつは悪党です。こいつは馬鹿です。こいつの言うことなんか気に留めないでください」。

これに対しゲーテやシェイクスピアらの「自然のやり方」の場合、

作品のなかではどんな登場人物も、たとえ悪魔であろうと、姿をあらわしたり話をするとき、理に適った振舞いをする。何故かと言えば、人物の一人一人が実に客観的に把握されているからなのだ。そのため、われわれもその人物の抱いている関心に惹きこまれ、その人物と一緒になって泣いたり笑ったりする羽目にならざるをえない。

あるいはまた、マンによれば、「単に知性的なもの」よりも芸術の方が優位を占めている。というのも、芸術は知性と違って「生き生きとした多様性」「底知れぬ無拘束性」「精神的な自由」に基づいているからである。マンはその点について芸術家である作家ツルゲーネフを例に述べている。芸術家は精神的なもの、知性的なものを「決して真に受けることはない」。かれの本領は精神的なものや知性的なものに依拠するところにあるのではなく、それらを「素材や玩具」(題材)として扱い、「さまざまな立場に身を置いてみること」、作品のなかで丁度発言している者を正しいとするところにある。である以上、作品に現れる思想なり道徳をそれ自体として理解しようとするのは本末転倒である。

「芸術作品における知的思想は、作品の全体的構想という脈絡のなかでのみ自己を主張し自己を肯定する」のである。思想それ自体を取り出して考察すると陳腐なものに思える場合でも、全体的構想の内部では精彩を放つこともある。

作家というものは登場人物にその都度共感を寄せることによって、言い換えれば登場人物になりきることによってその人物を「客観的に」描き出すことができ、その場合には登場人物のリアリティは高まる。ただし、それは作家として小説世界を描き出す場合の方法であって、相手の立場になる方法に長けているとはいえ、現実生活において存在するものに絶えず共感をよせ、相手の立場になりきっている、というわけでないのはいうまでもない。

2　作家の「良心」

『ブッデンブローク家の人びと』、『トニオ・クレーゲル』、『ヴェニスに死す』などの作品によって独自の文学世界を築きあげていたトーマス・マンは、すでに第一次世界大戦勃発当時、作家としての名声も十分に確立していた。二〇世紀の文化世界においてはマス・メディアの発達によって〈有名性〉（メディアの世界で有名であること）が独自の価値や権威をもつ領域として確立しつつあった。現実世界で政治的社会的発言をする知識人にとって、〈有名性〉は自らの発言の権威づけや影響力を高める要因にもなっていた。マンも有名作家として小説家であることをこえて知識人としての発信を期待されていた。しかし当時のマン自身は小説家（かれはむしろ芸術家という言葉を好んでいた）と自己規定をし、作家が知識人として多少とも自らの〈有名性〉を頼りに社会的発言をするのに懐疑的であった。

こうしたわけでマンが作家の「良心」、あるいは「責任」について語る場合、ただちに現実世界に対する知識人の「責任」を想定していることにはならない。『考察』の序文でマンは自分自身について次のように述べている。

> なるほど、四〇歳とは危機的な年齢である。もはや若くはない。自分の未来がもはや他人と共有できる未来ではなく、僅かに——自分の未来でしかないことに気がつく。君は、自分の人生——世の動きにすでに追い越された人生を最後まで歩まねばならない。新しいものはすでに地平線上にあって、君の存在を否定している、もっとも君が存在していなかったとしても、世界の姿は現在と変わるまい、とまでは言えない。四〇歳は人生の転機である。

あくまで出発点は自我である。第一次大戦の勃発を機に——というより潜在的には世紀末以来感じられていたことであるが——トーマス・マンはいわば「アイデンティティ」の危機に追い込まれることになった。マンにとって、第一次大戦にはただ単にドイツの参戦を支持するか否かの問題を超えた意味があった。

傾向としては、一九世紀以来次第に力を得てきた新しいものの考え方、新しいタイプの人間が、自分を思想的に抹殺しようとしているように思われた。第一次大戦をめぐるマンの発言は、より若い世代、例えばクルト・ヒラーのような人物にとって、救いがたく陳腐であり、またマンの依拠する西欧文明に対するドイツ文化の擁護という図式は、露骨なドイツ保守派のイデオロギーのように思えたはずである。当時、時代の流れに依拠していると自認していたさまざまな集団から、マンに対して激しい批判の矢が向けられていた。

こうした思想状況にあって、トーマス・マンは四〇歳を超えた作家として、もはや「新しい時代の流れ」についていくこともできず、かといって「古き良き市民」の伝統へ素朴に立ち返ることもできなかった。かれは新しい時代の流れに敏感であった。市民的伝統を担っていたマン自身、過去の蓄積をたやすく捨て去ることもできず、新しい時代の流れに対しては、むしろ市民的伝統の側に立つことを公言していたようにさえ思われる。「自分はこうである」といった調子で、自分の経験や感情を小説というかたちをとらないで表現することもある。「なんと自分を重視する人間だろう」と批判されることもたびたびあった。こうした批判を受けたからといって、マンは安易に「自己批判」をしたり「自己否定」を口走ったりはしなかった。

こうした批判に対して、私が対置できるものといえば、私は自分を重視しないでは生きてこなかったし、生きることもできまい、という事実にほかならない。私がよしと思い高貴と思う一切、すなわち、精神、芸術、倫理は――自分を重視する人間的な態度に由来するという認識にほかならない。すなわち、ここで対置できるものといえば、私がこれまでに成就した一切のものは、これまでの私の生涯の作品のすべての文章、言い回しにいたるまで、その最小の成分の魅力や価値を含めて……これがどれだけの意味をもっているかはともかく……もっぱら、私が自分を重視していた点に発するという明確な洞察にほかならないのである。

マンにとって「良心」をもつ者とは、自分自身を重視する者であり、『考察』は、時代に追い越されようとしている人間、それも自分を重視する人間の良心の苦闘のドキュメントであった。周囲からの批判に対し、自分はこういう人間なのだと、ある意味で居直ってしまうわけである。そうした姿勢は自己中心主義的であり、他人の批判をはなから受けつけない傲慢な態度である、との印象を与えたとしても不思議ではない。

だが、こうした「傲慢さ」のなかに思想的主体性、〈存在の力強さ〉〈思索のしぶとさ〉を読み取ることも可能であり、実際思想家と呼ばれるような人には、物分かりのよさを拒否する、ある種の〈居直り〉がしばしばみられる。高田博厚はそうした姿勢を、思想形成に不可欠な、問題を「自分のなかに貯めておくしぶとさ」といっている。マンのしぶとい態度は、問題を根底的に考え抜くためには、自分の経験を徹底的に読むことが必要だという確信に裏づけられていたに違いない。「新しさ」や「時代の流れ」に十分拮抗できるだけの経験の蓄積、それを読み取るだけの明晰さへの信念を持ったおのれの自我を重視するというのがトーマス・マンの思索の方法だった。そのような思索の立場からすれば、より新しい世代の時流に合わせる調子のよさは、許しがたく軽薄な態度に思われたはずである。

もっとも、今日の時点に立ってみればより鮮明にみえてくることだが、当時の若い世代の身軽な態度にも、一定の社会的根拠があった。本書ではたびたび触れているように、第一次世界大戦や革命、史上空前のインフレーションなどが連続する激動と混乱の一〇年間によって、従来とりわけ市民層の生活を支えていた生活意識や価値理念は急速にリアリティを失い、そうした崩壊が日常化する精神的雰囲気のなかで育った新しい世代は、確信をもって依拠できるものをもてなかったはずである。

加えて、当時はまだ激しいイデオロギー対立の時代でもあったから、自分の立場を表明しないで意味の涯てや意味の淵に漂って態度を保留し続けるような余裕はなく、絶えず具体的問題に即して自分の立場を明らかにせざるをえなかったから、結果的に短期間のうちに何度も自分の立場を変えることになり、その意味では「軽薄」にならざるをえなかった人も少なくなかった。当時そういった人びとの社会意識や政治意識を「機会=原因論」という概念を用いて理論化したのがカール・シュミットであった（本章後段を参照）。

3　マンと「共感」

自分を重視することこそが芸術作品の質を保証するし、作者に熟練的充実感を与えるのが事実にしても、マンが責任をとろうとする時、おのれの自我の在りかたに対する責任が社会に対する責任よりも優先されていた。マンの自我のしぶとさ、芸術作品を優先する態度を抑制する意味をもった言葉が「共感」であり「市民性」である。マンの『考察』のなかには、数は少ないものの「共感」に触れた箇所がある。かれは戦時中、路上で二人の傷痍軍人にたまたま出会ったときの衝撃について語っている。

> 私は二人の傷痍軍人が路を歩いてくるのを見たことがある。一人は盲目で、一人は片腕がなかった。盲目の男は、義眼を入れ、人形のような目付きで、暗黒の中を片腕の戦友の逞しい右腕にすがって歩いていた。一方、その戦友の左手の灰緑色の軍服の袖は、うつろで寒々とたれさがっていた。私もやはり人間である。ぞっとした。なんとひどい目にあわされたことか、と私は思った。いや、これはひどい。狂気の沙汰だ、犯罪だ、恥ずべきことだ。二度とこんなことは許されないし、またありもしないだろう。

マンはこうした体験からヒューマニズムのイデオロギーの一般性に脱出することはない。まずこの事実の前に立ちどまり、頭をたれる必要がある。

> 私は、近づいて、二人のそばに立ちどまった。人生というものが目の前に現れたときはいつで

も、好奇心からではなく、控えめな畏敬の念を持って、その人生に深く沈潜すべきだ。それに近づき、そばに立ちどまるべきだ。共感と真理愛を抱き、無用な言葉の誇張は控えながらである。マンもまた「何てひどいことだ」とつぶやくほかなかったが、それと同時にかれは〈やさしさ〉、あるいは厳粛さ、「畏敬の念」といってもまちがいでないようなある感覚を傷痍軍人に感じていた。傷痍軍人に対するマンのこのような態度は、「好奇心」によるのでも、「人間愛」だとか「平和主義」だとかいう政治の言葉を信ずるためでは断じてなく、かれらに対する人間的共感、あるがままの人生を受け入れた人びとがもつ「共感」のゆえにであった。みじめな悲しむべき現実にしても、とトーマス・マンはいう。

> 近くに寄ってみれば、人生は、もっと素朴で、控え目で、非修辞的で、常に幾分かのフモールを備えている。要するに、近くに寄ってみれば、人生は、はるかに人間的なものである。

　このようなマンの発言をそれ自体として読めば、説得力のある文章であろう。ヒューマニズムのイデオロギーの軽薄さを暴き出す見事な文章だ。苛酷な現実を前にしたとき、饒舌なヒューマニズムはかえってその現実を愚弄するものである。一般性に根拠をもつイデオロギーを持ち出すに先立って、イデオロギーに着色される以前の現実に目を向けよといって、そこで発生する共感に黙ってとどまるべきだし、イデオロギーや価値理念は共感を基底にもっていなければならない、イデオロギーによって憐れな人間に一般化され、同情される存在にされるのを阻止したいというマンの意図も十分わかる。

　だがこういったマンの人間や芸術に関する深い洞察を『考察』全体の論調のなかに、そして第一次大戦の時代状況においてみると、そこにどうしてもイデオロギー的性格を認めざるをえない。

4　マンの方法と戦争論

イデオロギー的性格はかれの議論の方法にもあらわれている。一般化がマンの議論にしばしばあらわれる方法である。例えば、マンにとって、

> 表現主義とは、印象主義の受動性と、その従順に受容し再現するやり方に激しく対立して、現実の模写をはなはだしく軽蔑し、現実に対するいかなる義務をも断乎として破棄し、そのかわりに至高かつ爆発的な、一切の顧慮を振り捨てた創造的な精神の解放を説く芸術傾向である。(『考察』)

さすがマンだけあって印象主義と表現主義の本質的特徴を見事におさえた説明である。しかし、この引用文の後に「いや、まことに結構」という皮肉な言葉がおかれ、そんな主張は決して目新しいものではない、という文章が続く。批判される側にとっては嫌味な叙述である。曰く、「芸術が現実の模写であったことは一度もない」し、また曰く、「芸術は、決して単に受身であったことはない」のだ。そしてマンの主張が登場する。

> 芸術は常に能動的であった。それは、精神への、美への意志であった。芸術の本質は、常に様式であり、形式と選択であり、強めること、高めることであり、素材から離れることであった。

そうして「印象と表現とは、いつの時代にも、芸術的なるものに不可欠な二つの要素である」と続けられる。マンの反対者はこれに「いや、まことに結構」と反論したかどうかはわからないが、見事な論述というほかない。印象主義と表現主義のそれぞれの特徴は、芸術一般の特徴であるとされ、芸

術一般が時代状況に応じて動きうる範囲内の問題であるとされる。かくして印象主義と表現主義の対立は、リアリズムとグロテスク様式の対立であり、つまりはトルストイとドストエフスキーの対立だとされる。

第一次大戦についても戦争一般の話になり、さらに戦争における恐怖は恐怖一般、そして恐怖の本質の話になるのがトーマス・マン的方法である。印象主義や表現主義の考え方が何も目新しいものではないと述べたのと同じ論理がここでも展開される。曰く、「われわれはすべてがいずれは苛酷な死を迎えねばならない」のであって、「ベッドの上であろうとも、いかなる戦場の死にも匹敵するような恐ろしい死はいくらでもある」。その通りだ。ここでは日常生活を極限状態においてみるという手法がとられている。ジンメルは大都市の生活環境において刺激処理能力の限界に着目していたが、マンは、恐怖に対する人間の感覚能力には限界がある、といっている。マンは戦場における恐怖を受容能力の限界を超えた恐怖ととらえているが、その際に内容的差異は捨象され、病気の恐怖も戦場の恐怖も並列的に等置される。ここでマンが着目するのは戦場における具体的恐怖ではなく、感じうる恐怖の限度を超えた時に、恐怖とは違った「別のもの」が始まるという人間的消息である。

それは「生からの解脱」という事態であり「自由」、それも「宗教的自由」といってよいような事態であり、「無感覚、忘我、あるいは、もっと別なもの」がうまれてくる。マンはフランドルの前線兵士の手紙を引用している。

死のこの測り知れぬほど圧倒的な力に直面して、この完全に孤立無援で頼るものもない状態のなかで、連日連夜連続砲火を浴びながら、しかも大抵は雨に降られて、遮蔽物もない塹壕に身をひそめ、ぞっとするような荒廃のなかで防衛線の地獄のような轟音に包まれていますと、個々の人間は快活になりやすいものです。意気消沈はしないのです。あらゆる心配事から解放され、現世からすっかり切り離され、希望もありませんが、煩わしいことも一切ありません！　ここでは一週間もちこたえさえすれば、あとは何か月でももっと楽にもちこたえられます……。（強調符はマン）

「あらゆる心配事」「あらゆる責任」からの完璧な解放状態を、このフランドルの前線から送られた手紙は「完全に神の手に委ねられた」状態といっているが、引用しているマンはこれを「ある種の陶酔状態」にあり、「市民生活のあらゆる経験を超えた生命感情の高揚」した状態であると解釈している。

さすがマンだけあって鋭い着眼である、とここでも繰り返しいっておこう。だが戦争における苦痛や恐怖の涯てに生まれてくる何かまったく別の状態は、大病の恐怖の涯にも、あるいはある種の宗教的体験においても生まれてくる状態でもある（ウィリアム・ジェイムズ『宗教的経験の諸相』）。そのように一般化されてとらえられた状態を次のような論理で讃美する思考方法はトーマス・マンのものである。戦時中に兵士たちがしばしば体験したと思われる「あらゆる心配事からの解放」は「自由と物質的無頓着」と読み換えられ、さらに「高度な人間性と繊細な文化が栄える地盤」であるとさえ主張される。マンのいう「偉大なこと」は極限的状態の経験なり認識から生まれてくるというのは、あながち間違ったこととはいえない。問題は極限状態によって戦争を肯定するマンの方法であり思想である。確かにマンのいうように「戦争」は「野蛮」であって、そこからは「もはや何も生まれない」という判断に根拠はないかもしれないが、逆にマンの論理はすべての出来事を肯定することにも用いられ、極限化された状況を根拠に日常性を肯定することにつながる。それはマンにとって「作家」というもののあり方だということになるのだろうか。

マンの戦争論を追求してきて、意外なことにカール・シュミットの戦争をめぐる議論と方法論的親近性をもっていることが分かる。第一三章でも触れているように、シュミットの戦争論はかれの「政治的なもの」の概念と深く関係している。対立という日常的状態が極度に緊張の度合いを高めた極限的事例である戦争状態において「政治的なもの」の概念は構成されている。シュミットの場合、日常的な対立も潜在的に「政治的なもの」を、すなわち戦争状態を含んでいるという理解から戦争状態も肯定されているのに対し、マンの場合はそれ自体が極限事態である戦争状態における兵士の意識の、さらにまた極限的な意識状況を想定し、その二重化された極限事例の側からみて最初の極限事例である戦争状態が肯定される。

レーヴィットはシュミットにおける例外＝極限事例と一般との関係をキルケゴールの場合と対比し、シュミットの場合、「例外は法則を実証するだけでなく、法則はそもそも例外によってのみ生きる」のだから、「通常事例よりも「興味深い」」のに対し、シュミットが関心を示すキルケゴールの場合、「一般をほんとうに研究しようと思うのなら、現実の例外を調べさえすればよい」とはいうものの、決して例外そのものを正当化しようとしてはいない、と述べている（「C・シュミットの機会原因論的決定主義」）が、第一次大戦の時点のマン（『考察』）の言説においては例外によって一般を肯定する論理が使用されていると思われる。

5　ウェーバーの「学問」論――「知的誠実」の道

一九一九年一月、前年末期の敗戦と、それに伴ってドイツ各地で勃発した革命的騒乱の時期である。ベルリンでは創立したばかりのドイツ共産党の指導者ローザ・ルクセンブルクやカール・リープクネヒトが官憲の手によってラントヴェーア運河に投げ込まれて虐殺され、ミュンヘンでは短命であったもののクルト・アイスナーの革命政権が成立するという騒然たる状況にあった当時のドイツで、自由学生同盟という学生団体の主催による講演会が開催され、ウェーバーは『職業としての学問』と題する講演を行った。ここにいう「職業」の原語は「ベルーフ（Beruf）」というドイツ語であり、本書の第一章で取り上げたウェーバーの『プロテスタンティズムの倫理と資本主義の精神』においてキーワードの一つとして用いられていた言葉である。かれはプロテスタンティズムにおける「職業義務」の観念を検討している。そこでの「職業（ベルーフ）」には「神に召命された」「神から与えられた」という意味が込められていたが、その後この言葉の意味も世俗化して宗教的ニュアンスは次第に脱色され、『職業としての学問』における「職業」はもっぱら世俗的な、今日的意味での「職業」を意味する言葉として用いられている。と同時に、この「ベルーフ」という言葉には、実際の職業を指すだけでなく、その職業の役割、本分をも意味する言葉でもあり、後者の意味の場合は「職分」と訳されている。ウェーバーも「ベルーフ」をそうした二重の意味をもつ言葉として用いている。したがって「職業としての学問」という講演は単に「学問」を職業とするひと向けの話なのではなく、学者ならぬ聴講者（読者）にとって「学問」がどのような役割や意味をもちうるのかという、学問の職分の問題をも視野に入れた内容になっており、だからこそこの本は今日でも広い読者層を獲得しているのだろう。

ウェーバーの「学問」論は、ある種人生論的視点にたっている。ロシアの作家トルストイは『わが懺悔』のなかで、学問は人生の根本問題に答えないから無意味である、と述べている。これほどあからさまな学問否定論はめったにない。人生とは何か、いかに生きるべきかといった「人生の根本問題」に学問は何ら答える術をもたないではないか、とトルストイは学問を告発している。ウェーバーもさしあたりトルストイの学問批判を受け入れている。確かに学問はいかに生きるべきかといった問題に答えることはできない。だがウェーバーの学問の人生論的意義についての理解はトルストイの場合と違っている。人生論的問題に答えられないのは学問の欠陥ではなく、学問の本質に由来する。学問はいかに生きるべきかという根本問題に答えてくれないとトルストイは批判するが、ならば一体誰が答えられるというのか、ウェーバーはおそらくこうつぶやいたはずである。かつてそうした人生問題に権威ある答えを与えたのは「予言者」や「救世主」であった。しかし主知主義的合理化の時代である現代に生きる者は、「予言者」も「救世主」も不在のまま生きるべく運命づけられている。人生は「その真相において理解される限り、かの神々の間の永遠の争いから成り立っている」のが現代の「根本的事実」である。この時代認識はウェーバーの「神々の闘争」論として知られている。だがここにいう「神」とはもはやかつての大文字の「神」ではない。現代人は「神から遠く、予言者も不在」の時代に生きているからである。

では「遠い」とはいえ消えてしまったのでないとすれば、神は一体どこへいってしまったのだろうか。ウェーバーは神概念の質的な変化について触れ、「かつての多くの神々は、その魔力を失って非

「人格的な力」になっているといったり、「神」が存在するのを許された場に着目し、「こんにち、究極かつ崇高なさまざまな価値は、ことごとく公の舞台からひき退き、あるいは神秘的生活の隠された世界のなかに、あるいは人びとの直接の交わりにおける人間愛のなかに、その姿を没している」と述べて、「神」をめぐるポスト・ロマン主義的状況を描き出している。現代において、われわれに人生の意味を指し示す「神」は私的なものの領域に退いてしまっており、「神」も一つの価値に、一つの観点に格下げされている。そういってよければ、小文字の「神」として存在を許されている。「神」は意味転換をし、質的に変化する。神々は世俗化し、「非人格的力」となって生き残ったとされ、ウェーバーはそれをさまざまな「価値秩序」と呼ぶ。「美」(美学)、「神聖さ」(宗教)、「善」(道徳)、「真」(学問)といった価値秩序である。

こんにち世界に存在するこれらさまざまな「価値秩序」は「互いに解きがたい争いのなか」にあるとされ、ウェーバーは繰り返し「人生が、その真相において理解されているかぎり、かの神々の間の永遠の争いから成っているという根本的事実」、つまり「神々の闘争」という根本の事実に注意を喚起している。トルストイの学問批判にもあるように、それらの価値相互のあいだでどれがすぐれているのか、あるいはどれを選ぶべきかを学問的に決着をつけることはできない。しかしそれにもかかわらず相争う神々の間でどれかひとつを選択することが要請されている。何を選ぶかは自由だが、どのような内容であれ選ぶことが絶対的に要請されており、人びとは選択を逃れることができない。意味の淵に漂う自我を夢想することは許されず、意味に回収されないニュートラルな位置取りは不可能なのが現代という時代なのである。選択しないこと、意味の淵に漂っていることもまたひとつの選択にならざるをえない。

だが選択しさえすればいいわけでもない。自分の拠り所としてどのような究極的立場を選択するかに応じて、一方は「神」となり他方は「悪魔」となるからである。選択した後に、今度は選択しなかった価値との「神々の闘争」が待っているからである。現代という主知主義的合理化の時代には、「選択」と「闘争」を絶えず引き受ける身構えと覚悟が要請されている。それがわれわれの宿命なのだ。しかも選択に際し、権威ある答えを与える者は不在である以上、個人の責任で選択＝決断をせざるをえず、ウェーバーは選択に際し学問は基本的に役に立たないというトルストイの批判を受け入れている。ウェーバーのアドヴァイスはポスト・ロマン主義の時代の宿命であるこの「日常茶飯事」に耐えなさいというのだから、聴衆の一人だった若きマックス・ホルクハイマーが、あまりに「客観的」すぎて失望したというのも分からないでもない（シュタマー編『ウェーバーと現代社会学』）。

6　「明晰性」への奉仕と人格的決断

そして「職業としての学問」という表題である。ウェーバーは繰り返し人生の根本問題に学問は答える術をもたないと説いて、トルストイの結論を受け入れてはいるものの、かれの議論や問題設定のすべてにまで賛同していたわけではない。トルストイの結論は当たっているものの、学問に対し正しい適切な問いかけをしているとはいえない。正しい問いかけをする者にとっては、学問も一定の人生論的意味をもちうるのだ。学問においては考察の結論よりも、問いをたてること、問題を発見することが重要であり、学問にとってみれば、正しい適切な問いかけもあれば、不適切な問いかけもあり、その中間に部分的に適切なさまざまな問いかけがある。

ウェーバーにとって学問の意義は、とりわけ現実世界の諸問題を技術的に処理するための手段を教えてくれる点と、「明晰さ」（明確さ）への奉仕とにある。学問の人生論的な意味には特に後者の意義が関係している。「明晰さ」に奉仕する意欲のないひと、「明晰さ」に価値を認められないひとにとって、学問はおよそ無意味なものである。ウェーバーは「明晰さ」をさらに①因果連関における明晰性と、②「価値解釈」における明晰性とに分けている。「因果連関」における「明晰性」について例を挙げて説明しよう。与えられた状況Sのもとで、ある人がAという目的の実現を図ろうとしている場合、学問は、Sの状況の下で目的実現のためのもっとも有効な手段としてBを想定できること、そしてBを用いた場合に想定通りAの実現が見込まれると同時に、その副次的結果としてCという事態が生まれる、ということを明晰に認識できるようにすることができる。ここで学問によって明晰に明らかにされたことは、S状況で目的Aを実現する上で有効な手段がBであるということにせよ、あるいは手段Bを用いた場合副次的結果Cが生じるということにせよ、学問が物事の因果連関を明晰に認識した結果である。

　またウェーバーによれば、この際、A、B、C、のそれぞれは価値的性格をもっている。すなわち、Aという目的を選択することは「A」という価値に奉仕することになり、Bという実現手段を用いるということは「B」という価値に奉仕することになり、Cという事態を引き受けることは「C」という価値に奉仕することになる、と考えるわけである。選択する以前にとりわけ関係するわけだが、学問の役割は、「意欲された事柄」（目的）そのものの意義を知らせることや「当人の意欲の底にある究極の公理」を自分自身で反省できるようにする点に求められる。言明や主張、意欲の価値的な基礎を明らかにし、価値相互の関係を見極めること、それが「価値解釈」における「明晰性」なのである。

このように考えると、実現手段Bや副次的結果Cが当初の目的Aと価値的にみて相互に相容れないことも十分起こりうる。ここで学問に要請されている役割は必ずしも容易ではない。まずABC相互の因果関係について明晰であること、Aという目的を選択した場合、与えられた状況Sの下でもっとも有効な手段は何か、あるいはBという手段が有効だと判断された場合、Bという手段を用いると、Aという所期の目的が実現されるだけでなく、どのような副次的結果が生じると想定されるか、といった諸々の行為と結果の間の因果関係について明晰であるだけでなく、A、B、C、のそれぞれを選択すると、それぞれどういう価値に奉仕したことになるのか、という価値関係の面での明晰性も学問は提供することができる、とウェーバーは考えていた。

この場合、行為の結果、初期の予定通りの結果Aが達成されたが、あわせて予期せぬ副次的結果Cが生じたと仮定すると、AとCが価値的にみて両立しない場合がありうる。価値と価値の相互関係、対立関係にあるのか相互促進的関係にあるのか、あるいは両者が同質的な価値であっても、どちらがより高次の価値であるのか否か、といったように、価値と価値の関係を学問は明晰に知らせることができる。これが②の価値関係における明晰性である。先の予定通りの結果Aと副次的結果として想定されるCとが価値的にみて相容れない場合、副次的結果を招来することのマイナスを想定し、初期の目的の実現を断念すべきか、それとも副次的結果のマイナスを考慮に入れてもなお初期の目的の実現を図るべきかという、あれかこれかの決断の前に立たされることになる。この決定は単なる技術的問題を超えて、当人の全人格的決断の問題になっている。

以上の叙述を学問の意義という観点から総括すると、学問は因果連関の分析や価値解釈を通して、人びとを〈あれかこれか〉の決断の前に立たせることができる。そしてその都度の行為が「明晰」に選択された行為として実行できるよう助けることができるというのが、いってみれば学問の人生論的意義なのである。このような学問の担い手の性格をウェーバーは「知的廉直」もしくは「知的誠実」と呼んでいる。かれは『職業としての学問』や『社会科学及び社会政策的認識の「客観性」』などの論文において、ポスト・ロマン主義の時代における知的に誠実な態度を描いてみせたといってよい。

7　シュミットの歴史哲学──「中立化」の追求と技術の時代

革命の年、一九一九年にはウェーバーの『職業としての学問』のほか、カール・シュミットの『政治的ロマン主義』（大幅に増訂された第二版は一九二五年）も出版されている。一九一〇年代からナチ期にかけての範囲におけるシュミットの思想的歩みは、帝政末期の「規範論的」立場からワイマール時代の「決断主義的」立場を経てナチ期の「具体的秩序」の立場へと変遷したといわれている。共和国初年度の著作ではあるが、『政治的ロマン主義』にはすでに決断主義的発想が垣間見られる。同書は直接同時代を論じたわけではなく、一八世紀から一九世紀初頭の時期のドイツロマン主義を対象とする学術的研究であり、とりわけロマン主義において政治的主体が成立しない所以を批判的に解明した書物である。しかしシュミットがロマン主義を批判し、特にロマン主義における「中心喪失」を批判すればするほど、ロマン主義の現代的性格も鮮明になり、シュミットがロマン主義を題材に直接同時代を論じているかのような印象を受けるほどである。ロマン主義における〈中心の欠如〉という議論は、ロマン主義が「自我」や「個性」を重視した、ある意味で主体性回復の運動だっただけに、とりわけ重要である。

シュミットには現代を歴史哲学的に論じた「中立化と脱政治化の時代」（一九二九）という論文がある。かれの歴史哲学の視点は以下の諸点にまとめられる。①人間の生活はさまざまな領域から成り立っており、諸領域の全体は一定の秩序をなしている。②だが全体の構成要素は等価的なのではなく、「中心領域」とその他の領域に分けられ、しかも③諸領域の配置状況は歴史的に変化する。④変化を生みだす根本的動因になるのは「中立領域」の追求である。このような視点に立ってシュミットは、過去四世紀の「ヨーロッパ精神世界」の歩みを「中心領域」に即して、一六世紀を神学的時代、一七世紀を形而上学的時代、一八世紀を（人文主義的）道徳的時代、一九世紀を経済的時代、二〇世紀を技術的時代であると述べている。ただしこれは歴史の発展法則を示すものではなく、歴史的事実を整理したにすぎない、とされている。

一例を挙げて説明しよう。一八世紀には、巨大な地震が発生したりすると、その出来事を道徳的に論じる文献が多数出現する。一八世紀が道徳的時代であるというのはこういう意味である。「各世紀特有の諸概念はその特有の意味を当時の中心領域」から得ているので、「進歩」の観念にしても、一八世紀には「道徳的完成」を、一九世紀には「経済的発展」を意味することになる。またシュミットによれば、「中心領域」とは単に出来事に意味づけを与える意味の源泉であるにとどまらず、同時に問題解決の源泉でもあった。「ひとたびある領域が中心領域になると、他の領域の問題はそこから解かれるべき副次的問題とされ、中心領域の問題が解決されれば、おのずと解決をみるものとされる」。したがって道徳の時代である一八世紀には、あらゆる問題は道徳の問題に還元され、経済の時代である一九世紀にはあらゆる問題は経済の問題に還元される。

では一体なぜ「中心領域」は変化していくのか。シュミットはこの問題を「中立領域の追求」という人間の根本動機から説明する。一六世紀は激しい神学論争に明け暮れていたが、そうした状況においてヨーロッパ人は論争を終息させることが可能な、相互の理解、合意、説得が可能な「中立領域」を追求した結果、従来そこでは誰もが説得できる「中立領域」だった神学領域が争いの場になって「中心領域」としては放棄され、それとは別のところに「中立領域」が求められた。こうして新しく「中心領域」にのしあがっても、やがてその領域は「中立領域」としての性格を失い、中心の位置から脱落するというプロセスが長期的に反復され、中心領域はその内実を変えていく。

こうした歴史的歩みを経て、いよいよ技術の時代である二〇世紀、同時代が始まる。問題は、①なぜ技術は「中立的」だとされたのか、そして②技術が「中心領域」になったことの精神史的意味はどこにあるか、である。まず前者について取り上げよう。シュミットによると、技術は「即物的」であるために「中立領域」になった。技術は万人に奉仕するようにみえるだけでなく、技術には一義的に明快な答えがあり、技術の利点は誰の目にも明らかだったから、国家や階級、世代などの層位を超えて、万人が技術において一致できる、と考えられた。経済や政治などの諸領域における解決の難しい問題も技術領域に持ち込めば解決できるとされた。後者②の問題についてシュミットは「ニヒリズム」に言及しながら説明している。技術はそれ固有の人間的＝精神的内容をもたないという点で従来の様々な「中立領域」と根本的に違っている。シュミットによれば、生活諸領域にはそれぞれ固有の「究極的区別」があり、損得（経済）、美醜（審美性）といった区別はそれぞれ「人間的内容」をもっているのに対し、技術にはそれに対応する「人間的内容」が欠けているため、「技術そのものからはいかなる人間的・精神的決断も生まれず」、固有の「基準」をもたない技術は「文化的に盲目」なのである。技術化された政治にも「人間的内容」は欠落せざるをえない。思想的方向づけをもたない以上、技術はどのようなものにも奉仕することができる。単なる技術は「自由と隷従のいずれをも選びえず、革命的でも反動的でもありえ、自由にも抑圧にも奉仕することができ、集権主義にも分権主義にも奉仕できる」のである。

シュミットにいわせれば、ヨーロッパ人は一六世紀以来、時代の中心的な対立抗争を納得いくかたちで解決するため「中立領域」を求めることを決意したが、その後「中立領域」として選び出された領域を、つまり「中心領域」を次々と変え、今や二〇世紀の一九二〇年代にいたり、技術こそが究極的な「中立領域」であると信ずるようになった。言い換えると、このプロセスを通じてヨーロッパ人にとっての切実な関心領域が次々に変化し、それ以外の領域は主たる関心領域（中心領域）から排除されていった。ヨーロッパの精神史とは「中立化」が進行していくプロセスにほかならない。その結果「中立化」のたどり着いた先である技術の時代において、「ニヒリズム」と「文化的死」に、すなわち「精神的虚無」に立ち至った。「まず宗教と神学が、続いて形而上学と国家が捨象されたが、……今や文化一般が捨象され、「文化的死という中立性」に到達したわけである。「中立性」の追求が「内容」を排除するところにまで達し、「形式」のみが残ることによって、ヨーロッパ人は究極的基盤を獲得したわけである。

こうしたシュミットの見方をウェーバーの「正当性意識」という用語を使って言い換えてみよう。技術の時代以前に「正当性意識」は確実に存在しており、それが向けられる方向が変化していく。ヨーロッパ人の「正当性意識」の向かう「力」（領域）は一六世紀以来、神から形而上学へ、さらに道徳、経済を経て、技術へと向かうようになった。ただし技術はそれ以前の「力」と根本的に違う面をもっている。技術の時代においては「正当性意識」の方向ではなく存否が問題になり、「正当性意識」それ自体は著しく衰退する。ただし技術の時代といえども、われわれの意識の内面にはさまざまな「力」が入り込んでいるという点では従来と変わりなく、むしろ入ってくる「力」の量は増大しているというのが実情であろう。だが技術の時代においては、入り込んでくる「力」のどれもが「正当性」を獲得できず等価性という性格をおびてくるのである。

8　シュミットのロマン主義批判（1）——「機会＝原因論」的精神構造

以上のようなシュミットの歴史哲学的認識はかれのロマン主義論とも関係している。現代的な、二〇世紀的特徴とされているものの多くが「ロマン主義」のなかに読み取られており、シュミットにとって現代の出発点はロマン主義にあった、といっていいかもしれない。あらかじめシュミットのいう「ロマン主義」の範囲を限定しておきたい。以下の論述は、より詳細な叙述になっている『政治的ロマン主義』第二版に主として基づいている。全ヨーロッパ的視野にたってみると、「ロマン主義」は一八世紀の「抽象的合理主義」に対する反対運動の一種である。シュミットはこの反対運動を四つのタイプに分類しているが、ここではそのまとまった説明は断念せざるをえない。第一のタイプは、シェリングとフィヒテの一面に見られ、ヘーゲル哲学において完成する「哲学的反対運動」、第二のタイプは、反哲学的な「神秘主義的＝宗教的反対運動」、第三のタイプは、ヴィーコによって代表される「デカルト的合理主義の反伝統主義的な傾向に反対するもの」、そして最後は、「その最初の独自な表現がシャフツベリに見られる」感情的＝美的な反対運動で、シュミットの取り上げるドイツ・ロマン主義もこの第四のタイプに属する、とされている。この美的反対運動は、哲学的体系を樹立せず、むしろ矛盾を見いだすとそれを美的に均衡のとれた調和に変える。換言すれば二元論を一元にもたらすのではなく、矛盾を美的もしくは感情的コントラストに解消し、その上でその矛盾を消滅させるのである。この運動は合理主義をその内側から克服することはできず、……また神秘主義的に世界の外へ出ること、あるいは世界を越えてでることもない。

この引用文にみられるとおり、シュミットはすでにロマン主義に対しかなり批判的である。かれはロマン主義を、矛盾を見出しても、それを解決するのではなく、美的問題にすり替え、矛盾そのものを解消させてしまう方法であると理解し、ロマン主義の精神構造に着目して、とりわけ「世界の究極の決裁者」の理解を問題にし、この観点からロマン主義における「世界の中心」（世界の究極の決裁者）が「自我」にあることを明らかにする。かつて「世界の中心」には「神」がいるとされていたが、ロマン主義の時代には神は中心から離れ、それに代わって「自我」が中心の位置を占めている。もっとも決定根拠としての神がいきなり「自我」に変わってしまったわけでなく、通常中間段階があり、例えば神に代わって「国家」が決定根拠になったりする。神とは次元が異なるにせよ、国家も依然として人びとに「ある種の客観性と拘束」をもたらす。しかしロマン主義はそうした中間段階も通り過ぎた、すなわち神からも共同体からも、国家からも離脱した自我、つまり「孤立し解放された個人の主観」が最高の決定根拠になっている、そういう精神構造に立脚しているのである。

だが「自我」にせよ「個人の主観」にせよ、依然として抽象的な言葉である。拘束から解放されてみずから決定する「自我」とはいうものの、その「自我」は一体何を根拠に決定を下すのか。シュミットによると、「ロマン主義」とは精神史のこの段階における「機会＝原因論（オッカジオナリスムス）」である。では「機会＝原因論」とは何か。どのような態度、行動様式、決定方針を意味するのか。シュミットのいう「オッカジオ（occasio）」とは「機会」とか「誘因」、「機縁」、「偶因」などと訳されたりする言葉、要するに「きっかけ」を意味し、「カウサ＝causa（原因）」の否定概念である。通常われわれの生活は原因があって結果があるという行動様式の連鎖によって成り立っている場合が多い。「機会＝原因論」という場合、「原因」が成立せず、原因に代わってその位置に「機会」なり「誘因」、つまり「きっかけ」が入り込んでいるような、そういう行動様式である。行動に「きっかけ」はあるが「原因」が見出せないような行動様式、これを「機会＝原因論」と呼んでいる。*

＊　「オッカジオナリスムス」は邦訳『政治的ロマン主義』（みすず書房）において「機会原因論」と訳されたこともあってこの訳語が定着しかけているが、意味上は「偶因論」や「誘因論」と訳した方がいいのではないかと思う。本書では先行訳を若干修正し「機会＝原因論」と訳した。因果連関が成立せず、偶然の機会が原因の代用になっている態度を強調するためのものである。

シュミットは人びとを拘束しているさまざまな「力」のうちで、特に因果連関と規範を重視している。われわれの日常生活において日々の行動を事実上支えているのは、因果連関の認識や規範の信仰である場合が多い。つまり、これこれの行動を起こせばあれこれの結果が生じるだろうと因果連関的に推測したり、無意識である場合も多いにせよ何らかの規範に則っていたりするものである。これに対しロマン主義者の場合は、因果連関の認識や規範に服するのを否定する。因果連関や規範による拘束を欠いたロマン主義者の行動を合理的に理解することはできない。「きっかけ」で行動するとすれば、あまりに偶然に依存しているからである。

このように「機会＝原因論」において価値や態度の一貫性は問題にならない。シュミットはロマン主義を現代にひきつけて解釈し、ロマン主義の実態という、よりその論理的可能性に注目する。従来人間を支え、人間に内容を与えてきた「神」や「共同体」、「国家」、あるいは「道徳」なり「価値理念」、こういったすべての「拘束」から解き放たれた孤独な「自我」は、絶えず自らの責任において態度決定を下さざるをえない。ロマン主義において純粋な自我が強調される所以はここにある。ロマン主義にあって主体の中心にあるのはもはや何らかの客観的なものではなく、個々の自我が立ち現れてくる。その自我は客体に対しどのように対応するのだろうか。シュミットも述べているように、「ロマン主義」は自我と客体の対立を解消しようとするわけだが、それは次のように解釈することができよう。「ロマン主義」において主体と客体の関係を媒介するのは、因果関係の認識でも規範意識でもなく、あえて言えば、脱因果性、脱規範性とでも言うべきものである。シュミットの用語を使えば、両者の関係を媒介するのは「オッカジオ」だった。無論「オッカジオ」は何ら主体を拘束するものではない。可能性としてみれば、ロマン主義者にとって、あらゆる具体的な個々の事柄が合理的には認識できない結果を生みだす「きっかけ」、つまり「誘因」になりうる。ロマン主義者にとって「世界」は客体としての重み、つまり拘束力をもったものとしてではなく、おのれの活動のためのきっかけとしてあらわれる。革命であれ戦争であれ、大地震であれ、かれの「経験」や「天才的」着想のきっかけとなった限りにおいて関心をひくにすぎない。こうしてシュミットによれば、ロマン主義者は気分的な「経験」の世界を抜け出し、日常的な現実のなかで起こることを多少とも変えていこうとする決意は、いささかも持ち合わせていなかったのである。

9　シュミットのロマン主義批判（2）――「イロニー」と政治

ロマン主義者はおのれに疎遠なものを切り捨て、ひたすらおのれの「自我」に依拠し、みずから態度決定をくださざるをえない状況を積極的につくりだしておきながら、その一方で用心深く巧妙に態度決定を回避する。その方法が「イロニー」だった。シュミットによれば、それは「合理主義の名残り」である。

この一切の決断の停止のうちに、そして特に非合理的な態度を示しておきながらもなお保っている合理主義の名残りのうちに、ロマン的イロニー（反語）の源泉がある。

ロマン主義において、合理主義的要素と非合理主義的要素を共存させる役割を果たすべく、「イロニー」が登場する。ロマン主義者は手の込んだやり口をするから、容易にわかるようなかたちで現実を回避したりはしない。実は現実との接触を避けようとしているのだが、ロマン主義者の著作を読むと、高揚したかれらの「自我」が熱烈に現実との接点を求めているかのような印象を与える。

シュミットはまずロマン主義を「神秘主義」と比較する。「神秘主義」とは宗教意識の現象形態であり、その本質は「世界の外へ出ること、あるいは世界を越え出る」ことにある。一方ロマン主義者はあくまでも世界のなかにとどまり、具体的な実在を求めたりもする。しかしロマン主義者の実在とは自分を邪魔したり否定したりはしない。実在の世界とは人間に拘束を与えるにとどまらず、時に衝撃を与え、揺さぶり動かすだけの強烈な力を秘めた世界である。しかしロマン主義者の世界はそうした力を欠いており、いわば棘を抜かれた世界だったから、ロマン主義者は安心して無害な実在の世界（客体）と交渉できる。

次に現実を骨抜きにする主体の態度や方法に触れておこう。シュミットによればロマン主義者の態度は「自己を保留する主体の態度」である。態度決定するとは家庭なり職業を通して、とりわけ日々の具体的な活動を通して、それ自体限られた市民社会のなかに自己を限定していくことでもあるが、ロマン主義者はできるだけ自己限定を避けて、華やかで多彩な可能性の世界にとどまろうとする。ロマン主義は「永遠の生成と、決して完成することのない可能性の状態」を「具体的現実の被限定性」よりも高く評価したのである。ロマン主義を規定するに際し、シュミットは「可能性の世界」と「現実性の世界」との概念的区別を重視している。

ロマン主義の世代は……一八世紀末には特別困難な立場にあった。かれらの前には古典的な仕事をおこなった世代があり、その世代の代表者たるゲーテに対し、かれらは物事に感嘆する高揚された熱狂というもの以外に何ら生産性も示しえなかった。……かれらの自負し得るものは単なる可能性だけだった。……かれらが現実に対置した巨大な可能性は一度も現実とはならなかった。

この困難のロマン的な解決は、可能性をより高い範疇として措定することにあった。「決定すること」、すなわち可能性の世界から現実の世界に出ていくことを、巧妙に回避しようとするのがロマン主義者の根本的動機だった。決定を回避すればこそ、おのれの「全体性」なり「一般的可能性」を手放さないでいることもできる。ロマン主義者において「古典的なものの明快さ」に対して「無限に多義的な原始性」が称揚されるのも、別に「原始的なもの」のもっている「内容」のためでなく、「決定を回避する」という動機に基づいているにすぎない。

しかしロマン主義者とて、単純に誰にでも分かるように決定を回避するのではなく、「イローニッシュに、陰謀をたくらむように」回避する。「イロニー」についてシュミットは、「逃避する人間の気分ではない」と述べた上で、

それは新しい現実を生みだすかわりに、一つの現実を他の現実に対して打ち出して、その時その時に実在する限定的な現実を無力化しようとする人間の活動なのである、

と述べている。このような方法としての「イロニー」が意味あるものとして注目されるようになるのは、現実から逃避したくはないが、①〈支配的な現実〉に対して否定的評価を下している場合、②その現実があまりにも強大で変えようがないと思われているような場合、そうした「暗い時代」もしくは「時代閉塞の現状」においてであろう。

「イロニー」の定義において二つの「現実」に言及されているが、「その時その時に実在する限定的現実」の方はともかく、もう「一つの現実」とは何を指しているのだろうか。ここでもう一つの現実という場合、〈支配的現実〉のなかに萌芽的に存在していて、やがてその現実を根本的に変えていくまで成長していくはずの、いわば未来像としての〈別の現実〉なのではない。シュミットのいうロマン主義的主体は「オッカジオ」の概念に支配されており、基本的に因果関係の拘束からも脱しようとするから、例えば弁証法的社会主義にみられるような、「現実」のなかに「現実」を否定する萌芽的要因（原因）があって、やがてそれが「別の現実」を創り出すようになる（結果）という思考方法に忠実ではないし、さらにまた規範への拘束も嫌うので、ここにいうもう一つの「現実」とは〈支配的現実〉には依拠しないで、ある理念や規範にもとづいて合理的に構成された未来像としての「別の現実」でもない。

ではロマン主義者にとって〈別の現実〉とは何か。この点に関しシュミットは格別の言明を残していないものの、ロマン主義の「別の現実」は決して別の現実ではなかったのである。ここで『保守主義的思考』（一九二七）におけるマンハイムの叙述が参考になるかもしれない。「もろもろの事実はロマン主義者によって創造的に生み出されることも発見されることもない。かれは、それらの事実をただ通常の次元とは別の次元で受けとめ、受け入れるにすぎない」。〈支配的現実〉に対して〈別の現実〉を探し求めるのではなく、同じ支配的現実を見方を変えてみているわけで、例えばノヴァーリスは『断章と研究』（一七九八）において俗悪なものに崇高な意味を与えたり、平凡で陳腐なものに神秘的な光を与えたりする方法を「ロマン化」と呼んでいる。

「イロニー」とは自己と自己の可能性を留保する方法である、とシュミットはいう。ロマン主義者は自分が現実世界のなかで限定されたり、他者によって規定されたりすることを嫌い、自分は決してそうではないのだと不満の声をあげる。お前はAだといわれると、AではなくてBだと思い、それではBですねといわれると今度はBではなくてCだと思うといった具合に、このプロセスに限りはない。シュミットは述べている。「ロマン主義者はいつも同時に限りなく多数の他者であり、何らかの具体的な瞬間や、一定の表現のなかにあったものをはるかに超えたものである」、と。ここで「いつも同時に限りなく多数の他者」という場合、本来あくまでも主体がその〈ふり〉をしているとされているのであって、〈ふり〉をするのは、「他者」と自分の間に自覚的な距離が設定されていてこそ可能である。そうした設定が欠けている場合、その時々の「他者」と安易に一体化してしまう可能性はきわめて高いと言わねばならない。シュミットのいう「ロマン主義的主体」にはそうした一体化を防止する歯止めが欠けている。その結果ロマン主義者は、

常に一つの実在を他の実在に対する切札としてもちだし、この実在同士の暗闘のなかで決して旗幟を明らかにしなかった。かれらが語る実在はいつも他の実在と対立しており、「真なるもの」、「純正なもの」は現実的なるものの拒否を意味し、結局のところ「どこか他のところ」、「いつか他の時」でしかなく、要するに「他者」にすぎなかった、

のである。

このように、シュミットの論述が明らかにしているのは、「真理」を追究してはいても、あるいは「真理」を否定してはいなくても、気づかずに「真理」からずれ落ちていったりする思考様式が存在する、ということであった。

そのような思考様式の社会的基盤はどこにあるのか。シュミットはその基盤を市民層に求める。市民層は問題多い存在である。シュミットは『政治神学』のなかで「ブルジョアジー」について次のような皮肉なコメントをしている。

自由主義的ブルジョアジーは神を欲する。ただし、その神は活動できてはならない。ブルジョアジーは君主を欲する。ただし君主は無力であるべきだ。ブルジョアジーは自由と平等を要求し、にもかかわらず……選挙権を有産階級へ限定するよう要求する。……ブルジョアジーは君主主権も人民主権も欲しない。では、ブルジョアジーはなにをいったい望むのであるか。

第一二章　ワイマール期の世代対立

ワイマール時代は大きな転換期にあたる。大戦での敗北の結果、ドイツの各地で革命的動きが生じ、数年の間に市民革命といってもいいような変革も達成され、敗戦を前に革命を恐れた皇帝はオランダに逃亡した。ホーエンツォレルン王朝は崩壊し、ドイツにおける貴族支配は基本的に終わりをつげた。時代の転換は日常生活においても明らかだった。都市風景も一変した。女性の服装は軽快でラフなものが多くなり、帽子を身に着けた女性も著しく少なくなったし、帝政期には見回せばどこにもみえた鉄道馬車、荷車、荷馬車など、つまり馬の存在がほとんど一掃され、路上は路面電車やバス、乗用車に占拠された。建物は容易に一新されようがなかったが、新築される建物といえば、今日われわれがどこでも目にするような国際様式で建てられた何の変哲もないビル群であった。

思想文化の世界における変化を、スチュアート・ヒューズは次のように的確に要約している（『意識と社会』）。

ドイツにおいてはとくに、戦後の知的世界の相貌は、戦前のそれとはほとんどまるっきり変わってしまった。一九一四年以前には、ミュンヘンの比較的やくざっぽい雰囲気を別とすれば、自覚的に洗練され卓越したひとびと――教養階層出身の真面目で威厳のある著作家や教授たち――

が、まず絶対的な優位を保っていた。ところが戦争の終結とともに、この標準が全般的にくずれてしまったのである。表現主義とか『デカダンス』とかいった芸術、文学上の新流行が民衆の注意をとらえ……シュペングラーやカイザーリングのような無名の学者たちのいかがわしい商品に熱心な買い手があつまる。

このような時代が到来した。それはさしあたり大衆社会が形成された結果であると言えよう。大衆層もささやかながら「固有の生活時間」（マルクス）を確保し、多少とも大衆消費財に手が届くようになり、それは各種の娯楽から読書や芸術鑑賞にまで及んだ。数の力は無視できない。書物の作品としての完成度以上に、ともかく多数の読者をえたという事実の方が、影響力という点では決定的になる場合も多くなった。大衆とて娯楽読物や通俗小説しか読まないわけではない。〈多数性〉〈有名性〉という次元が文化の世界でも権威を獲得した。そうした彼らの文化的欲求にこたえたのがオスヴァルド・シュペングラーであり、ヘルマン・カイザーリングであり、あるいはルドルフ・シュタイナーであった。ウェーバーやマイネッケなどの生真面目で洗練され、かつ難解な書物はもともと読まれていなかったものの、かつてはそれでも知的世界の基準となる力と権威を備えた書物として認められていたが、いまや知的世界におけるその権威も急速に萎んでいった。知的文化的世界自体が著しく変貌したのである。

1　〈一八九〇年代の世代〉と〈一九二〇年代の世代〉
――「社会的モデルネ」から「美的・文化的モデルネ」への転換

その点を明らかにするには「社会的モデルネ」と「美的・文化的モデルネ」の概念についての説明が必要であろう。ハーバマスの「モデルネ」論（『近代』）以来、「モデルネ」という術語の使用頻度はドイツ思想史的研究において著しく増大したが、元来「モデルネ」の用語法は社会的文脈においてと芸術的文脈においてで大きく違っており、「社会的モデルネ」と「美的・文化的モデルネ」とは離反したままで、両者の関連の説得的解明は必ずしもなされていない。「モデルネ」は英語でいえば「モダニティ」を意味し、「近代」または「現代」としか訳しようがないが、「近代」と「現代」を包括した意味にもなれば、「近代」もしくは「現代」を意味する場合もあり、時には「新しさ」という意味になる場合もある。訳しにくさを考慮に入れてドイツ関連の叙述ではそのまま「モデルネ」とされる場合も多い。ただし「社会的モデルネ」の場合は「近代」や「現代」が訳語として用いられる場合が比較的多いのに対し、「美的・文化的モデルネ」の場合は「モデルネ」の訳語が使用されることが多いように思われる。

「社会的モデルネ」は合理的資本主義の形成、社会や政治における近代的思想や制度の定着といった意味合いで用いられ、社会科学、社会研究の分野ではキーワードになっており、用語法も広く定着している。「社会的モデルネ」論に立脚した代表的人物は誰よりもまずウェーバーであり、さらにまたフェルディナント・テンニース（『ゲマインシャフトとゲゼルシャフト』）、ブレンターノ、ゾンバルトといった社会科学者であり、その影響を受けた神学者のトレルチや牧師で政治家になったフリードリヒ・ナウマン、文人経営者だったヴァルター・ラーテナウなどであった。かれらを、おおよそのところ一八九〇年代に本格的な知的活動を開始した世代という意味で、ヒューズにもヒントをえて、ここでは〈一八九〇年代の世代〉と呼ぶことにしたい。一方「美的・文化的モデルネ」の方は、第八章で紹介したように、フランスの詩人で批評家のボードレールの用語法に由来しており、その意味もあってフランス語の「モデルニテ」が訳語に用いられる場合もある。「一時的なもの」、「移ろいやすいもの」に関心を寄せる「美的・文化的モデルネ」の系列に属する代表的人物としてクラカウアーやベンヤミンの名前を挙げることができよう。かれらは主として一九二〇年代に本格的な知的活動を開始したという意味で、ここでは〈一九二〇年代の世代〉と呼ぶことにしたい。

ワイマール時代初期における知的文化的世界の変貌についていえば、学問の世界自体の地位低下にとどまらず、学問内部でも変動はみられた。帝政期ドイツからワイマール共和制への転換期に当たり、学問をめぐる論争が行われた。出発点となり同時に基準点にもなったのがマックス・ウェーバーの『職業としての学問』(一九一九)であった。かれは「社会的モデルネ」の代表的学者だったから、とかく「古い学問」の擁護者に擬せられた。後に文芸学者、批評家として活躍するエーリヒ・フォン・カーラーはただちに『学問の使命』(一九二〇)を著わし、ウェーバーの学問が「全体性」に到達しえないことを攻撃した。もっともそれに対しカーラーが対置したのは「直観」にすぎなかった。これに対しアルトゥーア・ザルツが『学問のために――学問を軽蔑する教養人に抗して』(一九二一)において示したのは、トレルチも「学問における革命」において述べているように、両者に対する中途半端にアンビバレントな態度であった。しかしカーラーにせよザルツにせよ、特にワイマール時代にドイツの人文学を支配した「ゲオルゲ派(ゲオルゲ・クライス)」に関係のあったことは注目に値する。「ゲオルゲ派」はシュテファン・ゲオルゲ（一八六八―一九三二）をカリスマ的指導者とする濃密な人間関係を特徴とする集団で、ドイツの知的世界における「社会離れと社会学敵視」（レペニース『三つの文化』）を促進する役割を果たした。後にナチの教育学者になるエルンスト・クリークもウェーバー批判に関わっている。

いずれにせよ「ゲオルゲ派」のウェーバー批判は時代が転換期にあったことを反映している。新しい世代の論者は「社会的モデルネ」から「美的・文化的モデルネ」への転換期にあって学問を再定義する必要に迫られていた。神学のティリッヒは『諸学問の体系』（一九二三）において宗教を中心に学問の綜合を意図し、クラカウアーは『学問としての社会学』（一九二二）においてフッサールの現象学に社会学をつなげようとする。かれはまた「学問の危機、マックス・ウェーバーとエルンスト・トレルチの基本的な著作に寄せて」（一九二三）と題する論文のなかでトレルチやウェーバーの学問では相対主義を乗り越えることができないと批判したものの、危機を生みだした精神状況全体から脱出する必要があるという以上の展開はなしえなかった。

知的世界の変貌は時代の大衆化ということだけでは説明がつかない。知的に洗練された教養市民の世界においても右のようなパラダイムの変化が進行していったからである。パラダイムの移動はゲオルゲ派によって始められたが、「社会的モデルネ」から「美的・文化的モデルネ」への関心領域の転換は最終的には、ウェーバーともゲオルゲとも違う第三の方向において実現した。〈一八九〇年代の世代〉はその多くがワイマール時代の初期に亡くなっており、生きながらえた人もワイマール時代以前に主たる知的活動を終えていたのに対し、最年長組にルカーチやエルンスト・ブロッホも含めた〈一九二〇年代の世代〉は一九二〇年代には本格的知的活動を開始したばかりであった。一九二〇年代において、〈一八九〇年代の世代〉に担われた「社会的モデルネ」論から、〈一九二〇年代の世代〉に担われた「美的・文化的モデルネ」論への関心の移動がみられた。もちろん一挙に一面的に「美的・文化的モデルネ」へと関心が移動してしまったわけではないが、「美的・文化的モデルネ」へ移る趨勢は明白であった。

〈一九二〇年代の世代〉に最年長組としてルカーチやエルンスト・ブロッホも加えるとすれば、かれらをはじめとして、クラカウアーやベンヤミン、アドルノらもその知的経歴の初期にジンメルの「モデルネ」論に魅了されていた時期があり、かれらはいずれもジンメルの思想的影響圏から離脱する過程において、おのれの思想的立場を確立していった。離脱に際して多かれ少なかれマルクスとの思想的出会いが一定の役割を果たしていた、といっていいかもしれない。この意味において、一九二〇年代ドイツの知的世界において「社会的モデルネ」から「美的・文化的モデルネ」へのパラダイム転換が進行していった。*

* ただし誤解が生じないようにいっておかねばならないが、ここにいう移動とは重点の移動であって、「社会的モデルネ」への関心が失われたわけではない。年表的意味で一九二〇年代に知的活動を公に始めた世代においても依然として広義の社会科学的関心は当然ながら持続している。一八九〇年代から一九〇〇年代に生まれた主な学者の名前を生年とともに挙げれば、経済学ではアドルフ・レーヴェ（一八九三）、政治学ではヘルマン・ヘラー（一八九一）、テオドーア・エッシェンブルク（一九〇四）、歴史学ではジクムント・ノイマン（一九〇四）、エッカート・ケーア（一九〇二）、社会学ではテオドーア・ガイガー（一八九一）、ランズフート（一八九七）、ルネ・ケーニッヒ（一九〇六）などがいる。

2　媒介者ジンメル

ドイツにおいてボードレールの「モデルニテ」に対応する「モデルネ」の問題に取り組んだのは、ウェーバーの同時代人で、社会学、哲学の分野の学者であると同時にエッセイストでもあり、美学的問題にも手を染めた、ゲオルク・ジンメルであった。ボードレールに三、四〇年遅れてドイツにおける「モデルニテ（モデルネ）」の問題性がようやくジンメルによって自覚され、受けとめられた（第八章を参照）。

ジンメルの〈動態性〉の立場は、ボードレールのいう「モデルニテ」の意識、すなわち「一時的で、はかない、偶発的な現象」につながっている。ジンメルには把手、食事、流行、俳優、風景、廃墟など〈もの〉の些細な、取るに足らない側面や、日常生活のありふれた側面に着目し、論じているエッセイが数多く存在する。ジンメルは当時哲学者には珍しかったこのような対象をなぜ取り上げたのだろうか。かれはエッセイの対象とされたものの本質や内容を考察するわけではない。具体的な〈もの〉がエッセイの出発点とされたが、ジンメルの視線は〈もの〉と人間の交流、あるいはそれを交換したり消費したりする人びとの意識のなかで、その〈もの〉が帯びることになる意味に向けられる。〈もの〉それ自体に関心があるというより、それがどう知覚され意味づけられるかに関心があった。ジンメルは〈もの〉を人間的に構成されたものととらえ、〈もの〉にみられる社会関係、社会的結合に関心をよせた。

一般にジンメルの方法は「形式と内容」の相互関係という観点に立脚している。「ロダン」と題されたエッセイ（『ジンメル著作集　第七巻』）を例にジンメルの方法をみてみよう。ジンメルは彫刻史におけるコンスタンチン・ムニェとオーギュスト・ロダンを対比し、ムニェは彫刻に「新しい内容」を与えたのに対し、ロダンは彫刻に「新しい様式的表現形式」を与えたと結論づけている。ムニェの業績は肉体労働や労働者の芸術的・美的価値を発見した点にあるが、かれは発見した「芸術内容」を「新しい様式」で描くことはなかった。それを最初に発見したのがロダンである。ロダンは「生に対する現代的な魂のあり方を彫刻が表現するための様式」をはじめて発見した。ジンメルはその様式を「身体の運動」という言葉で表現している。ロダンは運動を従来の彫刻よりも豊かに表現できた。

だが「運動」というだけではまだ一般的すぎる。ミケランジェロも「運動」を表現していたからである。ここでロダンの「運動」とミケランジェロの「運動」とが対比される。ミケランジェロは「運動に不変の価値、無時間的な重要性を与えようとする」ことによって「運動」を再び「安定」に、もしくは「平衡状態」に近づける。運動化することによって垣間みられた混沌は、ミケランジェロの場合、ただちに秩序化するのに対し、ロダンはミケランジェロ的な平衡化を方法的に断念している、とジンメルはいっている。ロダンにおける「運動」はミケランジェロの場合と違って「ひらりとかすめてゆく一瞬の運動」であり、そこには「モデルニテ」の体験が前提されている。そうしてさらに重要なことに、「一瞬の運動」（断片）であるにしても、その運動には「人物の全体的な生の意味が結集している」ととらえられている。私なりに言い換えれば、ミケランジェロの「運動」は運動であるにしても、やがて何らかの体系（全体）にたどり着いて安定するのが確実とされているような「運動」であるのに対し、ロダンの「運動」には最初からそうした安定性が欠如しており、あくまでも「一瞬の運動」でしかなく、秩序化する保証はない。しかもこの「一瞬」は一瞬である限り一つの「断片」であるにすぎないが、そうであるにも拘わらず、それは一つの「全体」たりうるものととらえられ、ロダンはそういうものとして作品を形象化することができたわけである。

ジンメルにおいて「美的・文化的モデルネ」の意識は明らかに見出されるが、かれの学問が「形式社会学」と呼ばれることもあるように、分析の手法には形式的一般的叙述に向かう傾向があった。かれは「流行」を論じるに際し、相反する人間の普遍的な傾向として、「模倣」衝動と「差異」(独自性の追求)への衝動とに着目し、この二つの衝動を形式化した上で、その相互関係から「流行」を解読する手法をとる。「流行」とはこれら二つの基本的な欲望が統一された現象形態だからである。読者は往々にして解読の才気豊かさに魅了されるが、ジンメルは特定の流行の特定の内容に深入りすることはない。コップや壺を論じるに際して時に幼児めいた愛着を示すエルンスト・ブロッホ(『ユートピアの精神』初版)とは著しい違いである。同じように「把手」を論じるに際しても、ジンメルは「実用的」な現実の目的合理的な世界と芸術作品としての審美的世界とに共属するものとして、二つの世界における把手の相互関係からみていこうとする。またしても特定の「把手」ではなく把手一般が才気豊かに解釈される。建造物の「廃墟」についてもまた然り。ここでも廃墟は芸術作品の世界と自然の世界への共属性という二重性において説明されている。問題となるのは常に一般的な形式の相互関係にとどまる。

そこに不満をもったのが〈一九二〇年代の世代〉のルカーチやクラカウアー、ブロッホ、アドルノであった。ただし共通の不満を前提としたうえで、その先の方向は多少とも違っていく。本章では中でも対蹠的な方向に向かうルカーチとアドルノを、一方は「社会的モデルネ」への回帰として、他方は「美的・文化的モデルネ」への関心を持続する典型的例として取り上げることにしたい。

3　ルカーチのジンメル論

ルカーチはジンメルの追悼文（一九一八）において、ジンメルが当時の「若い世代の思想家の世代のうち、真に哲学的な資質をそなえたすべてのひとびと」にとってきわめて「魅惑的な存在であった」こと、したがって「かれらのうちのほとんどだれ一人として、ほんのしばらくにせよかなり長期にわたってにせよ、かれの思想の魔力にとらえられない者はなかったほど」である、と回想している（『ルカーチ著作集　第一巻』）。ユダヤ人であったため、その才能に見合う大学での地位を阻まれたこともあって、ジンメルには制度上の門弟はいなかったものの、ルカーチや、かれと一緒にベルリンのジンメルのゼミナールに出席していたことのある友人のエルンスト・ブロッホやカール・マンハイムも、ジンメルの「魔力」に魅了された人びとに属していた。

ルカーチの最初の著作の『魂と形式』という表題自体ジンメルの影響を感じさせるが、ルカーチによれば、ジンメルは現代における「最大の過渡的哲学者」であり、また「印象主義」の哲学者であった。今日ジンメルの思想を「社会学的印象主義」（フリスビィ）と呼んでいる人もいるが、ルカーチの議論はそうした見方の最初のものである。「印象主義」とは本質的に「過渡期の形式」だった。ジンメルを過渡期の思想家という場合、なにものかに向けての過渡期なのではなくて、なにものかに到達するのを、つまり「終結」に到達するのを原理的に拒否し、常に過渡期にとどまろうとする立場をとっていることを意味している。

ルカーチは、ジンメルの死に際し、思想家としてのジンメルの魅力と限界を見事に描き出している。

ブロッホとともにハイデルベルクのウェーバー・サークル（ウェーバー・クライス）に出席していたルカーチは、後年ウェーバーからの影響を否定したものの、ジンメルの限界を指摘するにあたっては「社会的モデルネ」の立場に依拠していた。

ジンメルの独自性を旧著（『ワイマール文化とファシズム』）に即して明らかにしておこう。ジンメルの思想の「魔力」は、ドイツ観念論の思想的伝統を批判的に継承しながら、日常的現実を「哲学の相」の下で分析できた点にある。日常的現実を出発点としながらも、現実の直接的形態の分析（経験科学的分析）に終始するのではなく、その背後にある意味連関にまで降りていくのが、ジンメルの手法であった。それゆえかれは「大都市と精神生活」や「流行」を社会哲学的に論じることができたし、日常生活を構成する、食事、橋、扉といった微細な側面を、その直接的な効用をこえた文化現象として論じるすべをこころえていたのである。

だが、とルカーチはいう。ジンメルはそのような魅力をもっていたにもかかわらず、否、むしろその魅力のゆえに、結局才気ゆたかな「触発者」にとどまり、「真に偉大な哲学者」にはなりえなかったのだ、と。「真に偉大な哲学者」とは「真の完成」に到達した人、言い換えれば「統一的な体系」を見出した人であるという。ルカーチは畳みかけるように続ける。ジンメルの問題点は、「真の完成」や「統一的な体系」にたどりつけなかったことに、つまり理論的完成度の不十分さにあるのではない。ジンメルの思想的立場（印象主義）は完成を目指し前進するところに成立するのでなく、「終結」に到達するのを拒否し、〈動態性〉の層位にとどまるところに成立する、本質的に過渡期の思想である。それは「形式」を「生」（内容）に対し抑圧を加える力と感じ、いっさいの「形式」を「生」に隷属させようとする、「生の哲学」の立場にほかならない。

ここにいたり、ルカーチの思想的立場もあきらかになる。〈動態性の世界〉にとどまり、ものごとをさまざまな側面からさまざまな意味の層において描き出すこと、〈もの〉の多様性を発見することは、ルカーチにとって、元来「統一的な体系」を見出すための、より理論的完成に近づくための手段でしかないものだが、ジンメルの場合には、手段でなく、それ自体が最終目標になってしまっている。ジンメルの哲学的能力云々以前に、「真の完成」をめざす道が原理的に排除され、しかもそのことが肯定されている。ジンメルには、「生の総体」を真に包括しうるような「世界への先験的な態度決定」が可能であるとは信じられず、どのような観点も単にただひとつの観点を提示する以上のものではありえなかった。ルカーチとジンメルが袂を分かつのはまさにこの点である。

ルカーチはジンメルをセザンヌによって完成さるべきモネであるととらえた。あるいはおのれを完成者セザンヌに擬していたのかもしれない。文化現象を非歴史的な形式によって理解するジンメルに対し、ルカーチは「社会的モデルネ」の次元を付与することによってジンメルの方法を具体化し、ジンメルとは違った文化分析の方法を、すなわち、歴史的、社会的に分析する道を開こうとした。このようにルカーチは最終的に「社会的モデルネ」の立場をとることになった。

4　アドルノのジンメル論

ジンメルが死去した一九一八年当時、一五歳でギムナージウムの生徒だったアドルノは一四歳年長のクラカウアーと知り合いになり、哲学の個人レッスンを受けることになった。アドルノの回想によれば(『文学ノート2』)、一緒にカントの『純粋理性批判』を読んだとき、クラカウアーはあたかもカントがアドルノに向けて語りだすかのように解読してくれた。クラカウアーの読解に刺激を受けたアドルノは、「テクストの統一性や体系的な整合性に畏敬の念を抱くよりも、むしろ、すべての閉ざされた学説の表層下で互いに格闘しあう諸力の戯れを見いだそうと努め、体系化された哲学のそれぞれを諸力のせめぎあう場として捉える」ようになった。このような読み方をしていたクラカウアーやアドルノにとって、ジンメルが共感を持てる思想家であったことは想像に難くない。クラカウアーはその影響について日記に記しているし、ジンメルの死の直後かなりの分量のジンメル論を執筆している。

ジンメルに不満をもっていた〈一九二〇年代の世代〉は少なくないが、それ以前に魅了されていたがための不満であった。認識批判や精神史に関する空虚なおしゃべりを快く思っていなかった者にとって、講壇哲学の空虚な抽象性に対し「哲学を逆戻りさせて具体的な対象のほうに向かせるという作業を嚆矢としてやってのけた」点で、ジンメルの仕事は「規範」であり続けた。しかし後年アドルノはジンメルについてこう述べている（『文学ノート2』）。

> かつてわれわれはジンメルに対しことさら激しく反発したが、それというのもひとえに、かれがわれわれを魅了したそのことを、不当にも再びわれわれの前からひっこめてしまったからである。才気煥発ながら今日にしてみるとひどく色褪せたやり方で、かれの姿勢はそのしゃれた対象を素朴なカテゴリーの意図で紡ぎくるんだり、きわめて一般的な反省をつなげてみたり……

していたからである。ジンメルが些細な対象を論じるに際し用いたカテゴリーによっては、「しゃれ」た「一般的」説明はなされても、その事柄を射抜くような解明には到底達しえない。ジンメルは対象を外側から撫でているだけだという印象は否めない。「一切の援護もなく対象のなかに没入しさること」が必要だ、とアドルノはいう。「対象のなかに没入」してこそ取り出すこともできるのは「経験」

の層位である。芸術作品を生み出す母胎になるのは「経験」だが、芸術は作品化されることによって経験の層位と訣別してしまうわけではない。ジンメルは経験の層位をみることができない。というのもアドルノによれば、

> 芸術作品にも、そもそもそれ自身だけで自己を組み立てうるために必然的に執らざるをえない経験の諸モメントは維持されているし、また芸術作品は本質的にそれらとの緊張関係のなかで生きている、

からである。芸術作品の内部において、芸術作品が「一度は揚棄された経験」に依然として媒介されていることが、ジンメルにはわかっていない、とアドルノは批判する。経験は芸術作品に形を与え、力を付与する源泉として最後まで残り、その痕跡までが消え去ることはないし、経験が「一度止揚され」たことをもって、科学的客観性に到達できるわけでもない。

問題はジンメルの芸術観にある。ジンメルは依然として伝統的な芸術観と縁が切れていない。かれにとって芸術作品にまで結晶化すればもはや経験は必要ではなく、作品はすでに「中性化」されている。芸術作品は隅々まで完結し、完成した世界を表現しているので、経験の対象ではありえず、当初から秩序化を破砕する契機を内に含んでいない。われわれは安心して作品を観察し享受するだけである。作品の全体性は才気ある者や感受性豊かな者、あるいは通人にはもしかしたら到達可能だったかもしれないが、民衆の経験に開かれたものではなかった。壺が芸術の世界と有用性の世界とに共属していて、「有用性」の要求は現実的世界から、「美」の方は壺の形式から出てきて、「より高い秩序の美がこの有用性と美との両者を統べ、ついにはこの二元論をもはや筆舌では尽くしがたい統一性として明らかにするのである」といったジンメルの予定調和的形式論に、アドルノは我慢できなかったの

かもしれない。

アドルノがさらに具体的に踏み込もうとしているのは、「客体に含まれる限りない通約不可能なところにわが身を沈潜させ、そのことを通して、客体自身のうちでもいったい何が人間に隠されているのか、そしてそうでなくても人間は客体について何を知らないと言うのか、といった問い」を解明する「理論的」努力をさけている、というジンメル批判からも分かる。アドルノはここからジンメルとブロッホとの、すなわち過渡期の思想家ジンメルと〈一九二〇年代の世代〉との対比に移る。ブロッホのテクストには「自己との出会い」という表題が掲げられているように、ブロッホは経験に焦点を当てている。ただし対象と観察者の間に安定的で固定的な距離を想定する「ブルジョワ的経験」が第一次大戦以来もはや成り立ちえないことは、ベンヤミン（第九章）にとってだけでなく、ブロッホにとっても自明であった。戦争や大都市の風景が観察方法のみならず真理概念さえも変えてしまったという認識はかれらだけでなく、かれらとは異質な思想世界に生きていたエルンスト・ユンガーにも共有されていた。何度も出会い熟知した対象に沈潜する観察（経験の立場）とは縁を切った、対照との新しい関係、そして新しいスタイルがブロッホを特徴づけている。映画的観察、「移動カメラ」による観察がブロッホの方法である。アドルノはそれを、敏速な「テンポ」とか「激昂ぶり」、あるいは「突然の出現の激しさ」と、表現主義を思わせる言葉で説明している。一九三〇年代に表現主義とナチの親近性が疑われたとき、率先して表現主義擁護の論陣を張ったのはブロッホであった。

ブロッホの場合、単純に映画に関心があったにとどまらず、思想自体が、あるいは文体が映画的であった、とアドルノは喝破している。アカデミズムの世界ではとっくに等閑視されていた叙述、しかもテンポのある文体が対象にとって本質的である。制度化された文化は「いま・ここで存在しようとするもの」の発現をむしろ阻害している。「存在しようと」しているものは一瞬を逃すと的確にとらえられず、まして表現できない。ブロッホにとって瞬間をとらえる感受性と、それを叙述する「理論の力」が大事だった。ボードレールの「モデルニテ」論における「美」の概念がそうであるように、ブロッホにおける「真理」概念も普遍的で不変な真理ではありえず、一時的、瞬間的にしか現れてこないものに向かっていく。だからこそ思考のテンポが重視され、問題にいきなり切り込んでいくエッセイ的スタイルも多用される。真理である根拠は「科学的」であることにあるのではなくて、ブロッホの〈私の経験〉にある。それは私の経験ではあっても、私の経験であることによって根拠たりうる、ということであろう。

映画への関心や、思考、文体への映画の影響も、〈一九二〇年代の世代〉を特徴づけている。ハンガリーに生まれドイツで活躍した映画理論家ベラ・バラージュは『視覚的人間』（一九二四）をはじめ『映画の理論』ほか多数の映画批評を書いているし、クラカウアーもワイマール時代に多数の映画批評を書き、のちに『カリガリからヒトラーへ』（一九四七）や『映画の理論』（一九六〇）を執筆した。一九三〇年代にベンヤミンは映画論を中心とする「複製技術の時代における芸術作品」を発表している。では次に映画世代でもあった〈一九二〇年代の世代〉からみて、後の世代はどのようにイメージされていたのだろうか。

5　〈一九二〇年代の世代〉と〈一九三〇年代の世代〉

(1)　クラカウアーと「待っている人びと」

ここにいう〈一九三〇年代の世代〉とは厳密なものではなく、〈一九三〇年〉の時点で「青年」である世代、つまり〈一九二〇年代の世代〉以後の世代といった意味で用いている。〈一九二〇年代の世代〉のクラカウアーに大都会の孤独について触れた、「待っている人びと」(『大衆の装飾』所収)と題した文章がある。一九二二年の時点で都会人の心的風景を描き出した、クラカウアーらしいエッセイである。仕事の場が大都会である人として学者、商人、医者、弁護士、学生、その他あらゆる種類の教養市民が名指しされている。都会の喧騒を生き多忙なかれらは、気づかない時も多いが、精神的な空虚さに悩んでいる。かれら、というよりわれわれの「精神的空間の空洞化」はどのようにして生まれてきたのか、とクラカウアーは問う。われわれは世界の高い意味を信じてはいないし、絶対者といかなる関係ももっていない。空虚さを癒してくれるとすればまず宗教だが、われわれにとって宗教はせいぜいのところ思想という意味しかもたない。思想ならばひとつの見方にすぎないので、空虚な空間から人びと救いだしてはくれない。宗教の教義から離れたという以前に、〈信じるという経験〉がわれわれから失われてしまっている。伝統も共同体も生きた力をもたない「概念」にすぎず、われわれには「つなぎとめる鎖」も「拠ってたつべき土台」もない。「無限に多様な精神現象」に然るべき根拠から関心をもつということはなく、いわば「機会=原因論的」に、かかわっているというのが実情である。基準も序列もなく、すべてが等価的に心的な空間に浮遊している。

クラカウアーによれば、このような精神的状況に典型的なのがジンメルの哲学である。ジンメルは「生」を絶対化することによって「相対主義」を克服できると思ったが、結局それに失敗した。「価値中立的な流れである生のプロセスを絶対性にまで高めることにより、事実上絶対者を抹殺する。相対主義は強固な土台を探し求める途上で、ついに土台もなく根もない生に行き着き、ここでふたたび元の自分に舞い戻った——あるいは戻らなかったというべきか」、とクラカウアーはいっている。「空間恐怖」とはつまり「空洞に対する恐怖」、「何の拘束もない自由な浮遊状態」への恐怖である。「自由からの逃走」(フロム)はいつ始まってもおかしくなかったのだ。ベンヤミン的にいえば、「経験の貧困」の裏返しである「新しい経験の渇望」の一般化である(第九章参照)。

このような意味で「心の新しい故郷」を求める運動として、クラカウアーはシュタイナーの「人智学」や「共産主義の色合いを帯びたメシア信仰的な疾風怒濤精神」、あるいはそれに近いプロテスタントの「宗教的な共同体思想」、ゲオルゲ派などを挙げているが、かれの関心はこうした「ハイマート(故郷)」への憧れにはなく、あくまで精神の空洞状態にとどまる人たちにある。その際精神的空洞を忘却し、気散じに走るのを問題外とすれば、三種類の態度が可能である。まずウェーバーを代表者とする「原理的懐疑派」がいる。「神は死んだ」(ニーチェ)ことを認める「知的廉直」から、かれらは自覚的に絶対者に背を向ける。信じる能力、信じる経験の欠如からの絶対者不在の場合と違って、「原理的懐疑派」は信ずることを欲しないのである。信じないという情熱が「空洞恐怖」と闘っているといっていいかもしれない。そうして今日クラカウアーの周辺で頻繁に出会う第二の態度を、かれは「短絡的人間」の姿勢と呼んでいる。どのような回避の仕方かどうかにかかわりなく、ともかく空洞状態を脱することそれ自体が追求され、安易に解決が見出される場合である。この型と「新しい心の故郷」を見いだす場合とを少なくとも外面的には区別するのが難しい。そこではしばしば熱烈な自己確信が表明されているが、クラカウアーにいわせれば、それは往々にして「確信のなさ」に由来する「確信の強調」なのである。原理的懐疑派と短絡的人間に対し、最後に残された三番目の対応が「待つという態度」であり、クラカウアーは当面この姿勢にもっとも共感を寄せているように思われる。待機派は懐疑派のように信仰を拒否するわけではなく、不遜にも空洞を肯定するわけでもない。「待つとは、説明しにくい意味においてではあるが、ためらいつつ開かれてあることなのだ」とクラカウアーは述べている。「ためらう」ことによって短絡派とは区別され、「開かれ」ていることによって懐疑派とも区別される。このような一九二二年の時点での分析はとりわけ〈一九二〇年代の世代〉にあてはまるものであろうが、同じ分析を一九三〇年頃に移動して行うとすれば、どうなるであろうか。「懐疑派」や「待機派」はどうなったのであろうか。

（2）ノートの「戦後世代」（〈一九三〇年代の世代〉）論

ドイツ現代史の世代論では第一次大戦時に何歳であったかによって「戦前世代」、「前線世代」、「戦後世代」と分ける（ノイマン『大衆国家と独裁』）のが普通であり、本書でいう〈一九二〇年代の世代〉はほぼ「前線世代」に、〈一九三〇年代の世代〉はほぼ「戦後世代」に対応している。したがって〈一九三〇年代の世代〉とは二〇世紀最初の一〇年、とりわけその後半以降に生まれた世代ということになる。子ども時代が戦争の時期に当たり、青年期が二〇年代末期にはじまる恐慌期に当たり、いよいよ社会で活躍という時期にナチ体制が成立する、そういう世代である。

一九〇九年に生まれたパウル・クランツは貧困家庭に育ったものの、大学に入ることができ、卒業後はフランクフルト新聞に執筆するかたわら、一九三一年にエルンスト・エーリヒ・ノートの名前で新即物主義的手法の自伝的小説『ミーツカゼルネ（Mietskaserne＝賃貸兵舎住宅）』を公刊したりしたが、ナチ政権成立とともに身の危険を感じ、フランスに亡命し、ナチ期にはフランスで暮らし、いくつかの小説を執筆している。ノートは「前線世代」と区別される「戦後世代」としての強い自己意識をもち、一九三三年初頭には戦後世代を主題とする博士学位請求論文『戦後ドイツ小説における若者の姿』を提出して、小説に戦後世代がどのように描かれているかを分析し、翌年にはパリでフランス語の『ドイツ青年の悲劇』を出版している。ちなみにかれの『ミーツカゼルネ』は一九三三年に焚書の対象になっている。

ノートは「前線世代」との対比で「戦後世代」の特徴を描き出すわけだが、当時、青年にあたるのは「戦後世代」ではあるものの、ドイツの青年論として書いているので、「前線世代」についてもかれらが青年だった時代が取り上げられる。ここで「青年」とは「ユーゲント」の訳語だが、ドイツ語で「ユーゲント」は「青年」以外に「子ども」「児童」の意味にもなる。ノートは青年をしばしばさらに細分化して、「子ども時代」、「青年期」、「大人になる時期」に分けて論じている。

「戦後世代」は「子ども時代」に銃後で戦争を体験し、「青年期」から「大人になる時期」に経済恐慌を体験しており、かれらの人間形成期は古い社会が解体した後の混乱期に重なっている。かれらの生活は解体、失望、幻滅の連続であった。伝統的な「ユーゲント」、つまり青年期が解体し、保護され、かくまわれた「美しい時期」であるような伝統的〈青春〉、すなわちヘッセの『青春は美しい』（一九一六）は遠い昔のことになった。ベルリンのシュテークリッツで始まったといわれるワンダーフォーゲル運動を中核とするドイツ青年運動は大戦以前に全盛期を迎えた。その意味でノートは「前線世代」を「青年運動世代」ととらえ、「戦後世代」と区別している。「前線世代」の青年運動は年長世代である両親世代の生活態度を自覚的に批判する生活改革運動であり、かれらなりに自ら解放を勝ち得ようとしていたわけだが、戦時中から戦後にかけて子供時代をおくった世代は「腹がへった」が最初に覚えた合言葉であり、時代に翻弄されていた、とエルンスト・エーリヒ・ノートは回想している。だが貧しく飢えていたというだけでは戦後世代を特徴づけるには不十分であろう。この世代において学校教師にせよ両親にせよ、子どもに対するかれらの教育的影響は最初からきわめて限定的であった。戦時中、父親は戦場に送り込まれていたし、母親は父親にかわる労働力として代替的労働に駆り出される場合が多く、子どもたちは家に、もしくは中庭や路上に放置されたままであった。このような放置状態は戦後になってもさほど変わらず、学校や家庭による子どもの指導、教育はもちろん、保護や保全、あるいは強制も戦前と比べれば些細にしかならず、特に貧困階層の子どもたちは「見捨てられ」、放っておかれたため、子どものうちから「自分に頼るほかない」という意識をもつようになっていった。伝統や道徳から解放されたのは戦後世代の自覚的な功績なのではなく、むしろ社会経済的状況の帰結だった。前線世代の思想的背景として、漠然としたものであったが、新ロマン主義や表現主義を見て取ることもできるのに対し、戦後世代の場合、綱領や声明をもっていたわけではないのに、いわばおのずと「解放」が実現され、学校や家庭といった緩衝地帯の保護が弱体なまま、混沌としたワイマール社会に直接晒されることになった。当時の大人社会においてモラルが弛緩していたとすれば、戦後世代はその影響をもろに受けてしまったのである。

若者世代の代弁者には当初世代的なずれがある。二〇歳を基準に考えると、その年齢はまだ世代のイデオローグになるには若すぎる。当初は、比較的年齢の近い一〇歳ほど上の世代が若者の代弁者として現れるのが普通である。二〇歳の世代が同世代の中から本来のイデオロギー的代弁者を出すには、三〇歳位になるのを待たねばならない。マスメディアで発言権を得るには通常三〇歳位になっていなければならないからである。その意味でノートは早熟であった。二十代前半で早くも世代の代弁者として登場しただけに、かれの「戦後世代」論はノートの世代的自己主張が鮮明に出ているといってよかろう。

6　〈一九三〇年代の世代〉の意識状況（1）――学生グスタフ・ホッケの「当惑」を中心として

一九三〇年七月のこと、『ターゲブーフ（日誌）』誌は、一九〇八年生まれで当時二二歳の学生であったグスタフ・ホッケが作家のアルフレート・デーブリンにアドヴァイスを求める書簡を掲載した。『ターゲブーフ（日誌）』は当時『ヴェルトビューネ（世界舞台）』と並んで時事論文や文化論を掲載した市民的左翼に位置する有力な週刊雑誌のひとつであった。一八七八年生まれのデーブリンは戦前世代と言ってよく、医者であったが、すでに大戦前に文学作品を発表しており、一九二九年には代表作『ベルリン・アレクサンダー広場』が出版され評判を呼び、当時ドイツの「左翼的知識人」の一人として著名だった。一方ホッケは無名の学生だったが、後にグスタフ・ルネ・ホッケとして『迷宮としての世界』や『文学におけるマニエリスム』を著わし、文化史家として名声を確立した。デーブリンの応答は雑誌に連載されたのち、一九三一年に『知れ、そして変革せよ．ある若者への公開書簡』と題して出版された。ホッケの「書簡」は一九三〇年の時点における〈一九三〇年代の世代〉に固有な意識状況の一断面を典型的に示しているように思われる。エルンスト・エーリヒ・ノートは大学を出ているとはいえ貧しい家庭に育ち、貧困階級も視野に入れた戦後世代論を展開しているのに対し、ホッケは特に戦後世代の教養層の若者に典型的な意識状況をあらわしている。「私を規定しているのは疑惑と内的動揺です」で始まるホッケの手紙は、時代の精神状況をどう解釈すべきか、そしてまた若き知識人として自分は何を如何になすべきかを、精神的指導者としてのデーブリンに問いかけている。ホッケにとって現実はすでに「迷宮」だった。多数提供されている「何であるか」の前で「当惑」し、まだ明らかにされていない「如何に」という問題の前で「立ち止まっている」というのがホッケの現状であった。かれは「疑惑」「動揺」「迷宮」「当惑」といった言葉でおのれの心的状態を説明し、何に向かっても踏み出せないでいる状態に苛立っている。

本章での関心は、ホッケの質問に対する戦前世代のデーブリンの答えにあるというより、ホッケに代表される〈一九三〇年代の世代〉の心的状態に対する〈一九二〇年代の世代〉の反応の方にあるので、デーブリンについては簡単に言及し、〈一九二〇年代の世代〉としてクラカウアーとズーアカンプの見方を重点的に取り上げることにしたい。

左翼の非党派的知識人であったデーブリンはホッケに対し、一面で、反資本主義の立場に立つことを勧め、所有階級の側や、企業家、レントナー、教養層、特権層の側に立ってはならないと忠告し、その一方で、戦う労働者の側に組することも禁じている。ホッケは一体どうすればいいのだろうか。君の場所は両者の中間にある、労働者の傍らに寄り添って、真の社会主義の理論的問題に取り組め、というのがデーブリンの答えであった。だがそんな位置どりが現実に可能だったのかは疑問である。

デーブリンの『知れ、そして変革せよ』は反響を呼び、雑誌『ノイエ・ルントシャウ』はさっそく特集を組んで、五、六人の論者に本書を論じさせ、それらに対するデーブリンの答えを掲載している。クラカウアーは「ホッケ氏は何をなすべきか」や「知識人への最小限の要求」といった同誌のエッセイのなかで同書を取り上げている。クラカウアーはホッケの「当惑」は当然のことであり、同時代の多くの青年たちの短絡的な「断固とした急進主義」よりもはるかに「希望のもてる」対応である、と述べている。そんな急進的態度は一〇年もすれば惨めな小市民的根性に成り下がっているのは、もうあらかじめわかりきったことなのだ、というわけである。クラカウアーのかつての論文「待っている人びと」の用語法を用いれば、ホッケの態度は懐疑派のようでもあり短絡派のようでもあり、待機派のようでもあるが、同時にまたそのいずれでもない、という奇妙な位置から生まれている。懐疑派、短絡派、待機派のいずれともまったく違った、それらとは次元を異にする独自の心的世界にホッケは生きていた。そのような心的境位は、クラカウアーによれば、「恐るべき中立性」の徴候であった。

ホッケの「中立的」な態度はとどまるところを知らず、何に対しても「中立的」であるというのが、〈一九二〇年代の世代〉であるクラカウアーには「恐ろしい」ように思えるのであろう。この「中立性」は自覚的に選び取られた態度でも、相手に対するやさしさに由来する態度でもない。クラカウアーによれば、それはおのれの「無力さ」に由来する、決定を回避する態度なので、相争う諸勢力のなかで積極的に均衡状態をもたらそうとするわけでもなく、したがってそれらの諸勢力と対決したり、対話したりするような「弁証法的」態度はむしろ「自覚的」に回避され、対決するとか結論を下す態度は好まれない。本来「自己」と名づけるべき意識空間が「空所」、空洞になっているため、様々な党派的意見や諸々の世界観が押し寄せ、容易に「空所」を占拠することになるが、それらのイデオロギーや世界観はかれにとって「外部の現象」にすぎず、占拠も容易だが定着は難しく、次の瞬間には「空所」から外に押し出されてしまう。懐疑派が懐疑し、短絡派が決定し、待機派が待つ、そのそもそもの理由がホッケ的人物にはどうでもいいことになっているように、クラカウアーには思われるのである。

7　〈一九三〇年代の世代〉の意識状況（2）――ズーアカンプの「戦後世代」論

時代の精神的風景の卓抜な観察者だったペーター・ズーアカンプは『知れ、そして変革せよ』をめぐる論争に直接は加わっていないが、『ノイエ・ルントシャウ』誌に「戦後世代論」にあたるエッセイ「家族の息子の分離」、および「父親と教師のいない息子たち」を寄せている。クラカウアーが一部の青年層のなかに、自分たちの世代には理解できないニヒリズムの先鋭化を読み取っていたのに対し、ズーアカンプは「精神への敵対性」というイデオロギーを読み取り、クラカウアーがホッケに見た「中立性」とは別の意識状況を戦後世代に見ている。ホッケとは別のタイプの青年を念頭においているのか、それとも「中立性」の背後に隠れているイデオロギーを読み取ったことになるのか、にわかには決め難いが、興味深い論点ではある。

ズーアカンプは一九三〇年代初頭の時点で青年である二〇代を中心に、かれらを囲む世代として三〇代、四〇代、五〇代にも触れている。かれは青年の立場にできるだけ内在する議論を展開し、青年にとってその他の世代がまったく魅力に欠けていることを指摘している。そのためもあってか、かれが示す現下の青年の精神状況は、みずから青年であったエルンスト・エーリヒ・ノートの認識と似かよっている。青年にとって年長世代は権威がないし、示唆を与えてくれるわけでもないし、約束を与えてもくれない。頼るべき教師や父親は不在なのである。年長世代に期待していないこの世代は「ほとんど狡猾といっていいくらい賢明に」大人たちに「戦略的」に接している。かれらは何か信念を持つようなことはないし、抗議したり反抗したり怒ったりすることもなく、ただ単に大人たちの傍らを通りすぎるだけである。話しても無駄な連中は、やりすごすだけだ。おおっぴらな反抗は意味がない。大人たちは青年のこうした心情にまったく理解がない。たまに接触を求めると、若者たちは「従順に」応対するだけに、なおさらそれが分からない。

では若者は無気力に「自己放棄」状態にまでなってしまっているのかといえば、決してそうではない。従順さは若者の「戦略」なのだ。幸いなことに、若者において「生への活力ある意志」が燃え立っている、とズーアカンプはいい、若者に「安らぎ」や「平安」や「所有物」を与えてくれるような安定的場所、囲われて保護してくれる空間が与えられていないところに問題点をみている。若者の戦略的態度、時に示される「ファナティシズム」、そういった態度の根底にかれは安定した秩序を求める願望を読み取っている。ラディカルな若者でさえ混乱につながる変革は好まず、むしろ「安定性」、「秩序」を求めているのだ。徹底的に〈開いて〉いく思想に抗議して〈閉じた〉空間を求めているのである。その際、かれらの秩序観は、さまざまな「保証」、「実効的権利」、「一般的福祉」を求めているという点からも、すぐれてブルジョア的である。その意味でかれらの「ラディカリズム」は年長世代の「自由主義」よりも「保守主義」に傾斜している（保守的な急進主義！）。社会の転覆を目指しているようにみえるときでさえ、その主張の背後には「存在の安定化」への欲求がある。決定的なのは「思想」ではなく、「生き生きとした欲求」である。思想や主張の背後にある以上のような青年層の根本的動機に着目したところに、ズーアカンプの議論の独自性がある。

そうしたかれらの根本動機は、かれらの集団形成の動きにみてとることができる。ズーアカンプは戦前に隆盛した「青年運動」と区別して、ワイマール時代末期の動向を「青年集団」への動きと呼んでいる。教育的母胎としてかつては家庭や学校が重要な役割を果たしたわけだが、いまや家庭や学校より「青年集団」の方が青年の人間形成の場になり、青年は集団生活において「理想」を与えられ「人間の秩序」を経験することもできた。若者に対する影響の基礎は「精神の領域」にあるというよりも「ある種の典型的な生活形式」にある。ズーアカンプは道徳や教説よりも生活形式の方が人びとに「確信する力」を与えることを強調し、異なる世代や異なる社会階層を結びつける要因として「生活形式」に着目している。「青年集団」の生活形式上の魅力に気づかない両親は、集団に「教育」された息子たちを「堕落」したとか「誘惑された」と思いがちであった。

市民層の青年たちの態度には年長者たちや年長者のつくった秩序を非難するところがある。曰く、戦争に負けた、曰く、一九一八年には中途半端だった、また曰く、国民の名誉を裏切った、市民層を悲惨にした、労働機会を奪った等。そうしてかれらは最終的に自由主義の批判に行きつく。だがいうところの自由主義は特定の「社会体制」ではなく「精神的状態」を意味しており、その「不安定性」や「相対主義」が非難されている。こうした文脈で人生における「精神的なものの支配」に対し、青年が力強く反抗する。精神の具体的なあらわれとしての「知性主義」に反対し、「精神的なものが無拘束的なものや美的なものに逸脱していく」ことが批判される。思考は「無拘束的」で形式化し、何ら現実的帰結をもたない。思想が生活と、あるいは実践と何ら結びつきをもたないことが問題とされ、「思考」された結果は何ら人びとに「強制的意味」をもたないがゆえに、青年はそのような「思考」

や「精神」に対し敵対的になる。政治的思考でさえ今や影響をもたず、もっとも日常的な素材を対象とする経済も今や「高度に洗練」され、ほとんど実質性をもたないシステムに成り代わってしまっている、と青年層には思われた。

ズーアカンプの説明はさらに続く。精神領域で過度に洗練化が進んだ結果、特に「上層」においては「すぐれた、機知にとんだ、輝くばかりの浮薄さ」が生まれてくる。「精神」は今日この「上層」の特権になっており、「道徳解体」の影響は深層にまで及んでいる。こうした浮薄な態度が市民層の内部で所有物という実質的なものまでを危険にさらしている、というのが実情である。市民層には存在の基盤となる「所有物」がもはや真剣な考察の対象にはされず、幻想的とさえ言っていいような「投機」の対象とされ、こみいった操作に委ねられている。

精神に敵対した市民層の青年は自由主義陣営を離れ、いささか平板なスローガンのもとに結集化し、身構えているのが現状である。ズーアカンプによれば、未だかつて革命が青年から始まった試しはない。だが今日ドイツの青年たちは、かれらが経済的困窮に陥り体制の犠牲になっていることも併せて考えるならば、革命の準備を整えていることは明白である、とズーアカンプは不気味な予見を述べて、エッセイを終えている。

第一三章　政治思想の諸類型——現実像との関連

カール・シュミット（一八八八—一九八五）は〈革命の思想家〉であるというと、あるいは意外に思われるかもしれない。シュミットといえば少なくとも一時期「ナチの御用学者」であったという評価はすでにほぼ確立しているからである。問題になるとすれば、かれは本質的にナチ的な思想家であったか否か、本質的にナチ的であるといえないとすれば、本来の思想から逸脱してナチの「御用学者」になっていた時期はいつだったのか、なぜ逸脱したのか、といった点であろう。

本書は、表題にある通り、「現代政治思想」の諸断面にスポットを当てることをめざしているが、なかでも普段何気なく使う「現実」という言葉が多層的、多次元的であることに、少なくとも、現実といわれているものとは区別される〈もう一つの別の現実〉のリアリティに注意を喚起したい。本章は現実の多層性という主題について、「制度的現実」と「具体的現実」とを区別し、特にワイマール共和国の時代にはこの二つの現実の間の乖離が著しくなっていることを主題とする。この観点に立ったとき、少なくとも本書で取り上げるワイマール共和制期のシュミットは「具体的現実」に立脚した理論構成をはかっていたという点で、「制度的現実」に対する〈革命の思想家〉であった、といえる面がある。だからこそナチとのかかわりにもかかわらず第二次大戦後の一時期シュミットが新左翼に注目されたし、今日でもアガンベン（『例外状態』）をはじめとする現代の理論家に注目されているのであろう。

1 シュミットの「政治的なもの」の概念――制度的現実と具体的現実

（1） 政治領域の独自性

シュミットの代表作であり、もっとも有名でもある著作は『政治的なものの概念』（一九三二）である。シュミットは本書の中で「政治的なもの」の概念を独自に定義し、そのような意味での「政治的なもの」が自由主義思想の二つの基軸である経済と道徳によって浸食され、見失われつつある現状を批判している。『政治的なものの概念』に先立つ『政治神学』（一九二二）のなかでシュミットは、次のような現状認識を披瀝している。

こんにち、政治的なものに対する闘争ほど現代的であるものはない。アメリカの財界人・産業技術家・マルクス主義的社会主義者・アナルコーサンディカリスト的革命家が一致して、経済生活の現実性に対する政治の非現実的支配は排除されねばならない、と要求する。ただ、組織的――技術的および経済的――社会学的な課題のみが存在し、政治問題はもはや存在しないのだ、というのである。

一九二〇年代初頭の時点において、「現実的」な問題とは「経済的」問題であり、「経済的」問題は「技術的―社会学的」な問題になるから、経済生活に対する「政治」の介入は排除されねばならないという点で、イデオロギー的立場の相違や階級的立場の相違を超えた一致がみられる、というのである。同書のもとになる論文をシュミットが執筆していたのは、第一次大戦の勃発に始まりハイパーインフレーションの終息に終わる激動の一〇年間の末期にあたるが、シュミットはすでに一九二四年以降の「新即物主義」の時代を予見していた。というより、むしろシュミットは激動の一〇年間という一見過剰に政治的な時代において、すでに「政治的なもの」が衰弱していることを読み取っていた、といった方がいいかもしれない。

ただし「政治」ではなくて「政治的なもの」がシュミットの主題である。外交や議会の駆け引きにみられるような日常的政治の実態によりも、それらの政治現象の根底に横たわっている政治の本質、つまり「政治的なもの」がかれの主題である。* 政治の本質は日常性よりも政治の非日常的な極限的形態である戦争状態において露呈する。その主張は明快な二つの論点に集約される。

＊　ここでは本書の一九三二年版を使用するが、その母胎となる内容はすでに一九二七年に論文のかたちで、雑誌や共著の中に発表、収録されている。一九三二年版は一部修正され、分量も増え、さらに付論が追加されている。その後一九三三年一月末にナチ政権が成立すると、時局に沿うかたちで部分的修正のなされた一九三三年版も出版されている。この間のシュミットの日和見主義的変化についてはレーヴィットの鋭い批判がある。「カール・シュミットの機械原因論的決定主義」、『政治神学』所収。

第一に、政治領域に固有の基準は「敵か味方か」にある。経済においては損得、美においては美醜が領域に固有の基準であるのに対し、政治領域における固有の基準は、対峙する政治的共同体が「敵」であるかそれとも「味方」であるかにあり、その点に関し決定する権限をもっている者が主権者である。自らの政治的共同体（国家）が対峙する政治的共同体（国家）によって存亡の危機に追い詰められた場合に、主権者が宣戦を布告して戦争状態になるわけだが、現に存亡の危機に追い詰められているのかどうかを判断する客観的基準があるわけではないので、宣戦布告は最終的に主権者の非合理的な決断による。つまりある政治的共同体は敵が存在することによって、そして敵となりうるのは政治的共同体だから、他の政治的共同体が存在することによってはじめて国家たりうるのである。政治領域は他の政治的共同体（国家）の存在と、主権者の非合理的な決断によって成立することになる。

第二に、「政治的なもの」の領域は、経済や宗教、美のような領域と違って「具体的領域」ではない。* シュミットの「政治論」として第一の規定については必ず言及されるが、なぜか第二の規定については触れられない場合が多い。だが第一の規定を理解するためにも第二の規定をどう理解するかは重要であり、また本章の主題にも深く関係している。

* ここで「具体的領域」と訳した原語は Sachgebiet であり、Gebiet は「領域」と訳すしかないが、問題は Sach の部分にあたる Sache をどう訳すかである。シュミットの著書に限らず、文脈を考慮に入れたとしても、Sache は訳しにくい言葉である。現に邦訳では Sache を無視して単に「領域」と訳している場合もあるし、それ以外では「事実領域」とか「実質領域」と訳されている。私は「実質領域」の延長線上で「具体的領域」と訳している。

政治領域は「具体的領域」ではない、というのは重要な規定である。経済や宗教、そして美の領域でさえ社会生活の「具体的領域」であるというのに、政治領域は「具体的領域」でない、というのがシュミットの理解である。一体どのような意味で政治領域は具体的内容をもたない、と言われているのだろうか。

（2）「政治的なもの」の発生

内田義彦は『作品としての社会科学』のなかで、日常語と「思想の用語」の関連にふれている。社会科学は思想と不可分である。思想の基礎には経験があり、経験に支えられてはじめて思想は「肉体化」する。そうして、内田によれば、「日常経験それ自体のなかに、極限状態として非日常的な経験が含まれている」。だが日常的にはそうした「極限状態」は「眠り込んで」しまっていて、潜在的可能性としてさえ意識されない。日常性のなかにひとつの「極限状態」として含まれていないではないが、通常は意識されることのない「非日常的な経験」（〈もう一つの別の世界〉を眠りから覚まし（覚醒！）、そこに独自な光を当てること、それこそが社会科学に不可欠な「思想の用語」の果たすべき役割なのである。

やはりこのような意味での極限状態に目を向けていたのがシュミットであった。かれのいう「政治的なものの概念」はまさしく内田のいう「思想の用語」の適切な例である。「政治」というとかく日常的な、政局的な現実の一面を思い浮かべがちだが、シュミットは「政治」ではなく「政治的なもの」という概念を用いることによって、普段は隠れていて、われわれの意識にはのぼってこない「極限状態」を浮かび上がらせようとする。

シュミットによれば、政治とは、経済や道徳といった他の領域とは、根本的に異質な領域である。それは経済や道徳と並列的関係にあるのではない。経済や道徳は社会生活における「具体的領域」であるのに対し、政治は「具体的領域」ではない。政治的対立と社会生活の「具体的領域」における対立とは根本的に異質である。ではこの二つの対立はどのように関係しているのだろうか。経済や道徳における対立は社会に根拠を持つ具体的対立であるのに対し、政治にはそうした具体性が欠如している。もちろん政治的対立も具体的対立を背後にもっているが、それでも政治的対立それ自体は具体性(Sache)を欠く対立なのである。経済領域を例に考えてみよう。まず経済という「具体的領域」において損得をめぐる具体的な対立が存在し、その対立が高じると、ある時点でその対立は質的に転化し、経済的対立を超えて政治的対立に、すなわち友敵対立（敵と味方に極限化する対立）になる。この時点で、それまでの対立（経済的対立）とは異質な、対立の新しい次元が、つまり政治に固有の世界が開けてくるのである。

およそ経済的対立に限らず、対立なるものは本質的に①〈対立〉→②〈闘争〉→③〈生死を賭した闘争〉へ、という方向性をもっている。そして③において「政治的なもの」（政治に固有な世界）が顕現するとすれば、対立それ自体が、経済的対立であれ道徳的対立であれ、あるいは美的な対立であれ、はじめから潜在的に政治を予想している。つまり対立とは「政治的なもの」の萌芽的な発現形態なのである。対立の第一段階と第三段階とはおなじく対立ではあっても、質的に違った対立形態であるとすれば、第二段階②は第一段階①から第三段階③への過渡的段階であると言えよう。事実として対立が存在していること（第一段階）と、単なる対立の存在を超えておのれの利害なり価値を社会生活のなかで実現しようと踏み出していく段階（第二段階）とは区別できようが、まだ第二段階では「おのれの生命を賭して」もということは自覚されていない、いないながらもすでにそこでは「政治的なもの」が顕在化しはじめているのである。こうして①から②を経て③の段階に向かうにしたがって、政治に固有の本質がよりあらわになってくる。

対立の各段階それぞれに相違はあるものの、対立の第一段階はすでに第一段階において、第二段階から第三段階へと転化していく潜勢力をもっている。対立が存在する以上、その解決が追求されるが、その際必ずしも平和的に解決されるとは限らず、その第一段階においてさえ、最終的にその対立が「生命を賭した闘争」へと変質していく可能性があるということをみすえて、シュミットは「政治的なもの」の概念構成を行った。

だが対立が闘争へと向かうそのたびごとに、第三段階に転化していたのでは、社会生活はきわめて不安定で危険なものになってしまう。とはいえ、それは予想される純粋に理論的可能性にすぎず、政治の日常的な実態は必ずしも理論的に予見されるような不安定性に脅かされてはいない。近代国家の歴史を通じて、そのような社会的不安定性を回避し、個人や集団の安全を確保するため、対立を解決するルートが制度化されてきた。選挙にせよ、議会にせよ、あるいは労使調停制にせよ、警察制度にせよ、そうした目的でつくられた制度である。こうして対立を解決するルートが制度化されると、対立が潜在的にもっていた①→②→③への方向性が高々第二段階にとどめおかれ、それと同時に対立が本来もっていたアナーキーな性格は脱色される。

しかし「具体的領域」＝社会生活において生じた具体的対立は、必ずしも制度化された解決のルートに摩擦なくのるとは限らず、通常は多少ともそこから零れ落ちるものがあり、社会的緊張が走る場合もある。議会などの制度は社会生活において存在する生々しい具体的対立を形式的に合理化したもの（マンハイム）にほかならない。日常的状況が「革命的状況」に転化し、対立が緊迫の度合いを深めたりすると、制度的「現実」（形式合理性の場）と具体的「現実」（実質的合理性の場）とのずれは危険なまでに高まることになる。

普段われわれは絶えず意見の対立、利害の対立、場合によっては価値観の対立を経験しているが、シュミットはこの「対立」という精神現象に着目する。そうした対立は極端な場合には「生死を賭した闘い」にまで高じてしまうことになる、少なくともそうなる潜在的可能性を秘めている。シュミットの政治論について内田義彦の言葉を用いていえば、通常そうした極限状態としての「生死を賭した」状態へ向かう可能性は「眠り込んでしまって」おり、潜在的可能性としてすら意識されない。言い換えれば、日常的経験のなかにひとつの「極限状態」として含まれていないではないが、通常は意識されることのない「非日常的な経験」（生死を賭した闘争）を覚醒させ、そこに独自な照明をあてること、それが内田のいう「思想の用語」の役割であることは、すでにふれた通りである。そうした意味でシュミットの「政治的なもの」の概念は典型的な「思想の用語」なのである。

2 現実イメージの社会学――マンハイムの「知識社会学」

(1) 現実概念の多義性

これまでシュミットの政治論を紹介してきたが、シュミット論を展開するのが本章の目的ではない。われわれが普段何気なく使っている「現実」という言葉も多義的、もしくは多層的であって、論者の立っている社会的位置次第でそこにイメージされる「現実」も異なってくる、ということが主題であった。そうしてシュミットの議論を参考に、「制度的現実」と「具体的現実」という二つの「現実」観を取り上げてきた。この観点は、かれの同時代にあたるワイマール共和制期の思想状況を理解する上でも、有益である。政治的な反対派、特に急進的思想は、対立を解決する制度的ルートから脱落しがちな集団を担い手としているので、制度的現実を通した解決に希望を持てないから、いまだ制度的に現実化されていない「具体的現実」に依拠しようとするのに対し、与党的＝体制派的思想はすでに実現されている「制度的現実」に立脚するのが普通である。同じ「現実」という言葉を使っていても両陣営において「現実」の意味が違っている。急進的左派の思想であったマルクス主義において、制度的現実はブルジョアジーに押さえられていたわけだから、具体的現実こそが現実そのものとイメージされることになるのは当然である。*

* はじめてマルクス主義の文献を読んだとき、ブルジョアジーの場合と違って「われわれの議論は現実的である」という主張を目にし、違和感を覚えた記憶がある。「現実的」という言葉を聞くと、反射的にその反対語として「抽象的」という言葉を連想していたからである。「現実的」といえば、ブルジョアジーもマルクス主義も「現実的」に思えたし、「抽象的」であると言えば、やはりどちらも「抽象的」に思えた。ここでは「現実的」―「抽象的」が問題になっていたのではなく、一つの支配的な現実（制度的現実）に対して「もう一つの別の現実」（具体的現実）が問題になっていたのである。

マルクス主義文献において「われわれは現実的である」といわれる場合の「現実」は決して現実一般を指すのではなく、本章でいう「具体的現実」を意味していたのであり、これに対しブルジョアジーの方は「制度的現実」に依拠し、具体的現実を捨象しているという意味で「具体的でない」といわれていたのである。「具体的現実」という、制度化される以前のより生々しい現実に立脚しているという意味で、マルクス主義はわれわれこそが「現実的」であると主張できた。「制度的現実」の諸制度の枠内においておのれの利害を追及することが基本的には可能であると考えるのが、漸進的改良路線の支持者を含めた現状維持派であり、「制度的現実」の解決ルートにのったかたちでは、おのれの利害を実現できないと考えるのが左右の急進派である。かれらは「現実」といえば、当然「具体的現実」の方をイメージする。「具体的現実」は「制度的現実」よりも流動的で不確定なところが多いので、それだけ実践ないし実践的判断が重視される領域である。

論者の社会的存在位置次第で、その現実像も違ってくることをとりわけ強調したのが、シュミットとほぼ同年代のカール・マンハイムであった。その立場は「知識社会学」とも呼ばれており、特にワイマール共和制期には大きな反響を呼んだ考え方である。『保守的思考』（一九二七）と題されたマンハイムの論文のなかに、一八世紀から一九世紀への転換期における政治的反対派の現実像、もしくは「具体的」という言葉の用語法についてふれた興味深い箇所がある。

マンハイムによれば、「具体的」という概念の意味は一九世紀を通じて変化しており、その用語法の歴史のなかにある意味で一九世紀、および二〇世紀の全社会史が反映している。「具体的」といったごくありふれた日常語でさえ、取り上げ方次第で歴史のキーワードになる。どのような思想的対立や社会的対立がある場合に「具体的」という言葉が論点として浮上してくるのか、その際どのような領域がその都度「具体的」「現実的」なものとして体験されるのか、といった問題の「社会学的意味分析」が必要とされる。

とりあえず問題となる一九世紀初頭の近代保守主義成立期の思想状況において、制度的現実を支える「ブルジョア的自由主義的思考」や「官僚的保守主義」に対し、まず「右翼的反対派」である近代保守主義が「具体的」の概念をもって登場し、ついでそれがヘーゲルを経由して逆説的に「左翼的反対派」であるマルクス主義に継承されていく過程を、マンハイムは鋭く描き出す。左右の反対派はともに、「制度的現実」から脱落した流動的な領域を「具体的現実」として日々体験している、という点で共通している。もちろん左右の反対派は政治的に同じ立場に立っているわけではなく、それぞれが依拠する「具体的現実」の内容が違っているのはもちろん、そもそも異なった「存在論」に基づいている。保守主義的反対派は有機的存在論に依拠しているのに対し、マルクス主義的反対派は弁証法的存在論に立脚している。マルクス主義の場合、「具体的」にという意味は「孤立的」にみるということでなく、「全体的」にみるということだが、「全体」の意味が一方の保守主義では「有機的全体」を意味するのに対し、他方のマルクス主義では関係概念に立脚した「弁証法的全体」を意味しており、当然「具体的現実」の内容は左右の反対派で互いに違っている。

政治思想を主題とする場合、その政治的主張内容を取り上げるのは当然としても、それだけではこぼれおちてしまう問題も多く、いま取り上げた「具体的現実」という点で左右の急進派が接近するというのも、そうした問題のひとつである。マンハイムは『保守的思考』の理論的成果をふまえ、二年後には『イデオロギーとユートピア』を公刊し、一躍時の人になる。*

＊　カール・マンハイムとして知られるマンヘイム・カーロイは一八九三年ブダペストの生まれで、ドイツの諸大学で学ぶ。ハンガリー革命にルカーチらと加わるも、一九一九年の反革命によってドイツに戻り、ワイマール共和国のドイツで研究者の道を歩み、新設ながら名声の高いフランクフルト大学教授の地位に就いたが、ナチ体制の成立によりイギリスに亡命、同地で一九四七年に亡くなっている。中・東欧圏生まれの有能な人材や野心家が広い活動の場を求めると、ドイツ語圏に出て行く場合が多く、ウィーンかそうでなければドイツの大都市や大学都市をめざすことになる。大都市のミュンヘンやベルリンが目的地になるのは当然としても、学者をめざす者にとってハイデルベルクはドイツ文化の隠れた首都の意味合いをもっていた（フランツ・オッペンハイマー『回想録』のほか、マリアンネ・ウェーバー『マックス・ウェーバー』）。ブダペストでも交流のあったルカーチは戦前マックス・ウェーバーに、マンハイムは戦後アルフレート・ウェーバーに、いずれもハイデルベルクで学んだ。マンハイムの『保守的思考』や『イデオロギーとユートピア』はいずれもドイツ語で書かれたドイツ時代の著作である。マンハイム『青年期マンハイムとその作品』（梓出版社）も参照。

（2）マンハイムの〈方法〉

右に述べた現実像と政治思想の関連について詳細に論じたのが『イデオロギーとユートピア』（一九二九）である。同書はマンハイムの最大の傑作といわれており、それだけに激しい批判にも晒され、特にかれの「イデオロギー」概念と知識人の重視が批判された。後にフランクフルト学派として名をなすマルクーゼやホルクハイマー（『権威主義的国家』）らの批判も受けているが、それだけ取り上げて論じるに値する書物とみなされていたということでもあろう。しかし本章で取り上げるのは、そうした論争で見逃されている現実像をめぐるマンハイムの考察である。『イデオロギーとユートピア』は、「イデオロギーとユートピア」、「政治学は科学として成り立つか」、「ユートピア的意識」という三つの論文から構成され、現実像については第二論文で言及されている。

同書公刊以前に確立したマンハイムの「知識社会学」の方法は次のように要約できよう。政治思想（政治意識）を分析するマンハイムの基本的視点は、「社会的存在位置」、「社会的意欲」というキーワードに表現されている。かれによれば、特定の政治思想はその担い手集団の「社会的存在位置」に制約され、規定された「社会的意欲」、すなわち「理論以前の社会的関心」によって、基本的に方向づけられている。われわれは概して特定の理論に基づいて生活しているわけではなく、理論化される以前の社会的関心に基づいて生きているのが普通であり、その「社会的関心」は、われわれが社会のなかで占めている「存在位置」によって根本的に規定されている。さらにマンハイムは現実を合理的領域と非合理的領域に分け、本来の政治的領域は非合理的領域に認められる、ととらえている。担い手集団の「社会的意欲」に対応して、本来の政治領域である「非合理的領域」への独自な対応の仕方も生まれてくる。対応の仕方は理論的対応と実践的対応とに分けられる。

マンハイムはこのような基本的視点に立って、同時代において生きて働いている政治思想を五つのタイプに、すなわち、①官僚主義、②市民的自由主義、③近代保守主義、④マルクス主義的社会主義、⑤ファシズムに類型化し*、それぞれについて次の四点を確認する。すなわちそれらの思想が、第一に、「非合理的領域」をどう認識するのか（理論的対応）、第二に、そうした認識に基づいて「非合理的領域」にどう対応するのか（実践的対応）、という〈理論と実践〉の問題を考察し、そしてその際、第三にそれぞれの思想が担い手集団の「理論以前の社会的関心」の規定をどの程度受けているのか（思想のイデオロギー性の解明）を明らかにしようとする。そうしてその点を解明しながら第四に、諸政治思想の「部分的認識」が相互にどのように補完しあっているかを示し、しかも第五にそれらが一つの「全体」に向かっていることを明らかにしようとする（諸思想の相互補完性と全体性）。

＊　これら政治思想の名称をマンハイムは常に右に挙げた名称で統一しているわけではないが、ここでは簡略化した。またマンハイムが「社会主義」といっているのは実質的にマルクス主義なので、マルクス主義的社会主義とした。同書出版の時点で、ファシズムとは明らかにイタリアのファシズムを指している。引用もドイツのナチズムではなくイタリアのファシストから行われている。ただ内容的にはマンハイムのいう「ファシズム」の特徴は基本的性格においてナチズムと一致しているといってよい。

あらかじめ議論のポイントを押さえておこう。マンハイム自身は、さまざまな部分的見方（諸政治思想）を「現在」の立場から「動態的に総合」しようとする思想的立場に立っている。かれにとって、あらゆる見方は社会的立場、「社会的存在位置」に拘束された（「存在拘束性」）部分的な見方である。この立場から五つの思想を比較すると、次のことがいえる。第一に、「官僚主義」は現実のうち合理化可能な領域のみに行政的に対応するのが本領なので、「非合理的な活動の余地」を無視してしまい、そこに政治が発生する余地はなく、ここではほとんど問題とされない。したがって政治思想の諸類型としては事実上四つの類型が取り上げられている。第二に、マンハイムには「総合」し「全体」に接近するという思想がある。この観点から諸政治思想における「総合」の意味が比較検討され、最終的には「社会主義的総合」が最も優れているとされ、その意味でマンハイムは（マルクス主義的）「社会主義」をもっとも重視している。他方で第三にマンハイムの立場と最も対立するのが「ファシズム」

である。以下個別的に検討しよう。

3　政治思想の諸類型とその現実像

ここでは知識社会学の方法に則ってマンハイムが政治思想の四つの類型をどのようにとらえていたかを紹介し、合わせて現実概念の多義性、複数性について具体的に論じることにしたい。ただし論じられるのはそれぞれの思想の理念型であり、原型は歴史的に変貌する。

（1）市民的自由主義の現実像

マンハイムの政治思想論において、「市民的自由主義」は重要な思想であると同時にある意味では重要度の低い、微妙な位置を占めている。一八世紀に由来し、マンハイムの同時代においてもなお体制派の制度的現実を支える思想であるという意味では重要な思想とされているが、「非合理的な領域」、すなわち政治的現実の領域では豊かな認識を示していないという意味では必ずしも重視されていない。自由主義思想、自由民主主義思想、あるいは啓蒙思想と呼ばれる思想がこの類型に含められている。「市民的自由主義」は自由主義や民主主義、そして主知主義的合理主義を信奉する市民層を担い手としている。かれらは身分原理に立脚した貴族と対決するという社会的関心から、普遍的な、したがって形式的な立場に依拠しがちなので、理論的対応としては、主知主義に立脚した「科学としての政治学」をめざすことになる。またその普遍主義的志向性は、現実なり状況なりを超越した規範としての理念を生み出した。現状を批判するそのような立脚点としての超越的な理念を設定できた点に、「市民的自由主義」の独自性がある。〈理論と実践〉の問題についても、「市民的自由主義」は理念や純粋理論を信頼する立場から、理論と実践は切り離すことが可能であるし切り離すのが望ましい、と考えた。現実のなかに存在する利害対立や意見の対立は、議会などの合理的な形式、制度によって調停が可能であるとみなし、そうした範囲で現実をとらえていた。

しかしながら、「市民的自由主義」にみられる形式合理性への志向性は両義的である。「非合理的領域」の合理化をめざし、目下のところ合理化できなくてもいずれ合理化が可能であるという、市民層の徹底的合理化の立場にとって、現実像は形式的合理化が可能な領域、したがって制度化も容易な領域に限定される。しかしマンハイムに依拠するまでもなく、そのような徹底した合理化は実際上不可能であり、あくまで合理化をめざそうとすれば、それは形式的な合理性にとどまるほかはなく、実質的には合理化されないものが残る。マンハイムにとって「議会」という典型的に自由主義的な制度は、社会生活において存在する生々しい利害対立を形式的に合理化するための場にすぎなかった。形式的な合理化はかえって実質的非合理性を露呈させ、「非合理的な活動の余地」を作り出す。そうした「余地」が存在することに気づいても、市民的自由主義の立場に立つ限り、解決することはできなかった。

なお歴史的変貌について触れるとすれば、「市民的自由主義」の前期には理念が生きた生命力を保持していたのに対し、後期にもなるとその理念自体が「不確実」で「主観的」な前提であるとして排除される傾向にあった。市民層がブルジョアジーとして支配的地位に上昇した結果である。

（2）近代保守主義の現実像

ここにいう「近代保守主義」は、歴史主義的な保守主義ともいわれ、政治領域に理解をもたない「官僚的な保守主義」と区別されている。「近代保守主義」は貴族と市民層を担い手とし、歴史主義によって基礎づけられている。貴族はもともと政治領域に進出し、政治的訓練を積んでいたので、政治における「非合理的な活動の余地」を認める。現実とは、観念的理屈や演繹の論理が何の役にも立たず、理性も決定権をもてないような領域であり、そこでは組織もされず計算もされないような諸力が作動しており、さまざまな諸力の均衡において秩序は保たれている、そういう現実像であった。現実は、道徳や慣習、宗教や文化など、組織的で制度的な力ではなく、「有機的な力」によって動いている。かれらは現実を、理性によってとらえられる範囲を超えた領域であるとみなし、「市民的主知主義」のように理性的に学問によって認識し合理化できる領域とは考えない。しかし合理化できない領域であるからといって、必ずしも野放しにされているわけではない。「非合理的領域」は学問＝理性によって一般的に理解するのではなく、長い「経験」の積み重ねなり、「直観」なりによって具体的に理解され、判断され、それに基づいて実践される領域とみなされる。「近代保守主義」において政治的な現実は、人為的に形成されることのない、自然に成長する領域であるとされ、「市民的自由主義」の場合のように〈制度的現実〉においてではなく、すぐれて〈具体的な現実〉においてとらえられるべき領域だった。〈理論と実践〉の問題としてみると、「近代保守主義」は政治的現実に対し、理論や画一的計画によってではなく、経験の蓄積から生まれる賢明な判断によって対応しようとした。そうした判断の幅は広く、「市民的主知主義」に接近する場合から、他者の追体験を拒んで非合理主義に接近する範囲にまで及んでいる。

では「経験」と「現実」はどのような関係にあるのか。「近代保守主義」は「市民的自由主義」のように、両者をはっきりと分離することはできない。「近代保守主義」にとって「経験」は「現実」と分離することはできず、過程としての現実と不可分である。保守主義にとって「経験」は「過程や共働作用から切り離す」ことはできない知識の集積であり、「思考」とは「対象との能動的な共働作用」にほかならず、決して対象を外部から操作するものではない。一般化する理論から零れ落ちるような事例は、その事例が生じた現実の配置状況ともども記憶にとどめておくのが「経験」というものである。

（3）社会主義の現実像

ここにいう「社会主義」とは事実上マルクス主義的社会主義を意味し、共産主義ととくに区別されていない。〈理論と実践〉の観点から見て、社会主義＝共産主義が独自の類型を構成するのは、社会主義思想が弁証法思想に立脚しているからであり、マンハイムが「社会主義」に関心を寄せる理由ももっぱらそこにあった。したがってマルクスらの弁証法思想が主題とされ、『資本論』の資本主義分析は直接には取り上げられていない。

「社会主義」にとって「市民的自由主義」が想定するような「純粋な理論」はありえず、いかなる理論の背後にも特定の社会集団によって制約された部分的見方が作動している。社会主義の発見した思想の社会的な「存在拘束性」の問題は〈理論と実践〉の問題に関係している。「市民的自由主義」は現実を超越した理念＝規範を設定し、そこから現実を批判したという意味で、ある種の「ユートピア主義」に立脚していたが、一九世紀に新たに登場した「社会主義」思想は「市民的自由主義」の影響を受けていたので、内部的な批判として理念のユートピア主義と対決する必要があった。その批判に際し、「社会主義」はある面で「保守主義」の思想を継承しており、現実から切り離して目指されねばならない「規範」など存在しない、と考えていたからである。『ドイツ・イデオロギー』からマンハイムは、今日ではよく知られた言葉を引用している。

共産主義とは、われわれにとっては、つくりだされねばならない状態ではないし、現実がのっとらねばならない理想でもない。われわれがいう共産主義とは、今の状態を止揚する現実的運動である。

マンハイムは『イデオロギーとユートピア』に先立つ論文「保守的思考」において、革命の思想であるマルクス主義が保守主義から問題意識と思考様式の重要な面を継承していることを論じている。それは一九二〇年代後半の安定期に入ったドイツにおいて、変革の思想である社会主義思想、およびそれに立脚した社会民主党が活力を失いつつあった状況への、かれなりの危機意識のあらわれであった。かれは社会主義思想を市民的自由主義と近代保守主義を総合したものと、とらえ返し、両思想の支持者にとっても社会主義がアピールできる思想であることを明らかにした。

もちろんマルクス主義は「近代保守主義」と同じではない。マンハイムはマルクス主義の「弁証法」に注目する。保守主義は合理化しえない膨大な領域を前に、認識への意欲が薄れ、とかく「完全な非合理主義」に転落しがちだったのに対し、社会主義において「認識への意志」は強靭であった。この点では「市民的自由主義」を継承している。だが認識の意味内容が「市民的自由主義」とマルクス主義的「社会主義」では違っている。マルクス主義の認識方法である「現実弁証法」と「市民的主知主義」との相違は、まず「現実像」の理解にある。市民層の主知主義から生まれた「科学」は、現実から離れて現実をみるだけでなく、現実を静止したものと仮構することによって客観的認識をめざす。これに対し「社会主義」にとって、政治的現実は絶えず変動し動態化しており、しかも実践と不可分であった。現実は実践を通してはじめて現実と認識される。ここで実証主義的な近代「科学」と弁証法的な「学問」という二つの異質な学問＝科学観が対立している。

マンハイムによれば「社会主義」は、「近代保守主義」の認識方法である「経験」や「直観」と、「市民的自由主義」の認識と合理化への意志とを、弁証法的に総合した思想である。「社会主義」思想は、「近代保守主義」の立場からは「非合理的」にみえる領域をさらに合理化しようとする。しかし合理化が進展して「いま生成しつつあるもの」（具体的現実）が麻痺しそうになるところで、合理化は停止される。「社会主義」は革命をめざす思想である以上、その現実像や歴史観のなかに、どこか「非合理性の余地」が拭いがたく残っていなければならない。認識への意欲はぎりぎりのところまできて停止される。「社会主義」はわれわれの行動や意識をさまざまに制約しているさまざまの力が隅々まで認識されても、なおそこに無制約の意識、つまり「いまこそここで」（立ち上がるのだ！）という革命のエネルギーの発生する余地が残されていることに着目する。弁証法的に総合するとはこのような意味である。

（4）「ファシズム」の現実像

これまでの検討からも明らかなように、「市民的自由主義」は次第に制度的現実に適合的になっていくのに対し、「社会主義」と「近代保守主義」は、制度的現実に対抗してそれぞれ左右の側から具体的現実に依拠することのできる思想であった。これから取り上げる「ファシズム」も具体的現実に立脚している点では「社会主義」や「保守主義」と共通する面をもつわけだが、その現実像は両者とまったく違っている。

『イデオロギーとユートピア』が出版された一九二九年にはイタリアですでにファシスト政権が成立していたのに対し、ドイツではナチ党がまだ取るに足らない群小政党の一つだったこともあって、マンハイムのいうファシズムはもっぱらイタリアのファシズムを指す狭義の用語法にしたがっている。当時はファシズムといえばイタリアのファシズムであった。ナチ党が群小政党から一〇七人の国会議員を擁する政党に上昇したのは一九三〇年九月のことで、同書執筆時にマンハイムがファシズムをイタリアのファシスト党と同一視し、ナチを取り上げていないのは当然といえば当然である。しかし素材としてはイタリアのファシストを取り上げているとはいえ、政治思想の一類型として着目しているので、その叙述はほとんどそのままドイツのナチズムにも当てはまるように思われる。私は以前から思想そのものというより「思想以前」のところに、つまり、「思想」ほど体系化され、抽象化されていない、例えば生活意識なり「エートス」、あるいは経験の層位に関心を寄せてきた。ドイツ・ファシズムについていえば、ファシズム（ナチズム）の思想に関心があるというよりも、ワイマール体制の崩壊に、しかも精神史的にみた崩壊状況、解体状況に関心をもってきた。そうした観点からすると、マンハイムの「ファシズム」論はとりわけ注目に値する。

ファシズムを政治的主張内容に即してみると、およそ実現しえない主張や荒唐無稽な主張があったりして受け入れがたいところが多いものの、〈現実像〉の面からみると、現代的な、今日にもそのまま通じるような理解がなされている。マンハイムが取り上げている政治思想のうち、二〇世紀に生まれたのはファシズムだけである。ファシズムの思想では前近代的な身分社会が理想化されていたりして、思想内容に現代にそぐわない古い面が多々みられるが、現実像の面ではすぐれて現代的思想なのである。ファシズムの担い手は指導者やイデオローグについてみれば、アウトサイダー的な知識人であり、支持基盤についてみれば、制度的現実から疎外され、社会的結びつきを失った人びとからなり、マンハイムはある個所でかれらを「大衆」と呼んでいる。かれらの社会的「存在位置」からすると、「組織ももたず合理化もされていないもの」こそが現実であり、歴史における「構造」や「社会組織」はしばしば視界の外におかれる。

ファシズムの〈現実像〉の特徴はその脱歴史的な意識に規定されている。「市民的自由主義」、「近代保守主義」、「社会主義」のいずれもが、歴史の中には何らかの方法で把握される「構造連関が支配している」と考え、歴史は意味深く形成されれば何らかのポジティブなものを生み出すのだという共通の信念をもっていた。具体的にどのような構造連関があると考えるか、その連関の認識に際して人間のどういう能力が有益であるか、という点では理解に相違があるにしても、それぞれの仕方で歴史を有意味なものととらえていた。これに対し「ファシズム」は歴史を有意味ととらえる一切の感覚を失っており、それだけ現実は合理的理解を超えた、混沌としたものと意識され、かつてない新しい脱歴史的意識に立脚していた。

第五章でロマン主義を取り上げた際に、ロマン主義において「真理」は主観化されたが、主観化された「真理」が恣意的認識と区別されるとすれば、ロマン主義における「真理を追究しようとする意欲」にその根拠があると述べたが、マンハイムによれば、「ファシズム」において「思想」は真理追求に動機づけられておらず、最初からフィクションとみなされ、人民を動員するための手段でしかなかった。

以上のように、人びとの社会的な存在位置に対応し、それぞれが現実の違った一断面を照らし出す部分的な見方以上のものを示すことはできない。マンハイムの政治思想の類型学において二〇世紀に由来する思想は「ファシズム」のみであった。「ファシズム」こそが、すぐれて二〇世紀的な現代的状況を反映している。一九二〇年代の時点で、こと政治思想に関する限り「ファシズム」以外にこれと名指ししうる、広範な支持基盤をもった新しい政治思想は見出されていなかった。だが芸術の分野についてみれば「美的・文化的モデルネ」の地盤において、世紀転換期以降にモダニズムの時代と総称していいような時代があり、さまざまな名前で呼ばれる新しいアヴァンギャルド運動が叢生した。モダニズム運動にはそれに対応するような新しい社会文化史的な状況があった。その状況をふまえた、モダニズム運動に対応する政治思想は、萌芽的にせよ、存在しなかったのであろうか。「ファシズム」には限定的な意味であるにもせよ、新しい状況の上に台頭してきた運動であるという面があっただけに、気になる問題である。「市民的自由主義」や「社会主義」がどの程度新しい状況に対応できたかを含めて再検討の余地がある。

4　「ファシズム」における歴史意識の崩壊

本章の最後に「現実像」という視点ではとらえきれない「ファシズム」の問題点を整理しておこう。それは「ファシズム」における没歴史的意識の問題と、「市民的自由主義」が歴史的に変貌してワイマール時代には「ファシズム」とは反対の側から没歴史的意識を生みだし、両者が親縁関係になるという問題である。まず前者を取り上げよう。

「ファシズム」は「時間の経過」を重視しないところにその特徴がある。「歴史主義的保守主義」の場合は、歴史における「構造連関」を把握する方法として「経験」が重視されていたし、「市民的自由主義」では学問的認識や討論が重視されていた。「経験」にせよ「討論」にせよ、時間をかけた「経験」の蓄積、時間をかけた議論の蓄積がより「真理」に近づくのだ、と理解されていた。「ファシズム」において時間の経過は物理的にゼロにすることのできない不可避的な障害、いわば必要悪であって、時間の経過それ自体には何の意義も認められていない。時間の経過は短ければ短いほどよいとされた結果、「瞬間」の概念が好まれ、「経験」の蓄積は不要なだけでなく、果敢な行動にとってはむしろ障害になるから、経験の蓄積に乏しい「若さ」（ユーゲント）の概念が称揚される。「ファシズム」の意識にあっては、「瞬間」や「若さ」がプラスの意味を込められたキーワードとして多用される。

イタリアのファシストのブロドレロがドイツのハイデルベルクで行った演説のなかで、「若々しくあるためには忘れることができなければならない」と述べ、歴史にとらわれない態度の重要性を説いていることをマンハイムは紹介しているが、ここにいう「忘却」とは、時間の経過や蓄積を、そうしてそれによって獲得される「経験」や「学問」を忘れるなり振り捨てることにほかならない。このような時間の経過の否定、「若さ」や「瞬間」の称揚は、ヒトラーの演説や『わが闘争』やファシストにも見受けられる考え方であるにとどまらず、当時の民衆にも広がっていた心性でもある。動態的な現実に相応しく、とっさに判断し行動に出るのが現代的スタイルになった。

ドイツにおいてこのような心性が広まるにあたって一九二二／二三年の史上空前のインフレーショ

ンの影響が大きかったことはいうまでもない。インフレによって一挙に財産が失われたことは、辛抱強くコツコツやる態度を崩壊させた。「保守主義」や「自由主義」にあっては、時間の経過によって何ものかが生まれてくるのをじっくり待つことが大事だとされる。言い換えれば「保守主義」や「市民的自由主義」においては時間による救済の余地が残されているのに対し、「ファシズム」においては時間による救済はもはや信じられておらず、一方において時間の経過は物象化され、無意味で味気ないものになり、他方において時間の経過の先に獲得を期待される何ものかによって意味づけられる時間ではなくて、時間それ自体が瞬間に凝縮され、瞬間の充実が求められるようになる。

こうして「ファシズム」の非歴史的な意識において、すべての歴史観はまったくの「つくりもの」にすぎないことになり、例えば「第三帝国」のような歴史的理念のようなものが唱えられたにしても、それははじめから虚構として、もしくは「神話」としてつくられたものにすぎず、それどころか学問的認識の名に値するものの大半が価値をまったく切り下げられ、その効用は「純粋な行為への露払い」にしかありえなくなる。こうした事態に直面すると、かつて瞬間の充実を求めたダダイストの不真面目主義も真っ青になったかもしれない。

5　「市民的自由主義」の溶解と「ファシズム」への接近

「ファシズム」運動には、①狭義の思想的側面のほか、②思想に表現された社会的・精神的崩壊状況の反映的側面や、③運動や表現のスタイルの面、という三つの側面がある。マンハイムの「ファシズム」論から明らかになるのはとりわけ第二の側面である。注意深くみると、かれの「ファシズム」

論ではファシズムの系譜として、本来のファシズム運動のほかにもう一つ「市民的自由主義」の系譜も考えられている。この見方は一見以外に思われるかもしれない。われわれは思想という場合狭義の思想的側面を、すなわち思想の理念的側面を想定しがちであり、その面からみると「ファシズム」と「市民的自由主義」は著しく対立する思想として理解される。「ファシズム」の思想はすぐれて自由主義への対抗イデオロギーであり、ファシズムのイデオローグはいたるところで「反リベラル」を標榜していたから、諸々の思想のなかでも、特に「自由主義」と「ファシズム」がもっとも激しく対立すると考えられても不思議ではない。確かに「ファシズム的」な精神的状況を生み出すうえでファシストの運動やその周辺の保守革命的運動が大きな役割を果たしたのはいうまでもないが、それと並んで「市民的自由主義」もまた「ファシズム的」な精神状況を、すなわち歴史意識の解体状況を生みだすのに一定の役割を果たしたことに着目している点に、マンハイムの「ファシズム」論の独自性がある。思想的＝イデオロギー的には「ファシズム」と「市民的自由主義」とは激しく対立し、互いに相手を批判していただけに、かれの議論は注目に値する。「ファシズム」は右翼急進主義とも呼ばれ、保守主義の急進的な形態と言われているし、またドイツ・ファシズムとしてのナチ運動は国民社会主義を自認していたので、「ファシズム」が「社会主義」や「保守主義」と何らかの接点があることは以前から指摘されていた。これに対し、繰り返していうが、ファシストはなによりも自由主義を目の敵にしており、自由主義の明白な対抗イデオロギーであっただけに、「市民的自由主義」と「ファシズム」の接近に着目するマンハイムの議論は重要だった。

マンハイムはまず「市民的自由主義」の本来的性格を取り上げ、次いでその歴史的変質に注目し、「市民的自由主義」の「後期段階」に着目する。すでに若干述べたように、かれは「市民的自由主義」

を何よりも近代的な主知主義として、あるいは学問的認識を重視する思想、つまりエリート主義的な思想としてとらえる。「学問的」であるとみなされた方法によって獲得された知識、演繹的方法や帰納的方法によって獲得された知識を重視する思考方法を、自由主義思想は含んでいる。と同時にマンハイムによれば、「市民的主知主義」は政治の領域、つまり「非合理的」な領域を理解するにはさほど適切ではない思考様式でもあった。

「市民的自由主義」の主知主義、すなわち学問の思想は、「官僚主義」と違って「非合理的領域」が存在することは認めるにしても、そうした領域もやがて「知性」なり「理性」なりによって克服が可能である、学問や議論、あるいは組織化によって「合理化」できるとみなす。学問や議論によって「政治」という営みは日常的に組織化され、制度化された領域を通して行われる。しかし日常的な利害対立、思想的な対立、あるいは「利害闘争」や「神々の闘争」は、潜在的にもしくは究極的には「生死を賭した闘い」にまで上昇しかねない。カール・シュミットはその「生死を賭した闘い」に「政治的なもの」の本質をみたわけだが、政治にそのような面があることはマンハイムとて異論はなかったはずである。利害対立が存在するたびに生死を賭した闘いにまで上昇していたのでは、社会はきわめて不安定なものになってしまうので、「市民的自由主義」勢力は対立を解決するために選挙制度や議会制度といった制度的ルートを確立した。だがそのような形式的合理化にはおのずと限界があり、制度的枠組みから零れ落ちる社会的対立が危険なまでに高まる場合がある。この組織化も制度化もされないところに政治に固有な領域があるのであり、マンハイムはそこを「非合理的領域」と名づけたわけである。

このような「市民的自由主義」の思想は「市民社会の末期」、すなわち一九二〇年代にもなると、変貌していかざるをえない。自由主義的な議会主義の初期の信念、すなわち時間をかけた討論を積み重ねることによってヨリ妥当な「真理」が見出されるのだという信念や、自由主義の倫理的側面は、議会や権力者の堕落した実態によってもろくも崩壊する。議会の堕落の実態については世代も専門も著しく相違する多数の証言がある。マックス・ウェーバーの『政治論文集』やヒトラーの『わが闘争』、ベンヤミンの「暴力批判論」などがそれである。また市民的自由主義に継承されていた、時間の経過が「救済」をもたらすという、進歩主義的意識に則った態度も衰退し、「市民社会の末期」に「市民的自由主義」にとって「確実な」拠点としては学問的認識のみが残る。しかも「確実な」知識という旗印のもとに、それを欠く多くの理念、思想が批判にさらされ権威を失墜した結果、当時「確実な学問」知識として残ったのは、実証的で技術的な学問、すなわち「心理学」や「社会工学的知識」だけであった。当初「市民的自由主義」は勃興期の自信をもって生活の諸領域を徹底的に合理化する、合理化できると誇り高く宣言していたわけだが、いまや「市民社会」も「末期」となると、広大な領域が合理的に把握できない「非合理的な領域」として放置されることになってくる。学問や思想によって放置された、学問には手におえない、組織化も合理化もされない領域こそが、後期市民社会の支配的学問である「実証主義」をもってしてはとらえられない、「量的に把握できないもの」の領域、「法則化できないもの」の領域なのであり、マンハイムにとってそれこそが歴史の領域なのである。こうして「歴史が歴史である所以の一切のもの」が「学問的にとらえられない」という理由で「自由主義」の思想圏から排除されてしまう。こうした次第で「市民的自由主義」の思想世界は意外なことに「ファシズム」に接近してくるのである。

もう少し具体的な政治状況に即してみておこう。社会の成員がみんな同じ価値観を共有しているような社会があるとすれば、これに対しては当然価値観の多様化した社会の方が好ましいということで、われわれの大半はいわゆる「価値観の多様化した社会」を擁護するようになる。ワイマール共和国においても事情は基本的に同じであって、リベラルな陣営はそのような選択をした。共和国は当時としては最先端のリベラルな体制であったが、皮肉なことに一貫して反リベラルな勢力が強い力をもっていた時期である。反リベラルな勢力としてはドイツ共産党とナチ党があり、ドイツ国家国民党（DNVP）も基本的に反リベラルな立場に立っていた。ワイマール時代を通じてほぼ最大の勢力であった社会民主党にしてもリベラル派と反リベラル派の混成体であり、イデオロギー的にはむしろ反リベラルであった。ワイマール共和国の一四年間は一九二〇年代後半の一時期を除けば、反リベラルな勢力が力を伸ばし、政治的にも社会的にも常時不安定な状態にあった。

このような、左翼急進主義と右翼急進主義とが台頭し、激突しているような状況においては、リベラル勢力というのはどうも影の薄い存在になりがちである。自由主義の思想的特徴は次の三点に要約できる。まずすでに述べたように、①合理的ないし主知主義的思考様式、つまり「学問的」であるとみなされた方法で獲得された知識を重視する考え方、実感や直観、あるいは経験の積み重ねによって獲得された知識よりも「学問的真理」を重視するのが自由主義である。②寛容の原理。他の政治思想がおのれの主義主張を絶対化する傾向があるのに対し、自由主義思想のみが他の思想の存在理由を承認する。この二点については概説書でも触れられているのが普通である。③第三に「等価性の世界」への傾向性という特徴がある。

「等価性の世界」とはどのような精神世界を意味するのか。それはもはや価値を選択できない、あるいは価値を経験できない、みずから価値をもつことができないような精神世界である。このように価値が不在になった世界をエルンスト・ブロッホは文字通り「空洞」と呼んだ。ギュンター・アンダースは(『世界なき人間』)空洞に生きる人物としてデーブリン描くところのフランツ・ビーバーコプフ(『ベルリン・アレクサンダー広場』)を挙げている。一九二〇年代の初頭にクラカウアーはドイツの精神状況に触れて「信仰する力」の解体ということをいっている。特定の宗教信仰が失われたというにとどまらず、また宗教信仰全般が衰弱しただけでもなく、およそ人生において「信じるという力」が、というよりむしろ信じるという経験が今や失われている、というのである。それは私の言葉でいえば価値という経験の崩壊、といって強すぎれば価値の経験の衰弱にほかならない。

今日でも一般に使われる、価値観の多様化した時代という表現には強い違和感を覚える。そういう表現を用いると、なにか今日の時代がウェーバーのいう「神々の闘争」の時代であるかのような印象を与える。社会が一つの価値観に固定化されているのではなく、例えば現代日本では人びとがそれぞれ自由に自分の価値を選び取り、その結果、複数の、というより多数の価値観が乱立しており、それはそれでとても望ましい状況である、こんな印象を与える表現である。しかし「価値観の多様化」と肯定的に語られていることの実態は、決していわれるような「価値観の多様化」ではなくて、価値観念の崩壊、価値という経験の崩壊である、少なくともそういう方向に向かっているのが、すでにワイマール時代においても萌芽的であるにもせよ、みられるのでないだろうか。そして「自由主義」思想には「等価性の世界」に向かう方向性が含まれていることをマンハイムは自覚していた。「等価性の世界」において価値に代わって価値の役割を疑似的に演じることになるのが「興味」であり「機縁」である。

マンハイムは「ファシズム」について理論的に述べているわけだが、マンハイムの意味での「ファシズム」的精神世界はいつごろ生まれてきたのかという、ナチ党の誕生そのものとは区別される、歴史学的問題がある。ドイツについていえば、ファシズム的状況に雪崩をうって突き進むようになるのは経済恐慌がドイツに波及して以降のことであろうが、その母胎となる精神的状況は第一次大戦以降、少なくとも一九二〇年代初頭にはすでに発生していたように思われる。マンハイムの政治思想の類型学では、一九二〇年代末期の時点で「ファシズム」のみが二〇世紀に誕生した新しい思想であるといわれている。「ファシズム」のみが二〇世紀的状況において、より正確にいえば一九二〇年代的状況を背景に生まれてきた「政治思想」なのである。とすれば、表現主義、ダダ、構成主義、新即物主義、シュールレアリスムなどの運動にコミットしたワイマール文化のアヴァンギャルドたちもまた、二〇世紀的な状況を背景に出てきた芸術家、文化人であったはずである。その二〇世紀的精神状況のセルフイメージがファシズムと文化的アヴァンギャルドの間である程度共通していたのではないかと思われる。

ナチというと文句のつけようのない「悪」だということで、例えばナチにとって前提されていた歴史意識の崩壊という精神状況は、安易に権威主義的な支配体制や全体主義的支配体制に結びつけられがちである。歴史意識の崩壊とは、用語法こそ違うものの、例えばベンヤミンが「経験の貧困化」論のなかで述べていることと内容的にほぼ対応している。

ファシズムと文化的アヴァンギャルドがある程度同じ現実像を共有していたとすれば、アヴァンギャルドの芸術思想に対応する、ファシズムとは区別される政治思想とはどのようなものであったのか、アヴァンギャルドの芸術思想を手掛かりに探し出すことが重要なのではないだろうか。

第一四章　「複製論」とメディアの世界

ベンヤミンはウェーバーやマンハイムのように方法論的著作を残していないが、問題を細部から説き起こす方法を身につけていた。かれはフリードリヒ・エンゲルスの思想を解説するかたちでみずからの方法論に言及しているが、その際にも、かれの主著を取り上げるのではなく、フランツ・メーリング宛の手紙の内容から解き明かしている。目立たない手紙の中にエンゲルスの重要な思想を読み取るところにベンヤミンの面目があらわれているといえよう。社会民主党の文芸理論家、歴史家として知られるメーリング宛の手紙にはこう書かれている。

> 大部分の人を万事につけ眩惑しているのは、国の憲法や法体系、あらゆる専門分野におけるイデオロギー的な表象などが自律的な歴史を持っているという見せかけである。（「エードゥアルト・フックス——収集家と歴史家」）

この文章を方法論として読む場合、ここで「憲法」とか「法体系」、「イデオロギー的な表象」といわれている言葉は、「思想」や「作品」に置き換えられよう。エンゲルスはここで作品の自律性という考え、あるいは思想の自律性、完結性という考え方を批判しているわけだが、ベンヤミンはそこから思想や作品の非完結性という考えを取り出してくる。ベンヤミンの持ち味は、目立たない細部に重要な論点を読み取る点にあるだけでなく、エンゲルスの考えをさらに展開している点にもある。エンゲルス自身が必ずしも十分に気づいてはいないけれども、その考えが潜在的に含意していることを読み取って、それをエンゲルスの到達点の先にまで展開する、それがベンヤミンの方法の一面である。

1　ベンヤミンの方法

ベンヤミンによれば、「作品」はその「前史」と「後史」を補うことによって完全なものになる。つまり、「作品」とはその「後史」がどのようなものと理解されるかに応じて、その「前史」も異なったものとして現れる。「作品」の「前史」をベンヤミンが「それが生まれる生産過程」といっているのは、作品の形成史を意味しているようであり、著者自身がどういう方法で、どういうプロセスを経て作品を作り上げたか、あるいは出版社の企画、宣伝、販売戦略なども理論上は含められるし、作品の「後史」についてベンヤミンが「それが生きながらえる生産過程」と述べているのは、大衆の集団的想像力による作品の受容過程を意味するように解釈できる。したがって作品の「後史」がどうであるかによって「前史」も絶えず変化するということは、作品がどう受容されるか、どう解釈され、理解されるかに応じて、作品の形成史、作品の意図の理解も違ってくることになる。

言い換えると、作品はその創作者の意図をも超えて、先に進んでいくわけである。エンゲルス＝ベンヤミンは作品解釈において作者に特権的地位を与えていない。すぐれた書物や古典的といわれるような書物は、読むたびに新しい発見がある、読むたびに違った印象を与える、といった経験をもつ人は多い。すぐれた作品は往々にして作者が込めた意味合いよりも深い意味を潜在的に含んでいる、少なくともそういうものとして読むことができる。ここにも作品の解釈や思想史研究の意味がある。作品が書物として出来上がると、その時点で客観的存在になり、作者の手を離れる。つまり作者といえども、その書物に対して今や一読者として、他の読者と同じ資格をもって向かい合う一人にすぎないのである。こうして読書とは読者と作品の出会いであると同時に、作品の歴史＝受容史との出会いに基づいている、とされる。

ここに〈全体性〉という視点を導入するとすれば、ベンヤミンは作品世界の全体性を自律的であるとは考えず、作品を読者なり鑑賞者の受容との関係で、つまり作品の全体性――という言葉を用いるなら――を読者大衆の集団的想像力という全体性との関係で理解しようとする。これに対しベンヤミンは第三の全体性として、制度の全体性を想定している。かれはこの論点を必ずしも主題的に論じてはいないが、作品の全体性が制度の全体性に矮小化されるのに否定的であった。文化とはそれが文化と自覚される限り、概して制度化されているものだが、作品は制度化されることによって、形式的に受容可能になり、文化として骨抜きにされていく。

ベンヤミンは制度化された文化を、「文化が所有の対象になる」といっている。それは文化作品が当たり障りのないものになること、言い換えれば作品が「中性化」されることにほかならない。「中性的」であれば誰もが問題なく受容することができ、したがって所有することもできる。文化財を所有の対象として考察するのが、ベンヤミンにいわせれば、「文化史」という学問である。直接組上にのせているのは「文化史」だが、批判は文化史にとどまらない。かれは次のような意味深長な言葉を書き連ねている。

たしかに文化史は人類の背中に堆積する財宝の重荷を増加させる。しかし文化史はその財宝を

手に入れるために、それを振り落す力を与えない。（同右）

「文化史」という学問によって、われわれはかつて知らなかった諸々の文化作品について知るようになった。ヘブライイズムについてルネッサンスについて、そうして映画の歴史について「財宝」を沢山入手するようになった。古代から中世を経て今日に至る文化遺産を一応われわれは知っている。文化史的学問がベースにあって、各種の展覧会が日本中、世界中で行われている。それらの文化作品は制度化されており、われわれも制度化されたものとして、つまり権威づけられたものとして、それらを鑑賞し、享受している。

だがベンヤミンによれば、それらの「財宝」を制度から奪い取り、われわれが「手に入れる」ためには、「それを振り落す力」が必要である。弁証法的関連がそこにはある。「振り落す」必要があるのは制度化された文化のことであって、作品そのものを捨てるということではあるまい。「振り落す力」を「文化史」は与えてくれない、というより総じて学問（正確には制度化された学問）は与えてくれない。これはマックス・ウェーバーの「学問論」とも通底する問題である。

学問はしばしば客観的知識を追求するといわれ、またそう自認してきたが、当然なようでいて「客観的知識」というのは必ずしも自明ではない。あるいは「客観的知識」とはしばしば「中性的」である。例えば阪神淡路大震災は一九九五年に発生したというのはどうみても客観的にして中性的な知識である。だがこういう知識はわれわれの生、われわれの人生にとっては死んだも同然の知識である。「文化史」に関連づけていえば、例えばセザンヌは何年に生まれたとか、フェルメールの《読書する女》という絵のモデルは誰それであるといった「客観的知識」を「文化史」によって与えられたとしても、その客観的知識それ自体は死んだ知識である。われわれの人生、生活実践にとっては何の意味ももたない。つまり、ある事柄は完璧に認識されてしまうと、そこで得られる知識はわれわれにとってもはや死んだも同然の知識になっているのである。

最初の議論に戻っていえば、この根本原因は、近代人が作品を完結した自律的世界に閉じ込め、それを孤立した視線で鑑賞する点にある、といえよう。獲得された親からの自立は親の支えを失うことでもあるように、何ごとかを獲得することは何ごとかを失うことでもある。共同体という共同性からの自立を確実なものにするために、自立性＝密室性はさしあたりどうしても獲得せねばならない条件であった。ウェーバーの議論（『資本主義の精神』）と関連づけていえば、絶対的な神への信仰という砦に守られた内面性の世界が一つの密室性として、共同体から自立するためには不可欠であったといえよう。だがこの密室性をもった全体性が問題をはらむものであったことは、むろんウェーバーにもベンヤミンにも自覚されていなかったわけではない。

2　密室性と室内——民衆性と接する場所

この点ベンヤミンはどう考えていたのであろうか。とりわけ一九世紀初頭、ビーダーマイアーの時期に実現していった個室の獲得、室内の獲得は、密室性に担保された個人意識に対応するものであった。ロマン主義的な個性の意識にも影響され、個室を獲得した市民階級は次第に室内を個性的に飾り立て、家具調度、写真、絵画がその手段として用いられていくようになる。何もない私的空間に不安を覚えてのことである。それは「空間恐怖」の先駆けであった。経済的に台頭する市民階級にとってみれば、個室＝室内の獲得は貧困からの脱却、ある程度の豊かさを獲得した結果であるとも言えようが、元来個室をもつだけの経済的余裕のあった上流階級もこの頃一斉に個室をつくるようになったとすれば、貧困からの脱却だけでなく、そこに個性の意識が関与していたことも間違いはない。個性的個人ははじめから充たされていなかったのである。

五〇歳を待たずして亡くなったにしては未公刊分を含めて膨大な著作を残したベンヤミンではあるが、生前の著書としては三冊あるのみで、そのうちの一冊がナチ時代に本名を隠すためデトレフ・ホルツという変名で発表された『ドイツの人びと』であった。しかも同書は一種の書簡集であり、編者のベンヤミンがそれぞれ採録された書簡に簡単なコメントをつけるという体裁の、その意味では変則的な著書であった。

ベンヤミンの採録しているゲーテのあまりにも有名な手紙をここでも引用する誘惑に抗することはできない。同書の「まえがき」でベンヤミンは書簡を通してドイツの市民の時代を描くのだという意図を述べ、一七八三年の日付の手紙から始まり一八八三年の手紙で終わる一時代のちょうど中間にあたる時期に書かれたツェルター宛のゲーテの手紙が、市民の時代の始まりと終わりを描いている、と述べている。そしてゲーテの手紙。

豊かであることと、はやいということ。これは世間が感嘆し、だれもが手にいれようとするものです。鉄道、急行郵便馬車、汽船、そしてコミュニケーションを容易にするあらゆる手段。こういったものを、教養ある人たちは、得ようとしています。教養というものを過大評価して、それにうつつを抜かし、そうやって人並ということにこだわろうという算段なのです。……ほんとうに今日は、なんでもこなす有能の士や、ものごとを簡単にかたづける実務家の世紀です。最高

> の天分などにはめぐまれてもいないくせに、連中ときたら、ただちょっと器用だというだけで、大衆に優越感を抱いているのです。私たちがここまでやってこられたのも、こころざしがあってのことですから、私たちとしてはできるだけそのこころざしを失わないようにしましょう。もしかしたらまだ少しは残っている人びとといっしょに、私たちは、いまにも消え去ろうとしている時代の、最後の生き残りとなるのでしょう。（『ドイツの人びと』）

「教養」なるものを過信し、大衆を侮蔑し、得意げな「有能の士」、小器用な「実務家」に居場所を追放されようとしている市民階級の「最後の生き残り」として志を堅持せんとするゲーテの時代の市民を、ベンヤミンは啓蒙主義やプロイセン主義に言及しながら描き出している。

「プロイセン主義」「プロイセン精神」という言葉は、プロイセンの軍事的進出、台頭、そしてプロイセン主導のドイツ帝国が第一次大戦をひき起こしたとの認識から、歴史学においてはしばしば軍国主義と等置され、批判的に取り上げられてきた。だが「プロイセン精神（Preußentum）」を軍国主義に等置するのは間違いである、少なくとも正確ではないという議論は、シュペングラー（『プロイセン精神と社会主義』『プロイセン様式』）から、最近のセバスティアン・ハフナーの議論に至るまで、少なからず存在する。ベンヤミンもまた「プロイセン精神」を一概に否定してはいない。

妻の死に衝撃を受けたレッシングの手紙や、同じく妻を失ったリヒテンベルクの手紙のなかに、ベンヤミンは良質の「プロイセン精神」を読み取っている。感傷主義に堕することのない即物性の精神、それが「プロイセン精神」であった。それはまた断念、簡潔性という言葉によっても説明され、レッシングの「いちどは私も、ほかの人たちと同じように、幸福になりたいと思った。だがそれは私の性にあわない」という言葉が引用されているように、幸福の断念も辞さない精神であった。

またベンヤミンは、弟で牧師のハインリヒ・カントから兄イマヌエル・カントに宛てた手紙、フォルスターから妻に宛てた手紙を取り上げ、啓蒙主義とその時代背景に触れている。背景として述べられているのは、哲学者の弟の住むバルト海沿岸の牧師館の家計の「貧しさ」だけでなく、手紙が届けられたカントの家の具体的な姿である。主として同時代人ハッセからの引用からなるベンヤミンの描写をしばし紹介することにしたい。

　カントの家には、「壁紙や壁布をはった部屋、すばらしい色壁の部屋、絵画のコレクション、銅版画、リッチな家具、豪華さなどによって人目をひくためにだけ置かれた家具」などはどこにもなかった。「それどころか、――家によっては蔵書が室内装飾でしかない場合もあるが、カントの家には、そういう蔵書すらなかった。おまけにカントの家では、レジャーのためのぜいたくな旅行や馬車の遠乗りなど考えもされなかったし、また晩年などは、遊びという遊びは、どんな種類のものでも、一切思い出されることすらなかった」。（同右）

　ハッセに依拠した叙述はさらに続く。建物のなかに足をふみいれると、しーんと「静かで穏やかな雰囲気」につつまれる。客間にも「派手なところ」はまったくなく、「ソファがひとつ、麻の上張りの椅子が、二、三脚、陶磁器をいくつかいれたガラス戸棚、銀貨や予備のお金のはいっている事務机、そのとなりには寒暖計と張り出し棚」、これらが「白い壁の一部をおおう家具のすべて」であった。客は「簡素でみすぼらしいドア」を通って中に招き入れられた。カントの手紙を届けに来た若者もこのドアを通ったのかもしれない。

　この手紙には「ほんもののヒューマニティが息づいている」というベンヤミンの言葉は伊達ではない。ヒューマニティが成り立つには条件がある。ベンヤミンは、「制約のある貧しい生活」と「真のヒューマニティ」とは互いに依存し合っている、という重要な指摘をし、その相互依存の明確な事例としてカントの場合を挙げている。啓蒙時代には、少なくともドイツの啓蒙主義の時代には、その意識を担う知識人にしても「制約のある貧しい生活」と無縁ではなかった。ベンヤミンは、「ヒューマニティが問題にされるときには、啓蒙主義の光がさしこんでいたあの市民の部屋のせまさを忘れてはならない」と述べて、カントの著作において意識されていた生活感情が「どんなに深く民衆に根ざしたものであるか」を指摘している。本書では先にノルベルト・エリアスの「文明化」論を紹介した際に、ドイツの中流階層の知識人の社会的孤立について触れたが（第二章）、この議論をあまりに公式的に受け取ってはならず、ベンヤミンのこのような認識によって相対化されねばならない。

「制約のある貧しい生活」に条件づけられたカントの生活とヒューマニティの意識といえば、豊かであったといわれるゲーテでさえ、今日の意識からすればごく慎ましい生活環境に身をおいていたことも想起される。今日でもゲーテの街として知られるワイマールの「王宮美術館」に収蔵された、ケルスティングの室内を描いたいくつかの絵画、とりわけ《書斎の男》と題された絵は「真のヒューマニティ」の生まれる現場をリアルに描き出している。初期近代人のヒューマニティの意識はそうした世界の産物なのである。生きるということが自然によって制約されて生きること、数限りない制約のもとで不便に生きることを当然のものとして受け入れていた時代、その限りで民衆も教養市民層も「制約のある貧しい生活」を共有していた時代の、中世の生活事情と、ゲーテのいう「実務家」の時代である一九世紀の生活事情との間に生まれた、ごく限られた一時代の産物であった。

カントの場合、個室＝密室は思索のために獲得された現場であると同時に、密室での読書が民衆性と切断されずに、哲学の根拠地になりえていたことを、ベンヤミンの文章は示唆している。もちろんそうした状況は間一髪の、微妙な時代の社会的配置状況に支えられて存立していたのであり、一九世紀はそのような配置を不可能なものにしていく。

3　複製技術と芸術作品

一九世紀後半以降は複製の時代であるといっていいかもしれない。それ以前、複製といえば文字の複製である活字技術が問題の中心であったとすれば、一九世紀後半に狭義の、本来の意味での複製芸術が、つまり、オリジナルのない芸術である写真と映画が発達する。時代的には写真が先行し、世紀転換期には映画がこれに続いて、急速に民衆的、大衆的になる。また複製技術により芸術作品は複製され、安価な複製が大量に大衆の手に届くようになる。絵画や彫刻、建築などの複製写真である。複製はまた宣伝、広告の分野でも大きな役割を果たすようになり、一九世紀後半から世紀転換期には、写真や映画が新しい職業分野として成立する。

これらを写真論、映画論というだけでなく、複製技術、複製芸術という、より包括的な概念によって鋭く考察した論稿が登場してくるのが、一九三〇年代のことであり、[*]なかでももっとも触発的であるとされ、今なお影響を与え続けているのがベンヤミンの論文「複製技術の時代における芸術作品」（以下「複製論」と略記する）であり、これは一九三〇年代に亡命中のフランクフルト学派の機関誌『社会研究雑誌』に掲載された。

＊　同時期に日本でも大熊信行（『文学のための経済学』一九三三年）や長谷川如是閑（『原形芸術と複製芸術』一九三七年）が複製論を発表しており、ベンヤミンへの注目がきっかけとなり、あらためて彼らの先駆性が脚光を浴びている。一九三〇

年代には（複製）技術の発展はある程度世界同時的になったということでもあろう。なお関連するベンヤミンのテクストは三つあり、それぞれ内容が一部相違しており、岩波文庫、ちくま学芸文庫、晶文社著作集に邦訳がある。

ドイツでは一九二〇年代中期に音の複製によるラジオ放送が開始され、急速に普及し、ベンヤミン自らラジオ番組に出演し、子供向けのお話をしたことがある（『子どものための文化史』）くらいである。ベンヤミンの問題意識をより鮮明に理解するには、「複製論」ではごく簡単にしか言及されていない文字の複製、つまり活字について触れておくのがいいだろう。

（1）活字の世界

多田道太郎の議論（江藤文夫・多田他『想像と創造——複製文化論』）なども参考にしつつベンヤミンの活字論を膨らませて理解すると、次のように要約できる。

活字の登場以前はすべて手写本、もしくはその延長線上の木版本であった。手写本本来の仕事は口頭伝承などを文字通り「写す」ことにあり、その時代における権威は「伝承」そのものにあった。手写本は人間の肉声という「アウラ」を失ったが、その代わりに肉筆という「アウラ」を獲得した、といってもよい。*

＊　「アウラ」とは英語で言えば「オーラ」であり、日常語ではあるが、ベンヤミン独自の用語ではあり、いくつかの説明はなされているものの、明確な定義はなされていない。「どんなに近くにあっても遠い遥けさを思わせる一回限りの現象」というアウラの定義は、芸術作品の礼拝的価値を空間、時間のカテゴリーによっていいあらわしたものである。遥けさは近さの反対である。遥けさの本質は近づきがたいということであるとベンヤミンはいっている。

これに続いて登場する活字本は画期的であった。活字本によって、伝承における肉声という「一回性」、手写本における肉筆という「一回性」は追放され、書物の大量生産が可能になる。「一回性」という「アウラ」の基盤が失われた結果である。活字には画一的、かつインパーソナルで交換可能であるという特徴があるので、活字の世界において、人間のコミュニケーションの具体的な現場、つまり、コミュニケーションの全体性は失われる。実際のコミュニケーションには、音声、映像、色彩、間、臭いなどが必ず伴うものであり、相手の声、風貌、色、間、イントネーションなどが、話の内容と同時に、重要な意味をもってくる。それをここではコミュニケーションの全体性と呼んだわけだが、活字によらないコミュニケーションとはもともとそういうものである。

ところが活字が登場すると、そうしたコミュニケーションの現場、コミュニケーションの全体性が崩壊してしまうという画期的な事態が生じる。活字の世界においては、音声も映像も臭いも、すべてが背景に退いてしまう。となれば、コミュニケーションの素材として残るのは、唯一言葉の意味だけである。ドイツにおいて近代人を思想的に代表するのは教養市民層である。教養市民とは読書人であり書斎人でもある。かれはコミュニケーションの手段として唯一残された言葉の意味に依拠し、おのれのアイデンティティを確立しようとする。その意味で近代人――多かれ少なかれわれわれは皆近代人なのだが――の意識においては、言葉の〈意味の支配〉が認められる。

モダニズムと総称される芸術運動、あるいはそれが社会に浸透した限りでのモダニズムの社会意識に共通してみられるのは、今述べたような意味での〈意味の支配〉からの解放を目指す志向性である。人間の意思疎通＝コミュニケーションを媒介するのは決して言葉の意味に還元されない。そこには必ずプラス・アルファがある。印象主義はそれを「印象」と、表現主義は「表現」と、シュールレアリスムは「無意識」であると考えたわけである。こうしたモダニズムに共有された志向性そのものを、ベンヤミンも肯定していることは、かれの『ドイツ悲劇の根源』や「複製論」からも明らかである。

(2) ベンヤミンの「複製論」

本章の文脈でむしろ重要なのは「複製論」の方である。ベンヤミンは複製技術と芸術作品の関係を明らかにするため、三つの歴史的段階を想定している。これはよく知られた議論だが、その骨子だけは紹介しておこう。

①宗教的芸術の段階。宗教がまだ他の文化諸領域と未分化で、宗教が他の諸領域に浸透している時代の芸術作品であり、彫刻であれ絵画であれ、教会のなかに置かれたキリスト像などが代表的な宗教的芸術作品になる。ここでは絵画が描かれている教会の内部という現場が重要である。この時代に芸術作品は往々にして集団で制作され、また集団で受容される。作者という観念は弱く、もちろん著作権というような観念もない。教会では神の礼拝が目的であり、芸術作品を通して集団的に神が礼拝される。芸術作品は宗教的儀式のための手段として礼拝的価値をもつ。その芸術作品は「いま」「ここ」にしか存在しないという意味で「アウラ」をもっている。またここでは芸術作品と礼拝者＝信徒の間のコミュニケーションは全体的であり、芸術作品の「意味」(教え)をめぐってのものではない。

だが芸術作品の宗教的性格は次第に薄れていく。例えば、依然としてキリストを描いた絵画であっても、教会に置かれ礼拝されるためのものではなく、貴族個人の館で半ば礼拝、半ば鑑賞のために制作されるというかたちで世俗化が進行していく。そうした過程で礼拝される対象も次第に変わっていく。芸術作品に描かれたキリストの礼拝から、徐々に作品に描かれた作者の信仰が、さらに世俗化が進むと、作者の技術＝技能や経験が礼拝されるようになっていく。その純粋化されたかたちが作品に表現された「美の礼拝」である。

②自律芸術の段階。こうして自律芸術という第二段階に移行する。元来芸術作品は宗教的儀式に不可欠なシンボルとして生まれてきたが、この段階で宗教から解放され、その結果登場してくるのが市民的自律芸術である。それは絵画や演劇、小説によって代表される。第一段階ではまだ未分化だった文化諸領域が分化し、それぞれが独自な領域として自律化し始める。思想史的にいえば、ホッブズ段階に宗教から政治が自立し、スミスからリカード段階に政治から経済の自立が追求される。自律芸術の段階は、第一段階である宗教的芸術と第三段階である複製芸術の時代との中間期にあたり、さまざまな過渡的性格を帯びている。

まず、第一段階で成立していたコミュニケーションの全体性が崩壊過程に入る。ベンヤミンはこれを「アウラの解体過程」ととらえる。しかし溢れるほどのアウラは認められないかもしれないが、まだアウラやアウラの源泉となるものは残っており、依然として礼拝されている。芸術家の技能＝技術や技能によって芸術作品に表現されているもの、つまり作者の経験の一回性がそれである。第一段階では、芸術作品の礼拝を通して、その先に神を礼拝していたが、第二段階になると、芸術作品の礼拝を通して芸術家の経験の一回性が礼拝される。

第一段階では、芸術作品の基礎に共同体があり、芸術作品は集団的に生産され、集団的に礼拝＝受容されていた。近代にあたる第二段階では、共同体でなく、個人が単位となり、作者の概念も成立する。第一段階では集団皆の信じていることが作品に結晶化したとすれば、第二段階では個人が感じていることや信じていることがベースになる。芸術作品は単独で個人的に生産され、しかも個人的に、単独で受容＝鑑賞される。芸術作品の創作も鑑賞も個人が単位となる。また芸術作品は、個人が「精神を集中」した状態において鑑賞＝受容される。個室＝室内で精神を集中し小説を読み、美術館や個室の絵画を前にして個人が精神を集中して鑑賞する、と想定され期待されている。ベンヤミンにおいて「精神の集中」は「散漫な気晴らし」と対比された概念である。この段階で宗教や政治から独立した「美」の領域が確定され、学問としての美学も成立する。第二段階では礼拝されるのはもはや神ではないが、作者の技能と経験の一回性が礼拝されており、その限りにおいて、解体過程にあるものの、まだアウラは消失してはおらず、「礼拝的価値」も生きている。ベンヤミンは「礼拝的価値」を「展示的価値」と対比し、後者を第三段階で実現される、ととらえている。

③複製芸術の段階。第三段階がどういうものかはこれまでの叙述からもある程度明らかであろう。一方では芸術作品の技術的複製が大量に生産され、他方では本来の意味での複製芸術が台頭してくる。ただし写真や映画の複製芸術と文字の複製は同じ複製であっても同列には扱えない。またベンヤミンの複製論は一九三〇年代のものであり、映画、写真のほかラジオ放送までは視野に入っているものの、テレビやビデオは視野に入っていない。

複製芸術の登場によって、「礼拝的価値」の根拠になっていた「一回性」、芸術作品が「いま」「ここ」にしか存在しないという一回的性格が最終的に失われ、「アウラ」もまた崩壊し、芸術作品は史上初めて儀式への寄生状態から解放される。大量生産が可能になり、芸術作品の私的独占も成立しなくなる。映画作品は「精神を集中」してというより「散漫な気晴らし」の状態において、しかも集団的に鑑賞＝受容される。礼拝される「アウラ」、「一回性」が失われると、芸術作品は「展示」されるようになる。それは百貨店における商品の「展示」に対応している。第三段階において「礼拝的価値」から「展示的価値」への転換がなされる。芸術作品の複製はいたる所に「展示」される。すでに新聞、雑誌、広告の世界で写真は大量に出回り、政治家もまた大衆の前、選挙民の前に「展示」されるようになる。

ベンヤミンの「複製論」の骨子は以上のようなものである。かれの「複製論」は短いながらきわめて豊かな内容に満ち溢れているが、断片的な叙述も多く、解釈の難しい個所も多い。＊多彩なベンヤミンの論述の中から、近代人批判に関わる論点を取り出して、次に紹介することにしたい。

＊　ベンヤミンの叙述をこのように整理してある種の空虚さを感じないでもない。ほとんど言葉だけの表面的なまとめになっている気がしないでもないが、「言葉だけ」というのはここでいわれていることを実践するのが難しいからだけではなく、およそ「学問」に、あるいは「理解する」ということにつきまとう固有のジレンマが関係しているからである。われわれは時に難解な書物も手に取り理解しようと努めるが、その結果説明された内容は「わかり易く」はなるかもしれないが、オリジナルの何かが、オリジナルの〈激しさ〉、つまりオリジナルを生みだす緊張の現場に張りつめた激しさが失われてしまうというジレンマである。失われたのは「ほんもの」のもつ「アウラ」なのであろうか。ベンヤミンは直接には「文化史」の方法を批判しているわけだが、学問への批判も含意している。

4　複製芸術と近代人批判

ベンヤミンによれば、作品がひとつの全体性として完結しているとみなすのが自律芸術の立場であり、完結性を保証する作者という存在が権威をもつ。自律芸術においては作者が大衆の集団的想像力に対し圧倒的に優位にたつ。当初、自律芸術は宗教や政治と、あるいは宗教と一体化した政治と対抗しながら登場する。しかし自律芸術という場合の「自律」は、実際には明らかに仮象、ないし幻想である。例えば音楽史は、宗教や裕福な貴族に依存した教会音楽、宮廷音楽から市民階級の経済力に支えを求めたベートーヴェンへという流れで説明されるのが常である。その際音楽の支援者は誰々侯爵、誰々伯爵夫人と特定できる人物から次第に匿名化し、具体的にみえにくくなる。従来は特定の宮廷、特定の伯爵のために作曲し演奏されていた音楽が、市民階級の匿名の経済力に依拠して、宗教や政治への依存状態から脱却しようとしたが、やがて敵対者としての宗教や政治の脅威から守られるようになるにつれて、次第に新しい対立者として経済なり市場の力、匿名の大衆の力が強力になる。匿名の力であるためみえにくく、自律の仮象もリアリティをもちえたが、一九世紀も後半になると経済の力は最新のテクノロジーとも結びつくようになり、自律芸術の主張はますます根拠を欠いた、怪しげなものになっていく。その時点で自律芸術は「芸術のための芸術」という主張（「神学」）に逃げ場を見出すようになる。アール・ヌーボー＝ユーゲントシュティルの時代がそれである。

すでに触れたように近代人に相応しい芸術はとりわけ絵画であり、また文学（小説）であった。これらの芸術形式はすべて近代人に享受され受容されることを想定している。これに対し複製芸術は近代人とは別の人間像に対応している。ベンヤミンの同時代の芸術論において、古典芸術や市民的芸術に依拠し、それとの対比で現代の大衆文化を批判する論調が多かったのに対し、ベンヤミンの論調の重点は、第三段階の複製芸術と対比して、宗教的アウラ芸術や市民的自律芸術を批判することにあった。当時は、そして今日もある程度までそうだが、近代において達成された作品の高みから現代のそれを批判する論法がよくみられたからである。

ベンヤミンが複製に関心をもったのは、現実に大きな影響力をもっていたことを別にしても、複製の独自性に由来する、少なくとも三つの理由があった。まず第一に、複製は「オリジナル＝ほんもの」に対する高度の独立性をもっていること、第二に、複製はオリジナルでは考えられないような状況の下にも置くことが可能であること、第三に、複製によってモンタージュ、ないし編集の可能性が高まるということ、である。第二点は明白であろう。教会の祭壇の上に描かれた宗教画は教会という場所と不可分だが、複製はそのような特定の場所との結びつきから解放され、どこにでもおくことができる。第一の理由もある意味で疑問の余地はない。肉眼では到底とらえられない細部や瞬間的動きもカメラによってならとらえることができる。これは複製技術の精度の問題だが、無意識との関連でも説明されている。ベンヤミンは技術的複製と肉眼＝視線との質的相違に触れて、「カメラに語りかける自然と肉眼に語りかける視線は別である」という射程距離の長い見解を述べている。前者が「無意識に浸透された」、つまり意識から解放された自然であるとすれば、後者は「意識に浸透された」自然である。意識と視覚は通常不可分に結びついているが、それ自体は別であり、時に両者が分離する場合がある。われわれの視覚は通常意識の統制を受け意識に制約されているが、ふとしたきっかけで意識が後退し、意識の統制を受けない純粋な視覚が実現することもある。カメラとはいわば意識の統制を欠いた視覚であり、対象をそれ自体としてニュートラルに映し出すところに特徴がある。こうしてベンヤミンは、われわれは「心理分析によってはじめて無意識的な衝動の世界を知ることができるように、映画によってはじめて無意識的な視覚の世界を知ることになる」という結論に到達する。*

* 「無意識的」ということとかく、フロイトの議論と結びつけたり、非合理主義思想であると批判したり、ドイツであればナチに結びつけて断罪するといった対応がなされかねないが、ベンヤミンの叙述は「無意識的」ということそれ自体はまだ意識されていないもの、未知のものを意味しており、その意味でまずはわれわれの「世界」は意識されたもの、既知のものをはるかに凌ぐ膨大な「意識されないもの」に取り囲まれているということに、注意を向けるよう促しているようにも思える。

もう少し映画に即して話をすすめよう。まず映画の製作（生産）についてベンヤミンは、映画俳優の演技を舞台俳優の演技と比較しつつ、相互主体性の観点から理念型的に叙述している。舞台俳優の演技は生身の俳優によって観客の前にじかに示されるのに対し、映画俳優の演技は間接的に器械装置を通して観客に示される。映画俳優の場合演技を行うのは器械装置に対してであって、観客のことは頭のなかで思い描かれているにすぎない。映画俳優と器械装置の関係を器械装置の側からみると、装置は映画俳優の演技を全体的なものとしてそのまま受け取る必要はなく、両者の関係は相互主体的にはならない。逆に、器械装置の方が、一方的に主体として映画俳優の演技に対し態度決定を行うのである。そうした一連の態度決定の結果としてフィルムが出来上がり、フィルム編集者の手に渡る。編集者は渡された材料から、それぞれのカットの順序を構成して、最終的に映画のフィルムが完成する。こうしたフィルム作成過程、つまり撮影と編集の作業を通して〈直接性〉や〈全体性〉は完全に剥奪される。それは「アウラ」の追放ということでもある。そして映画製作のみならず、今日われわれはアウラを完全に放棄して動作をしなければならないような状況におかれている。

次にベンヤミンは映画の鑑賞＝受容を絵画の鑑賞の場合と比較しながら、絵画を前にして常に一人、または少人数の鑑賞が要求されてきたのと違い、映画は最初から映画館において集団的に鑑賞するものであり、しかも映画に対する個々人の反応が、その結果であるはずの集団の反応にあらかじめ強く制約されている、と主張する。しかも次々と映像の変化する映画の場合、〈精神を集中〉して鑑賞することは本来不可能であり、〈散漫な意識状態〉において鑑賞＝受容するほかない。絵画を鑑賞する場合、精神を集中して作品に沈潜し、作品から受ける連想作用に身を委ねることも可能だが、映画の場合、それはできない。近代人の鑑賞形式からすれば、映画における集団的で散漫な鑑賞は望ましからぬ鑑賞形態といわざるをえないが、ベンヤミンは映画の鑑賞形式に積極的な意味を見出す。映画をみながら連想作用に没頭することはできないものの、その一方でかれは「画面を眺めているひとの連想の流れ」が画面の変化によってただちに「中断」されるという事情に着目する。映画鑑賞に本来的に含まれる「中断」という契機（「映画のショック効果」）によって、鑑賞者は映画の筋や流れの外に連れ出され、その位置から映画を批判的にみることも可能になるという消息が明らかにされる。と同時に映画の集団的受容のなかに、作品への個人的な沈潜に基づく近代人の受容、すなわち密室での孤立した視線による受容という限界を超える大衆の集団的想像力の可能性を、ベンヤミンはみてとっていた。*

＊「中断」とは映画をみる経験に不可欠だが、同時にまた現代都市社会の基本的経験でもあった。都会の雑踏では絶えず連想は中断される。と同時にベンヤミン（あるいはブロッホ）にとって「中断」は「モンタージュ」に不可欠の契機であり、モダニズム運動の成果の一つとして「モンタージュ」は重視されている。

いささか楽観的にもみえるベンヤミンの複製芸術論に対し、ただちにアドルノが手紙による（『ベンヤミン・アドルノ往復書簡』）批判を寄せ、一九三八年の「音楽における物神的性格と聴く力の後退」（『不協和音』）のなかで反論を書いた。批判は自律芸術の評価と複製芸術の「無批判的受容」に関係している。アドルノによれば、ベンヤミンは自律芸術をアウラ的芸術ととらえ、芸術作品の礼拝的基盤が失われるとともに「芸術の自律性」という「幻影」も消失したと述べ、自律芸術を反革命的とみなしているが、アドルノにいわせれば、ここでのベンヤミンの議論は「弁証法的」でない。自律的芸術作品はそれ自体「神話」の側に属しているのではなく、それ自体「弁証法的」であり、作品の内部において「自由の徴」と「魔術的なもの」が組み合わされているという認識がベンヤミンには欠けている。またアドルノにはベンヤミンが新しい大衆文化の可能性を過大評価しているように思われた。ベンヤミンの評価するモンタージュにしてもショック効果にしても、実際にベンヤミンの想定するようなかたちで機能することは少ないだけでなく、映画にみられる大衆の集団的想像力にしても、ベンヤミンの期待するように、批判的な意識を育成するのに相応しいものなのかはなはだ疑問であり、文化産業によって事前に十分操作されているというのが実態ではないか。アウラを奪われ機械的に複製された芸術に欠けているのは「否定的性格のモメント」であり、そうした芸術は容易に解放的目的よりも操作的目的に加担することになる。ズバリいえば、政治的啓蒙に奉仕するというよりも、既存の社会関係の枠組みのなかに、大衆をイデオロギー的に取り込み、統合するという目的に奉仕しているにすぎない、とアドルノは主張する。

ベンヤミンの論調とイデオロギー批判的なアドルノの論調との違いは大きく、議論にすれ違いの可能性はあるが、総じてアドルノの批判、もしくは危惧の念は、いわれている限りにおいて当然であろう。*　だが音楽をはじめ現代において提供される芸術作品は、自律芸術の作品として生まれたものであっても、元来商品として提供されているだけでなく、現代においては大衆文化的に生産され提供され、消費されているという点では大衆的複製芸術の場合と同じ次元で検討され評価されねばならない。両芸術作品の違いは慎重に検討されねばならない。芸術作品の受容という作品の「後史」次第で「前史」もまた違ってくるという最初に述べたベンヤミンの方法は意外に含蓄が深いように思われる。

＊　印象論的記述になるが一九三〇年代のベンヤミンの論文に関するアドルノの批判とベンヤミンの応答、ならびに論文の部分的修正などをみると、総じてアドルノの批判を入れて修正した個所は論旨の面でより通りのいい内容になっているが、論旨の整理と対応して論文の魅力、あるいは触発力は低下するのはなぜであろうか。「複製論」やボードレール論の複数のテクストを読み比べたこのような印象には否定しがたいところがある。

5　複製技術の時代におけるメディアと政治

以上のような複製技術と芸術作品の関係についての考察は政治の世界の理解にも示唆するところが多い。ベンヤミンによれば民主主義という政治形態自体がすでに展示的価値に立脚している。民主主義は政治家を直接に大衆＝観衆の前に展示するという新しい事態を生み出しているが、さらに複製技術の発展によって民主主義における展示的価値は二重化される。すなわち、録音技術の発展や撮影技術の改良によって、政治家の演説の最中に、無数の人びとがその声を聞き、その姿を眺めることも可能になる。展示の範囲は飛躍的に拡大し、政治家もまた器械装置によって展示される結果、演劇における劇場の場合と同様、議会も影の薄い存在になってしまう。政治家やその議論は議会のような限られた閉鎖的空間においてよりも、その外側の公共的空間で「展示」されるようになる。

こうしてベンヤミンは複製技術の発展の機能を一般化して次のように述べる。

放送や映画（複製技術――引用者）は、職業的な俳優の機能だけでなく、政治家をはじめ、およそそこで（放送や映画などの複製技術のメディアにおいて――引用者）自己表現（演技）する人間の機能を変えてしまう。（「複製論」）

ではその機能はどの方向に変化するのか。それらのメディアに登場してしまうと、その人がどのような職業についていようと、どのような思想、経歴をもっていようと、それらに関わりなく、すべて同じ方向に機能転換する。複製メディアは身近であると同時に限りなく遠い。展示は一方で〈有名性〉の次元を開示するが、それは展示され続ける限りにおいてのことであり、そのためには絶えず大衆に身近でなければならない。複製メディアは新しい選抜方法である器械装置によるセレクションを生み出し、勝者としての「スター」や「独裁者」を登場させる。ベンヤミンの指摘は、「街頭の民主主義」にまったく否定的なマックス・ウェーバーの議論と比較した場合、ワイマール共和国を間に挟んで一五年以上のずれがあるにせよ、時代状況の違いに驚かされる。

ウェーバーは議会による指導者選抜を想定している（『政治論集』）。ウェーバーによると、議会の役割はとりわけ、①官僚の監督と、②指導者の選抜にあり、本章の文脈では特に②が重要である。とはいえ、ウェーバーも議会外の政治に気づいていなかったわけではない。ウェーバー理論の枠組みからは、議会の外で政治家が展示されるという事態は、次のようにとらえられる。政治における新しい事態は、さしあたり民主主義固有の問題として、すなわち、大衆民主主義の危険性、とりわけ、政治において「情緒的要素」が強大な力をもつようになる可能性の増大として理解されている。ウェーバーによれば、あらゆる経験が教えるように、大衆は常に目前の純粋に情緒的且つ非合理的な力に身を晒しているからである。特に非合理的なのは、組織されていない大衆の「街頭の民主主義」である。一方に合理的に組織された政治上の機構があり、それが十分に機能しない場合には、「街頭の非合理的支配」が生まれてくる。ウェーバーにあっては、「街頭」はもっぱら非合理的な力の跋扈する空間として問題視されており、複製技術による街頭支配は特に主題化されてはいない。

ベンヤミンの場合、複製技術の時代における人間の知覚様式の変化を主題として自覚していたが、その一五年以上前のウェーバーの場合、指導者選抜に影響を及ぼす技術的構造変化はまだ主題として視野には入っていなかった。ウェーバー以降、一九二〇年代、三〇年代のプロセスにおいてラジオにおける声、音声が全国に行き渡り、映画における映像も全国に普及した。複製技術の成果は、劇場や議会といった特定の閉じられた空間を超えて、街頭一般に行き渡ったばかりか、家庭の中にまで入り込み、その結果、政治家の型や必要とされる能力も変化していかざるをえない。ウェーバーが賛美し期待した議会による指導者選抜に代わって、マスメディアの装置による選抜が行われるようになる。

ワイマール共和国初代大統領フリードリヒ・エーベルトの水着写真が写真週刊誌の表紙を飾り、かれの評判を落としたことや、ゲッベルス指導下のナチスがメディア戦略に優れ、大衆動員に複製メディアを巧みに利用したことを、われわれは知っている。

「展示的価値」に政治もまた依拠せざるをえなくなるとき、そこに生まれてくるのは〈衝撃性〉や〈有名性〉という新しい次元である。複製の「展示」の重要な特徴はいたるところで展示可能だという点にある。複製は大量生産が可能であると同時に、オリジナルからは想像できないような場所にさえ展示が可能になったというベンヤミンの叙述の射程は広汎に及ぶ。複製はハンブルクにも札幌にも、ナポリやグラスゴーにも同じものを展示可能であるだけでなく、美術館のような公共的だが〈閉じられた〉空間にも、自宅のような私的な〈閉じられた〉空間でも、あるいは広場や繁華街、道路など一般に〈開かれた〉空間においても、展示できる。われわれは複製を繰り返し何度もみることができるし、みることを事実上強制されてもいる。誰もがどこでも日常的に複製を目にするようになると、誰もが見たことがある、知っているという〈有名性〉の層位が独自の存在意義をもつようになってくる。〈有名性〉の次元は誰もが知っているという意味で、ある種の自明性に支えられた〈共通の世界〉を構成するようになり、共通の話題を提供し、それを共有しているという意味である種の仲間意識さえ醸成するが、〈共通の世界〉は〈共感の世界〉と似てはいても、別の疑似的な共感の世界である。一九世紀半ばに万国博覧会や百貨店といった場所で本格的に始まった商品の「展示」は多少の時間的ずれを伴って、あらゆる人間、あらゆる世界、あらゆる領域に浸透を開始した。パッサージュでは買い手が商品を手に取って比較してみることも容易ではなかったが、百貨店において商品は画一化され、定価制も導入されたことにより、消費者が商品に直接触れて比べてみることも可能になった。買物は民主化されてショッピングになったわけである。

ベンヤミンは「複製論」において、「展示的価値」が「礼拝的価値」に代わって支配的になる事態を、「現今の社会生活において大衆の役割が増大しつつあること」と関連づけて理解し、「事物を空間的にも人間的にも近くへ引きよせようとする現代の大衆の切実な要望」に言及している。まず物品が商品として展示され、次いで商品広告が広く展示されたが、さらに芸術作品も商品化されて展示され、やがて人間までが展示される。芸能の民は商品化され量産されて芸能人になったが、人間の展示は芸能人から始まって芸術家、政治家にまで及んでいくことになったのがベンヤミンの時代だった。影響は当然、芸能や芸術の内容、政治の内容にまで及ぶ。今では学問も無縁ではない。

第一五章　政治イメージの両極化——政治の「点化」と「溶解」

私は旧著（『ワイマール文化とファシズム』）のなかで、ワイマール共和国時代に生まれてきた新しい思想世界の一つを「等価性の世界」と名づけ、そうした世界において「政治的なもの」の現象形態は両極化しやすいと述べたことがあるが、それ以上詳しく取り上げなかったこともあって、この論点はほとんど注目されなかった。本章ではもう少し詳しく説明しておきたい。

一方で「政治」は溶解し、「政治的なもの」は「政治」を超えて流出し、生活領域の総てに「政治的なもの」は浸透していく。政治と他の諸領域に区別は曖昧になり、境界も見えにくくなる。他方において「政治」は点化される。点化という表現には馴染みがないかもしれないが、溶解するのと反対に「政治的なもの」が一点へと凝固化するありかたを、ここでは点化と呼んでいる。このように政治のイメージは正反対に分極化する。政治が溶解する場合には、政治はどこにでも潜んでいるので、それだけ日常化して、かえってそれと認識しにくくなるし、政治が点化する場合には、文字通り点なのでみえにくいから、いずれの場合も政治をこれとして具体的にとらえ難くなる。

まず後者の〈点化的思考様式〉を取り上げる。本書のなかですでに〈点化的思考様式〉については「印象主義」や「ダダイズム」に関し触れているし、前者の「溶解」については「印象主義」や「表現主義」の個所で触れている。例えば、印象主義において画面を点の集合態として描く技法が登場していたし、ダダイズムにおいては、現状は一点に凝縮されその瞬間と同時的になるのがめざされていた。

政治の分野における〈点化的思考様式〉の代表的な例はさしあたりカール・シュミットの政治論のなかに見出せる。シュミットはいくつかの著書で「点化」について触れている。もっともまとまった叙述は初期の『政治的ロマン主義』と後期の『価値の専制』にある。とくに『政治的ロマン主義』のなかでは、「点化」の方法はロマン主義に特有の思考様式として批判的に取り上げられている。

1　シュミットの方法論と点化的思考様式

（1）シュミットの方法論

カール・シュミットの著作を読んで、新鮮な発想や叙述の迫力に印象づけられる人が多いとすれば、それは彼の方法論によるところも大きい。とはいえシュミットにまとまった方法論的著作があるわけではない。マックス・ウェーバーならば社会科学における「客観性」の意味について論じた『社会科学的及び社会政策的認識の「客観性」』や、学問における「価値自由」の意味について論じた『社会学及び経済学における「価値自由」の意味』、カール・マンハイムならば『歴史主義』や『イデオロギーとユートピア』といったような、学問の方法を主題とする論文・著書、もしくはそれに対応するような方法論的著作をシュミットは著していない。しかし彼の主要著作を一瞥するならば、それらにある程度共通する主題の論じ方を見出すことは比較的容易である。シュミットにおける〈思想と存在の点化〉について論じるに先立って、シュミットの方法論についても若干触れておきたい。彼の方法論自体が〈点化の思想〉に適合しているからである。

シュミットの学問は「政治」を取り上げる場合も、「ロマン主義」を分析する場合にも、あるいは「自由主義」思想を問題にする場合にも、〈純粋なそれ自体〉を、つまり「政治」それ自体や「ロマン主義」それ自体、「自由主義」それ自体を取り出そうとするところに特徴がある。およそ歴史的な精神現象は、例えば政治現象にせよ、自由主義思想にせよ、あるいはロマン主義思潮にしても、タテ軸のいくつかの精神史的な前提の上に生まれてくるものであると同時に、同時代のヨコ軸のさまざまな分野を含む複合体として現象している。シュミットはこれらタテ軸とヨコ軸から成る複合体から不純なものを削ぎ落とし、〈純粋なそれ自体〉を抽出しようとする。したがってシュミットの著書は〈純粋な政治それ自体〉を抽出する『政治的なものの概念』であったり、〈ロマン的なもの〉それ自体を抽出する『政治的ロマン主義』であったり、〈自由主義的なもの〉それ自体を抽出する『現代議会主義の精神史的地位』だったりする。純粋なそれ自体の探求によって〈……的なもの〉が明らかにされる。シュミットの主著が『政治の概念』ではなく『政治的なものの概念』と題されていることにもう少し注意を払っていいのではないだろうか。

このようなシュミットの方法には長所と短所がある。一面で、取り上げる対象である「政治」や「ロマン主義」あるいは「自由主義」のそれ自体の〈一点〉に追求が及ぶことによって、それら精神現象の本質的特徴に鮮明な光を当てることも可能になるが、他面において、実際の政治やロマン主義や自由主義を構成するさまざまな要因が切り捨てられることにもなり、それらの精神的現象は実態よりやせ細ったものになってしまう。価値を論じる場合にもシュミットは同じ方法を適用し、〈価値それ自体〉を追求するので、やはり右に述べたと同じような問題点から自由になってはいない。

(2)　シュミットのロマン主義論

本章の後半で取り上げるツェーラーにおける政治の溶解あるいは拡散という現象形態の「対極」に位置すると思われる政治の現象形態については、シュミットがそのロマン主義論のなかで言及している。第一一章においても論じたその内容を、本章の関心に即して再論しよう。ロマン主義のロマン主義たる所以は、その政治的な主張内容にあるのではなく、ロマン主義者の精神構造にあると考えるシュミットは、ロマン主義的な思考様式の特徴の一つとして、存在と思考の「点化」を挙げている（なお本章の内容は第五章、ならびに第二一章とも関連している）。

シュミットによれば、ロマン主義者は自己を客観化していない。ロマン主義において客観は自我を限定するものではなく、その意味でリアリティをもつものとしてとらえられていない。ロマン主義者の場合、日記や手紙であれ、会話や社交であれ、あるいは歴史研究であれ、いかなる場合においても常に「自分自身を問題にしている」、というのである。シェンクはその「ロマン主義論」のなかでイギリスのロマン主義的作家バイロンがわずか二頁のなかで「私が」「自分が」という一人称の主語を二〇回以上用いている、と紹介していた。ロマン主義者にとって社会や歴史、人類や宇宙が問題になるとすれば、一にかかってそれらすべてがおのれの「ロマン的自我の生産力」に役立つ場合においてであった。シュミットは適確にもこの文脈においてルソーを引用している。曰く、「私はひとりでいるとき何を楽しんでいたか？　自分自身を、全宇宙を」である。したがってロマン主義者にあって、自然との交渉は「自分自身との交渉」を意味することになる。

こうしてロマン主義者の場合、すべては私にとってという一点に還元される。現実は「点」に分けられ、「一つ一つの点」が一つの小説にとって結節点となる。学問や思想的論述において定義するのは必要なことであろうが、それでさえ対象を限定するという理由で斥けていたロマン主義者は定義する必要に迫られると、「実質のない点化」にすぎない定義を連発する。「精神とは……である。宗教とは……である。徳とは……である。学問とは……である。意味とは……である。動物とは……である。植物とは……である。機知とは……である。優雅とは……である。超越的なのは……である。素朴なのは……である。イロニーとは……である」という調子で、定義される。シュミットはさらにたたみかけるようにいう。「すべての対象を点に化そうとする衝動」は、アダム・ミュラーにみられるように、しばしば「以外の何ものでもない」という表現によって高められる。こうしてロマン主義者にあって、現実とは「過去と未来の間の点的な境界」以外の何ものでもなく、具体的な現実が問題になっても、その対象は「実体も本質も機能ももたず、ロマン的な空想の戯れがそれをめぐって漂っている具体的な一点」にすぎないのである。定義による限定を嫌うロマン主義者も、実質的内容をもたない点化による定義ならば、安心して受け入れられるわけだ。

（3）法学的思考における「点化」的思考様式

点化的思考様式については『政治神学』（一九二二）のなかでも取り上げられている。『政治的ロマン主義』においてシュミットは、ロマン主義的な思考様式の一例として点化的思考を取り上げていたのに対し、『政治神学』では意外なことに法学的思考の一例として、ハンス・ケルゼンの理論に言及するなかで触れている。シュミットはケルゼンにとって「国家すなわち法秩序は、究極的帰属点かつ究極的規範に対する、帰属の体系」であると述べ、さらに次のようにいっている。

> 法律学的考察にとっては、現実の、あるいは虚構の個人は存在せず、ただ帰属点のみが存在する。国家とは、帰属の最終到達点であり、この点において、法律学的考察の本質である帰属が「終止しうる」のである。

みられるように、ケルゼン的な法学的考察によって、国家の最終根拠が「点」に、ひとつの「帰属点」に求められていることをシュミットは指摘している。「法秩序の統一体」である「国家」は社会的規定から切り離して「純粋」にそれ自体としてみれば、「帰属点」という点に還元される。その意味でケルゼン的な法学的思考においては、「点は秩序であり体系であり、規範と同一たるべし」と理解されている、というのである。

もっともシュミット自身はこのような意味でのケルゼン的思考に同意しているわけではない。シュミットによれば、ケルゼンは法学的認識と政治的現実との予定調和論に立脚しているかのように、帰属点を指摘するだけで満足しているが、両者が調和する保証などなく、さまざまな諸規定が帰属点に帰着するという体系性は実際には「実定的な規定」すなわち「命令」という政治的意志に基づいている、というのがシュミットの見方であった。

このようにロマン主義的思考様式や法学的思考の特徴として取り上げられた「点化」の思考であるが、その後のシュミットの思想的な歩みにおいて再び主題的に取り上げられるのは第二次大戦後になってからのことである。

2　シュミットの価値哲学論と攻撃点

(1)　シュミットの方法

「価値の専制」と題するカール・シュミットの論文がそれである。第一一章でも述べたように、トーマス・マンが価値を人間的共感に支えられているとみるのに対し、シュミットは例によって純粋な価値それ自体の論理を追求する。『政治的ロマン主義』においても『政治神学』においても、シュミットは点化の思想に批判的な言葉を連ねているが、それにもかかわらず、かれの方法論は点化の思想に適合的である。

かれの「自由主義」論を例に、その方法論をもう少し具体的にみておこう。実際に存在する自由主義思想にはいくつかの精神史的前提がある。それは①個人主義的な思考であったり、②学問を重視する合理的科学的思考であったりするし、さらには③民主主義的思考であったりもする。これらはいわば自由主義思想の前提である、個人主義や合理的科学主義や民主主義的思考は、自由主義とだけしか結びつかないわけではなく、他の諸思想とも結びつきうる。したがって純粋な〈それ自体〉をとりだすことをめざすシュミットの方法論からすると、それらの精神史的諸前提は自由主義のみに固有なものではないという理由で自由主義論から排除されてしまい、その結果「自由に意見を闘わせるところから真理が生じる」という思想だけが自由主義にのみ固有なもの（自由主義的なもの）として強調される（『現代議会主義の精神史的地位』）。同じように政治について考える場合、シュミットは政治に不可欠と思える妥協や交渉という局面を、政治以外にもみられることであるとして排除してしまい、最終的には政治にのみ固有な区別として敵か味方かの区別のみが残ることになる。友敵区別こそが「政治的なもの」の概念の実質を構成する要因であるという主張はシュミットの理論のなかでもっともよく知られている。

（2）価値哲学をめぐって

シュミットの「価値の専制」（一九五九）は、一九世紀のニヒリズム危機への切迫した応答として生まれた価値哲学について、独自の価値論を展開している。価値哲学は新カント派の西南ドイツ学派の代表的学者、ヴィンデルバントやリッケルトによって特に帝政期に展開されたが、シュミットはかれと同時代のニコライ・ハルトマンの議論（『倫理学』）を出発点にしている。論題の「価値の専制」とはハルトマンに由来する概念である。ハルトマンによれば、「人間の価値感情を規定する（あるいは淘汰する）力としての価値」は他の価値を犠牲にしてでも、人間のエートス全体を専制的に支配する傾向がある。だとすればウェーバーがわれわれに示した「神々の闘争」、すなわち究極的価値相互の闘いという時代認識は、シュミットのいうように実証主義に発するニヒリズム危機を克服するために、いわば英雄的に「万人の万人との闘争」を引き受けた結果でもあり、「悪夢」ともいうべき深刻な事態を招くことにもなる。その深刻さは価値とは何かを考察することによって一段と鮮明になる。

シュミットはまず「価値」とは「存在」するものではなく「妥当するもの」（Geltung）であり、「妥当」という言葉には「現実化」への強い衝動が含まれていることを強調する。つまり「価値」は「現実態」ではないが現実に関係しており、実現されることを欲するものである。徳は「実践」され、規範は「適用」され、命令は「執行」されるのに対し、「価値」は「措定」され「貫徹」されるところに特徴がある、とシュミットはいう。「価値」が「妥当」するためには、それに先立って「措定」され「貫徹」されねばならない。では「価値」を「措定」する者は誰か？　個々人である、というのがウェーバーの答えだった。問題に誠実に取り組めば、そうならざるをえない。シュミットは「万人の万人に対する闘争」という点でホッブズの時代と現代を対比し、現代の理論家ウェーバーがホッブズのもたなかった新たな「闘争手段」として、「価値自由な学問」とこの学問によって推進された「産業・技術」を挙げており、この手段は「抹殺手段」「殲滅手段」にもなりうるだけに、ホッブズの場合より恐ろしい帰結を伴う。一方にとって「悪魔」であるものが、他方にとっては「神」となるのが「現代」という時代である。「価値自由な学問」、すなわち、どのような価値とも結びつきうる学問はいまや「古い神々」を「呪術から解放」し、単に「妥当する」だけの「諸価値」に変貌させる。となれば「措定」された価値と価値との「神々の闘争」は一段と激しくまた独善的なものになりうる。

シュミットによれば、このようなウェーバーの価値論の帰結を価値判断の「主観主義」ととらえ、「客観的・実質的価値哲学」を確立することによって問題の解決を図ろうとしたのが、とりわけ一九二〇年代におけるマックス・シェーラーやニコライ・ハルトマンであった。シェーラーは「有用なもの」から「聖なるもの」へと上昇する価値体系を示し、ハルトマンは「無機的なもの」から「精神的なもの」へと上昇する価値体系を描き出したが、それらは「客観的な価値」ではありえず、所詮かれらにとっての価値であることに変わりはないのは、シュミットによるまでもなく当然であり、ウェーバーを乗り越えたことにはならない。

シュミットによれば、「価値的思考に内在する論理から逃れうる価値的思考者はいない」のである。

「主観的」な価値であれ「客観的」な価値であれ、「形式的」な価値であれ「実質的」な価値であれ、価値が問題になっている限り、価値そのものの特有な性格（「価値的思考に内在する論理」）に服さざるをえない。すなわち「価値は存在ではなく、妥当するものにすぎない」という価値に特有な性格に由来する論理である。「価値」とは「措定」され「実現」されることを望むものだとすれば、「措定」された「価値」は現実に貫徹されないならば「無」に等しい。シュミットは「価値」が「空虚な仮象」とならないために、絶えず「貫徹」され「実現」されねばならないことを強調する。

（3）ウェーバーと「攻撃点」

一見自明に思われる、以上のような価値論から、シュミットは「価値哲学は「点の哲学」であり、価値倫理学は「点の倫理学」である」というきわめてラディカルな結論を導き出す。耳慣れない「点の哲学」や「点の倫理学」とは何を意味するのだろうか。価値哲学においては、立脚点、視点、観点などといった言葉がたびたび用いられるが、これらは「理念」でも「原理」でも「線」でもなく、まさしく「点」なのであり、その意味で価値哲学は「点」の哲学だといってよい。思想にせよ哲学にせよ「点」にまで還元されれば、思想や哲学の性格を失う。そうしてシュミットは、ウェーバーをまさしくそのような「点」に収斂するものとして「価値」をとらえていた人物ととらえ、さらに「価値」のなかに視点や立脚点などの「点」と並んで、決定的に独自な点、すなわち「攻撃点」をも認めたのがウェーバーであった、とまで主張している。

いま少しシュミットのいうことを聞こう。シュミットがその論拠としているのは、古代史家エドゥアルト・マイアーとの論争にみられるウェーバーの見解である。問題の個所に出てくるウェーバーの言葉「攻撃点」は既存の邦訳では「着眼点」（エドワルト・マイアー、マックス・ウェーバー『歴史は科学か』、森岡弘通訳、みすず書房）とか「着手点」（ウェーバー『歴史学の方法』、祇園寺信彦・則夫訳、講談社）と訳されており、「攻撃」のニュアンスは隠されているが、原語は Angriffspunkt であり、攻撃という意味合いをそこに読み取ることはできる。ウェーバーは「攻撃点」という言葉を用いることによって、およそあらゆる「価値措定」に内在している潜在的な攻撃的性格をあらわにしようとした、とシュミットは解釈する。このようなウェーバー理論に依拠して考えると、われわれが一見相対的で中立的な響きをもつ何らかの立脚点や視点を選ぶとき、その言葉のニュアンスに反して、同時に「攻撃点」にも立脚していることを了解できる。ウェーバーのあの「神々の闘争」という独自な現代理解の背後には、いま述べたような価値理解が秘められていたのだ、というのである。このような理解がウェーバー論として妥当性をもつかどうかは疑問であるが、「着眼点」とか「着手点」といった言葉に「攻撃点」という意味合いを読み取ったところにシュミットの独自性がある。

価値哲学において多用される立脚点・視点・観点・着眼点などの言葉は思想でも原理でもカテゴリーでもなく、まさしく「点」であるところに特徴がある。

ウェーバーの思考の透徹力は、価値哲学特有の「点＝主義」という彼の思想の一側面でこそ発揮されているのである。かれは視点・立脚点・着眼点などの「点」と並んで、一つの独自な、しかも決定的な「点」を認識し、それをずばり「攻撃点」と呼んでいるが、これこそ彼の思考の透徹力を示すものであろう。

価値哲学において価値は観点・立脚点などに姿を変えることによって「中立的」な印象を与えているが、「攻撃性」は「価値の宿命的な裏面」（アメリコ・カストロ）であることに変わりはない。シュミットは次のように結論づけている。

「攻撃点」という語は、あらゆる価値措定に内在する潜在的攻撃性を露わに示している。立脚点・視点のごとき言葉は、そこから注意をそらし、外見上無限界の相対主義・合理主義・視界主義の印象を与え、それゆえまた博愛的中立主義・大いなる寛容の印象を与えるのであるが、攻撃点も活動することがわかれば、その中立主義の幻影は消えてしまうのである。「攻撃点」という語の無害化をはかり、それを着眼点（Ansatzpunkt）と読み換えることもできる。けれどもそれは不快な印象を和らげることはできないであろう。

3　シュミット理論における政治の溶解

「政治的なもの」は溶解し拡散すると、当然希薄になる。政治的主体には主体を支えている拠点があり、認識に支えられているにせよ、美的なものに依拠しているにせよ、あるいはまた倫理的なものに支えられているにもせよ、何らかの拠点があってはじめて政治的世界を成り立たせるわけだが、これと分かるような拠点がないと「政治的なもの」は特殊に歪曲されて現象してくる。一方の歪曲形式が「点化」であり、もう一つの歪曲された形式がここで取り上げる「溶解」という、いわば形式ならざる形式である。そこで「政治的なもの」は点や過程に凝集することもなく「溶解」してしまうので、それと分かるかたちで政治的なものをとらえるのが難しくなる。その際重要なことは、この両極端な存在様式は相互に排他的なのではなく、むしろ同時に並存し、あえていえば互いに補完しあっている、という点である。そのことを理解する上で参考になるのがシュミットの議論である。シュミットはロマン主義における「点化」の方法に言及した際、実はもう一つ重要な論点に触れていた（『政治的ロマン主義』）。

ロマン主義者はすべての思想を社交的な会話に、すべての瞬間を歴史的時点に変え、一秒一秒噛みしめつつ一つ一つの音に耳を傾けてそれに興味をおぼえる。しかしそれだけではない。すべての瞬間は一つの構成点に変わる。そしてかれらの感情は圧縮された自我と宇宙への拡張との間を動いているのだから、一つ一つの点が同時に円であり、一つ一つの円が同時に点である。ロマン主義者の感情は「点」にまで圧縮された「自我」と「宇宙」にまで「拡張」された「自我」との間を揺れ動いている、というのである。したがって、共同体は「拡大された個人」であり、逆に個人は「集中された共同体」であるといういい方は核心をついている。シュミットによれば、「点化」は自覚的な方法意識の発露であり、それは「拡張化」の意識と裏腹の関係にある。これを政治意識の問題としていえば、政治の「点化」と政治の「溶解」は裏腹の関係にあるということになろう。シュミットのいう「拡張化」が本書でいう「溶解」に対応している。シュミットは「点」と「円」という見事な比喩を用いて、「点そのものもまた円の凝縮以外の何ものでもなく、円は点の拡張に他ならない」と、皮肉をこめてロマン主義者の意識を説明し、この「点化と円化の遊戯」全体は、啓蒙主義的な分析や総合とも、あるいは原子論的な思考とも違っていることを指摘している。

このようなシュミット的見方にたてば、ワイマール時代に政治現象が、一方において「点化」してとらえられ、他方において「溶解する」ものとして理解されているという「相反する」かのように思える二つの理解に分極化しているのも、実は時代の思想風土が「ロマン主義化」しており、そのロマン主義的主体の根底から発する二つの形態にすぎないと解釈することが可能である。「……以外の何ものでもない」という点的表現を好むタート派のハンス・ツェーラーの思考様式は、同時にまたシュミットのいう政治の溶解をも典型的に表現しているのである。

4　ツェーラーにおける政治の溶解

ツェーラーの思考様式に触れるに先立って、かれの状況認識にも少し言及しておきたい。ワイマール時代の保守革命派はいくつもの運動体から成り立っており、それぞれが雑誌を発行していたが、なかでも最も注目され、読者数も多かったという意味で成功したのが雑誌『タート（行動）』であり、同誌の常連執筆陣は「タート派」と呼ばれ、同誌の編集長であり、またしばしば巻頭論文を執筆したのがハンス・ツェーラーであった。一九三〇年九月の国政選挙でナチ党がマイナーな政党から一挙に一〇七名を擁する政党へと上昇したのは広く知られているが、この結果は政治的社会的流動化の結果であった。流動化はすでに一九二九年末期の地方選挙に明白にあらわれていた。

そうした流動的な状況のなかで、ツェーラーは一九二九年一二月に「新党綱領」と題する論文を発表し、流動化の担い手を「中産階級」にみた。既成政党から距離をとり、そこから離脱したりしている「中産階級」を新しい政党に組織することをめざし、従来「中産階級」を支えていた「理想主義」や「教養の理念」、あるいは自由主義や人文主義の解体をみすえたうえで、かれらを結合する要因としてその経済的基礎を模索していた。かれのいう「中産階級」において従来の対立要因が解消して一体化しつつある、とツェーラーはみなしていた。従来の対立とは「中産階級」における「所有」層と「無所有」層の対立、ならびに没落してプロレタリアートに接近した「プロレタリア的中産階級」と上昇して「プロレタリアートから解放された階層」との対立である。しかし今日において、「所有」と「無所有」の対立は依然として重要な社会的対立であるにせよ、「中産階級」はその多くが「無所有化」してしまっており、その一方で旧来の思想理念も力を失ってしまっていた。

ツェーラーは一九三〇年九月の国政選挙におけるナチ党の大躍進を受けて、さっそく翌一〇月号の『タート』誌に「冷たい革命」と題する巻頭論文を掲載し、選挙結果を分析した。ツェーラーは選挙結果に示された国民の意思の基調を「反資本主義」ととらえると同時に、みずからも「反資本主義」の立場を明らかにしている。その際ツェーラーは、「反資本主義」それ自体は経済的内容をもった政治的スローガンであるが、同時に政治経済の領域を超えた主張であるともとらえ、「今日、反資本主義運動に含まれている宗教的、倫理的モメントを見誤る者」は現代の何たるかを少しも分かっていないのだ、という重要な問題提起をしている。ここに「政治」がその他の諸領域に「溶解」しているととらえるツェーラーの思考様式があらわれている。「反資本主義」を主張する政治的運動には政治経済的意味のみならず、宗教的、倫理的な意味も含まれている、つまり「反資本主義」のスローガンは宗教的、倫理的意識の表明でもある、というわけだ。

一年後の一九三一年一〇月に発表された「右か左か」と題する長大な論文においてツェーラーは、政党組織やイデオロギーから国民が、とりわけ「中産階級」が離反し〈運動化〉している現状に着目し、この事態を「自由主義」からの離脱であると解釈して、「政党の崩壊」とイデオロギーの無力化を「中産階級」の〈運動化〉の結果として肯定的にみている。政党の時代、イデオロギーの時代は終わったといわんばかりの語調である。〈運動化〉の動因は政治の溶解にある。それは政治の全体化であるといっていいかもしれない。ただし全体主義における政治とは違って、政治の力は一点に集中せず逆に溶解し拡散しているので、衰弱しているようにみえる。ツェーラーは政党や選挙の分析において、一定の留保がつけられているにせよ、ほぼ一貫して共産党とナチ党に評価を与えていた。総じて諸政党が「リベラル化」しているなかで、両党においては自由主義化の傾向と運動化の傾向とが相争っており、一面的に自由主義化することも、一面的に運動化することも避けられていた。第一三章において政治思想の現実像を取り上げた際に、支配階級は〈制度的現実〉を現実そのものとイメージしがちであるのに対し、体制への反対派は、右翼的反対派であれ左翼的反対派であれ、〈制度的現実〉から零れ落ちる〈具体的現実〉を現実そのものとイメージしがちであると述べたが、本章の文脈で言えば、共産党とナチ党がすぐれて〈具体的な現実〉、すなわち〈運動としての現実〉に支えられていたのである。

政治イメージの溶解に由来するこのような運動の肯定は、ドイツの人文主義的伝統を擁護するエルンスト・ロベルト・クルティウスにとって、内容のない「革命主義」であるばかりでなく、文化に敵対的であるという意味できわめて危険な態度であるように思われた（『危機に立つドイツ精神』一九三二）。例えばツェーラーは、当時のドイツにおいて「組織」（制度的現実）と「運動」（具体的現実）が分断される傾向を読み取り、「諸々の最後の組織が崩壊してしまう」と、「民族は再び民族になり、それ以上のものでなく、また人間は再び人間になり、そしてそれ以上のものではない」と書いている。同じ言葉であっても前段と後段とでは意味が異なり、前段に言う「民族」や「人間」は組織されているばかりか「伝統」や「綱領」、あるいは「世界観」に拘束された「民族」なり「伝統」であるのに対し、後段に言う「民族」や「人間」は単に組織から離脱しただけでなく、「伝統」や「世界観」などに拘束されることのない、流動化した「民族」であり「人間」であった。特に問題とされたのが「民族」

は「運動以外のなにものでもない」というツェーラーの言葉である。もちろんこの表現は厳密な事実認識ではなく未来像としていわれていると解釈すべきであろうが、クルティウスにとってツェーラーが「民族の運動化」を肯定しているのは、文化に敵対的な「革命主義」であるばかりでなく、現実離れして言葉だけで構成された「実体のない知性主義」の産物であった。運動に充実を感じるツェーラーと、そこに「空虚さ」をみるクルティウスの間にみられる、現実に対する感性のずれは限りなく大きいが、本章の文脈でいえば、ツェーラーのいう運動化が昂進すればするほど、政治は溶解し、拡散することになる。

5　「表現主義論争」にみられる政治の溶解の問題

(1)　表現主義と政治

もう少し違った文脈でも政治の溶解は問題にされた。トゥホルスキーと並んで雑誌『ヴェルトビューネ』誌の中心人物の一人カール・フォン・オシーツキィ（トーマス・ムルナー）はヒトラー政権成立直前の一九三二年のドイツの精神状況を「カオスの天国」であると述べているが、ルカーチのような人にとって表現主義はまさにその種の天国の代表的運動であった。

ウォルター・ラカーはその『ワイマル文化を生きた人びと』（一九六九）のなかで、表現主義について標準的な理解を示している。芸術運動としての表現主義を特徴づける諸傾向は、すでに第一次大戦前のかなり前から出揃っていた。それはクルト・ピントゥスの編纂した有名な表現主義のアンソロジー『人類の黄昏』（一九一四）に明らかで、絶叫、奈落、暗黒、反逆、人類、同胞、愛、魂といった「表現主義用語」が多数用いられている。それ以後新たに付け加わったことといえば、戦時中の「政治の発見」くらいのものであった。すでにこの時期にみられた表現主義の政治へのかかわりが後に問題にされることになる。ラカーは表現主義の思想を何よりも「既成の美的基準の否定」に求めている。画家は「醜悪なもの」にとりつかれ、作曲家は和音を投げ捨て不協和音へ、詩人や劇作家は大都市の「狂気」や「父親殺し」（アルノルト・ブロンネン）に向かった。表現主義は現状に満足し、退屈しきった今の世界に思い切ってショックを与えてやろうという欲求に支配されていた。しかしだからといってかれらを単なる悪ふざけの連中と決めつけて済ますわけにはいかない。もちろんそういう連中もいることはいたが中には生真面目な者もいたのである。それに悪ふざけにも方法論的意味がないわけではない。ただ理論家ならぬかれらは一般にその考えをうまく表現できなかった。かれらに代わってラカーは表現主義者の考えを次の三点に要約している。①「重要なのは実質だけであって、外的形式ではない」。②「芸術の目的は……最も根源的な、宗教的、個人的、社会的な経験に表現を与えること」であった。しかし③「純粋な原始的形式はもはやかれらの周辺には見当たらなかったから、アフリカや中国や子供の世界や精神病院」のなかに、つまり市民社会の外部にそれを求めたのである。

こうしてラカーは最終的に表現主義を次のように総括する。それは「ブルジョア的な存在様式にみられる虚偽と主知主義に反逆したものの、中途半端な運動に終わった」。その根底にあったのは「自由に浮動する無目的な反逆精神だった」。このようなラカーの評価自体標準的でおおむね妥当な意見と思われるが、この一般的評価をさらにどう具体化するかとなると意見が分かれてくる。

一九三三年のナチ政権成立以降、急速な独裁体制の確立に身の危険を感じて、ユダヤ人を中心とする多数の人びとが亡命した。亡命を決意するまでの逡巡の期間に長短の違いはあるものの、ワイマール文化に輝きを与えていた多数の芸術家、学者、活動家が短期間のうちに国外に亡命してしまうという史上まれな事態が生じた。すでにワイマール時代にその実績により名声を確立していたハイデガーやシュミットといった学者が国内にとどまりナチへの信奉を公言したのはよく知られているが、ゴットフリート・ベンやアルノルト・ブロンネンなど、表現主義者だった人びともそこに含まれていた。ナチへのコミットはたとえ一時的なものであったとしても看過できるものではない。表現主義はナチと本質的に親縁関係にあるのか否かはドイツのモダニズムとナチとの関係を問うことでもあった。

亡命した知識人は活動の場を求めてしばしば雑誌を創刊した。表現主義論争の主要な舞台になったのが、一九三六年から一九三九年にモスクワで発行された雑誌『言葉』であった。とりわけ論争の火付け役になったのが、同誌一九三七年九月号に掲載された二つの論文、ベルンハルト・ツィーグラーの「いまやこの遺産は絶えた」とクラウス・マンの「ゴットフリート・ベン――ある迷誤の歴史」であった。いずれもベンを批判する論文だったが、特にツィーグラーは表現主義をナチの先駆者と位置づける明快な批判であった。これがきっかけとなりルカーチ、エルンスト・ブロッホ、ブレヒト、ベラ・バラージュ、ヴィリィ・ハース、ハインリヒ・フォーゲラーなどを巻き込む大規模な表現主義論争が始まった。本章では論争の全貌を取り上げるのではなく、論争の主役でありかつまた表現主義の批判者と擁護者であったルカーチとブロッホの論争を『言葉』誌以外の論文も視野に入れつつ争点を整理し（池田浩士編訳『表現主義論争』）、そこで表現主義の現実像が、ひいては政治イメージが問題とされ、政治の溶解の問題も論じられていたことを示すことにしたい。

(2) ルカーチの表現主義批判とブロッホ

表現主義は既成の秩序に「反逆」する運動だったわけだが、ルカーチはレオンハルト・フランクなどを例に挙げて、表現主義の反逆の仕方を批判する。例えば、表現主義は芸術の枠内でいうと自然主義や印象主義の批判であり、世代的にいえば、既成の権威を象徴する〈父親への反逆〉であったが、同時に社会的にみれば「ブルジョアジーへの反逆」でもあった。しかしルカーチによれば、表現主義の反逆は抽象的で具体的な内容をもたない。単に「ブルジョア的なもの」一般が、すなわち金儲け主義とか凡庸さといった「ブルジョア的」といわれる性格が批判されているだけで、その「ブルジョア的性格」がなぜ、どこから生まれてきたかについての認識が欠けている。反逆が「資本主義体制の経済的認識」から切り離されてしまっている。このような理解にとどまる限り、「ブルジョア的性格」はブルジョアジーに限らず労働者にも認められることになってしまう。

ルカーチの表現主義批判の第二の論点は、抽象的な批判は正反対なものに転化し易いという消息であり、実際表現主義は独立社会民主党のイデオロギーからナチのイデオロギーに転化した、とかれは批判している。第一次大戦中に社会民主党から分離独立した独立社会民主党はラディカルな政党としてドイツ革命の変革期に一定の役割を果たした後、共産党と社会民主党の間に挟まれて、両党に分解してしまったが、表現主義者の中には」独立社会民主党にシンパシーを寄せる者が一定程度いたことから、ルカーチは表現主義の抽象的言語は左翼の独立社会民主党から極右のナチ党にまで移動してしまうほど無内容なのだ、と述べている。表現主義の形式的で抽象的な反ブルジョアの主張は当面左からの批判であっても、たやすく右からの批判に転化してしまう。左から右へ転嫁するのを阻止する歯止めになる者が表現主義には欠けている。表現主義はおのれの「反ブルジョア」の思想に実質的な内容を与えていないので、それに社会的方向性を与えることはできない。

正反対なものに転化し易いもう一つの理由は、表現主義運動の社会的基盤としての「小ブルジョア層」に求められている。ルカーチは帝国主義への従属を深めている小ブルジョア層の独自な役割を認めていないが、ここには小ブルジョア層の社会的反対運動をどう評価すべきか、あるいはより一般的に小ブルジョア層の歴史的役割に関する問題が提起されているといえよう。*

＊　一九三〇年代に至ってナチズムの小ブルジョア的基礎が問題になってから、小ブルジョア層の独自な役割の考察が生まれてくる。マンハイムの『イデオロギーとユートピア』（一九二九）における小ブルジョア的基礎に立つ知識人論はその先駆的な試みだったし、ティリッヒの『社会主義的決断』（一九三三）その直後のブロッホの『この時代の遺産』（一九三五）はその種の試みであり、日本の大塚久雄の経済史もこの文脈に位置するといってよい。マンハイムが知識人層の「自由浮動性」に着目し、そこに階級的制約から相対的に自由に認識し活動できる根拠を認めている。知識人の「自由浮動性」は従来より特にマルクス主義陣営から社会的基盤の弱さや非行動的メンタリティと関連づけて否定的に評価されていたが、マンハイムはむしろそこに知識人の積極的可能性を期待した。〈浮動性〉の問題は社会学的には知識人の問題だったかもしれないが、状況論的にはすぐれて〈一九二〇年代的〉な概念でもあったことはすでに触れた通りである。

そうしてルカーチは最終的に表現主義が当初の社会的立場から正反対の立場に変化してしまう理由を、その「現実像」に求めている。ルカーチとブロッホが対立するのは特にこの論点をめぐってである。

ルカーチにとって表現主義の「現実像」は動態的で、しかも「カオス」としてイメージされている。そうした「現実像」に立脚していると、政治のイメージはとかく「点化」と「溶解」へと分極化し易いことはこれまで述べてきた通りであるが、表現主義は概して一点に凝集化する（点化）能力を欠いているので、その政治理解は「溶解」していくことにならざるをえない。マックス・ピカートを念頭において、表現主義の「現実像」には「客観的な現実の把握」が欠けていると批判しているが、論点は三つある。まず第一に「現実」というものが最初から「カオス」として、つまり「認識できない」ものとして、「法則もなしに」存在しているものととらえられているという点、第二に、「本質」を把握するための表現方法は、ほかならぬその「カオス」そのものを生みだしている「あらゆる関連」(これこそが現実である)を部分化し、「孤立化」して把握することによって、隠蔽もしくは見失っているという点に、そして第三に、「本質」把握には科学的操作よりもむしろ対象に向かったときの「情熱」が不可欠であるのに、それを最初から「非合理的なもの」ととらえている点に、問題点があった。

ルカーチとブロッホの対立点をもう少し具体的にみておこう。ルカーチは表現主義の「現実像」を表面的＝直接的であると批判する。だからこそ政治イメージは溶解せざるをえないのだ。まず認識面から言えば、表現主義の〈カオスとしての現実観〉は表面的認識にすぎず、その背後に目には見えない「媒介された客観的な連関」をとらえていない。さらに実践面からみれば、そのような現実を表現主義はそのまま受け入れるか、そのまま否定するか、のいずれかである。どちらの場合にせよ表現主義は「現実」との接点をもたないで、「現実」に対し「主観主義的な闘い」を挑むだけである。ルカーチにとってそれは安手の現状否定であるにすぎず、学的な認識を欠いている。しかしルカーチは媒介された現実についていては、マルクスの「すべての社会の生産関係は一個の全体をかたちづくっている」という言葉を論拠にし、「自己完結的」で「ひとつの全体性」であるという以上に問題を展開していない。

ブロッホはこれに対し「ルカーチはいたるところで「自己完結的」な関連をもつ「現実」を前提している」が、はたして「現実」とはそういうものなのか、と反論している。ここでは〈客観的現実像〉と〈カオスとしての現実像〉が対立しているだけでなく、「現実」とは完結したものなのかも問題になっている。一九二〇年代のドイツにおいて伝統的な〈現実の枠組み〉が崩壊し、現実を構成していたさまざまな要素が「現実」のなかで定位置を失って断片化し、従来枠組みの深層にあったものが表層に浮上したりする動態的現実が生まれてきた。ブロッホの反論はさらに続く。ルカーチの表現主義論はかれの現実像に制約された狭い認識になっている。ルカーチは「客観主義的・完結的な現実」概念をもっているので、そうした現実を解体したり、未完結なままにしておく、表現主義をはじめとするモダニストたちの試みをまったく理解できず、表現主義を論じるに際してもおよそ「世界像」を解体するようなすべての試みに反対する。みずから「カオスを意欲する」ような態度はかれの理解を超えていた。ルカーチは表現主義の政治を、政治の溶解という方向でしかとらえられないのである。

ブロッホによれば、表現主義が〈カオスとしての現実〉を前提しているのは、現実を表面的にとらえた結果ではなく、表面的というならむしろルカーチの方が表面的である。また表現主義は〈カオスとしての現実〉を前提してはいても、そこに自足し居直っているわけではない。ルカーチは一九三八年にもなお「リアリズム論」において、表現主義やシュールレアリスムに代表される「現代文学」を批判して、「作家とその作中人物の目に直接にそうとうつったままのかたちで現実をうけとっている」と述べ、現代文学への、つまり〈美的・文化的モデルネ〉への無理解を露呈している。ブロッホによれば、表現主義は「表面的な関連」しかみていないのではなく、逆に「表面的な関連」の解体を徹底的に利用したり、現実の「空洞」のなかに「新しいもの」を発見しようとする試みなのであり、その過程で現実が「溶解」しているようにみえようとも、それは過程的現実の一局面なのであった。これ以上先に進むには個々の表現主義作品の検討を必要とするが、本節の叙述は、表現主義論争の主題の一つが「現実像」と政治の溶解の問題であったことを確認することで終わりとしたい。

6　ワイマール時代における〈カオスとしての現実像〉

ワイマール時代の思想状況は、政治的な〈保守―革新〉を横軸に、現実像からみた〈客観的現実像―カオスとしての現実像〉を縦軸として、図のように整理することができよう。図にみられるように四つの立場がある。Aは〈カオスとしての現実像〉をもち、政治的には革新派に属する人たち、Bは〈客観的な現実像〉をもち、政治的には革新派に属する人たち、Cは〈客観的現実像〉をもち、政治的には保守派に属する人たち、そしてDは〈カオスとしての現実像〉をもち、政治的には保守派に属する人たちの空間である。ワイマール文化のアヴァンギャルドにはAに属するひとが多く、保守革命派やナチの一部をここにいれてもいいかもしれない。共産党や社会民主党にはBに属するひとが多く、保守政党や市民的＝ブルジョア的政党はCに属するひとが多く、保守革命派やナチそれからゴットフリート・ベンのような知識人はDに属するといえよう。これはあくまで大まかな見取り図であって、図式から零れ落ちる人もいるし、特定の人物が常にAあるいはBという特定の位置に居続けるわけではなく、位置の変更もありうる。ベンなどはAからDに移動したといえるかもしれない。

現実像の面からワイマール文化のモダニストをみると、かれらは両面の敵対者に囲まれていた。一方では〈カオスとしての現実〉以前の現実像に依拠する人たちがおり、かれらにとって現実は客観的な安定的秩序をそなえているものであった。秩序の内実を具体的にどのようなものであると理解するかという点では、かれらの間にさまざまな対立があったものの、どのような内容をもった秩序であれ、ともかく現実のなかに客観的な秩序の構造がある、と信ずる点では共通していた。他方には、現実をカオスとしてとらえ、その世界に自足したり浮遊する人もいた。かれらは現実をカオスと感じていたが、それに自足するにせよ慄くにせよ、カオスであるという以上に現実をとらえようとする意欲をもつことはない。ワイマール文化のモダニストにとって、前者が外部の敵であるとすれば、後者は内部の敵であった。客観的現実像に対抗して〈カオスとしての現実像〉を対置するなかで、今度はいわば内部の敵として後者が問題になってくるのである。それは政治のイメージの問題として言えば、政治の点化と溶解との対決であった。そのような位置にいたアヴァンギャルドとして例えばブレヒトやクレー、カンディンスキー、あるいはベンヤミン、クラカウアー、デーブリン、ブロッホなどが想定されよう。

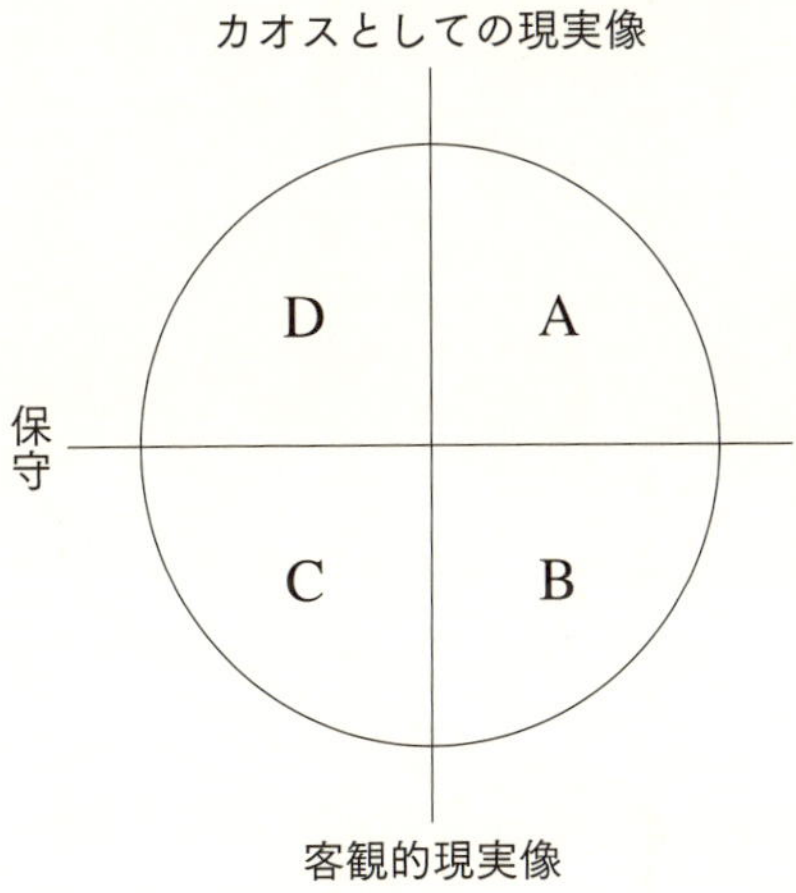

第一六章　ワイマール時代における「保守」と「革命」

「保守革命」という名称は、「保守」と「革命」という一見対立するかにみえる二つの言葉が一体化しているという意味で、またその思想の曖昧さやその思想が活況を呈する時代の状況を示しているという意味でも、「反民主主義思想」とか「右翼急進主義」、あるいは「国民革命」や「新保守主義」などの名称よりも象徴性をもっている。視野をドイツ全体に広げれば、保守革命論に限らず、当時は「保守」と「革命」との結合、もしくは総合が熱烈に追及された時代でもあった。

まず非社会主義的で広義の自由主義的、人文主義的な思想圏においても「保守革命」に言及されていた。エルンスト・トレルチ（一八六五—一九二三）は『ドイツ精神と西欧』（一九二五）のなかで「ドイツ精神」と「西欧」を総合する「保守革命」への期待を表明していたし、トーマス・マンは「ロシア文学アンソロジー」（一九二一）において啓蒙主義とロマン主義を総合する「保守革命」について語っていた。そして忘れてならないのが「保守革命」の希求を語った、一九二七年のホフマンスタールの講演「国民の精神的空間としての文学」であろう。社会主義的思想圏においては「保守革命」の名前こそ用いられていないものの、マンハイムやパウル・ティリッヒにおいて「保守」と「革命」を総合する方向が模索されていた。そして何よりも保守革命的思想圏があった。メラー・ファン・デン・

ブルックをはじめとし、ユンガー兄弟やエルンスト・ニーキッシュ、雑誌『タート（行動）』に依る「タート派」、さらに『プロイセン精神と社会主義』のシュペングラーや「社会革命的ナショナリスト」のカール・オットー・ペテル、あるいはエルンスト・フォン・ザーロモンらをここに加えてもよかろう。「保守」や「革命」の用語理解においてばらつきはあるものの、志向性においてある種共通の思想文化的磁場が生まれていたのは間違いがない。

　そうした観点に立った場合、ワイマール時代にはナチズムと思想内容が共通し、重なるところの多い「保守革命論」と総称される思想潮流があったこと、そしてまたその種の「保守革命論」とは明白に区別されるものの、「保守的」思考と「革命的」思考とを統一、ないし総合しようとする思想潮流もあったことにも目を向けておく必要があろう。そこで本章ではまず狭義の「保守革命論」とは区別される、市民的、自由主義的な伝統に立脚した「保守」と「革命」を総合しようとする志向性の一端を取り上げる。

1　「保守的革命」の希求――トレルチ、マン、ホフマンスタール

(1)　エルンスト・トレルチとトーマス・マン

　非社会主義的な「保守革命」への志向性について若干紹介しておこう。トレルチが「世界政策における自然法と人間性」と題された一九二二年の講演（前掲書所収）で言及している「保守革命」とは、事実上政治的ロマン主義を指しているように読み取れる。トレルチにとって「ロマン派」も「現実的

革命」であり、

堂々とした市民精神に対する、一般的な平等な道徳に対する、だがなかんずく全西欧の数学的＝機械的な科学精神、功利主義と道徳を融合する自然法の概念に対する、また一般的平等な人類という空虚な抽象に対する、ひとつの革命にほかならない。西欧的自然法の爆発とその革命の嵐に対して、ロマン派はますます意識して保守的革命という対立物へ発展していった。

トレルチは「ロマン派」の基礎に「個性思想」を読み取ったうえで、そこから西欧の思想とは別の、「人間性思想」や「社会思想」が誕生した、ととらえている。人間はどこでも同じ「理性の尊厳」や「一般的法則」を実現するのではなく、独自な「個性」を実現する存在である。「社会思想」についていえば、国家や社会は契約や目的合理的構成によってつくられるという思想に対し、「ロマン主義」は「個人から発散する」超個人的な精神的力、民族精神もしくは宗教的＝美的思想」によってつくられるという思想を対置した。このような意味でトレルチの「保守革命」論は事実上ロマン主義論でもあった。

トーマス・マンも共和国の初期に「保守革命」という言葉を用いている。『非政治的人間の考察』において時代遅れの、市民の時代であった一九世紀の人間を自称していたマンに、「新しい時代」とのつながりをもたせる媒介の役割を果たしたものは、「ニーチェ体験」と「ロシア的本質の体験」であり、いずれもが「宗教的」性質の体験であった、という。ここにいう「宗教的」とは既成宗教を指すのではなく、また神の信仰とさえ直接にはかかわりをもたない用語法で、人間性をトータルにとらえるという意味で用いられている。マンはゴーゴリを引き合いに出し、ゴーゴリが「真の啓蒙とは知識や教育や教養ではなくて、人間にそなわるすべての力、つまり知性だけでなく人間の本性全体を、くまなく照らしだすことだ」と述べたことを紹介しているが、同じようなことはニーチェにも当てはまるとされている。ゴーゴリにおける全体性志向に対応するのが、ニーチェにおける総合化志向である。それは芸術的にいえば「感受性」と「批評性」の総合であり、政治的にいえば「保守主義」と「革命」の総合、つまり「保守的革命」であった、とマンはいっている。このようなマンの志向性と同時代の保守革命派とは相容れるものではなく、同一視される危険性を察知したのか、マンは以後「保守革命」という言葉の使用を用心深く回避するようになるが、元来の志向性に変化がみられなかったことは、一九二九年のかれの講演「近代精神史におけるフロイトの地位」に明らかであるし、ナチ体制成立以後の一九三七年に発表された「『尺度と価値』第一巻序文」もまた然りである。

(2) ホフマンスタールの「保守革命論」

ホフマンスタールは一九二七年ミュンヘン大学での講演「国民の精神的空間としての著作」のなかで「保守的革命」に言及している。この講演はホフマンスタールが「保守的革命」にポジティブな意味づけを与えたものとして知られているものの、その末尾でたった一度「保守的革命」について触れられているだけである。この論文の素晴らしさは「保守的革命」の主張にあるというより、「国民の精神的空間」という発想にある。ホフマンスタールにとって「国民」とは「ひとつの精神的結合による共同体」であり、その結合を保証するのが「国語」である。「国語」とは単なる「意思疎通の手段」とは「異質」なもの、少なくともそうした手段に還元されないものである。かれは仮に「国民の精神」と名づけているが、「国語」のなかには「国民の精神」が脈打っており、「国語」のなかで「国民の精神」が、すなわち「過ぎ去ったもの」や「さまざまな力」がわれわれに働きかけさまざまな作用を及ぼしている。そうした「国民の精神的空間」は政治機構や人為的対策によって作り出せるものではない。

　ドイツにおいて数世紀来その目には見えない精神的空間を創り出してきたのは「著作」であった。それを「文学」ではなく「著作」と呼ぶのは、狭義の文学作品より広がりのある範囲をカバーするためであり、哲学や思想書、学問的著作も含めているだけでなく、あらゆる記録、手紙や覚書の類までも含めているからでもある。ホフマンスタールによれば、「国民の精神的空間」を形成する方法はフランスとドイツで大きく違っている。この問題は第二章で紹介したエリアスの議論とも関係している。「国語」の言語規範はフランスの場合、宮廷の社交世界において、後には貴族と市民階級の社交世界においてつくりあげられていった。社交上のしきたりや規範は、非社交的な国民＝ドイツ国民には煩わしいだけでなく、形式的表面的であり深みに欠けると思われるわけだが、ホフマンスタールは社交的国民＝フランス国民の「社交的敏感さ」や「社交的煩わしさ」ができあがるまでに経てきた無数の社会的経験の蓄積に着目する。この社会的経験がある種の形式性や煩わしさを生み出すわけだが、同時にまたその社会的経験があったればこそ、形式性や煩わしさも耐えられるものになり、「注意力と競争」を基盤とする市民社会の「優雅」な社交性も発達する。社交上のしきたりは優雅さを生み出すかもしれないが、所詮表面的でうわべだけのものでしかないと思える気持ちはわからないでもない。しかし社会生活における表面的なものやうわべのものの意義を理解できない国民において社交は不十分にしか発達せず、とかく社会から超絶した孤独が評価されがちである。フランスにおいては個性の追求も孤独も社会という枠組みを前提しているのに対し、ドイツにおいては個性や孤独はそれ自体として追求され、孤独な著作活動を通して「国民の精神的空間」が形成される。とはいうもののドイツ流の方法で「国民の精神的空間」を形成するのは容易ではない。小邦分裂のドイツ、市民階級の未成熟なドイツ、社交的交流の希薄なドイツにおいて、著作活動は概して相互に無関係なままにとどまり、「国民の精神的空間」を形成する方向に作用し難い。

このように困難な状況にあるという認識に立ったうえで、ホフマンスタールは「国民の精神的空間」を積極的につくりうる主体を探し求め、ニーチェの言葉を借りてかれらを「探求者」と呼んでいる。それはドイツ統一や経済の高度成長という既成事実に頭を垂れ、経済的にも文化的にも自足した「教養俗物」にニーチェが対置した人間類型であった。とはいえホフマンスタールはただちに「探求者」を肯定していたわけではない。よくみかける「探求者」も一枚岩ではなく、かれは「自由」の探求者と「拘束」の探求者を区別しているが、そのどちらのタイプもそのままでは受け入れてはいない。ここでかれは同じく「探求者」の輩出した百年以上前を回顧し、今日われわれが目にする「探求者」たちと、一七八〇年から一八〇〇年のシュトゥルム・ウント・ドランク（疾風怒濤の時代）」やロマン主義の世代とを比較する。かれは百年以前の「探求者」たちを、奔放に感情世界を生き、自我の想念は社会的なものの領域を視野に入れておらず、拠るべき基盤を持たなかったため、無責任な態度に頽落する歯止めが欠けていた、ととらえ、その結果自由な魂の飛翔も最終的には権威への拘束に帰着せざるをえなかった、と述べている。

これに対しホフマンスタールによれば、現代の「探求者」には「無責任に思弁的なものへの不信、また無責任に楽師ふうなものへの不信」、つまり一部の哲学者や芸術家にみられるある種のタイプへの不信がみられる。かれ自身は一面的に「自由」を希求する態度からも、一面的に「拘束」を求めるような態度からも距離をとる。そうした態度は疾風怒濤の時代からロマン主義に至る時代の失敗を繰り返すことになる。こうして二つの態度が同時に成り立つような、つまり「自由」の追求が同時に「拘束」でもあるような心的境涯をホフマンスタールは現代の「探求者」のなかにみようとしている。その境涯にあっては「自由」にふるまうこと（「革命」）と「拘束」を受けること（「保守」）が決して矛盾してはいない。その点をかれは「真の拘束を求め不十分な拘束を拒む」苦闘であるとか、自分を「最高の必然性に、すなわちあらゆる規則を越え、いわばあらゆる可能な規則の原点であるような必然性」に結びつけること、といっている。あらかじめ自己を必然性に合わせて成形するのではなく、自由の追求がおのずと必然性への服従となるような心的境涯に目を向けている。それを実現していく過程こそ、ホフマンスタールのいう「保守的革命」であった。そこにおいて長らく失われていた「精神的なもの」と「社会的なもの」の「循環」も実現する、と期待されていたのである。

以上みてきたように、トレルチにせよ、マンにせよ、ホフマンスタールにせよ、いうところの「保守革命」論は、抽象度の高いレベルで展開されており、ドイツの具体的現状に即して人物や運動が例示されながら言及されているわけではなく、ホフマンスタールの議論にしても同時代にはすでに亡きニーチェへの言及を別にすれば、「探求者」は具体的に名指しされていない。また三人ともおのれの思想を「保守的革命」をキーワードにして述べているというより、かれらの生涯において「保守的革命」への言及は、本章で取り上げた以外にほとんどなく、その意味でかれらの「保守的革命」論は一つのエピソードにとどまったといってよい。しかし、保守革命派とは区別されたかれらなりの「保守的革命」への志向性は、その名称を用いなくなっているいないにかかわりなく、終生持ち続けていたように思われる。

2　マンハイムにおける「保守」と「革命」

これまで取り上げた三人と違ってマンハイムはおのれの思想的立場を保守革命と称したこともないし、そもそも保守革命という言葉自体を用いていないが、一九二〇年代後半以降のかれの思想的営為、とりわけ『保守的思考』と『イデオロギーとユートピア』は弁証法的社会主義の立場に立って「保守的思考」を「革命」の方向に総合しようとする志向性に貫かれている。まずマンハイムの「保守主義」理解をやや詳細に検討しておこう。

マンハイムの保守主義論はそれ自体としても深い洞察に満ちているが、かれの問題関心からすれば、社会主義論の一環として、かつまたかれの政治理論との関連で読まれるべきものであり、その意味でかれの論文「保守的思考」（一九二七）と著書『イデオロギーとユートピア』を統一的に理解する必要がある。そうすればマンハイムが自身の政治理論を構築するにあたって、保守主義思想に多くを負っていることだけでなく、保守主義思想のポジティブな遺産を社会主義の方向で吸収しようとしていることもわかる。マルクス死後のドイツ社会主義の思想的停滞を、実証主義化して弁証法的性格を失っていった点に求め、マルクス主義における弁証法的契機に着目する姿勢をルカーチと共有しているが、弁証法的思考の生成における保守主義の役割を重視している点に、マンハイムの独自性があり、かれの政治理論も弁証法的社会主義の立場にたったものではあるものの、その社会主義を保守主義的思考と市民的自由主義の対立を止揚した思想ととらえることによって、結果的に保守主義に多くを負ったものになっている。その意味で「保守的思考」は『イデオロギーとユートピア』に並ぶ著者渾身の力作であるといってよい。

マンハイムの保守主義論を「革命」の思想との関連で検討する場合、マンハイムの研究対象となる時代は主として一八〇〇年前後であることと、マンハイムが生きている一九二〇年代とでは当然問題状況が違うことを忘れてはならない。一八〇〇年前後には市民層の「革命的思考」が自由主義あるいは合理主義と同盟していたわけだし、一九二〇年代には労働者階級の「革命的意欲」が社会主義思想と同盟している、と想定されている。「保守主義」思想はまず一八〇〇年頃の時点でその「革命的」思想に対抗したという意味で政治的には「保守」もしくは「反動」的性格のものになったが、これを思考様式としてみると必ずしも後ろ向きの「反動」思想なのではなくて、啓蒙合理主義が「革命」の意図としてはもっていたが、その思考方法によっては遂に把握できなかった課題を、必ずしも意図することなく促進することになった、とマンハイムはみている。

かれの保守主義論の特徴は、近代保守主義の形成に際してロマン主義が果たした役割を重視していること、ならびにロマン主義的な保守主義の問題意識の一面が非合理主義に傾斜せずへーゲル哲学に組み入れられていることを明らかにし、ひいてはマルクス主義的社会主義にも入り込んでいることを示唆しているところにある。ワイマール共和国期に労働者階級の社会経済的利害を代弁するイデオロギーに凋落していた社会主義を実践の思想として復活させること、すなわち社会主義の革命的意欲を活性化するためには、社会主義思想、それも弁証法的社会主義思想の思想史的由来を反省的に検討することが何よりも必要だ、というわけである。

マンハイムによれば、マルクス主義の「総合」の思想がへーゲル哲学に由来しているという場合、そのへーゲル哲学には近代保守主義思想の豊かな問題意識と思考様式が流れ込んでいた。保守主義思想は啓蒙合理主義的、自由主義的な近代思想を前提としている。だがマンハイムはきめ細やかな議論を展開しており、単純に合理主義対非合理主義の対立とみているわけではない。伝統的な保守的意識が思想としての保守主義に理論化されていくきっかけを与えたのは、資本主義的発展に伴う社会の動態化、合理主義的一般化的思考の普及、具体的出来事としてはフランス革命のインパクトがあった。従来は伝統的共同体の生活圏に生き、おのれの思考や体験を疑問視することもなかった伝統的な保守的意識が、これらをきっかけとしてようやく自己反省を始めた初発の段階を、マンハイムは「原初的保守主義」と名づけている。当初保守主義の論敵は単一の規則を全体にあてはめるという意味での「官僚的合理主義」であったが、やがてより包括的な徹底した合理主義としての「啓蒙合理主義」が論敵として登場し、伝統的な保守的意識を思想的に抹殺しようとすると、おのれの防御の必要性から、保守的意識は近代保守主義思想へと結晶化していく。「啓蒙合理主義」は市民層の、もしくはブルジョアジーの合理主義でもあり、支配的潮流として君臨する勢いであった。保守主義的意識は、ロマン主義的保守主義、歴史主義思想、ヘーゲル哲学という三つの思想系列で近代保守主義を形成し、「啓蒙合理主義」と対抗することになった。

　ところで保守主義に関連するマンハイムの著書・論文は三つある。まず一九二五年末に書かれた『旧保守主義――知識社会学への寄与』と題する教授資格論文で、ハイデルベルク大学に提出された。次いでこの論文のエッセンスを「ロマン主義的保守主義」を中心にまとめた論文「保守的思考」が当時のドイツを代表する社会科学雑誌『社会科学・社会政策論叢』の一九二七年号に発表されている。邦訳がありマンハイムの「保守主義論」として知られているのが同論文である。最後に前二著の骨子を全体の一部に組み込み、かれの政治理論を展開した『イデオロギーとユートピア』がある。市民的

＝ブルジョア的合理主義と対抗する三つの系列の保守主義のうち、ザヴィニーを中心とする歴史学派については教授資格論文で詳しく取り上げられ、アダム・ミュラーを中心とするロマン主義的保守主義については雑誌論文で扱っており、いずれもヘーゲル哲学において「啓蒙合理主義」よりも「高次の」合理主義に吸収されている、と論じられている。その意味でヘーゲル哲学の系列が最も重視されているわけだが、マンハイム自身ヘーゲル哲学を主題とする論文は書いておらず、その重要性が指摘されるにとどまっている。しかし雑誌論文や『イデオロギーとユートピア』の叙述はヘーゲルの弁証法的思考に立脚しており、ヘーゲル哲学はマルクス主義的社会主義思想とのつながりにおいて、近代保守主義という枠組みを超えた思想である、と理解されている。

マンハイムによれば、ヘーゲル哲学、さらにはマルクス主義との関連では、「ロマン主義的保守主義」が特に重要である。メーザーによって代表される、保守主義思想が形成される萌芽的段階の保守主義的意識とアダム・ミュラーのロマン主義的思考が結びつくことによってドイツにおける近代保守主義思想が成立する。まずメーザーを取り上げることにしよう。*

＊　私がユストゥス・メーザーの思想に関心をもったのは一九六〇年代末期、一橋大学経済学部の講義「西洋経済史」によってである。担当の山田欣吾先生の講義は名講義というに値する素晴らしい内容で、メーザーの紹介に何時間もかけておられた。論文化されていないようなので講義ノートを紛失したのが残念でならない。最近メーザーへの関心がみられるようになり、かれの論文集が『郷土愛の夢』の表題で翻訳され、また坂井栄八郎編『ユストゥス・メーザーの世界』にもかれの論文が収録されている。

3　「原初的保守主義」――ユストゥス・メーザーの思想

まだ伝統的な生活圏とのつながりを保っていながらも、すでにその生活圏のなかにそれとは異なる進歩主義的な合理主義的「生活態度」や「思考様式」が出現しており、伝統的なものがそれに対する「イデオロギー的な防衛」において自己反省的になった最初の段階を、マンハイムは「原初的保守主義」あるいは「身分的保守主義」と名づけ、この思想的立場をメーザー（一七二〇―一七九四）によって代表させている。伝統的な古い生活形式は「反省」され「想起」されることによって、本来ならば失われたであろう生活形式の体験や思考様式を方法的次元において、すなわち体験方法や思考方法として生き延びさせ、おのれを救済するのである。さらにマンハイムによれば、古い伝統的な体験や思考を方法論的に把握することによって、伝統的な態度は単に自己を救済しただけでなく、「生成しつつあるもの」をとらえることのできるまったく「新しい思考方法」をつくりあげた。メーザーはそうした方向を完成したわけではなく、そうした方向への、つまり近代保守主義の完成態への出発点に位置づけられる。完成へと向かうためには、社会学的な変動の発生とロマン主義との結びつきを待たねばならない。ただし反省された近代保守主義の形成過程といっても、実態は複雑で、保守主義的潮流をつくりあげているさまざまな「思考的立場」、例えば「ロマン主義的・身分的思考」や「歴史学派」的思考、カソリック的思考などがあり、このうちマンハイムがもっとも重視しているのは「ロマン主義的・身分的思考」の系列なので、本章でもとりあえずそこに焦点をあててマンハイムの論旨を追っていきたい。

身分的思考の典型的人物であるメーザーにとって、伝統的な生活に対するフランス革命の全面的な攻撃はまだほとんど感じ取られておらず、「古き良き時代への賛美」がかれの著作の基調をなしている。かれの態度は冷静で実践的な合理主義に立脚しているといってよいが、その合理主義は「計算的・構成的」な「市民的合理主義」とは違っている。それは「環境を現にあらしめている、あの道徳的・慣習的紐帯の崩壊」を怖れ、「直接的体験」からのいかなる飛躍も拒否し、「未知の世界の要素の侵入」に反抗する。このようなメーザーの保守的な態度がともかく反省に至るのは、フランスからやってくる当世風の生活態度や思想の影響である。しかしかれの保守主義的反抗はロマン主義に立脚しておらず、事物や問題をノヴァーリスのように「ロマン化」したりはしない。すなわち、「どこかよそからもちこまれた動機によって事実を正当化して弁護しようとしたり、あるいはそれを「より高い」理由づけの次元に移すことによって救済しようとしたりはしない。「直接的体験」の世界にとどまるメーザーの手法は近代的学問の方法とも違っている。メーザーにおける「過去」と「現在」の関係は典型的に保守主義的である。「過去」は直線的にかれの背後にあるのではなく、「現在」とともにあるものであり、「対象」に対しても外側から近づくのではなく、そこに過去が生きている限り、「そのなかに生きる」のである。その意味でメーザーは依然として「過去の成分」によって生きており、「過去」を反省の次元で受けとめてはいない。

マンハイムはメーザーの「合理主義」的思考方法をよく示している言葉として、「奴隷制について」と題された断章から、

　私が現代人の結論とは到底一致しそうもない古い習俗や古い習慣に出会うと、いつも私は、祖先のひとたちはそれでも決して愚者ではなかったのだと、それについてもっともな理由を見いだ

すまで考えていく、という文章を引用している。もっともな理由を外部に求め、外部から根拠づけるのではなく内部に求める、このようなメーザー独自の「合理主義」は思考様式としてみると、「高度の前提」や「より高い根拠」からもっともな理由を導き出す構成的な思考様式とは対立している。またメーザーは「道徳的観点について」と題する断章で、内部からの合理的な観察について、より原理的な考察をおこない、自分の考えを「すべての事物はそこから適切に観察できる観点をみずからのなかに具備している」という思想に総括している。事物というものは「自己に適切な尺度と正しい観察距離」をもっている。道徳問題の原点はここにある。形而上学的な、高度に抽象化された原理を個別事例に機械的に適用することによって道徳問題は解決できない、というのである。

4　ロマン主義的保守主義の形成過程

(1)　近代保守主義成立期の社会学的状況

「原初的保守主義」を出発点として、近代保守主義の形成過程は社会学的状況との関連並びに精神史的関連において検討される。まず社会学的状況についていえば、保守主義的な思考様式の「具体的歴史的生成」を、その思考様式の背後にいる「社会的担い手の社会学的特性」との関連で分析する「知識社会学」の方法が適用される。マンハイムはおおよそ次のように述べている。

フランス革命はドイツに広範な影響を及ぼした。教養市民層の多くは、シェリングやヘーゲル、ゲレスなどにみられるように、当初こそフランス革命に感激したものの、その後の革命の推移や実態に失望し、また恐れをなして、当初の立場から後退してしまった。絶対主義に反対し、下からの国家形成を目指したフランス革命の理念から実質的に影響を受けたのは、ドイツ、ことにプロイセンの場合、むしろ貴族であった。プロイセンは資本主義の発展という点で西欧諸国に数十年立ち遅れていた。経営者という意味でのブルジョアジーや、プロレタリアートはまだようやく形成され始めたばかりだった。手工業者のような市民層はまだ同業組合の枠組みのなかで生活しており、フランス革命の外圧に階級として対応することはなく、プロイセンにおいて市民的要素は未だ活性化していなかった。こうしてフランス革命に積極的反応を示したのは、むしろ貴族と官僚であった。

プロイセンに及ぼしたフランス革命の顕著な影響は、フランスにおける人民と支配者の対立が、ここでは「より高度の」次元で繰り返されて、国家を下からくみあげようとする身分の者、すなわち貴族と、「上から」支配しようとする官僚によって代表された王権との間の闘争として出現した。

フランス革命に「革命的要素」（解体的要素）と「機械的、中央集権的、合理的要素」（組織的要素）とがあるとすれば、フランス革命の「革命的要素」によってフランスにおいては貴族の特権が排除されようとしたわけだが、逆説的なことにプロイセンにおいてはその「革命的要素」が貴族の関心を活性化し、貴族は身分的組織に生命を与え、社会の「下から」の再組織化を目指すことになった。これに対し革命の「機械的、中央集権的、合理的要素」に反応したのは官吏層であり、かれらが貴族の企図に対抗するようになり、絶対王政と貴族の間の精神的ならびに政治的な同盟が一時的にせよ弛緩することになった。言い換えると、フランスの場合、革命における下からの圧力が強かったため、支配階層である国王、貴族、教会の「防衛同盟」がうまれたのに対し、下からの圧力がまだ取るに足らないものであったプロイセンの場合、支配層である貴族と官僚（国家）の同盟が部分的に解体した。

マンハイムによれば、フランス革命の「革命的要素」に反応したとはいえ、それは貴族の社会的な反動、身分的な反動（反動は革命ではないにせよある種の変革ではある）である。だがこうした社会的、政治的な反動をマンハイムは思想史的に読み取り、「イデオロギー的反動」が「貴族の社会的反動」と結びつき、「ロマン主義が身分的になり、古い身分的思考がロマン主義的になる」と注目すべき見解を述べている。これを思想へと抽象化される以前の領域にも着目する精神史的観点からいえば、「時代の社会的重圧のもとにおかれ」、社会的に抹殺される恐れのあった貴族の「身分的意欲」を「新時代の精神的手段」であるロマン主義によって「修復」し、歴史的には遥か過去に合った伝統的な根本志向に「近代的表現」が与えられることになる。ここがマンハイム「保守主義論」の要諦である。

ここから生まれた「ドイツ的思考」は一九二〇年代の今日に至るまでドイツ人の思考様式を根本的に規定しているという意味でも重要である。マンハイムは「ドイツ的思考」について言っている。それは、

　一九世紀以来、ロマン主義的であり、歴史主義的であり、それはこの国に生まれた固有の反対派でさえ、なおそれから脱しきれないほどにまで根深いものである。ハイネはロマン派の敵対者であるにもかかわらずロマン主義的であり、マルクスは歴史学派の敵対者であるにもかかわらず歴史主義的である。

ただしここにいう「ドイツ的」とは生物学的、もしくは民族的な決定論的意味において言っているのではない。いわゆる「ドイツ的」なものはすべて歴史的に特定の社会構造から生まれてきたもので

あり、一般化することは許されないというのがマンハイムの立場であった。*

＊　マンハイムはトックヴィルの『旧体制と革命』に言及し、適切にも「フランス人の抽象的精神性を革命前の社会学的重要性から導き出し、さらにそこにおけるメンタリティを当時行政と統治から締め出されていた文士階層の文化的優越から導き出した」と述べている。

もう一つ重要な論点がある。「身分的意欲」の担い手は貴族とされているものの、ロマン主義の担い手には単に貴族、あるいは文筆家的貴族だけでなく「市民的著述家」も想定されている。「市民的著述家」とは教養市民層に属するが、文化的市場の動向に左右されやすいという意味で大学教授とは区別される社会的類型をなすものだが、マンハイムは特にその供給源としてプロテスタントの牧師館の重要性を指摘する。かれらは「啓蒙主義の洗礼を受けて伝統的信心には懐疑的になるものの、しかしさりとて他の極端たる構成的合理主義にも帰依しない」位置にいる。

(2)　アダム・ミュラーの思想

ロマン主義の有力な社会的基盤は教養市民層の知識人である「文士階層」にある。それはロマン主義が対立した啓蒙思想に加わったのと同一の社会層である。しかし同じ社会層ではあっても存立の基盤が違っている。マンハイムによれば、啓蒙主義的知識人はまだ出身基盤である市民層との「内的関連」を失っておらず、したがって市民層のなかにその「世界観的後ろ楯」をもっていたのに対し、ロマン主義的知識人はすでに市民層との「内的関連」を失い、社会的な土着性をもたないか、もしくはほんのわずかしか根をはっていない。マンハイムのいう「自由に浮動する知識人」の原型にあたる存在である。「自由に浮動する」文士階層には三つの思想的特質がある。かれらは社会的規定性が弱いため社会発展の全体的認識である歴史哲学的洞察を得意とする。またかれらの思考や感性の長所は徹底性にあるというより、「精神的・心的な生活空間における出来事」に対する繊細な感受性、つまり「眼識」にある。マンハイムはそれをさらに「質的繊細さの感知」、あるいは「質的思考」と呼んでいる。心的・精神的現象の「深さの層」を見いだし、そこに入り込み、解釈する点で、かれらはすぐれており、人文学や精神科学の分野ですぐれた業績をあげた。ロマン主義的知識人の第三の特徴は、ノヴァーリス（一七七二―一八〇一）のいう「ロマン化」、つまり、ある精神現象を通常とは別の、より高度な次元で受けとめることにあった。『断章』におけるノヴァーリスの有名な言葉をマンハイムは引用している。「俗悪なものに崇高な意味を、平凡陳腐なものに、神秘的な容姿を、既知のものに未知なものの威厳を、有限なものに無限の光輝をあたえることによって、わたしはそれをロマン化する」（強調はマンハイム）。このような「ロマン化」の方法は確かに「事実にひとつのするどい光芒」を投じ、事物を「めざとく観察する」が、しかしそれによって「現実的連関」は隠蔽される。「諸事実はロマン主義者によっては創造的に生み出されたり、発見されたりはせず、ただかれらによって別の次元で受けとめられ、受け入れられるにすぎない」のである。ロマン主義的思考はこの意味で「イデオロギー化」にもすぐれていた。

　ロマン主義は前期と後期で性格が異なり、ノヴァーリスによって代表される「前期ロマン主義」はむしろ「革命的」だったが、フランス革命以後ドイツにおいて次第に「保守主義」、「反革命」の側に流れ込んでいく。アダム・ミュラー（一七七九―一八二九）によって代表される「後期ロマン主義」はこの段階のロマン主義にあたる。マンハイムのロマン主義論の特徴は、単純に「後ろ向きの反動思想」とはとらえていないところにある。ロマン主義は「非合理主義」を標榜しているが、それにもかかわらず事実上そこには「合理化傾向」があり、その結果「啓蒙主義の合理主義がその構成的方法によっては遂に把握できなかった、意識のうちに存在する非合理的な力を合理化」することができた。あるいはまた「啓蒙思想がみずからの手段では解決できないだろう、啓蒙主義的課題をロマン主義的思考は解決した」。つまりロマン主義は政治思想としてみると後ろ向きの反動的思想に傾斜したが、思考様式としてみるとポジティブな面があった、というのである。ミュラーに即してこの点を検討しよう。マンハイムによれば、ミュラーは一面で「原初的保守主義」の意欲と思考様式を、他面で「前期ロマン主義」の「汎神論的思考」を継承しており*、その結果当時の市民的＝ブルジョア的な「革命思考」とは別の、もう一つの思考の可能性を示している。だがマンハイムによればミュラーにおける〈もう一つの思考の可能性〉は両義的であった。それは一面で、ヘーゲル的にいえば、啓蒙思想よりも「高次の合理化」への第一歩をしるすものではあったが、他面においてメーザーにはみられた現実との接点、現実に即した思考様式を失っていく過程の始まりでもあった。

* 汎神論的思考とは現実なり現実を構成する事物に神が宿る、神が流出するという考えであり、そこでは人間が作り出した組織なり制度、あるいは概念などの固定化したものは流動化し、いたるところに「生命的なもの」「神的なもの」が脈打っており、硬直化した思考によってはそこにたどりつくことはできない、とされる。もっとも、マンハイムの理解では、ミュラー自身この立場を維持できず、次第に汎神論的思考を失い、「ヒエラルヒー的（階層秩序的）思考」に近づいている。

もうひとつの別の思考の可能性に、マンハイムは「動態的思考」という言葉で言及している。ミュラーにみられる「動態的思考」において啓蒙主義的思考が機能変化している。「思考」とは啓蒙思想に典型的にみられるように「世界を支配する一般的作用を確認し記録すること」ではなくて、むしろ「世界内容の生成と波動にともない自ら変動」しなければならない。メーザーがめざしていたのはまさにこれ、すなわち「動態的思考」にほかならない。ミュラーは『国政要論』などの著作において

「固定した思想」に「動く思考」を対置しているが、マンハイムはミュラーにおける「動態性の思想」の形成過程を三段階に分けて説明している。

第一段階は「アンティテーゼの思考」である。まず啓蒙思想の「直線的演繹」に対し「両極性の思想」を対置する。一方が「ひとつの原理の展開」であるのに対し、他方はそうした思考の修正を始め、できるだけ多くの位置から思考しようとする。もちろん両極を設定したからといって「動態的」になるわけではなく、第一段階は「静的な枠内での相対的運動性」にとどまる。第二段階は「動態的思考」といわれ、「概念」と「理念」の相関関係から説明される。このうち「動態的思考」を表すのは「理念」である。マンハイムは『国政要論』からミュラーの言葉を引用する。「対象が成長し運動するのに応じてその思想が運動し成長するならば、われわれはその思想を事物に関する概念とは呼ばずに、事物、国家、生活の理念と呼ぶ」。ミュラーは思考のひとつの型である「概念」を貶価し、これに対し「動く思想の理想」を「理念」と呼んで重視する。「理念」の思想はすでに第一段階の両極性の思想を超えている。マンハイムはミュラーの思想を説明し「思考はひとつの過程であり、しかもこの過程は対象の変動に参加することができる」と述べているが、それは『イデオロギーとユートピア』にもみられるように、同時にマンハイムの政治論の核心をなすものでもあった。マンハイムはここでも啓蒙思想の理性や思索活動への信仰は放棄されておらず、ただ単に思考のひとつの型である固定的思考だけが拒否されているにすぎないことを強調している。

ミュラーは啓蒙主義的思考意欲を十分消化しただけでなく、保守主義にみられる古い思考様式を救済したのだというとらえ方を、マンハイムはミュラーの「動態的思考」形成の第三段階にあたる「媒介」の思想に即して明らかにする。ミュラーにとって、ある特定の具体的出来事は「さまざまに異なった……諸力の「相互活動」」として理解さるべきもので、多くの対立しあう諸原理の「緊張」の産物であった。その場合思考の課題は「相互活動の記述と相違の「媒介」」であった。具体的出来事が生き生きと生成するあらゆる「瞬間」、あらゆる「状態」は、絶えず存在する緊張の一時的な「媒介」、あるいは「均衡」にほかならない。「部分」と「全体」の関係の問題として言えば、「全体」は「部分」の「総計」であるという把握とも、「全体」は「部分」を「包摂」するという把握とも区別される、第三の関係規定が「媒介」である。「媒介」とはミュラーにとって、まず「具体的状況」を「動態的に変化する諸要素の均衡」として体験し、さらに「具体的全体の内的志向目的」、すなわち「理念」をとらえ、そうして「特殊なもの」をこの「動態的に変化しつつある全体像」の「部分」として把握することであった。

市民的＝ブルジョア的思考が具体的出来事をひとつの原理の展開として、「計算的」「構成的」にとらえるとすれば、ロマン主義知識人文士の思考は前者の学問＝科学概念からこぼれ落ちるものに目を向けて、それを「合理的」に理解しようとした。さしあたりこぼれ落ちたものを拾い上げたのは、啓蒙思想に対する「右からの反対派」であった。アダム・ミュラーはそのような思想の萌芽を「原初的保守主義」の意欲に見出し、それを救済する方法をロマン主義に見出した、とマンハイムはとらえている。

(3)　ロマン主義、ヘーゲル、マルクス主義

ただ先にも触れた通りミュラーの立場は両義的であった。ロマン主義の「動態的志向」はヘーゲルの弁証法に継承されたが、それは必然的な流れではなく、実際多くのロマン主義者はその方向をたど

らず、「非合理的なもの」をそのまま肯定するか、他の立場に「寄り添って」、結局は「御用化」の道を歩むかのいずれかであった。ヘーゲル自身そのようなロマン主義を『法の哲学』のなかで批判し、こう述べている。

なにごとも決定しない意志は現実的意志ではない。性格なき者は決して決定にいたらない。……怠惰は自己の内部で考え込み、外へ出ていこうとせず、その考えこみのなかで自分の一般的可能性をじっと手放さないでいるからである。だが可能性はまだ現実性ではない。

そこで求められるのは非合理性に自足することなく、また御用化の道もたどらない第三の方向であった。前者は「現実性」との接点を失い、後者は特殊な「現実性」と一体化してイデオロギー化の道を突き進んでいるのに対し、第三の道は「現実性」と接触しつつ、しかもそこに内在しながらも、「現実」と癒着せずに、それを超えていく方向性を目指しており、その方向を思考方法として示したのがヘーゲルの弁証法であった。静態的現実ではなく動態的現実を組み込んでいるという意味で、そこでは啓蒙合理主義の場合よりも「より高次の合理化」が実現されている。

マンハイムは『保守的思考』においては本格的にとり上げていないが、『イデオロギーとユートピア』の社会主義論にもみられるように、「より高次の合理化」を継承し、具体的現実の場で実現しようとしたのがマルクス主義的社会主義であったととらえている。一方でマルクス主義は「非合理的な活動の余地」を認めるという点では「保守主義」思想と似ているが、「保守主義」とちがってこのような「相対的な合理性」のうちにも「合理的に把握できる諸要素」を認める点で先を行っている。その際にマルクス主義の採る方法は「政治」領域に「その都度影響を及ぼすさまざまな諸傾向」をすべて取り出し「合理化」することであった、とマンハイムは述べている。

「政治」領域は「純粋の主知主義」にもとづく知識だけが有効なのではなくて、「直接に実践と結びついている知識」が重要な役割を果たすことに注目するのがマンハイム政治学の要諦であり、そのような知識を重視する姿勢は「保守主義」に発し、ヘーゲルを経てマルクス主義にも受け入れられているとされている。

第一七章　保守革命論とナチス

まだナチスの支配体制が確立していた時期から、とりわけ連合国の爆撃によってナチ体制が壊滅した後に、ドイツ内外でさまざまな角度からナチズムを批判する試みがなされた。しかしナチの思想的側面についてはルカーチ（『理性の破壊』）やヴィーレック（『ロマン派からヒトラーへ』）、スターン（『文化的絶望の政治』）、ゾントハイマー（『ワイマール共和国の反民主主義思想』）らをはじめとして、数多くの書物が書かれてきたわりには、いまひとつ十分な成果が上がっていないように思われる。これらの研究の依拠する「不毛な方法」については、ローアン・バトラーの『ナチズムの起源』を例に、G・イリーが鋭く批判している。ナチズムと関連するとみなす「英雄的指導者の称揚」、「人種的神話」、「反ユダヤ主義」、「軍国主義の伝統」、「理性への反抗」などの思想を、バトラーは何らかの意味で「ドイツ特有の」思想であるとし、これらがドイツ史に一貫してみられる証拠を一八世紀にさかのぼって取り出す。曰く、「ナチスは、力は正義だという。シュペングラーもそういった。ベルンハルディもニーチェもそういった。トライチュケも同じようにいった。彼より以前にハラーも、またノヴァーリスもそういった」、と。これは「思想を本来の歴史的文脈から切り離してその系譜を探る、伝統的知性史の最悪の例である（エヴァンズ編『ヴィルヘルム時代のドイツ――「下から」の社会史』）。やはり何らかの意味でナチズムにつながるとされる人物を取り上げたスターンについていえば、その「文化的絶望」の概念は数少ない「異端的思想家たち」（ラガルド、ラングベーン、メラー・ファン・デン・ブルック）の政治的影響力を過大評価し、かれらの著作に「意味をあたえる錯綜し矛盾に満ちた知的状況」を無視している、と手厳しい批判を加えている。スターンの叙述は伝記的で、思想家たちの思想の受容を規定する「社会的文脈」をほとんど無視している。これを正すには思想的文脈と社会的文脈の接点である〈政治文化〉の領域に踏み込まねばならない、というのがイリーの主張である。

1　ナチズムの思想？

「保守革命」と総称される社会思潮、もしくは社会運動はワイマール共和政期に隆盛をきわめ、またナチズムの「思想」とも内容上似ているところから、ナチを後押しした思想、時にはナチズムの思想であるということで、しばしば批判的に取り上げられてきた。ただ何をもって「ナチの思想」ととらえるべきか必ずしも自明でない。社会民主党や共産党など、マルクス主義という理論的中核をもっているドイツの社会主義政党と比べてはもちろんのこと、世界観的伝統をもつカソリックの中央党や自由主義的民主主義的な思想的伝統をもつ市民的政党と比較しても、理論的ならびに思想的中核を欠いているナチ党の場合、そもそも何が正統的なナチ思想なのかわかりにくい。党員で『二〇世紀の神話』など著書も多いアルフレート・ローゼンベルクや党綱領の「理論家」とされるゴットフリート・フェーダーらは、その思想的精度は問わないにしても、党内でさほど権威がなかったといわれており、ナチの「思想書」として残るのは党首ヒトラーの『わが闘争』くらいのものである。思想的「精度」

を疑問視したが、もともとナチスは政党として出発しており、それ自体思想運動ではなかったから、「精度」に欠けていてもさほど不思議なことではない。「保守革命」論がナチズムの思想に似ているというのは、『わが闘争』やヒトラーの演説、一時期党のナンバー2ともいわれたグレゴール・シュトラッサー（一八九二―一九三四）の演説集などを題材にナチ「思想」を読み取った場合にいえることである。

ナチスへの思想史的アプローチには、ナチスにそもそも問題とするに足るような思想があったのかという疑念が常につきまとうが、それは右に述べたような理由のためだけではない。マンハイムは『イデオロギーとユートピア』のなかで「至福千年説」という代表的な「ユートピア的意識」を取り上げて、それを思想史からとらえようとしても「無駄」であると述べている。

> 思想がかれらを革命へと駆り立てたのではない。ほんとうに爆発を起こさせたのは、恍惚と熱狂のエネルギーである。ここでユートピアを行動に移す機能を果たした、存在を超越した意識の要素は、「思想」ではなかった――このユートピアを行動に駆り立てる実体の本来のありかが、表現形式のうちにないからこそ単なる思想史的な観察は、至福千年説の上にたつ意識という現象をとらえるのにはまったく不適当なのである。

ここで「至福千年説」に関していわれていることは、ナチズムについてもかなりの程度当てはまるのではないか。実際第一三章においても触れたように、マンハイムによれば、ファシストははじめからおのれを根底から支えるものとしての思想を信じてはおらず、かれらにとって思想が意味をもつとすれば、人びとに影響を与えるための手段として、その目的のために自由に作り出すことのできるフィクションとして、であるにすぎなかった。

当初はナチズムの思想、もしくはナチズムの周辺の思想ということで保守革命論に関心が寄せられ、『第三帝国』というタイトルの著書をもつメラー・ファン・デン・ブルック（一八七六―一九二五）や『西欧の没落』の著者シュペングラー（一八八〇―一九三六）などが恰好の研究対象とされた。だがかれらは概してナチズムと特別に重要な関係があったわけではないし、多少あったとしても運動内部において格別の影響力をもった人物ではなかった。一般に保守革命という思想自体がナチズムの周辺にあった思想だったが、思想としてはナチズムと同様に体系性や一貫性を欠いており、曖昧さのつきまとう思想でもあった。後にエルンスト・ユンガーの秘書をしていたこともあるアルミン・モーラーでさえ、保守革命派のほかに「国民革命派」や「青年保守派」といった名称も用いていた。保守革命論は思想体系というよりは社会思潮として、イリー的に考えれば政治文化の一環として取り上げるべきものである。

2　保守革命派とは？

前章で述べたように「保守革命」論とはワイマール共和国の時代、とりわけその末期に広く流布していたある思想傾向である。ワイマール時代に、伝統的通念によると対立するはずのカテゴリーが相互に浸透・交錯し、そういうものとして〈非合理的なもの〉が表面化する状況がかなり広汎にみられたが、そうした状況の中から生まれた思潮と運動の中で、ナチとの親近性が感じられることもあって「保守革命」論がもっとも代表的なものとして関心をもたれてきた。日常的な用語法では対立するものとされていた「保守」と「革命」が結び付けられた「保守革命」論は、共和制とともに成立した新しい状況に対する従来とは違った対応のひとつであった。それはひとつの社会思潮といえるものの、特定の理論体系に依拠した思想であるというよりも、往々にして漠然とした、しかし熱烈な願望や激しい怒りと幻滅の感情を中核として、そのまわりにいくつかの主張がゆるやかに集合したような思想である。「保守」と「革命」を結びつけるのがリアリティを持つような精神的状況は、ワイマール共和国期の初期に保守革命派と総称されるイデオロギー集団によって占有されていたわけでないことは、先に述べた通りであるが、以下の叙述ではワイマール時代に固有の現象である保守革命派に焦点をあてることにしたい。

「保守革命」論はそれ自体一義的には理論体系の名称ではなく、当時のある精神的状況や思想傾向を総括する概念であり、その思想内容の面からみると曖昧さの残る思想である。だが曖昧で理論的深度に欠けるとはいっても、「保守革命」の思想内容に一定の共通性がないわけではない。大量の社会現象としての「保守革命」論はワイマール共和国に固有の現象であり、その思想内容の多くは共和国期固有の要因に規定されている。ここにいう共和国固有の要因とは、敗戦と革命、戦後処理、とりわけヴェルサイユ条約にかかわる状況的要因である。ここに由来する「保守革命」論の主要な論点は、共和国前期にほぼ出し尽くされた。保守革命派は当時広汎に受容されていた反ヴェルサイユ体制、すなわち反ワイマール共和国という「国民的」基盤から出発し、そこにさまざまな保守革命論的色合いを添えている。かれらの立場は容易に概観できないほど多様だが、あえて整理すると以下の主張に要約できよう。

① その反ヴェルサイユ体制＝反共和国という政治的立場は、「反西欧」のナショナリズムに立脚している。

②「反西欧」のナショナリズムはまた、「ナショナリズムと社会主義の統一」をベースとするかれら独自の「社会主義」論と結びついている。

③その「社会主義」論にあっては階級の論理よりも「ネーション（国民）」の論理の方が規定的であり、マルクス主義とは対立する「社会主義」論が展開される。

④共和国の打倒、さらにはヴェルサイユ体制の打倒という主張は「自由主義」の克服、すなわち「議会主義」、「民主主義」、「個人主義」、「資本主義」、「インターナショナリズム」といった諸要素を克服する役割を担う「ドイツ的社会主義」論によって特徴づけられる。

⑤「ドイツ的社会主義」の未来像によると、基本的には初期資本主義的社会関係、もしくは身分的に編成された社会関係が望ましいとされている。

⑥だがそうは言っても、当面の主張としては、反共和国とはいえ、帝政期以前の社会関係に復帰するという主張はもはやなされず、労働者の政治的社会的進出を一応承認する。

⑦かれらは「工業化」がもたらす社会的、心理的な影響に対し選択的に臨み、選択に際し右に書いた諸論点が規定的役割をはたす。

ワイマール時代の保守革命派はこれらの主張をほぼ共有した後で、さらにそれぞれ個性的見解を加え、自己流の「保守革命論」を展開している。保守革命派は現代産業社会に内在し、それを内側から変えていく適応の姿勢を一応示しながらも、変革の先に展望される未来社会像としては、総じて現代産業社会の矛盾が顕在化する以前の社会状態をさまざまなかたちで描き出したにとどまっており、ファシズムの思想と同様に、同時代に適合した思想内容を持ち合わせていたとはいい難く、「保守革命」の思想がそのままのかたちで、二一世紀の今日に復活することはありえない。「保守革命」論も思想史上の現象としてよりも、まずは当時の精神的状況の表現として理解するべきであろう。

3　社会的勢力としての保守革命派

本章で保守革命派を取り上げるのは、それがワイマール時代に活況を呈した社会思潮であったことのほかに、イデオロギーとしても社会運動としてもナチズムと親近性があったためでもあった。〈思想内容〉からみると「保守革命」論とナチズムとを明快に区別するのは難しい。ナチ党の内部に、とりわけ「ナチス左派」とも呼ばれたグレゴール・シュトラッサー周辺のイデオローグは「保守革命」論的主張を展開しているし、ヒトラーでさえ『わが闘争』から読み取れる限りにおいて保守革命的思想の持主であるといえないこともないからである。反産業社会的な主張、政治問題の心情化傾向に見られる「非合理的」性格において、あるいはまた反自由主義、反ワイマール体制といった論点において、両陣営は共通の戦線にたっていたから、両者の相違は知的誠実性の程度とか、思想における理念的理論的性格の度合いなどに求められることになり、例えば後にノーベル平和賞を授与されるも獄中で死去することになる、当時の左翼的週刊誌『ヴェルトビューネ（世界舞台）』の主筆の一人だったカール・フォン・オシーツキィ（一八八九―一九三八）は保守革命派の「タート派」を取り上げた文章の中で、その主張を「ヒトラーを超ヒトラー化する」主張だと述べ、「ナチズムをモダンな教養語に翻訳している」と批判している。

また人的つながりといった具体的な場面でも保守革命派はナチズムと近いところにいた。ナチ期にはヒトラーと袂を分かったといわれるエルンスト・ユンガーでさえ保守革命的主張を展開していた一九二〇年代にはナチの機関紙に論文をよせヒトラーと著書のやり取りをしていたほどである。ただ一般的には「近い関係にある」といって間違いではないが、保守革命派とナチの具体的な関係は複雑で錯綜しており、容易に一般的概括を許さないところがある。一般的に保守革命派はナチ党と一線を画していたと考えるべきであろうが、個々の保守革命派のナチ評価も必ずしも一貫しているわけではなく、時期に応じて変化しているし、ナチ運動を評価する場合でも党内の特定の人物だけを評価する場合もあるといった具合で、保守革命派とナチズムの関係を一義的に規定することはできず、個々の人物、個々の場合に即して検討するのが望ましい。

本書ではナチ党の内部で保守革命的な主張をし、著作を著わした人は、原則的に保守革命派と区別している。したがって一九三〇年に脱党するまでのオットー・シュトラッサー（一八九七—一九七四）や一九三四年に殺害されるまで党員だったグレゴール・シュトラッサー、あるいは「ナチス左派」の一人で『ドイツ的社会主義』の著者でもあるエルンスト・レーヴェントロウ伯などは保守革命的主張を展開していても原則的には保守革命派には加えていない。シュトラッサー兄弟の経歴はナチ党内部にとどまろうとする保守革命派の命運を示しているといえよう。ただ保守革命派とナチ党員の境界は流動的で、両者の区別は便宜的なものである。

世代論的観点からみると、「保守革命」論は「前線世代」に典型的な自己認識、社会認識のひとつである。「戦前世代」は戦争前に人間形成を終え、「戦後世代」は戦争以後に人間形成をおこなったのに対し、「前線世代」は戦争の四年間がまさに人間形成期と重なってしまい、安定的な人間的基盤をもたないままワイマール時代を過ごすことになった世代である。「保守革命」論は「前線世代」によって主張され、支持され、広められもしたが、ワイマール時代初期に「前線世代」は概してまだイデオローグたりうるまでに成長していなかったから、最初に保守革命論的主張を展開したのは、むしろ戦前世代に属するメラー・ファン・デン・ブルックやシュペングラーたちであった。

ブルックの『第三帝国』やシュペングラーの『プロイセン精神と社会主義』は「前線世代」の心情を理論化したものとして受容されていっただけでなく、マルクス主義的な社会主義像の意味転換をはかり、その「ナショナリズムと社会主義の統一」という観点は広い社会的関心を呼び起こしもした。しかし「保守革命」論自体もともと敗戦と革命という危機の産物である以上、かれらがいかに以後も継続しつつある危機について語りはしても、敗戦から革命を経てインフレにいたる混乱期が終わり、「相対的安定期」（一九二四―二八）を迎えると、「知的世界」の表舞台から後退していかざるをえなかった。

しかし安定期にも保守革命派の動きは決して沈滞したわけではなく、各種の保守革命派の運動は小集団であるとはいえ、それぞれの機関誌をもち、同志的結合を保持し続けた。安定期がもう少し続けば、保守革命派の運動も決定的な打撃を受けたかもしれないが、かれらの願望通り安定期は束の間のものでしかなかった。保守革命派の呼びかけが再び、否それ以上に広く人々の耳目を集めるようになったのは、一九二九年アメリカに発する経済恐慌がドイツにも波及して以後のことである。保守革命派の運動は急進性を基準に、「国民革命派」、「青年保守派」、「フェルキッシュ（民族主義）派」などに分けられたりもするが、これらの小集団のうち、とりわけドイツ社会民主党を追われたかつての革命指導者で、ソ連との連携も模索する「ナショナルボルシェヴィズム」的主張を展開していたエルンスト・ニーキッシュ（一八八九―一九六七）らの「抵抗運動」や、ハンス・ツェーラー（一八九九―一九六六）らを中心とし雑誌『タート』に結集した「タート派」、ナチ党を脱党し真の「国民社会主義」の実現をめざしたオットー・シュトラッサーらの「黒色戦線」、ユンガー兄弟らの「革命的ナショナリスト」諸集団などが代表的な運動であり、かれらの動向は右翼急進主義陣営の比較的狭い世界を越えて、ドイツ社会全体の注目するところとなった。当時のドイツを代表する、『ノイエ・ルントシャウ(新展望)』、『ヴェルトビューネ』、あるいは『文学世界』などの雑誌や、「フランクフルト新聞」や「ベルリン日報」などの新聞が保守革命をたびたび批判的に取り上げるようになったこと自体、何よりも時代の空気の変化を物語っている。

しかしそうはいっても保守革命の影響が政党政治レベルでも大きかったというわけではない。保守革命派はワイマール時代の諸政党の中ではナチ党にもっとも近かったのは間違いないが、一般に党に入り積極的な活動をしたとはいい難いし、みずからの統一組織はなく、みずからの独自の政党を組織したわけでもない。かれらは概して理論的には政党政治を積極的に評価していなかったし、組織論としてはエリート主義的小集団に共感を寄せ、実際また小集団にとどまっていたから、保守革命派の政党政治レベルでの影響はナチ党を別にすれば大きいとはいえなかった。

今日われわれが保守革命派に注目するとすれば、その思想内容の深度や現実政治レベルでの影響力のためではなく、むしろワイマール時代のとりわけ末期に知的精神的状況を醸成する上で保守革命派の及ぼした影響のため、あるいは「保守革命」論がそうした状況を典型的に表現しているからである。「保守革命」論の主張内容の構成要素についてはすでに触れたが、本書の観点からみれば、「保守革命」論の保守革命論たる所以はそこにあるのではない。〈思想内容〉から見ていく場合、「保守革命」論の理論的曖昧さ、あるいは「反動的」性格を読み取るのはさほど難しいことではない。その点を解明するのも必要だろうが、そこで考察を終えてしまうと、「保守革命」論の最大の特質が抜け落ちてしまう。保守革命派の議論には、当時の固有な精神的状況が、すなわちかつては維持されていた安定的な生活の基盤が崩壊し流動化している状況に対して示された反応、ワイマール体制への深い幻滅など、当時の精神状況の微妙な揺れや振幅が示されており、そのような時代表現的あるいは時代診断的側面こそが「保守革命」論に特有な側面なのである。

保守革命派の命運を検討する際の前提となるのは経済恐慌のドイツへの波及以後におけるナチ党の急激な政治的台頭である。

ここで本章後半の叙述の位置づけをしておこう。精神的状況の揺れや振幅は社会運動や政治運動に具体的にあらわれてくる。まず4節においては保守革命派のなかで「ナショナルボルシェヴィズム」的主張を展開したグループや個人に焦点を当て、かれらが右翼急進主義と左翼急進主義の間を揺れ動いていた姿の一端を、ニーキッシュやペテル、シェリンガーなどに即して簡単に紹介する。5節以下は保守革命派の思想と行動について取り上げる。保守革命派は総じて機関誌をもった小集団から成っており、かれらは論争と実践の過程で多少なりとも変わっていく。5節以下では保守革命の思想と実践の命運について、政党（ナチ党）の内部でその主張を実現しようとしたグループとして「ナチス左派」を、そして政党外部の集団として活動を続けたグループのなかから、エルンスト・ユンガーとハンス・ツェーラーの思想と動向を考察の対象とする。ユンガーも雑誌を拠点に小集団を結成していたし、ツェーラーは雑誌『タート』に依るグループの中心人物であり、集団として活動したという面も無視しえないが、本章では思想的側面に焦点をあてるということで特にこの二人を取り上げることにした。

先に2節において「保守革命」論の一般的な思想傾向を総括的に説明しておいたが、そこでの叙述からも予見されるように、「保守革命」論には元来固有の矛盾があった。保守革命派の共有する姿勢は「ナショナルなもの」を優先するナショナリズムにあり、インターナショナリズムに立脚する自由主義とマルクス主義はいずれも受け入れがたい立場であった。資本主義も自由主義の一環としてとらえられていたので、保守革命派は「ドイツ的社会主義」を唱えるようになる。『ドイツ的社会主義』の著者でもあるゾンバルトも述べているように、歴史的にみれば社会主義には多数の形態があり、マルクス主義的社会主義はその一つにすぎなかった。保守革命派にとってはそれぞれの国民は自らに相応しい社会主義を持つはずであり、シュペングラーやレーヴェントロウ、あるいはツェーラー、オットー・シュトラッサーもそれぞれドイツ的社会主義を主張していた。保守革命派の「反資本主義」は同時に反「自由主義」「反マルクス主義」だったから、かれらのいう「社会主義」は、ナショナルで政治的＝国家的な社会主義にならざるをえない。現下の社会問題に積極的に取り組み、労働者と中産層の連帯を追求する「社会主義」である。このような立場の保守革命派に固有な問題点は、中産層と労働者が連帯する社会経済的基盤の欠如とかれらの中世的もしくは初期資本主義的未来像による後ろ向きの性格とにある。中産層自体多様な相互に反する利害を内部に抱えていたことはすでに触れたが、さらに労働者を加えたうえでの連隊の基盤を社会経済的領域に求めるのは難しく、ナショナリズムのような多少とも観念的なところに基盤を求めるしかなく、またその未来像は現代産業社会に背を向けるものになっていただけでなく、中産層的な性格も濃厚だったため、かれらのめざした「マルクス主義陣営から労働者を奪い取る」ことにほとんど成功しなかった。

5節以下で簡単に取り上げるユンガーとツェーラーは、こうした保守革命の問題点をもっていたと同時に、その問題点にかれらなりに対応しようとしてもいた。ツェーラーは「第三フロント」論において、ユンガーは「労働人」論においてかれらなりの解決を見出した。最後の7節では保守革命的主張がナチ党内部でどのような道をたどったのかを検討することにしたい。

4　ナショナルボルシェヴィズム、ナチス、共産主義運動

ワイマール時代には社会生活や精神生活を含めた生の諸領域において具体的内容が排除され形式化される傾向にあったことは、本書の随所で言及してきたが、政治運動や政治的イデオロギーの分野においても、そうした傾向はみられ、例えばその具体的内容の相違を超えて〈急進性〉という層位それ自体が重要な意味をもたされるようになっていた。さらにまた政治的社会的側面での〈急進性〉と美的・文化的側面での〈急進性〉もその内容の相違を超えて交錯する事態が発生してもいた。後の時代からみて明白であるような内容的相違が、同時代的にはよくみえていない、あるいはみえていてもリアリティが乏しく重要でないかのように思える心的・精神的世界がある程度定着していたのである。

保守革命派はまさにそのような世界を固有の居場所にしており、共産党とナチ党という二つの急進主義勢力の間を揺れ動いていた保守革命派も少なくない。ナチ党とナチ運動を、共産党と共産主義運動を分けて考察する、例えば「タート派」にみられるような（本章6節参照）運動と政党を分ける発想は、保守革命派に広く受容されており、保守革命派のナチスや共産主義への接近はそれぞれの政党組織への共感というよりも、党を支えるそれぞれの運動体に結集した人びとへの共感と言った方が実態に近かったので、現実政治レベルでの影響力は限定的であった。

保守革命派を媒介とする共産主義とナチスの交錯は、主として「ナショナルボルシェヴィズム」と呼ばれる思想潮流において進行した。「ナショナルボルシェヴィズム」とは元来ドイツ共産党から分離したハンブルクのハインリヒ・ラウフェンベルクとフリッツ・ヴォルフハイムらが一九二〇年に立ち上げた共産主義労働者党の主張を、カール・ラデックが批判して用いた言葉だが、ワイマール時代にはもう少し広い意味で用いられ、ナショナリズムと社会主義の統一を主張し、具体的には、共産主義陣営においてナショナリズムを昂揚させる傾向と、元来ナショナリスティックな保守革命派における社会主義的主張を重視する傾向とにあらわれ、両陣営ともソヴィエト＝ロシアとの連携を模索した。エーリヒ・ミュラーは「ボルシェヴィキ・ロシアの側に立った、革命的な、すなわち反西欧的で反資本主義的な」主張であると要約している（雑誌『ドイツ民族』）。

ワイマール時代に「ナショナルボルシェヴィズム」は三度にわたって大規模とはいえないまでもやや活況を呈した。第一波は先に触れた一九一九年に始まるハンブルクの運動だったが、保守革命派が「ナショナルボルシェヴィズム」において存在感を増すのは第二波以降であり、第三波は経済恐慌開始以降の時期にあたる。第二期を代表するのがエルンスト・ニーキッシュの運動と思想である。ハンブルク運動が基本的には共産主義の側にたった運動（「ナショナルコミュニズム」と呼ばれることもある）であったのに対し、ニーキッシュの運動は主として保守革命の思想圏において展開された。保守革命の「ナショナルボルシェヴィズム」の思想的先駆者としては、メラー・ファン・デン・ブルックやシュペングラーがいる。

ニーキッシュの経歴は社会主義運動から始まっている。一八八九年にシュレージェンで生まれ、民衆学校（小学校）教師がかれの最初の職業であった。第一次大戦中社会民主党に入党し後に独立社会民主党に転じている。敗戦後バイエルンの労働者・兵士評議会（レーテ）に指導者として参加するも、レーテ共和国はいちはやく失敗に終わり、二年間の禁固刑に処せられた。その後社会民主党に戻りバイエルン議会議員を経て「社会主義展望」誌の主筆にもなったが、転機となったのはフランス軍のルール闘争の経験で、この時期にかれの「抵抗政策」の着想は生まれた。ワイマール時代後半の「ナショナルボルシェヴィズム」運動の主役になったのはニーキッシュであり、一九三〇年代に入るとナチ党の左派の代表的イデオローグのオットー・シュトラッサーやカール・オットー・ペテル（一九〇六―一九七五）らと「社会革命ナショナリスト団」（GSRN）を創設し、こうしたメンバーが中心となって、共産主義運動や他の保守革命派と合従連衡を繰り返すことになる。

この間政党政治レベルでナチ党の急激な上昇が始まる。一九三〇年九月の国政選挙で議席を一二から一挙に一〇七へと増やし、ナチ党はマイナーな政党から一挙に社会民主党に次ぐ第二の政党にのしあがり、ナチ党の「流星的上昇」といわれたが、その兆候は以前からみられた。ワイマール時代の議会の多数派はしばしば瓦解の危機に見舞われたが、一九二三年から一九二九年まで外務大臣の地位にあったグスタフ・シュトレーゼマンの力もあってどうにか体制は維持されていた。共和国にとって致命的だったのは一九二九年にアメリカの経済恐慌がドイツへ波及したことと、ワイマール体制の支柱だったシュトレーゼマンの死去であった。ナチ党の急速な台頭は一九二九年末にすでに明白であった。ヴィンクラーによれば（『自由と統一への長い道』）、同年一一月、および一二月にナチ党が参加したいずれの選挙においても、すなわちバーデン州議会選挙、テューリンゲン州議会選挙、リューベック市議会選挙、プロイセン県議会選挙、ヘッセン市町村選挙、ベルリン市議会選挙においても同党は多くの得票を獲得した。このうち一一月に行われたベルリン市議会選挙では「社会民主党の議席が七三から六四へ、民主党が二一から一四へ減少したのに対し、これまで議席をもたなかったナチ党は突然一三議席を獲得した」。それ以上にナチ党が進出したのは大学においてであった。同じくヴィンクラーによれば一九二九／三〇年冬学期の学生自治会選挙においてナチ学生同盟が勝利した。「ヴュルツブルク大学では三〇パーセント、ベルリン工科大学では三八パーセント、さらにグライスヴァルト大学では五三パーセントをも得票した」のである。そうした実績の集大成が一九三〇年の国政選挙の結果だった。ナチ党のみならず保守革命の諸集団にもチャンスが訪れたように思われた。ナチの大勝の結果保守革命派はナチ党とどう関係をもつかが戦略上重要になった。

「社会革命ナショナリスト団」は雑誌『来りつつある者（Die Kommenden）』周辺に結集した「国民革命派」、つまり保守革命論の左派集団が中心となり、一九三〇年五月末ベルリンで会合を開いた。そこには各種の保守革命派の代表者が参加しており、ナチの闘争出版社のシュトラッサー兄弟、「ライヒスヴァルト（国家の護り）」のレーヴェントロウ伯、ヒトラー・ユーゲントのアルトゥア・グロッセ、ハンブルクのヴォルフハイム、そしてニーキッシュ、『来りつつある者』からはエルンスト・ユンガー、ペテル、ヴェルナー・ラス、またブント集団からも数人参加している（シューデコプフ『ナショナルボルシェヴィズム』）。参加メンバーはナチ党内部の非主流派、あるいはナチ党周辺の活動家、著作家が大半であったため、この団体の会合はナチ党内の反対派を結集するという意味ももち、とかく党綱領の「社会主義的」部分を軽視しがちな党中央の指導部に対し党綱領の理論的精緻化をめざそうとしていた。

この会合に続いてナチ党内の路線対立からオットー・シュトラッサーのグループがオットー以下二

五名の署名のある「社会主義者は国民社会主義労働者党（ナチ党）を脱党する」との声明を発表し、党を抜けることになったが、当初予想されたほどナチ党に対する影響はなく、脱党者のごく一部は共産党に移った。直後の一九三〇年九月の国政選挙におけるナチ党の大勝利も不利に作用し、結局オットー・グループは後に「黒色戦線」を名乗るようになり、保守革命派の一集団として活動を続けることになった。

以後二年数か月の保守革命派の動向のうちもっとも積極的動きをみせたのがペテルであった。ペテルは一九〇六年ベルリンに生まれベルリン大学で学び、ブント的青年運動に参加して頭角を現し、一九三〇年初頭には「来たりつつある者」の編集長を務めたり、『社会主義的国民』誌の出版を手掛けたりして、「ナショナルボルシェヴィズム」の有力な活動家になり、オットー・シュトラッサーやニーキッシュとともに、「ナショナルボルシェヴィズム」的傾向の保守革命派の上位組織を結成すべく「社会革命的ナショナリスト団」に加わった。ナチ政権成立後は非合法活動で何度か逮捕された後亡命している。ベルリン大学時代の友人であったヘンリー・パクターは後の回想録において（『ワイマール・エチュード』）、「ナショナルボルシェヴィズム」を「資本主義や都会主義、物質主義、合理主義などへのロマン主義的反動」である「ドイツ青年運動」から生まれたものととらえ、その「混乱したイデオロギー」はカール・オットー・ペテルのものでもあったと述べ、次のようにいっている。

カール・オットーは体制派ナチスを非難し、赤軍の友好的な支援によるドイツ人の国民的で社会的な革命を予言した。かれは愛国的でありながら同時に共産党とも協力できるし、あるいは少なくともロシア人と友好的になれることを明らかにした。カール・オットーは反ユダヤ主義を拒否した。かれはヒトラーを軽蔑した真のドイツ人だった。

ペテルが編集長だったことのある『来たりつつある者』誌は保守革命運動において重要な意味をもった雑誌でもあり、エルンスト・ユンガー（一八九五―一九九八）も一時期同誌の編集陣に加わっていた（この時期のユンガーの思想については第七章も参照）。「ナショナルボルシェヴィズム」の第三期の主役は国防軍のシェリンガー中尉であった。『タート』誌においてツェーラーは共産主義に可能性があるとすれば「ナショナルコミュニズム」としてである（「革命か復興か」）、と主張していたが、かれがこう書いた一九三二年はちょうど共産党が従来の政策を変更し、ナショナリスティックな中産層の陣営に介入し、反西欧の旗幟を鮮明にした時期に重なる。一九二九年にシェリンガーは国防軍内に「ナチ党細胞」を結成したりしていたが、一九三一年になると突如共産党に移り、国防軍内で「ナショナルボルシェヴィズム」的主張を展開し、その文脈で公然と「革命」を主張したため、大逆罪で起訴され有罪となったが、一九三三年に刑期を速めて釈放されている。

以上のようにナチスと共産主義は時に交錯し、ナチから共産党へ、共産党からナチへと移った人もいたが、それを可能にしたのが保守革命的磁場であった。実際の運動において両者が接触する場はあったものの、イデオロギーの面から見ると、総じて保守革命の政治思想は共産党よりもナチ党の方が近かった。

5　保守革命派の命運（1）――エルンスト・ユンガー

「保守革命」論のような社会思想というよりは社会思潮といった方が適切な社会現象の場合、常に固定した立場からの議論がなされるというより、その運動としての現象形態には一定の社会的ないし政治的な幅があり、論者の違いによって、また時代状況の違いによって、その幅の範囲内を動き回るようなところがあった。パウル・ティリッヒはワイマール時代の末期に保守革命運動を考察するにあたって「政治的ロマン主義」の概念を用い、それをさらに保守的ロマン主義（政治的ロマン主義の保守的形態）と革命的ロマン主義（政治的ロマン主義の革命的形態）とに分けているが、その用語を用いるとすれば、時期によって多少の変化があり論者によって議論に振幅のある「保守革命」論は、「保守的ロマン主義」と「革命的ロマン主義」とを両極として、その範囲内で動く運動であった。

すでにユンガーは何度か本書に登場しているが、ここでは特に保守革命派としての活動に焦点を当てて、主著『労働人』刊行以前のユンガーの思想と行動に着目したい。二〇年代前半、すでに数冊の著書によって戦争文学の旗手としての地位を確立していたユンガーではあるが、二〇年代後半から三〇年代初頭には、『来りつつある者』誌のほか、『シュタンダルテ（連隊旗）』や『アルミニウス』、『フォアマルシュ（進撃）』といった名前の保守革命的な雑誌ともかかわりがあり、それぞれに多数の論文や評論を寄せている。付け加えるなら、アルミニウスとは古代ゲルマンの族長で、ローマ軍を破った英雄の名前である。これらの雑誌周辺には急進的なナショナリストの集団が結集し、「ナショナルボルシェヴィズム」はここにも共鳴盤をもった。

「国家に入れ」という自由主義的な議会主義のスローガンに対し、結局国家に取り込まれてしまうのではないかと違和感を覚えていた「ブント（同盟）」のメンバーに対し、ユンガーは経済的には比較的安定期だった一九二六年末の時点ですでに自由主義化した「ブントから出ろ」と呼びかけていたが、みるべき成果はえられなかった。ワイマール時代の「ブント」は目的合理的な組織や利害団体とは質的に異なり、成員同士のトータルな人間関係に基礎づけられた団体であると自己理解されており、青年層に一定の支持をえていた。一九二九年末、恐慌期に入ると事態は急変し、ユンガーの論文は注目を浴びるようになり、とりわけリベラル左派の雑誌『ターゲブーフ（日誌）』に掲載されたかれの論文「「ナショナリズム」とナショナリズム」は大きな反響を呼んだ。かれは旧来の伝統的なナショナリズムを「市民的＝ブルジョア的」、自ら喧伝する新しい「ナショナリズム」を「兵士的」と特徴づけて両者を区別し、「兵士」も英雄的個人ではなく、後の著書『労働人』の言葉を用いれば「型としての労働者」のイメージで理解したのである。『ターゲブーフ』の編集人シュヴァルツシルトはただちに反論をよせている。こうして一九三〇年代に入るとユンガーや保守革命派にもチャンスが巡ってきたのである。

ユンガーのような人は別だったのかもしれないが、最初の全体戦争である第一次大戦の体験を咀嚼するには一定の時間的経過を必要としたから、戦争文学が広い読者をえるには一九二〇年代後半の新即物主義の時代を待たねばならなかった。なかでも有名なのがルートヴィヒ・レンの『戦争』とレマルクの『西部戦線異状なし』であり、特に後者は当時の大ベストセラーになった。レマルクの自認するところによれば、それは「告発でも告白でもなく」戦争の実態を、とりわけ「戦争によって破壊された世代」を描く反戦小説であった。時代の新即物主義的手法にも影響されていることもあり、レマルクの叙述は確かに戦争の悲惨さを即物的に描いてはいるものの、同時に戦場においても日常的世界が一定程度成り立っていることも即物的に描いており、読者を安心させるところがある。よりユニークな戦争の記述を提供したのはエルンスト・ユンガーだった。ユンガーは一九三〇年代に入ると、いくつかの戦争論集に主たる論客として加わり、比較的まとまった戦争論を書いている。

ユンガーにとって第一次大戦にみられる「戦争」は高度の技術的精確さを必要とする点で、従来の

「闘争」と区別され（「戦争と写真」）、大量殺戮兵器によって遠方の敵でも一瞬のうちに精確に撃ち落すことができる。とはいえユンガーにとって「戦争」は日常生活とまったく違った独自な状態ではなかった。

戦争はまったくそれ固有の法則に服するような状態ではなく、めったに表面にはあらわれないが、生と結びついた、生のもう一つの側面なのである。戦争が生の一部を表現するのではなく、充満した圧倒的力の状態における生を表現するように、この生自体は根本的に戦士的性格をしている。

「戦争」は「生」と無関係なのではなく、「生」の一部、それも力の高揚した状態の「生」の表現なのであり、平時のなかにすでに「戦争」は含まれている。ちょうど一九世紀の初めに国王の軍隊が市民の軍隊にとってかわったように、いままさに市民の軍隊が「労働人」の軍隊に交代しつつあるこの変動の過程は、ドイツの場合しばしば戦争目的などのスローガンによって覆い隠されていたが、第一次大戦で露呈するようになり、その結果敗戦も「労働人の爆発的エネルギー」を必要なだけ動員するのに成功しなかったためである、ととらえられた（「戦争の重要なイメージ」）。

この問題が本格的に展開されたのは「全体的動員（総動員）」（ユンガー編著『戦争と戦士』一九三〇）においてであった。例えばヴォルテールの『カンディード』に描かれているように「信頼できる指導部のもとに徴募された一〇万人の臣民を戦場におくることで十分であった時代」には、人員にせよ、軍備と経費の規模にせよ、ある程度計算可能であり、その意味で動員は「部分的措置」という性格をおびていたのに対し、第一次大戦では画期的に変化し、「全体的動員」がなされた。ユンガーの「全体的動員」論においては「エネルギー」の概念が重要な意味をもっている。「エネルギーへの生の転換」といわれるように、「生」の概念も「エネルギー」の観点から理解され、「エネルギー」が全体的に動員されるのがかれのいう「全体的動員」である。「生」がエネルギー化すると、人間関係をはじめとするあらゆる結びつきは「一時的」なものになり、持続的なものは解体していく。大戦当初はまだ「部分的動員」の性格を残していたが、戦争の長期化とともに「動員」は全体化していく。「国を代表して武装することは、もはや職業軍人だけの義務と特権ではなく、兵役に耐えうる者すべての任務となる」だけでなく、戦争継続のためには次々と公債を発行し資金を限りなく調達することも必要になり、さらに戦争のイメージも武装行為から「巨大な労働過程」へと変貌し、結果的に戦場で戦闘行為に従事する軍隊と並んで、「運輸、食糧、軍需産業という新種の軍隊」が成立する。こうして大戦の終わり頃には「少なくとも間接的にさえ戦争遂行と関わりをもたない運動」はもはや存在しなくなる。いまや生の潜在的エネルギーは「絶対的に掌握」されるようになった。

大戦の当初、まだこれほどの規模の動員は予見されていなかった。そして大戦後期の物量戦においてもまだ「究極の可能性」は達成されていなかった。ユンガーによれば、「究極の可能性」が達せられるのは、「戦争という出来事のイメージがあらかじめ平時の秩序のなかに描きこまれる」段階においてであった。その行き着く先が「国家の機能として理解できないものがまったく存在しない状態」であることはいうまでもない。だからこそ戦争は労働行為と同一化するのである。そして労働＝戦争を行う人間を、ユンガーは「労働人」という型に求めることになる。主として保守革命派の諸雑誌に発表されたかれの評論は最終的に一九三二年の『労働人』において完成したといってよかろうが、その理論的骨格はいま紹介した「全体的動員」においてすでに確立した。この論文はユンガーの保守革命派時代の総決算というべき内容になっている。保守革命派は総じて社会主義とナショナリズムの統一を主張し、運動の担い手としては中産層と労働者の連帯を説くことになるが、そのイデオローグが中産層、教養市民的であったため、その未来像形成に際し初期資本主義的な世界を理想化しがちで、事実上労働者には浸透できず中産層を主たる担い手としていた。保守革命派は労働者と中産層の連帯の社会的基礎を説得力あるかたちで示しえなかったのである。これに対しユンガーの「全体的動員」論はその社会的基礎に踏み込み、中産層と労働者を「労働人」という人間類型において統一的に把握した点で、従来の保守革命派の限界を超える方向を指し示した。それは保守革命派に新しい道を示したことになるのか、それともかれが保守革命派から離脱の一歩を踏み出したということなのだろうか。

6　保守革命派の命運（2）――ハンス・ツェーラー

最後に「保守革命」論の思想としての命運について触れておきたい。保守革命の運動は危機の産物で一時的過渡的な現象であったことに対応して、「保守革命」論も一時的で過渡的であった。「保守革命」論自体、保守主義的な意識が新しい現代的状況のなかで生き残るためにロマン主義化したものでもあり、その意味でロマン主義と同様に一時的で過渡的であったともいえよう。ロマン主義化の背景となったのが、流動的で動態的な一九二〇年代の社会状況であった。

数ある保守革命派のなかでとりわけワイマール時代をそうした流動的で動態的な社会ととらえ、みずからも流動的＝動態的な精神状況に身を晒していたのが、「タート派」、とりわけ一九二九年以降ナチ体制の成立に至るまで編集責任者の地位にあり、また主筆としてしばしば巻頭論文を執筆していたハンス・ツェーラーである。かれは一九二九年以降一九三二年の半ばまで一貫して流動的＝動態的社会の、不安定で先のみえないワイマール社会の動揺する実態を描き出すことに専念し、『タート誌』はそうした時代状況を新鮮な目で描き出したものとして支持され、部数も数十倍に伸びたことから、一九三〇年代初頭には時の雑誌として知られるようになった。有力新聞や雑誌で取り上げられ、クラカウアーやクルティウスも同誌を批判的に取り上げるまでになり、ツェーラーは一時期「新中産階級の予言者」（フランクフルト新聞）と呼ばれたこともあった。政治と社会が流動的である限り、安易にこれを修復するのではなく、とりあえず流動性＝動態性それ自体を肯定するのがツェーラーの基本的なスタンスであった。執筆した論文に、「注意せよ！　新しい戦線、外部にとどまっていろ」、「諸政党の崩壊」、「右か左か」、「どこへ行くのか？」といったタイトルが付されていることからも想像されるように、ツェーラーは崩壊していくものを崩壊していくままに任せる姿勢をとる。

崩壊過程に身を投じることは古いものの崩壊を押しとどめることになりかねないのを、ツェーラーは警戒し「外部にとどまろう」と勧告する。ワイマール体制の崩壊に対しても、崩壊を修理、改革するよりも、崩壊を促進する勢力としての左右の急進政党としてのナチ党と共産党を相対的に評価し、「右か左か」の選択の問題には「右も左も」と答えている。さらにツェーラーは一九三一年一〇月に政治勢力を分析した際に、「組織」と「運動」が一体化した状態が望ましいという観点から、一九二九年以来両者が一体化した状態が成り立たなくなり、次第に「組織」と「運動」が分断され、国民の活力は「組織」を離れて「運動」へと移転し、「組織」はもはやそれにつき従う大衆を代弁していない、と主張している。形式合理性と実質的合理性が分断され、実質合理性は組織的＝制度的層位から離反し、もっぱら運動の層位に移っていたように思われた。ツェーラーは「諸々の最後の組織が崩壊してしまえば、民族は運動としてあるだけで、それ以外の何ものでもないだろう」とか「諸々の伝統や綱領、世界観、拘束、フィクション、留保、こうしたすべては発展の渦の中で没しさるだろう」とのべ、さらに「民族は再び民族になり、それ以上のものではなく、また人間は再び人間になり、そうしてそれ以上のものではない」と続けている。同じ言葉ではあっても前段の単語と後段の単語とでは意味が違っている。前段に言う「民族」や「人間」は組織化され「伝統」や「綱領」に拘束された「民族」なり「人間」であるのに対し、後段にいう「民族」や「人間」は組織から離脱しただけでなく、「伝統」や「綱領」にも拘束されることのない、流動化した「民族」であり「人間」であった。

生々しい現実の利害対立は通常制度化された組織を通して解決を追求される。ここで重要なのが民族は「運動以外のなにものでもない」というツェーラーの発言であろう。この文章は比喩的な誇張であって厳密に正しい事実認識を提示していると理解すべきでないと思うが、のちに文学史の泰斗となるエルンスト・ロベルト・クルティウスはここでツェーラーが「民族の運動化」を肯定している点に、文化に敵対的な「革命主義」を読み取っている（『危機に立つドイツ精神』）。それは言葉だけの、現実と離れたところで構成された「実体のない知性主義」の産物であり、そこに残るのは「空虚な運動という無内容、無形態の図式だけ」である。「運動」に充実を感じるツェーラーと「空虚さ」だけをみるクルティウスとの間の、現状に対する感性のずれは限りなく大きい。クルティウスにとって「タート派」の知性主義はニヒリズムと裏腹である。というのも「一切がまったくの運動になってしまう」ためには、それに先立って「伝統、綱領、世界観」など、およそ時間をかけて蓄積されてきた文化形成物の一切が破壊されねばならないからである。事実またツェーラーはやがて組織の解体までも主張するようになり、やや期待を込めていた左右の急進勢力の共産党やナチ党についても、それらは組織であって、いまや国民大衆はこれら急進主義の組織からさえ離脱していくと述べている。

このように危険視されたツェーラーの時代認識ではあるが、一九三二年になると、それまでの「急進主義」は急速にトーンダウンしてくる。そうして同年五月になると〈流動化〉の時代は終わったと宣言され、従来のような「外部にとどまれ」といった類の勧告は姿を消してしまう。ツェーラーは一九二九年から一九三二年にいたる、選挙を中心とする国民の動員を「投票用紙の革命」と呼んでいたが、左右両極の反対派の激しい政治運動によって、選挙、政党、議会といった「リベラルな政府」の拠点は破壊され、他方で政府は「動員された数百万人の大衆」を権力から遠ざけたままにすることによって「反対派」の拠点を破壊してしまい、結果的に動員された大衆の「沈滞」と「権威的統治機構」の残存という二つの傾向だけが残された、とみなしている。この段階になってツェーラーはようやく危機に有効に対処しうる主体として「第三フロント」の概念を提起するようになる。「第三フロント」とは「統治機構」と「大衆」の間にいる「ドイツ本来のエリート」であるといわれ、「前景」で演じられている「政府」と「反対派」の賑やかな闘争の背後で「現実的」問題に取り組んでいる人びとである、ともいわれているが、具体的な「第三フロント」のイメージは必ずしも明確ではなく、曖昧さが残る。

「流動化」の時代が終わり「第三フロント」に言及するようになると、ツェーラーの課題は「第三フロント」を「統治機構」に結びつけ「権威的国家」をつくりだすこと、そして「アウタルキー」論や「ドイツ的社会主義」論などに代表される未来社会、未来国家のための具体的なプログラムを作成することに求められ、この課題の達成こそが「ドイツ革命」を実現することだ、とされた。こうしていいいいいいい流動化の先に幻視された〈新しいもの〉は結局「権威的国家」の形成へと矮小化されてしまったのである。実際「タート派」とグレゴール・シュトラッサーや「ナチス左派」との結びつきや、ヒトラー以前の最後の首相になるシュライヒャーとの接近が明白になり、現実的意味をもってくるのはこうした文脈においてであった。

「タート派」の歩みを主筆のツェーラーの議論を中心にみてきたが、その歩みの中に「保守革命」論の特徴と命運がはっきりあらわれている。流動的＝動態的な時代状況を映し出す鏡になっている「タート」誌は、社会的、精神的動態性を表現できている限りにおいて「革命的」様相を呈しているが、一九三二年の半ばに多少ともその主張を体系化する必要が生まれると、そこに関係者の社会的規定性が露呈し、親中産層的で保守的な様相を呈するようになる。流動化を肯定していた時期には、程度の差こそあれ「タート」誌は読者に対し共和国の組織と価値からの離脱を促進する役割を果たしたことは間違いがないが、流動化の時代の終了とともに、「タート」派はティリッヒのいう「革命的ロマン主義」からの脱皮をはかり、「保守的ロマン主義」へと向きを変え、シュライヒャーやグレゴール・シュトラッサーとの接近を図るのだが、それはまた崩壊の肯定から新国家の建設へと課題を変えた「タート」派の新しい試練のはじまりであった。『タート』誌は批判と反逆の雑誌から急速に新国家建設の雑誌へと方向転換を始めることになった。「タート派」の路線変更にいちはやく反応し批判したのが『ヴェルトビューネ』のオシーツキィであった。

7　保守革命派の命運（3）――「ナチス左派」

保守革命派が現実に影響を及ぼそうとする場合、政党政治の枠組みに入っていくか、そうでなければ政党政治の外側で小集団として活動を続けるか、の選択肢しかなかった。保守革命派が特定の政党の内部に入って活動することを考えるとすれば、事実上その対象となるのはナチ党しかなかった。正式には国民社会主義ドイツ労働者党というナチ党のみが、その「思想内容」からみても保守革命派が連携したり、入党したりする可能性のある政党だった。実際またナチ党に希望を託し連携を模索したり入党したりした保守革命派は相当な数にのぼったはずである。

ワイマール時代の反体制運動であったナチ党の場合、ヒトラーを中心とするミュンヘンの党中央やベルリンのゲッベルス派が徹底した戦略派で、「国民社会主義」の理念も権力掌握のための手段、戦略として利用したところが多いのに対し、党内にはこれと相対的に区別され、「国民社会主義」の理念により忠実たらんとしていたという意味でヒトラーやゲッベルスからある程度独立したグループが存在した。「ナチス左派」の概念を用いてこの「反対派」を取り上げたのがラインハルト・キューンル(『ナチス左派、一九二五―一九三〇』)であり、かれは「ナチス左派」をほぼシュトラッサー派と同一視している。労働者が多数働いていた北・西部ドイツのナチ党指導者で党内ナンバー2ともいわれたグレゴール・シュトラッサーをリーダーとするグループのなかに、「国民社会主義」の理念に忠実で保守革命論的主張を党の機関紙や著作において展開していた人びとがおり、かれらは党員ではあるものの保守革命派といってもいいような人たちであった。

指導者に従属した組織政党化をめざすヒトラーは、それに抵触しない限りでシュトラッサー派の活動を黙認したが、シュトラッサー派が保守革命的主張に固執する限り、いずれヒトラーと彼の主導する党との決裂は不可避であった。グレゴール・シュトラッサーは一九二六年には党指導部の宣伝部門の指導者に一九二八年には組織局長にもなっており、一貫して党の要職についていたが、他方で党内「反対派」の領袖といわれることも多く、戦術にも長けた人物である。ただし「反対派」といっても潜在的な反対派であり、かれは常にミュンヘンの党中央と対立していたわけではなく、ヒトラーに代わって党指導者の地位につくつもりはなかった。「反対派」も必ずしも一枚岩ではなく、一九二九年頃の「ナチス左派」は内部的にも多様化しグレゴール・シュトラッサー・グループのほか、弟のオットー・シュトラッサー・グループ、そしてこれ以外の「社会革命派」などに分けられたりもしている。当初オットーのグループはグレゴール・シュトラッサー・グループに属しているとみなされていたが、国会議員になったグレゴールが多忙であっただけでなく地盤としていた北・西部地域に不在がちだったこともあって、オットーは次第にグレゴールから独立し、特にナチ党の出版社である「闘争出版社」を通じて影響力を強め、党外部の保守革命派と接触をもったりしていた。また党内にはオットー・グループに属さないで、「国民社会主義」における「社会主義的」側面シンパシーをもつ急進派もおり、便宜上ここではかれらを党内の「社会革命派」と呼ぶことにしたい。これらの「左派」のうちで集団としての自覚が強かったのがオットー・グループであった。先にも触れたように、一九三〇年一〇月にはオットー・シュトラッサー以下二四名の署名のある「社会主義者ナチ党を脱党!」という宣言が発表され、これに続いて一部の「社会革命派」も脱党した。

この最終的決裂にはもちろん前史がある。一九二八／二九年のナチ党はすでにかなりの組織的広がりをもつ政党であったが、それでもやはり基本的にはまだ小さな「機会を待つ政党」であり、党の期待はあげて政治風土の急進化にかかっていた。経済恐慌の影響はすでに一九二九年末に顕著となり、一一月から一二月に同党は参加したバーデン州議会や、テューリンゲン州議会選挙、プロイセン県議会選挙、ベルリン市議会選挙などで得票を著しく増大させていたことを背景として考えれば、一九三〇年はナチ党が局地的な政党から全国的な国民的政党へと上昇するまたとないチャンスと考えられていたことは、想像するに難くない。最終的には権力の掌握も視野に入れた「反体制」を標榜する一政党がその上昇過程において「国民社会主義」の理念に忠実たらんとする党内勢力との対決はほとんど不可避的であった。兄のグレゴールは脱党したオットーを弁護せず、オットーにはヒトラーへの忠誠心が欠けているし、日常活動に従事しておらず、ヒトラーとの決裂は「机上の仕事だけでつくった体系の帰結」だと批判した。脱党宣言は党内の「社会主義者」に脱党を迫ったが、グレゴール・シュトラッサーはもちろん、有力な突撃隊員や管区指導者は加わらず、脱党者は闘争出版社を中心とした小規模な範囲にとどまった、とキューンルはのべている。

経済恐慌を直接の起因とし、政治風土の急進化が見込まれ始めた時、ヒトラーらの党指導部は党の大衆的基礎の中核を中産層に求め、そこを拠点として党の大衆政党化をはかり、その成果を前提として社会的上層との連携も辞さないという路線を打ち出していくが、その過程で生じたこの決裂は労働者と中産層の連携を目指す「左派」との路線上の対立であると同時に、戦術に対する理念の持つ意味を重視するか否かをめぐる対立の帰結であった。保守革命派にとって党内であくまで保守革命の原則に忠実である限り、脱党も不可避的な結論であったといえよう。離党を躊躇していれば一九三四年のいわゆるレーム事件において惨殺されたグレゴール・シュトラッサーと同じ運命が待ち受けていたことであろう。

ではワイマール時代の具体的な政治状況のなかで「保守革命」論にはそもそもどのような現実的可能性があったのだろうか。全体としてみれば保守革命派はそれぞれ小集団にとどまり政党形成の方向には向かわなかったが、ナチ党内部には保守革命的主張をもった活動家が相当数いた。しかしかれらが保守革命の思想原則に忠実であればあるほど党中央、ヒトラー路線との決裂は不可避的だった。大きな決裂はまず一九三〇年にやってきた。党が群小政党の一つから政権も視野に入る大衆政党へ上昇する時期に最初の決裂が生じ、オットー・シュトラッサーのグループがナチ党を脱党することになった。第二の決裂は政権に就いたナチ党が運動体としての組織から体制を担い全体主義体制を確立しようとした一九三四年の時点で起こった。世にいうレーム事件による突撃隊（SA）幹部や党内の保守革命派の粛清が行われ、グレゴール・シュトラッサーやエルンスト・レームは殺害された。

第一八章　ティリッヒの政治思想とナチ、保守革命

第一六章ではワイマール時代における「保守」と「革命」の総合を希求する思想動向の一端を取り上げ、なかでも政治状況において重要な意味をもった保守革命派やナチに焦点を当てた。本章では第一六章で取り上げた思想動向のひとつでありながら、同時に第一七章で取り上げた保守革命とナチを精神史的、思想史的に分析したという意味で特に注目に値するパウル・ティリッヒの政治思想を検討する。とはいうもののワイマール時代のティリッヒ政治思想の全体像をみるのではなく、ナチが台頭し、保守革命的思想が活況を呈する時代状況に対して、かれの政治思想がもちえた意義を検討することを主たる課題にしたい。

パウル・ティリッヒは神学もしくは宗教哲学の学者だっただけに、当初から思想と実践の関係に関心をもっていた。一八八六年生まれで〈一九二〇年代の世代〉の最年長者の一人といってよいティリッヒは、同時代におけるキリスト教の、場合によっては思想一般の実践とのかかわりあいに注目していた。ウェーバーが『プロテスタンティズムの倫理と資本主義の精神』でプロテスタント諸教派を取り上げた一七、八世紀とは違って、著しく世俗化し、宗教の影響力も衰えたワイマール時代において、宗教と実践の関係を取り上げてもウェーバーの場合と比較にならないほど限定的な意味しかもたない

のではないか、という疑問をティリッヒとて感じなかったわけではない。「プロテスタント的状況」や「カイロス」、「ユートピア」などのティリッヒが多用する概念は、現代におけるキリスト教の実践的意味を考察するためのかれなりの概念装置であったといってもよい。* 本章ではこれらティリッヒ特有の概念のなかから特に「根源（Ursprung）」の概念に注目し、それが同時代の切実な関心をどのような意味で吸い上げることに成功しているのか否かを検討してみたい。

＊　本書で取り上げている人物のうちティリッヒやマンハイムの思考様式は「状況化」的である。いい意味でのジャーナリスト的な思考であるといってもよい。マンハイムは『歴史主義』のなかでエルンスト・トレルチを「学問のジャーナリスト」と呼んでいるが、同じような意味でマンハイムやティリッヒも「学問のジャーナリスト」的なところがある。ここで「ジャーナリスト的」あるいは「状況化」的思考ということの意味は、その著作が状況に触発されたアクチュアルな問題意識によって書かれたということに尽きるのではなく、すべての問題が「状況化」される時代における思考の産物であり、それは体系的な著作、あるいは主著という性格にはならず、断片的で経過的な性格をもつ、ということでもある。事実マンハイムは自著についてこう述べている。「本書では、随所に繰り返しがみられ、矛盾が散見されるはずである。だが、なぜそれらの繰り返しを整理し、矛盾を解決してこなかったかというと、じつは、本書が思考における試論的・実験的態度を示すことを目的とするものだからである」（『イデオロギーとユートピア』英語版序文）。この文章は謙遜と解釈すべきではない。秀抜なマンハイム論の筆者でもある藤田省三は吉田松陰をやはり「状況化」的思考の代表的人物ととらえ、そうした思考の積極的な意義に触れている（『精神史的考察』）。「状況的社会状態」とは「総ての「制度的なもの」、「型」を備えたもの、「恒数的なもの」が崩壊し去った社会状態」であり、「「秩序的な関係」が社会のなかから消え失せ」た結果、「「変数」相互の測るべからざる衝突や結合が社会の主たる動向となって来る」。凝縮された表現ではあるが、松陰の書き残したものは、このような意味での「状況」に対する反応、めざすべき方針であったから、「総じて尽く、彼自身の精神状況と行動様式を直接的に物語るもの」になった、と藤田は述べている。このような意味でマンハイムもティリッヒも「状況的社会状態」を出発点とした思想家であった。ティリッヒのいう「プロレタリア的状況」や「宗教的状況」にそのような問題意識を読み取ることができる。後年のかれがもっぱら組織神学のティリッヒとして知られているだけに、見逃されやすい側面である。

ワイマール時代の伝記的事実（パウク『パウル・ティリッヒ　一　生涯』）のうち、いくつかのことを確認しておこう。かれは最初から社会主義に共感を示し、一九一九年に独立社会民主党の集会で講義を行ったといわれているし、一九二〇年にギュンター・デーンとカール・メニッケをリーダーとしてベルリンに形成された宗教的社会主義（運動自体は戦前からあった）の集団にも加わっている。ここには後に著名な経済学者となるアドルフ・レーヴェやエドゥアルト・ハイマンも加わっている。またワイマール時代の初期、一九二四年までティリッヒはベルリンに住み、刺激と活力に満ちた「ワイマール文化」の中心地、一九二〇年代のベルリンの「創造的混沌」を体験しており、みずから「ボヘミアン生活を知るように」なったと述べている。絵画や音楽に、建築などの芸術に関心をもつようになったのもこの頃であった。

その後ティリッヒはマールブルクを経て一九二五年ドレスデン工科大学に宗教学の正教授として赴任した。ドレスデン時代はティリッヒの学問の最初の高揚期にあたり、本章の観点からしても重要な論文、著書が刊行されている。一九二六年には二つの論文で「カイロス」、「デモーニッシュなもの」といった重要な概念を提起しているし、また時代状況についての理論的分析を行った『現代の宗教的状況』を刊行している。こうした実績によりティリッヒは一九二九年に、当時ドイツの学問の新しい中心地として台頭著しいフランクフルト大学に招かれ、哲学と社会学の教授の地位に就いた。しかし同大学にはマンハイムも社会学の教授として赴任したので、ティリッヒの公式の任務は社会教育学の教授だった。フランクフルト時代がティリッヒの第二の学問的高揚期にあたり、かれの名声はここに確立した。この時期かれは社会民主党に入党し、アウグスト・ラートマンを中心に、ベルリン時代の宗教社会主義の仲間を結集して、雑誌『新社会主義論叢（Neue Blätter für den Sozialismus）』を刊行した。ティリッヒの理論的成果は一九三三年、ヒトラー政権の誕生とほぼ同時期に『社会主義的決断』として公刊された。同書は意外にも多くはない同時代のナチズムとの本格的な思想的対決の書の一つであった。総じてティリッヒは対象の内在的な理解にすぐれ、同書にもその特徴は十分発揮されている。

1　溶解からの離脱と拠点の模索

第一五章で述べたような、政治が点化したり溶解したりするような精神状況に、パウル・ティリッヒは「根源」の概念によって批判的に対決しようとした。例えばエミール・ゾラが『大地』のなかでリアルに描写しているように、資本制社会の進展とともに、大地から切り離され「根こぎにされる」ということが、工場労働者や都会生活者に限らず、農民までを巻き込む運命になった。土地とともに生きているからといって「根こぎにされる」運命を免れることができるわけではない。大地に根をおろすということは単に身体的問題なのではなくて精神的問題でもあって、「大地」に通じる血脈を絶たれると、精神は活動の養分を汲み出し難くなり、次第に空洞化し不安定になる。そのような精神の境涯にあって、人びとは空洞化に伴う空虚感を忘却しようとするか、もしくは空洞を埋めて安定化を図ろうとする。

クラカウアーは一九二〇年代の「新即物主義」の時代に、サラリーマン層の実態調査を行い、かれらにみられる心の空洞化を「精神的宿なし」の概念を用いて明らかにしているが（第七章）、ティリッヒは同時代の「政治的ロマン主義」運動を念頭において、その担い手たちの精神的空洞化を分析する概念として「根源」の概念を導入している。ティリッヒは「政治的ロマン主義」をもっぱら理論的に扱い、具体的な人物や運動を名指ししてはいないものの、一九三〇年代の初頭という時代状況を考慮に入れるなら、「政治的ロマン主義」の概念によってナチ運動や保守革命派を想定するのが妥当であろう。

ティリッヒは「政治的ロマン主義」を担い手の動機にまでさかのぼり、そこに作動している二つの根本的動機を明らかにする。おのれを支えてくれる力を探し求めるという動機と現実から脱却しようとする熱烈な願望、という二つの異質な力がそこに作動している、というのである。おのれを〈支える力〉を探し求めるという志向性は、政治的ロマン主義に限定されてみられるわけではなく、広く人間に認められる態度である。この〈支える力〉を表す概念としてティリッヒは「根源」の概念を導入している。かれの「根源」概念に社会的次元を付与し、〈支える力〉を、①〈根源的に支える力〉と②〈社会的に支える力〉とに分けるならば、ティリッヒの言う「根源」概念はほぼ前者に対応する内容をもち、「土地」に代表されるような自然的に与えられた〈支える力〉を指すのに対し、後者の方は人工的に形成された社会関係、社会組織のなかに孕まれた〈支える力〉を意味している。社会が複雑になるとともに、人間を〈支える力〉としては次第に〈根源的に支える力〉に対し〈社会的に支える力〉の方が優位になり、しかも後者は〈支える力〉として支配関係に制約されつつ制度化され、体系化されていく。支配階級、支配集団に有利なかたちで合理化が進展するのはいうまでもない。資本制社会の発展とともに、一方で〈根源的に支える力〉が衰弱し、他方において〈社会的に支える力〉の体系からも脱落していく社会的な人間集団がうまれてくる。〈支える力〉から疎外された社会集団は、その根源的な局面と社会的な局面のいずれにおいても、新たに支える力を探し求めざるをえない。

社会体制とは〈社会的に支える力〉を特定の論理で組織した体制を意味する。現体制への基本的スタンスは三つのタイプに分けられる。現体制において基本的に支えられている集団は現体制を受容するが、これに対しプロレタリアの社会主義思想は未来に想定される社会体制を志向し、保守主義陣営のなかで、現体制の社会的に支える力の体系から脱落した小市民的社会集団はさしあたり過去の体制に、すなわち過去としての未来に〈支える力〉を求めようとする。問題になるのはこれら三つのいずれのタイプにも属さない社会集団の場合である。この集団においての精神の空洞化がもっとも進展していたからである。かれらの基本的動機は一方で熱烈におのれを〈支えてくれる力〉を現実のなかに求めながらも、他方でそれが容易にかなわないことから現実に対し否定的になり、その否定的な現実から必死で脱却しようとするところにある。かれらは現実に期待をしながら同時に否定的にもなるという相互に異質な二つの基本的動機に依拠している。現状を脱け出そうとすると、同時に求めていた〈社会的に支える力〉はむしろ遠のいてしまうのを知りながらも、現状の脱却を目指さざるをえないところに固有のジレンマがある。かれらの現状脱却には展望がない。こうした矛盾に満ちた精神の層位をティリッヒは「動態性」の概念を用いてとらえようとする。

　組織や運動を通じて社会に働きかけても社会に支えられるようにはならず、社会主義にも保守主義にも依拠できないとすれば、〈社会的に支える力〉と区別されたもう一つの支える力、すなわち〈根源的に支える力〉の比重はいやがうえにも高まらざるをえなかった。ここでいよいよティリッヒの「根源」概念にたどり着いたわけである。

2　政治思想としての「根源」の概念

　先にウェーバーに関連して触れたように、思想それ自体は人びとを実践に駆り立てる力をもたない。思想が実践的意味あいをもつには、人間の切実な関心や問題に何ほどか答えるところがなければならない。切実な関心は伝統的には経済的問題と人生の根本問題がそれであった。ウェーバーが主題的に取り上げたカルヴァン派の「予定説」はまさにこの二つの問題に答えるところがあったわけだが、ティリッヒは一九三〇年代はじめの時点で人生の根本問題をおのれを〈支えてくれる力〉の模索にみてとり、「根源」概念をつくりあげた。

「根源」概念をカール・クラウスやベンヤミン（『ドイツ悲劇の根源』）もおのれの思想のキーワードとして用いているが、ティリッヒの根源概念はかれ独自の人間学に由来している。ワイマール時代のティリッヒは宗教的社会主義の運動にコミットしていたが、社会主義一般ならぬ「宗教的社会主義」とは何を意味するのだろうか。「宗教」を論じる場合も「根源」や「ユートピア」を論じる場合にも、ティリッヒはそれらが「人間の構造」のなかに「ある基礎」をもっているか否かをまず見極めようとする。かれにとって、「ユートピア」や「根源」、あるいは「宗教」も、「人間の構造」のなかに「基礎」がなければ「価値のない幻想」にすぎず、端的にいって無意味である。かれは宗教を既成宗教の教義の枠内で狭義に解釈するのではなく、人間の「究極的な関心」に即して理解する。少なくともワイマール時代のティリッヒは一貫して人間存在の「究極的志向性」に関心を寄せており、その類型化を図っていた。

> 人間の二つの基本的な態度を区別できる。その一つは人間の被造物性に基礎をおいており、いま一つはその人間性に基礎をおいている。前者は「どこから」への方向であり、後者は「どこへ」への方向である。人間は支えられているのを知っている。どこからの問題は人間を支えている根拠の問題である。そして人間は要求されているのを知っている。どこへの問題は人間に与えられた目標の問題である。（強調はティリッヒ）

「どこから」と「どこへ」、つまり存在根拠と目標を求めるのは、身分的階級的差異を超えて人間存在に普遍的にみられる志向性であるとされ、例えば『社会主義的決断』においてティリッヒはそれぞれを「根源」と「予言」の概念で把握する。「根源」とは人間存在の本来的受動性をあらわすティリッヒ政治思想の基礎概念のひとつである。「根源」とは受動的存在である人間を根底において〈支えている力〉を指す用語であるといってよい。いかにもキリスト者らしくティリッヒは、人間存在はおのれ自身に由来するのではなく、自分とは別のところに根拠をもっていると考え、人間存在を究極のところで支えている根拠とか、人間存在の出所または由来としての「起源」といった意味で「根源」概念を使っている。本章では仮にこうした意味での「根源」概念を真正根源、そうしてその原義にもとづく歴史的な現象形態を歴史的根源と名づけることにしたい。歴史的根源にはさまざまな形態があり、特に「根源神話」が重要である。ティリッヒによると、人間を根底的に支えているのは「空間」である。「空間」には担い、支えるもの、すなわち根源的に限定し、〈閉じる〉という性質がある。かれによれば、「神話」は人間存在を根底的に支える力として特定の空間を聖別している。そこで選び出された神聖な「根源的諸力」によって人間は根底的に支えられ、また同時に拘束されてもいるので、人間は「根源神話」に生きている限り、「根源的諸力」を超えていくことはできず、超え出ていくためには、そこに「根源神話」的制約を断ち切るだけの力をもつ「予言」の働きかけがあり、「どこへ」という目標が示されねばならない。

だがさしあたり問題なのは「予言」ではなく「根源」の方である。ティリッヒは「根源神話」において聖別されている「根源的な力」を「土地」、「血（血統）」、「社会集団」の三つの力に分けて説明している。すべての存在には「植物層」が内在しており、その基礎は「土地」にある。生命を生み、育て、そうしてふたたびその内に取り戻す「空間」としての「土地」は、あらゆる存在を誕生から死にいたる「循環の拘束」のなかに取り込む。農民に典型的にみられるように、根源的に「土地」に拘束されている人間が「土地」を失うことは「自分の神」を、すなわち「自分を支えてくれる力」を失うことに等しい。存在の「植物層」の基礎が「土地」であるのに対し、「動物層」の基礎にある「根源的な力」は「血（血統）」であるとされている。「植物層」に対して「動物層」の独自性は、「運動」する点にある。存在の「動物層」によって、人間は植物的な意味での「土地への拘束」を離脱し、直接隣接していない空間にまで進出することもできる。動物的な意味での「根源的な力」は同種の他の力との闘争において存在を確証される。

「根源的な力」として三番目に挙げられているのが「社会集団」（社会的に支える力）である。例えば遊牧民の場合、「土地」から解放されて以後には「社会集団」によって根源的に支えられている。「土地」と「血」を比較する場合には、「植物層」と「動物層」が対比されたが、「社会集団」の独自性を明らかにするに際しては、「父性シンボル」と「母性シンボル」とが対比される。ティリッヒによれば、「土地」と「血」の「根源的な力」が支えて包摂する「母性シンボル」で表現されるのに対し、「社会集団」においては単に〈支える〉だけでなく、同時に「要求」もする「父性シンボル」の方が優位になる。ティリッヒ人間学の基本的要素である〈支える力〉と〈要求する力〉は「父性シンボル」において結びつくことになる。

3　ティリッヒ理論と保守革命

以上のような「根源」概念を念頭においた上で、もう一度ワイマール共和国の時代に戻ることにしよう。ワイマール時代の政治体制のなかで安定的地位をえられなかった集団にとって〈社会的に支える力〉と区別された〈根源的に支える力〉の比重が高まったわけだが、そこではもはや土地や共同体のような実質的内容をもつ力ではなく、「存在の力強さ」といった原始的生命力のようなものが称揚された。〈生命力〉が高揚しているときには、この力によって〈支えられて〉いると実感できるし、また〈生命力〉が充満していればこそ、現状から脱出することも可能になると信じられた。しかし生命力は持続的に高揚しているわけでなく、また現状を抜け出た後どこに向かうのか曖昧だったため、かれらはきわめて不安定な意識状態にあった。現状から脱却するという〈動態的〉な心的境涯にあっては、現にいまある〈社会的に支える力〉の体系から抜け出そうと同時に、新たに〈支える〉力を探し求める意識も作動しており、異質な動機が交錯するこの心的境位は、急進的意識の基盤でありながら、同時にまた権威主義的意識の基盤にもなる。「革命的」でありながら「保守的」でもある社会、政治意識の成立する心理的基盤はここにあった。そうした社会意識は一定の広がりをもって存在していたが、それがイデオロギー化した形態のなかでとりわけ代表的な思想が「保守革命」論であった。「保守革命」論の場合、〈支えてくれる力〉としては〈根源的に支える力〉の方に重点をおきがちだったが、より自覚的な思想内容の面では、やはり〈社会的に支える力〉も追求せざるをえず、そうなると中産層を支持基盤としている以上、実際には未来像として初期資本主義の時代、もしくはそれ以前の時期に相応しいような社会を構想しがちで、特に保守革命の理論を体系化する必要に迫られた場合には、そうなりやすかった。この場合には、保守革命派と保守派の違いは大幅に後退し、個別的問題に対する具体的対応の違いになる。「保守革命」論もワイマール時代のイデオロギー闘争に巻き込まれていたわけである。

しかし、「保守革命」論を問題にする場合、より自覚的に思想化されたイデオロギーの面だけに着目し、イデオロギー化する以前の心理的基盤に目を向けるのを怠ると、「保守革命」論の「魅力」、とりわけ青年層に及ぼしえた影響力を捉えそこなうことになりかねない。「保守革命」論は不安定な心理的基盤に立脚しているので、常に一貫した思想原理に立脚しているわけではなく、状況次第で二つの根本的動機のどちらに重点を置くかは違っている。現状から脱却しようとする〈動態性〉の局面が一面的にあらわれたり、また〈社会的に支える力〉への志向性に立脚した資本主義以前乃至初期資本主義的立場が一面的にあらわれたりするが、こうした浮動的態度は保守革命派全体にも、個々の論客にも認められる。動態性の局面に偏った保守革命派（エルンスト・ユンガーのグループや前期の「タート派」）もあれば、中産層の社会的立場を表現するのに偏った保守革命派もあり、その場合でも状況によっては、動態性に傾斜した保守革命派が中産層の社会的立場を熱心に主張することもあるし、またその逆の場合もある。第一七章で数ある保守革命派のなかから特に「タート派」を取り上げた理由は、まず第一に『タート』誌にとりわけ鮮明に〈動態性〉の局面が表現されていた点にあり、また第二にそれにもかかわらず、〈動態性〉に一面的に偏することなく、状況の変化に対応し、とりわけ一九三二年後半に入って〈動態性〉の局面が後退し、〈社会的に支える力〉を求める志向が、それも基本的には前産業社会的ないし初期資本主義的体制を求める志向が前面に出ているためである。その意味で「保守革命」論の「保守革命」論たる所以を探るうえで雑誌『タート』はもっとも適切な雑誌だったと考えられる。

ティリッヒの「根源」概念や「動態性」の概念を用いて「保守革命」論のなかに読み取った二つの

根本動機は、保守革命論を超えてワイマール文化の思想世界において分岐点となる重要な論点でもあった。ドイツの〈一九二〇年代〉は旧来の帝政的秩序が崩壊し、拡散した、不安定で動態的な時代であり、その時代を象徴する社会思潮として「保守革命」論を紹介したが、しかし〈動態性〉に立脚した思想は保守革命論だけだったわけではない。例えば思想内容としてみた場合「保守革命」論と表現主義にはこれといった接点はないが、〈動態性〉の局面からみると接点がないわけではない。一九三〇年代に激しくたたかわされた「表現主義論争」も、その主要な論者であるルカーチとエルンスト・ブロッホの論争に即してみるかぎり、この〈動態性〉の局面の評価をめぐって行われていたことについては、すでに紹介した（第一五章）。

4　ティリッヒの『社会主義的決断』の思想史的意味

これまでの節で保守革命派やナチに関連するティリッヒの政治思想の一断面を検討してきたが、そこでの議論はワイマール時代の終焉と時を同じくして出版されたかれの主著『社会主義的決断』（以下『決断』と略記）で総括されたかれの政治思想の一環をなすものである。一九二二年の『大衆と精神』あたりから始まって、一九二六年の「カイロス」、「カイロスとロゴス」、「デモーニッシュなもの」という論文や著書『現代の宗教的状況』、さらには一九三〇年の「社会主義」、一九三二年の「政治的ロマン主義とプロテスタンティズム」といった論文を経て、最終的には一九三三年の『決断』においてティリッヒの政治思想は一応のまとまりをみせる。その意味で『決断』は一九二〇年代はじめより継続されていた「宗教的社会主義者」ティリッヒの理論的成果を総動員し、切迫した時代の状況につき合わせてみるという総括的、実践的意味ももっていた。もっともティリッヒの『決断』はファシズム論を直接のテーマとする著作ではなく、ナチや保守革命派といった右翼急進主義（ティリッヒのいう「政治的ロマン主義」）という外部の敵対者のみならず、社会主義内部の敵対者をも批判しながら、ドイツ社会主義の思想的、実践的再生を意図する、それ自体はあくまでも社会主義論としての著作である。

ティリッヒは内部の敵対者を、社会主義陣営の、とくに社会民主党内部の世代的対立との関連で論じている。一方には「実証主義的世界観」に立脚し、発展の必然性、つまり進歩への信仰をもった年長世代が社会民主党の指導者層を占めており、他方には若くしてロシア革命から甚大な衝撃をうけ、「意志の力」の決定的な重要性を思い知らされた若年世代が「主意主義的倫理的社会主義」（ヘンドリク・ド・マン）の主要な担い手になっており、相互に対峙していた。さらに年長世代と若年世代の間に位置する世代も独自の集団をなしていた。この中間世代は青年の「行動主義」に対し「マルクス主義」を擁護していたが、年長世代が一九世紀から継承した形式は拒否しようとした。『決断』にみられる思考と経験はこの世代に発している。マルクス主義の一九世紀（末期）的形式ともいうべき、実証主義化され、市民化=ブルジョア化されたマルクス主義から身をもぎ離し、ティリッヒのいう現実のマルクスその人へ、すなわち、「弁証法」そのものに立ち戻ることによって、一方では、従来「一九世紀的」マルクス主義——それはワイマール時代にも継承され強固な地盤をもっていた——が不幸にも敵対していた「ブルジョア的要因」への視野をもつようになると同時に、同じく否定的にみられていた「ブルジョア以前の諸力」を自由に評価する可能性をも展望することになろう。『決断』はマルクス主義的社会主義に、とりわけ「弁証法」に立脚することによって、従来無視されるか軽視されるかしてきた、社会主義における〈ブルジョア的なもの〉や〈それ以前のもの〉の位置を理論的に確定しようとし、結果的に「非同時代的なもの」（ブロッホ）の、あるいは「まだ名前もなく、したがって無視されるか、まちがった判断を下されている存在の目ざすところ、存在様式」（クラカウアー）の復権という意図にも寄与することになった。ティリッヒにとって〈ブルジョア的なもの〉や〈それ以前のもの〉は人間経験の基本的な断面を表現しているかぎりにおいて、社会主義においても生きた力として脈打っているべきであった。事実ティリッヒも中心人物のひとりとして加わった『新社会主義論叢』はそのような性格の雑誌たりえたのである。

他面において『決断』は状況論的にみても、すぐれてアクチュアルな課題に直面することになった。それ自体は理論的書物であるため現実の具体的問題にはほとんど触れられていないものの、『決断』が作品として結実するにいたった主たる動機は「最近の出来事」、とりわけ一九二〇年代以来急激な盛り上がりをみせ、最終的にはナチス運動に集約されることになる「中産層の革命運動」がティリッヒに与えた衝撃だった。彼自身一九二九年に社会民主党に入党していること自体、その衝撃の深さと無縁ではない。ティリッヒにとって外部の敵であった「政治的ロマン主義」は「中産層の革命運動」に理論的基礎を与えようとするロマン主義的な社会思潮であったが、その理論的当否はともかく、「ブルジョア的なもの」や「前ブルジョア的なもの」に独自な意味づけを与えており、それはそのかぎりにおいて評価さるべき側面であった。

これに対しドイツの社会主義思想はその主要な潮流においてみるかぎり、伝統的にこの政治的ロマン主義的な性格をもった社会思潮を、没落の危機にある小市民層の反動的イデオロギーにすぎないと否定的に評価することによって、その思潮が取り組んでいた〈ブルジョア的なもの〉や〈それ以前のもの〉の位置づけという、およそ社会思想や政治思想一般にとって、わけてもワイマール時代の思想にとって根本的に重要な課題をも手放してしまうことになった。敵対者の理論体系の矛盾を指摘することで、その基底にあった出発点としての問題意識までを否定しさり、その理論を社会主義理論のなかで問いつめることをしなかったのである。このような観点からみると、この課題に正面から取り組んだティリッヒの『決断』は、いくつかの欠点をもちながらも、その内容はもとより、その志向性においてきわめて重要な著作であるといえよう。

社会主義における〈ブルジョア的なもの〉や〈前ブルジョア的なもの〉の意義を明らかにしようとするティリッヒの問題関心は、広義の「市民社会と社会主義」の問題として主題化できるだろうが、ティリッヒはその主題の成立する根拠を市民社会の本質に求めている。近代市民社会には固有の限界、ある種の〈破れ〉のようなものがあり、市民社会が依拠する「ブルジョア原理」をもってしてはとうていその〈破れ〉を埋め合わせることはできない。かれのいう「ブルジョア原理」とは、「根源的に与えられたもの」すべてを、すなわち「根源的な結合」や「根源的な諸形態」を徹底的に解体し「合理的に克服できる要素」に変えること、「存在（Dasein）」をおのれの目的に服させることによって「存在」からその存在に固有な力を奪い取るように作用する。それは本質的に手段的であって目標や根拠、価値になるものではない。ティリッヒにとって市民社会とは「ブルジョア原理」の限界を心得、それを補うものを本能的に知っている社会だった。「ブルジョア原理」は〈存在の固有性〉を個々の要素に分解し新たに再編する啓蒙主義的原理であり、「動態的に形成的」な性格をもっているが、〈すでに存在しているもの〉を前提とし、それに働きかけるだけであって、〈静態的に支える〉ものではありえない。市民社会が存立していくためには、近代市民社会以前に由来し、市民社会がみずから作りだすことのできない「存在するもの」によって支えられていなければならない。こうしてティリッヒは、市民社会はイデオロギー的にも社会的にも根源的に支えている諸力と結びつかねばならない、と結論づける。ティリッヒによれば、ドイツにかぎらず各国の市民社会は「ブルジョア的原理」の徹底的な実施を控えてきたが、それは市民社会の歪みでもなければ虚偽意識でもなく、「ブルジョア原理」のみをもってしては「存在」を支ええないこと、「ブルジョア原理」は本質的に「規範的なもの」ではありえないことの本能的な洞察にもとづく健全な対応であった。

このような内容の書物は同時代に必要とされていたが、論じ方次第ではナチズムを「評価」していると誤解されかねない危うい試みでもあった。ティリッヒをリベラルな社会主義の立場から根源神話を批判した人物として近代主義的に理解するのは間違いであるにしても、だからといってティリッヒがナチに加担したわけでもないのはいうまでもない。その間の消息はむしろティリッヒの社会主義論として展開されており、そこでは「予言」や「待望」、あるいは「根源神話」などの概念が縦横に駆使され、ひとたび「予言」の精神によって打倒された「根源神話」を啓蒙主義の地盤で再興する試みとしての「政治的ロマン主義」が批判されることになるわけだが、『決断』における理論構成や概念装置が同時代の保守革命論やナチスを理解する上で有効な視点を示していることを確認する本章の視野の外にある問題である。

ティリッヒら宗教的社会主義者の活動は同時代的には社会民主党内部の「青年右派」と呼ばれるグループと関係している。「青年右派」はいくつかの系列の比較的若い社会主義者の集まりであった。まずドイツ青年運動のガイスマール・グループの系譜があり、アウグスト・ラートマンのほか、カルロ・ミーレンドルフやテオドーア・ハウバッハといった多少名前の知られた政治家がここに含まれる。もう一つの系譜がティリッヒをはじめとする既述の宗教的社会主義者たちの系譜である。かれらはいずれも「社会主義の危機」を感じ取り、従来の社会主義の思想圏において支配的だった合理主義的人間像からはずれ、とかく軽視されがちだった「感情的価値」、「ゲマインシャフト」、「故郷」、「ネイション」といった言葉に多少ともシンパシーを感じていた。なかでもすでに一九二七年にラートマンが発表した覚書「ドイツ社会主義における危機とその克服」はよく知られている（ヴィンクラー『正常性の外観』）。こうしたメンバーのなかからラートマンが中心となり、ティリッヒ、ド・マン、ハイマンのほか、ラートブルッフ、フーゴー・ジンツハイマーらも加わって一九三〇年に既述の『新社会主義論叢』が発刊された。創刊号でティリッヒは「社会主義の英雄時代は終わった」と宣言し、二代目の、第二期の難しさに触れている。英雄時代に敷かれた路線をそのまま歩むのは楽ではあるが安易にすぎ、英雄時代には知られていなかった新しい問題を研究する決意を述べている。所詮党内では周辺のアカデミカーによる議論であり影響力は乏しいともいえようが、中産層や世代、教育の問題に積極的に取り組んだことを含めて重要な試みである。

第一九章　「真剣さ」の時代――シュトラウスとシュミットの「ニヒリズム」論

第一次大戦がドイツ国民に開放感と熱狂とを生み出したということはよく知られている。トーマス・マンの『非政治的人間の考察』をはじめとする一連の文章は屈折してはいるもののその格好の事例であろう。『考察』は大部であるだけに多岐にわたる論点を展開しているが、その重要な論点の一つがドイツ論、もしくはドイツ人論である。第一次大戦にあたりマンはニーチェの『反時代的考察』における哲学と政治をめぐる議論に着目している。そこで「内に哲学の狂気を蔵している者」は新聞を読んだり政党活動をしたりはしないので、政治に関心がないように思われるかもしれないが、「祖国の危急」にあたって「その部署につくこと」を一瞬たりともためらわない、といわれているニーチェの言葉は、マンによれば、ドイツ人全体にも当てはまる。実際かれらが「祖国の危急にあたってその部署につく」のを一九一四年八月の開戦の際に、われわれはみたばかりである、とマンはいっている。それはドイツ的な態度であってドイツ民族は少なくとも西欧的な意味での政治に合わないというのがマンのドイツ人論の核心にある。

マンは開戦時のドイツの光景を、政治演説をする男とそれをみつめる市内電車の運転士とを対比しながら活写している。電車に飛び乗り、ステップに足をかけ演説をする政治活動家を描写するマンの筆致はあからさまに侮蔑的であり、「政治と中途半端な教養に酔い痴れている」この「こうるさい男」と書いている。これに対しマンは、演説する男を「上から下までじろじろ眺め」ていた「制服の運転士の視線」には共感的である。それは「冷やかで、慎重で、沈黙しながらいぶかしげな、軽蔑と軽い嫌悪の色をうかべた視線」だった。あの視線ほど政治に対するドイツ国民の関係を見事に示すものはない。そしてマンはこう結論づける。

　私には忘れられないのだ。あの運転士は国の運命に関心のないエゴイストだったのだろうか？しかしほんとうの危機が勃発したときあの運転士が「部署」についていたことを、私は保証する。

そうしてマンは「その顔はあの時、動ずることなく冷やかであったが、真剣でもあった」という印象深い言葉を添えている。

1　ナチズムと「真剣さ」の時代

そして一九三三年といえば、ドイツ史にとってのみならず世界史にとっても決定的な年、一月末にヒトラー政権が誕生した年である。政権成立直後にドイツ社会の心的状況を叙述したペーター・ズーアカンプ、そう、後に有名な出版社を興したあのズーアカンプの文章（雑誌『ノイエ・ルントシャウ』）は時代の精神的断面を見事に切り取っている。

　私にとって衝撃的だったのは、一九一四年夏の記憶とまったく同じ光景がいたるところで繰り返されたことである。……些細な点にいたるまで同じだった。制服姿の突撃隊や親衛隊、そして鉄兜団が行進していた。市民たちもまた、そのそばを行進していた。……子どもたちも、おばさんたちも、女中たちもいた。行進する人びとと、見物する人びと、舗道で、垣根に登って、木の上から、そして市電の屋根から見物する人びと、両者の間には、合意と心の底からの開放感が合流して、大河のように流れていた。……どこでも中心をなすのは制服姿の若者だった。そして制服姿は若々しくみえた。隊列を組んで、軍隊調で行進する制服姿の若い男たち、その引き締まった顔がこの光景を支配していた。町も、村も、街道も、軍隊の存在を感じさせた。だが驚くべきことに……（そこには――引用者）まったく平和的なものがあった。にもかかわらず、そこには団体の気楽さとか仲良しさといったものはなかった。……いたるところに、真剣な覚悟のようなものが感じられた。明白だったのは……自己目的としての軍隊、生命感の充溢としての軍隊だった。……だがそこにみていたものは、必ずしも戦争を含意していなかった。

ここには重要な論点がいくつも語られている。まず第一に〈一九一四年〉が〈一九三三年〉に反復された、という理解が示されている。一九一四年夏の開戦は国民的熱狂を生み出した。そして一九三三年も。多くの国民は〈一九一四年〉の体験を忘れていなかった。あの時も緊張感が、緊迫した生命意識の高揚が国民全体をおおった。共和国の一四年間に弛緩したかにみえた意識。インフレや狂乱のダンス熱によって、そして何よりも各種の文化産業や娯楽産業によってかつてないほど拡張された〈気散じ〉の意識が、再度決定的に〈閉じ〉られた。だが単純に閉じられたわけではない。ズーアカンプもいうように、ナチ体制の成立は何ものかを〈開放〉したのである。「心の底からの開放感」とズーアカンプは述べている。この場合開放感は弛緩した意識の表現ではなかった。むしろ緊張感と開放感が一体化した稀有な状況が発生していたことを、ズーアカンプは証言している。ナチは独裁的な強権的体制であるという理解は間違ってはいないが、そう考えた場合に抜け落ちてしまいがちなのが、ナチが国民の意識を〈開いた〉という消息の理解である。ワイマール時代に国民が日常的に担っていた一切のものから解放され、その限りで開放されもした精神は、ワイマール時代にしばしばみられたように、何ものにも束縛されずに浮遊するのではなく、ただちにもうひとつの別世界（ナチズム）に緊縛されようとする。ナチは国民の意識を〈閉じる〉と同時に〈開いた〉のである。ズーアカンプはこの同時性が広範な国民をとらえた高揚感を記述する。かれによれば、「開放感」に歓喜しているのは国民全体である。この意味でも〈一九一四年〉の再現である。保守革命派の「国民革命」論の夢想がある意味で実現された。そういえばハンス・ツェーラーは、〈一九一四年〉に始まったにもかかわらず、〈一九一八年〉の「解体」によって中断されてしまった革命を継承し実現しようと呼びかけていたではなかったか。「国民革命」の前提は国民の一体性の実現である。〈一九三三年〉には戦争がなかったのに、制服姿の突撃隊や親衛隊と一般市民とがそこに合流し、一体化する。

ズーアカンプの「市民」はリアリティ豊かにとらえられている。「子どもたち」、「おばさんたち」、「女中たち」、そうして「行進する人びと」とそれを「見物する人びと」と具体的に名指しされる。見物人も「舗道」や「垣根の上」や「木の上」に、そして「市電の屋根」といった具体的な場所に見出される。かれら「国民」はそれぞれ〈緊張感〉と〈開放感〉を同時に味わっていた。同時だからこそ魅了される精神の状態であった。そうしてそのシンボルとなるのが、きびきびとして、引き締まった顔の「制服姿の若者」たちであった。「制服」（秩序）を身に着けた「若者」（活力）が一体性をつくりだし、支えていた。緊張と開放の同時性が「きびきび」した態度と「引き締まった」顔を生み出しているのである。「制服姿の若者」から戦争を連想するとすれば、事態の理解を誤るだろう、とズーアカンプは強調する。「制服」と「若者」、あるいは軍隊の露出は、とかく連想されやすい本物の戦争を暗示するのではなくて、〈開放〉と〈緊張〉の同時性、「真剣な覚悟のようなもの」のシンボルなのであった。そこには「戦争」ではなく「平和的なもの」があった、とさえズーアカンプはいっている。

批判者には駄法螺、ごろつきにみえても、そこから「真剣な覚悟のようなもの」をみてとる人もまた多くいた。なにせ「真剣さ」「真面目さ」は、少なくとも一九世紀以来のドイツ市民階級のセルフ・イメージとして広まっており、それが国民的セルフ・イメージにまで拡大されていても、不思議ではない。その中産層の経済的利害に配慮した経済政策や反ユダヤ主義、強力な指導者の要請といったナチの思想や政策だけに着目していたのではみえてこない側面、国民にとってのナチのイメージはこういうところにもあらわれている。

2　シュトラウスとニヒリズムの革命

同様に、「真剣さ」や「真面目さ」をキーワードにナチズムを読み解いているのが、ズーアカンプとほぼ同時代を生きたレオ・シュトラウス（一八九九―一九七三）である。ナチズムをニヒリズムとしてとらえる視点はラウシュニング著『ニヒリズムの革命』にもみられるが、ここでは「ドイツのニヒリズム」（一九四一）と題されて公表されているシュトラウスの講演草稿を取り上げる。当時、というのは一九四一年のことであるが、「ドイツのニヒリズム」といえばナチのことであるという理解は、広く受け入れられていた。シュトラウスによれば、ナチはドイツのニヒリズムの「最も著名な形態」であるかもしれないが、「その最も下劣な、最も偏屈な、啓蒙の光を最も知らぬ、最も恥ずべき形態」でもあった。つまり政治的なものであろうとなかろうと、「ニヒリズムの革命」はナチの思想に固有のものであるというより、ドイツの思想、あるいはドイツに固有の現象なのであり、したがってそうした「低劣」なナチズムが敗北したとしても、ドイツのニヒリズムは終ったことにはならない。それはナチと関係があるという以上に、ドイツの歴史そのものに関係しているからである。これがシュトラウスの「ニヒリズム」論の第一の特徴である。

　こうした観点に立ってナチズムを超えてドイツの「ニヒリズム」を解明するシュトラウスの議論の第二の特徴は、ドイツのニヒリズムの基底にある「究極的動機」を明らかにしようとする点にある。「ニヒリズム」を構成する思想内容そのものを取り上げるというより、思想内容を「ニヒリズム」へと構成する「究極的動機」の解明に向かう動機探求の方法がシュトラウスに独自なものである。この問題を明らかにした上でさらにシュトラウスは、それ自体はニヒリスティックでないこの「究極的動機」がどのような状況の下でニヒリスティックな「希求」へと変容することになるのかという問題に向かう。

　かれはドイツの「ニヒリズム」の「究極的動機」を二様に説明している。自己自身の破壊を含めた全面的破壊の欲望に立脚したニヒリズムを「絶対的ニヒリズム」、もしくは純粋ニヒリズムと呼ぶとすれば、ドイツの「ニヒリズム」は「絶対的ニヒリズム」ではなくて、「近代文明」という特定の限定された対象を破壊したいという欲望に依拠している。とはいえ、「近代文明」を近代の技術文明ととらえるのではなく、近代の技術的成果はむしろ肯定する。ドイツの「ニヒリズム」にとって、「近代文明」とは技術に関わるというより、何よりも道徳に関わる用語であったと理解するところに、シュトラウスの独自性がある。「近代文明」が道徳的意味をもつ場合に限って、ドイツの「ニヒリズム」はそういうものとしての近代文明を否定し破壊しようとする。ドイツの「ニヒリズム」が「近代文明」を受け入れがたいのは、「近代文明」が「人間の生きる条件を楽にすること、人間の権利を守ること、最大多数にとっての最大の幸福」を目標にしているからである。楽に生きる、幸福をめざす、こういう生き方は西欧的、とりわけ「アングロサクソン的」であり、ドイツ的ではないとされた。シュトラウスによれば、この「アングロサクソン的西欧の精神」に対する道徳的な抗議、それがドイツの「ニヒリズム」の基底にある「究極的動機」なのである。もちろんかれは単純な二分法に立脚しているわけではなく、ドイツにも「アングロサクソン的」な生き方を志向する人びとはいるわけで、市民的自由主義にはそうした性格を読み取れるし、またその勢力と対決すると主張する「共産主義思想」もまた楽に生きる、幸福を目指す生き方を理想としている点で同じであるとされている。

またシュトラウスはこの「究極的動機」を、ベルクソンを思わせる「開かれた社会」と「閉じた社会」の概念によって説明する。ドイツ「ニヒリズム」の抗議は、「閉じられた社会」に依拠した、「開かれた社会」への抗議である。一般に、次から次へと〈開いて〉いく態度、例えばさまざまな禁止項目をどんどん解除し、許容していくような態度、それが望ましいし、進歩でもあると考えるような態度、そうした態度に対する抗議、なのである。

シュトラウスのいう「道徳的な生」は「真剣な生」と同一視されている。禁止されたことを行わないとか、推奨されたことを行うといった具体的項目にはかかわらないで、真剣さや緊張といった心的状態の密度乃至緊迫度が問題視されており、「道徳」は高められた「情熱」を必要とするわけである。ここでは「道徳」の実質が内容から切り離され、形式化されているのが注目に値する。シュトラウスの用語自体にはキルケゴールの議論を思わせるところもあるし、遠くロマン主義的な響きも感じられないではない。また第一七章で触れた保守革命派の一部（例えばエルンスト・ユンガー）はこの種の議論に結びつくといえよう。保守革命派が未来像の具体的内容を鮮明にしようとすると、保守派やナチに接近することにならざるをえず、それを回避しようとすれば、内容を捨象するほかなかったのである。

だがシュトラウスもいうとおり、この道徳的情熱自体はニヒリステックでないとすれば、どのような経緯を経て両者は結びつくことになるのか。問題となるのは第一次大戦後のドイツの状況である。シュトラウスはニヒリズムの誕生をその敵対者との関係から説明する。西欧文明のめざすところをドイツにおいて代表しているのが「リベラルな民主主義」陣営であり、その幸福主義的姿勢において共産主義・社会主義陣営も実は同類である。これと対立するのが若きニヒリストたちであり、かれらの心的境涯を代弁し、指針を示してくれると期待されたのが保守革命的思想家たちであった。シュトラウスはそのうち成功した者としてシュペングラーやメラー・ファン・デン・ブルック、ユンガー、シュミットといった名前を挙げている。

3　〈真面目〉路線の分裂と社会

ここでおそらく三つのタイプの〈真面目〉さが対立しているように思われる。まず自由主義的な〈真面目〉さがある。かれらは「進歩」の信奉者であり、「知的所有階級」に属していた。先に取り上げたトゥホルスキーのダダイズム批判の真面目精神もこれにあたる（第一〇章）。リベラルな進歩主義者である当時の教養市民層は、若者たちの「馬鹿げた主張」はたやすく論駁できるし、そうすれば十分だと思っていた。それ以外の方法も思いつかなかった。「だがしかし」、とシュトラウスはつぶやく。理解していなかったものを論駁することはできないのだ、と。「馬鹿げた主張」と揶揄された「若いニヒリスト」たちも〈大真面目〉であった。自由主義的〈真面目〉派は、若いニヒリストたちのもつ、現在の世界とその様々な可能性の否定の基底に横たわっていた激しい情熱を理解しようとしなかった、のである。進歩の思想とは時間の経過が救済をもたらすという思想でもあるが、時間の経過にゆだねるというリベラル派の姿勢は若きニヒリストたちにとって、他律的であるばかりか、問題の本質を棚上げしているように思われた。リベラル派の議論は制度的現実に則った支配の論理でしかなかった。かれらはもはや近代文明を肯定するリベラル派の信念をとっくに投げ捨てていた。リベラル派は若者の聞き飽きた議論はもうまっぴらだった。二つの〈真面目〉な姿勢はまったく分断されていた。リベラル派は若者の断固断固たる姿勢や激しい否定の情熱によって「防御の姿勢」を強いられた。だがシュトラウスもいうように、精神的領域において「防御の姿勢」をとること、すなわち保守派のやり方で抵抗することは「自らの敗北を認めること」と同じである。かれらの論駁や説得は若いニヒリストの心に届くことはなかった。

一方に近代文明の幸福主義を肯定し、リベラルな政治社会体制の枠組みを肯定する世界における〈真面目〉さがあり、他方にはそれらの含みもつ具体的内容を振り捨てたうえでの真剣さや覚悟を本領とする〈真面目〉さがあり、両者の間に和解や調停の余地はなかった*。若者がニヒリズムだったのは、現状に対する否定の情熱が激しかった一方で、現状にかわるものを描き出しえなかったところに現れている。

＊　一九二二年ベルリンの高級住宅街グルーネヴァルトの入口で、戦勝国に対する融和政策（履行政策）をとる外務大臣ヴァ

ルター・ラーテナウは、極右の活動家によって暗殺された。この事件は、二つの〈真面目〉路線の激突であった。なおシュトラウス論の文脈では論じられないが、この二つの〈真面目〉路線を統一するのがナチズムであったといえなくもない、というのが私の見通しである。

シュトラウスによれば、西欧文明の目標とされる「開かれた社会」は「道徳的な生の根本的諸要素」と両立することはできない。「閉じられた社会」こそが「道徳的な生の根源」である。「開かれた社会」においては「道徳」を欠くことが運命づけられている。シュトラウスにいわせれば、「真剣さ」の欠如した空間、「快楽や利益や無責任な者たちの場所」、それが「開かれた社会」なのである。「開かれた社会」とは閉じる論理のない社会、つまり何でも許される社会のことである。シュトラウスの独自な理解は、「道徳的な生」を「真剣な生」と同一視する点にある。絶えず緊張をたたえた生、密度の濃い生と言い換えてもよい。

ベルクソンは『道徳と宗教の二源泉』のなかで「開かれた社会」と「閉じられた社会」とを対比し、それぞれに対応する「開かれた道徳」と「閉じられた道徳」を比較している。この議論を援用すれば、ナチズムよりも深いところでドイツ社会に底流として存在しているとシュトラウスのいう、西欧文明に対するドイツ人の「道徳的抗議」という場合の「道徳」とは、「閉じられた社会」に特有の「道徳」でしかない。

ベルクソンによれば、「閉じられた社会」とは「都市」や「国家」を単位とし、特定の閉じる原理を持っているのに対し、「開かれた社会」は「人類」へと開かれた社会であり、その意味では自由主義のめざしている社会であった。

最後に若きニヒリストの主張にみられる問題点に触れておこう。近代文明の技術的側面と道徳的側面とは、若きニヒリストのいうように別のものであるとあっさり区別できるものであろうか。〈生活を楽にする〉ことを近代文明の「道徳的意味」であるとしているが、近代文明の技術を生み出す動機も〈生活を楽にする〉ことにあるという点では同じではないか。生活を楽にするという根本動機を否定するなら、近代技術も否定しないといけないのではないだろうか。さらに一方を「アングロサクソン的」、他方をドイツの「ニヒリズム」と分けることは妥当なのか、という問題もある。

4 ホッブズとシュミット――シュトラウスのシュミット論

シュトラウスは一九三二年に発表された「カール・シュミット『政治的なものの概念』への注解」なる論文において、ドイツ「ニヒリズム」の理論的代表者の一人としてカール・シュミットの名前を挙げている。シュミットの「政治的なもの」の概念を解読するにあたって、すでにシュトラウスは「楽をしようとする」態度と「真剣な」態度とを対比しており、「真剣な態度」を擁護するという点にシュミット政治論の根本動機をみている。ここでもシュトラウスは動機探求の方法を用いている。関連するシュトラウスの議論をまず紹介しておこう。以下の叙述は第一三章におけるシュミットに関する記述をあわせて参照していただきたい。

時代の政治状況を安定的状況と危機的状況に分けるとすれば、安定期には均衡の理論、すなわち自由主義的思想が優位に立つのに対し、危機的状況においては主権の思想が優位にたつ傾向がある。前者の思想系列を代表するのがジョン・ロックであるとすれば、後者の系列を代表するのはトマス・ホッブズである。ただしホッブズの位置は微妙であり、主権論の思想家であると同時に自由主義思想の出発点に位置する思想家でもある。

シュミットが学者として脚光を浴びたのはワイマール共和国期になってからである。ワイマール時代は、すでに何度も述べてきたように、多少の波はあるものの一四年間一貫して危機の時代であった。シュミットが常にホッブズを意識しながらおのれの政治理論を作り上げていったのは当然である。

シュミット自身は「自由主義」との対決を常に意識している。「自由主義」は「政治的なもの」を否定するか、もしくは隠蔽しているのに対し、シュミットは「政治的なもの」を表に出し、肯定するだけでなく、その根源的規定性、もしくは根源的重要性を明らかにしようとする。人間の文化的営みは経済活動を含めて「政治的なもの」という根源的に不安定なものに立脚していることを、シュミットは強く自覚する。安定しているようにみえるのは、明示的なかたちであれ隠蔽されたかたちであれ、「政治的なもの」の領域においてすでに決定がなされ、その決定に基づき利害対立を解決ないし調整する制度的枠組みができあがっているためである。

経済的下部構造の規定性に関する議論との対比でいえば、シュミットは「政治的なもの」の規定性を承認する理論に立脚している。シュミットにとって、「政治的なもの」は日常的に存在する集団間の利害対立が生死を賭した闘争に転化する現実的可能性によって基礎づけられており、政治的秩序の安定性とは「政治的なもの」の露出をできるだけ回避して問題の解決ができるかどうかに依存している。これは「自由主義」の考え方でもある。「自由主義」といえども、「政治的なもの」の存在に気づいていないはずはない。「自由主義」は強敵である。シュミット自身「自由主義」について「ヨーロッパでは今日まだ、他の体系に」おきかえられていない、とその強靭さを指摘している。

自由主義的な諸領域の自律化論においては文化的諸領域が等価的に並列されるわけだが、シュミットにとって「政治的なもの」の領域は他の経済や道徳、芸術と言った文化的諸領域と並列的に理解さるべきものではなく、他の諸領域と質的に区別される独自な領域であることは、すでに第一五章でも触れた通りである。「政治的なもの」における決定があってこそ、他の諸領域も一定の自律性を主張しうるのであり、その意味でシュトラウスも述べているように「政治的なものは根本的なもの」（強調はシュトラウス）であり、他の領域と並ぶ「相対的に自立した領域」ではなく、「基準となるもの」なのである。シュトラウスはシュミットの叙述から「文化」の根底にある「政治的なもの」を「自然状態」への現実的可能性と読み込んでいる。

　ではシュミットの「自然状態」とホッブズの「自然状態」はどう違うのか。シュトラウスは危機の理論、主権の理論としてシュミットとホッブズが似たような理論構成をとっているにもかかわらず、両者を分かつ微妙な相違点に着目していく。ホッブズの場合「自然状態」は諸個人の戦争状態であるのに対し、シュミットのいう「自然状態」は諸集団の、とりわけ諸国民の戦争状態を意味する。したがってシュトラウスにいわせれば、ホッブズの場合、諸個人は自然状態において互いに敵になるのに対し、シュミットの場合には、諸集団はすでに政治集団化しており、すべてが敵として関係し合っているわけでなく、敵か味方に分かれる。シュトラウスによればこうした両者の相違は「自然状態」に対する態度の違いでもある。ホッブズは自然状態を批判し、放棄すべきであるという動機に基づいて「自然状態」、すなわち「政治状態」を否定しようとするのに対し、シュミットは「政治的なもの」を肯定している。

　シュトラウスやシュミットにとって、「政治的なもの」を肯定するか否定するかは政治思想の根本的な分水嶺をなしている。否定する姿勢が自由主義思想の根底にあり、肯定する姿勢をとるのが自由主義に対立する諸々の思想である。シュミットは「政治的なもの」を肯定するわけだが、かれにとってみれば特定の価値理念やイデオロギーに基づいて肯定しているわけではなく、単に「実際のありよう」を確認しているにすぎない。かれにとって「政治的なもの」は人間生活の根本的な特性であり、「運命的」なものだから、われわれは「政治的なもの」から逃れることはできない。これに対しホッブズは主権の絶対性を強調する理論構成をとっているにもかかわらず、自由主義的であり、「自然状態」にも批判的である。シュミットは、政治的集団は本質的に「自国民の構成員に死の覚悟を……要求する」と述べているのに対し、ホッブズはこのような要求を行う権限を最小限に制限していることを、シュトラウスは強調する。戦いで命を落とす恐怖にかられ隊列を離れる者についても、「不名誉に」振舞っただけで「不正」を行ったわけではない、といわれている。ホッブズにとって国家の成立根拠はあくまでも構成員の生命の保護にあったのである。

ホッブズの自然権に含まれている生命そのものの安全に対する権利は、掛け値なしに、譲渡しえない人権という性格を、すなわち国家に先立って国家の目的と限界とを規定する個人の要求という性格を備えている、

とシュトラウスは述べている。「自由主義世界」において「人間の非自由主義的本性（自然）を承知の上で、自由主義の基礎づけを行った」のがホッブズなのである。その際ホッブズは、自由主義の理想は、「腐敗した制度、支配階級の邪悪な意志」のみならず、人間性来の「悪」とも闘わなければ実現されないことを、明らかに理解していた。言い換えれば「悪」の克服は不可能ではなかったのである。人間の「危険性」を承認するか否かが「政治的なもの」を是認するか否かを決定した。

5　〈真剣さ〉の思想——シュミットとシュトラウス

シュミットは、人間を生まれつき「善」であるとみなしているか、それとも「悪」とみなしているかによって、政治理論を二つのタイプに分けている。ここにいう「善悪」は、人間を「危険な存在」とみなすか否かにかかわっており、そこに「道徳的意味あい」はない。シュミットにとって「善」とは人間存在の無害で「危険でない」ものを指し、「悪」とは人間存在が元来もっている「危険な」ものと理解されていた。シュミット自身は人間を「危険」な存在、すなわち元来悪しき存在とみなしていたが、かれにとってそれは客観的認識ではなく、かれの「信仰告白」であった。人間を「悪」とみなす立場に対応する政治理論が権威主義的理論であり、「善」とみなす立場に対応する政治理論が無政府主義的理論であった。

「悪」についてシュミットは具体的に、「悪」とは「腐敗、弱さ、臆病、愚鈍として、しかしまた「粗野」、衝動性、野性、非合理性等々として」あらわれ、これに対応して「善」は「合理性、完全性、従順性、教育可能性、好ましい平和性等々として」あらわれる、と述べている。ここでイメージされた「悪」を、シュトラウスは、前段に示された「人間の低俗性」と後段に示された「動物的力」とに分類し、「悪」がシュミットのいうように「道徳的」意味をもたないとすれば、「悪」として問題になるのは事実上後段の「動物的力」だけである。*

＊　シュミットは同時代の哲学的人間学に着目し、『権力と人間の本性』にみられるヘルムート・プレスナーの人間像は第一義的に「隔たりをおく存在」であり、その本質はどこまでも究明できず「未回答の問い」である、と述べている。それはさ

らに「善悪」の区別による政治的人間学に翻訳され、プレスナーの立場は「未解決」ゆえに、危険なものと積極的なかかわりをもつゆえ「悪」に近い立場である、とされた。

人間は生来「劣等」かつ「動物的」で危険であり、したがって「危険」であるからこそ、「政治的なもの」を「必然的」であると是認するシュミットにとって、「政治的なもの」は人間生活の「根本的特性」であり、その意味で「運命」でもあった。そうである以上シュミットは、「政治的なもの」を否定するような「理想」を、実現の見込みがないからではなく、「嫌悪している」ので、激しく非難しているのだ、というシュトラウスのシュミット理解にただちに同意することはできない。シュミットが「真剣さのない世界」を嫌悪していたというのは本当かもしれないが、自由主義の「理想」の実現可能性について態度を保留しているのは単なるレトリックにすぎないのではないか。

かりに「政治的なもの」が消失するようなことが可能だとすれば、「そこには政治的には無色の世界観、文化、経済、道徳、法、芸術、娯楽等々が存在するにすぎず、政治も国家も存在しない」、とシュミットが述べているのは、現実的可能性としてではなく、自由主義の主張の論理的可能性についてである。シュトラウスはこの文章を引用するに際して、「娯楽」という言葉に傍点を付している。かれの解釈によれば、ここに列挙された文化や経済、道徳、法、芸術などの活動の究極的目的は、最後に挙げられている「娯楽」である。経済や道徳は、あるいは芸術も含めて、究極的には「娯楽」のための、つまり人生を楽しく楽にすごすための活動である。もしも世界から「政治的なもの」がなくなるようなことがあるなら、世界はいまある世界とは根本的に違ったものに大きく変貌してしまうであろう。もちろんその場合にも、依然として経済も道徳や法も、文化や芸術も存在し続ける。ただし、それらは「政治的には無色な」世界として存続することになる。シュトラウスによれば、政治的に無色な世界とは「娯楽の世界」にほかならない。そうして「政治的なもの」を消滅させ、「娯楽の世界」を、すなわち「真剣さのない世界」「楽しい世界」を実現しようと躍起になっているのが、ほかならぬ「自由主義」の思想であった。シュミットは「自由主義」のこのような根本動機を嫌悪しているのだ、とシュトラウスは述べている。

「自由主義者」はいたるところに跋扈している。「政治的なもの」を抹殺しようとするのは自由主義だけではない。シュミットは平和主義者や行政国家の支持者たちのなかにも、自由主義者にみられるのと同じような、「政治的なもの」への敵対を見出しており、今や「政治的なもの」を消滅させようという志向性は自由主義者を超えて広がっている。シュミットは一九二二年の時点ですでに、「アメリカの財界人・産業技術家・マルクス主義的社会主義者・アナルコ—サンディカリスト的革命家」といった広範な人びとが、「ただ、組織的—技術的および経済的—社会学的な課題のみが存在し、政治問題はもはや存在しない」と考えている点で一致している、と述べていることを、繰り返しになるが確認しておきたい。まだ敗戦、革命後の混乱が収まっていない一九二二年の時点においてさえ、階級的相違やイデオロギーの相違にもかかわらず、「政治的なもの」に関わる問題は存在せず、行政国家による技術的問題の解決で十分である、という状況認識では広範な合意が存在する、とシュミットは証言している。社会主義や共産主義陣営が自由主義と同根であることは、保守革命派の共通認識でもあった。

シュミットが「自由主義」に対し対置するのは、「政治的なもの」、およびその担い手である国家であった。国家こそが「真剣さ」の欠如した「娯楽の世界」に頽落するのを防ぐための最後の防波堤である。経済的利害対立に由来するにせよ、思想的イデオロギー的対立に由来するにせよ、生死を賭してまで護るべきものがあるというのが、「真剣さ」の世界の特徴であり、国家だけがそうした利害や価値を護ることができる、言い換えればそれらのものを護るために、国民の生命をも要求できるのだ、というのがシュミットの基本的発想であった。生命が賭けられているという意識が「真剣さ」を担保しており、「娯楽の世界」への全面的同化をくいとめている。

以上のように、「真剣さ」をキーワードにシュトラウスのシュミット論を紹介し、かつ検討してきた。最後にシュミットやシュトラウスの議論を考える上での問題点を指摘しておきたい。

6　「真剣さの世界」と「興味深い世界」——シュミット理論の問題点

まず、シュミットの著書のタイトルは「政治的なものの概念」であって「政治の概念」ではないという第一三章で簡単に言及した論点に注目しよう。シュミットは「政治」の概念ではなく「政治的なもの」の概念を主題にしているにもかかわらず、「政治的なもの」に関していわれていることが、そのまま「政治」に関する叙述であると誤解されがちである。シュミットは「政治的なもの」の概念と「政治」の概念を自覚的に区別している。

集団と集団とが敵味方に分かれ、戦争の現実的可能性が迫真性を帯びてくるとき、その対立は極限的な事例として強く「政治的なもの」をよびおこし、そこに「政治的対立」が成立すると述べて、シュミットは「政治的なもの」の概念を説明しているが、主題として取り上げていないにせよ、当然「政治」の活動分野があることも認めている。そしてその活動が「政治的なもの」の概念に制約されるのはいうまでもない。しかし戦争は現実的可能性として常に存在する前提ではあるが、決して「政治」の「目標・目的」ではなく、ましてその「内容」ではない、とシュミットも述べているように、「政治的なもの」の概念が戦争の現実的可能性と不可分だからといって、「政治」の概念までがそうだということにはならない。一般に想定されているように、「政治」の概念には利害調整、交渉、討議などは当然含まれている。シュミットは、「政治的なもの」の否定を理想とする「自由主義」でさえ「政治」を行わなかったことはない、といっている。それだけではない。シュミットのいう「政治」は極限事例としての戦争状態を回避するための調整や交渉といった活動を予想したものであり、その点に着目していえば、「自由主義」を批判するシュミットといえども、「政治的なもの」を否定する「自由主義」の理想こそ共有してはいないものの、「自由主義」同様、「政治的なもの」の露出を回避するための交渉、調整、術策を「政治」の主たる活動として認めているのであり、シュミットと「自由主義」の距離はかれが自認しているよりもはるかに近かったのではないだろうか。

次に、「真剣な世界」と国家の関係に関する問題がある。シュトラウスも明らかにしたように、シュミットは、「自由主義」のめざす「娯楽の世界」、つまり幸福で楽しい世界を追求に値するとは考えず、そうした状態に人間が頽落するのを阻止する防波堤を、「政治的なもの」に対処する任務を負った国家にみているわけだが、国家こそが「真剣な世界」を担保するというシュミットの主張をどう理解すべきか、という問題である。

シュミットが「政治的なもの」を説明している文章に登場する頻度の高いのが、密度の濃いとか、集中的な、とも訳すことのできる形容詞「強い」(インテンジフ)と、その名詞形の「強さ」(インテンジテート)である。形容詞の「インテンジフ(intensiv)」は、「政治的な対立は、もっとも強度な、もっとも極端な対立である」とか、「敵とは、他者・異質者にほかならず、その本質は、とくに強い意味で、存在的に、他者・異質者であるということだけで足りる」というかたちで、名詞の「インテンジテート（Intensität）」は、「友・敵の区別は結合ないし分離、連合乃至離反のもっとも強度な場合をあらわす」とか、「政治的なものは、何らそれ独自の事実領域をあらわすのではなく、ただ人間の連合または分離の強度をあらわすにすぎない」というかたちで用いられている。名詞の「インテンジテート」は、いずれの場合も程度、度合いを表す単語と一体化して、密度、集中性の強さ、つまり「強度」を意味する、きわめて抽象性の高い言葉になっている。シュミットにおいて「強度」とは集団の結びつきの極端な強さ、あるいは逆に集団の対立の極端な強さを意味しているのである。そうして対立は極端な程度になれば戦争をも視野に入れた「政治的対立」に転化するというのは、すでに第一五章でも述べた通りである。「分離」すればするほど、「強度」が高まれば高まるほど「政治的なもの」は露出してくるとされているわけだから、そのような「生死」が「賭け」られている状況において、人がダラダラとしたりヘラヘラしているのは考え難く、むしろ「緊張」し「真剣」になるのは当然であろう。その意味でシュミット独自の「政治的なもの」の概念規定の中に、当初から「国家」と真剣な態度の親縁性は組み込まれていた、といっていいのではないだろうか。

三番目の論点は、シュミット自身「娯楽の世界」と「真剣さの世界」を対比した上で、「娯楽の世界」よりも「真剣さの世界」を擁護していたというのは、あるいは本当かもしれない。だが理論的に曖昧なところも残っている。シュミット理論からすれば、「政治的なもの」において決定をなしうる国家の存在は「真剣さの世界」を保証するかもしれないが、同時にまた「娯楽の世界」もまた国家の存在によって保証されており、国家の重要な役割もそこにあるからである。「文化・文明・経済・道徳・法・芸術・娯楽等々」は、「友・敵区別」に即応するため構えている国家の存在によって保証されている、というのが、シュミットの中心的な主張のひとつである。「娯楽の世界」も肯定されているのである。

シュミットから離れていえば、「娯楽の世界」のキーワードは「興味」、もしくは「興味深いもの」である。「興味」という概念は主観を離れて成立することはない。「興味深い」とは主観と対象との心理的距離の接近を表す言葉であり、対象に対し倫理的判断抜きで接近する態度を意味する。「興味」の概念は矛盾も平気で受け入れてしまう。というより、そこにおいて矛盾は成立しようがない。自民党も共産党もそれぞれ「興味深い」し、ピカソの絵もレンブラントの絵もそれぞれ「興味深い」。「興味」の概念には何か有無をいわせぬところがある。「興味」の次元にとどまっている限り、責任を問われることはない。「興味」とはもっぱら主観の問題であり、他人からとやかくいわれる筋合いではないからである。切手収集に「興味」があるからといって、誰からも批判されるいわれはないのである。

では「興味」はどのようにして発生するのであろうか。多くの場合、合理的に説明することはできず、いつのまにか興味をもってしまっているというのが実情であろう。「興味」の概念には多少とも偶然性が介入している。その消息を説明できるのが「機縁」ないし「誘因」の概念である。「興味」の発生を生み出す原因は特定できないが、興味の生まれるきっかけ（誘因＝機縁）ならば、特定することも可能である。「娯楽の世界」、「興味深い世界」のキーワードは「誘因＝機縁」である。

「興味」に対するシュミットの態度は、意外にもアンビバレントである、といわざるをえない。「例外は通常の事例よりも興味深い」とはシュミットの言葉であり、平和な状態よりも戦争状態の方が

「興味深い」という場合、かれは倫理的判断抜きで戦争に対し心理的に接近している。戦争に倫理的判断をせずに「興味」を抱くというのは「いかがわしい」態度である、と批判したのはカール・レーヴィットであった。「いかがわしくロマン主義的ないいかたで、シュミットはいう。例外は通常事例より以上に「興味深いものである」」、と。「興味」の概念と「価値」の概念は両立するが、「価値」が衰弱すると、両者を区別するのが難しくなり、興味と価値は著しく接近し、似たようなものになる。[*] 価値観の対立は「神々の闘争」を呼び起こすが、これに対し「興味」は等価的概念であり、別の「興味」と対立することなく、共存する。禁欲主義という価値観と快楽主義という価値観とは対立するが、そのどちらの価値観にも同時に興味をもつことができる。

＊「興味」と「価値」が両立する意識状況においてどのような事態が生じるのか。例えば学校で「いじめ」があった時、いじめをやめさせようと行動する者と、いじめをみてみぬふりをする者とがいた場合、前者の態度の方が立派だとみなすなら、まだ価値観は衰弱していないが、前者も後者も等価的であるとみなすことも可能なのが、価値が衰弱して興味に接近した場合である。どちらの者も「当人にとって望ましい、あるいは好ましいこと」を選択したという点では同じ、等価的であるとみなすような態度が成立する。選択した内容について価値的に判断せず、それを選んだという形式的類似性しかみない態度、これが価値＝興味となるような心的態度である。

第四部 〈崩壊〉のあと

おわりに

時代的にはこの後「ナチの経験」へとつながるわけだが、「崩壊の経験」はここで終える。本書で取り上げた人物の多くが亡命してしまったという事情もあるが、「ナチの経験」を叙述するには本書とは別のアプローチを必要とするからである。本書ではワイマール共和国のはじまりを精神の〈ゼロ状況〉と呼んでいるが、ナチ体制を経た後の戦後の出発点はそれ以上に文字通り「ドイツ零年」（ロッセリーニ）であった。戦後再びはじめるとすれば、遠慮がちにではあっても第二〇章にみられるように「経験」や「教養」にたちかえるしかないのかもしれない。レーヴィットとアドルノの思想的営為は「古い」というだけで捨て去ることのできない「始まりの意識」の原型を示している。エルンスト・エーリヒ・ノートは戦後のドイツについて爆弾よりも経済の高度成長の方が、ドイツの過去を完璧に洗い流してしまった、と述べているが、第二〇章の「始まりの意識」は第二一章で取り上げているような、テクノロジーと資本に限りなく浸透された世界を舞台とするほかない。ナチ体制は解体しても依然として崩壊は続いているのかもしれないのである。

第二〇章　教養と経験——レーヴィットとアドルノの「始まりの意識」

教養という言葉にはずいぶん手垢がついているが、それでも教養は現在の日本で市民権を得ているばかりか、ある程度ポジティブな意味合いで用いられている。

第二章で触れたように、ドイツにおいては先進国フランスに対する国民的自己意識の表現として、フランスの「文明化」概念に対し、ドイツの「文化」概念が強調され、「文化」はまた「教養」ともほぼ等置された。特にヴィルヘルム・フンボルトの「教養」の理念は、新設のベルリン大学の建学の理念とされただけでなく、ドイツの学問の理念として広く浸透し、学問の世界におけるドイツの地位の高まりとともに、その影響はやがて日本にも及んだ。教養学部をもつ大学もあるし、大学の教養課程といういい方は今でも残っている。教養という言葉は廃れていないだけでなく、あの人は教養がある、ないといういい方は日常的になされている。

本章では研究人生においてもっとも大事な三十代にちょうどナチ体制の成立を迎え、亡命し母国を離れざるをえなかった二人の学者、カール・レーヴィットとテオドーア・ヴィーゼングルント・アドルノの第二次大戦後の著作を中心に、ナチ体制とホロコースト、そしてドイツの「壊滅」を経た戦後の精神的〈ゼロ状況〉からの出発点に当たり、かれらが「始まりの意識」として着目した精神的営為を取り上げる。

1 レーヴィットの生涯

全体主義体制を体験したドイツや日本では、第二次大戦後、教養のあり方は厳しい批判に晒された。日本では特に青年層によって熱烈に学習された西洋の、あるいは西洋に関する教養が、同時期のマルクス主義やキリスト教と比べても、総じて日常生活において生きて働く力としては弱体であったことが批判された（唐木順三『現代史の試み』）。ドイツにおいては、強制収容所の所員がゲーテを読みベートーヴェンを聴いた後で粛々とユダヤ人殺害を行っていたこと批判され、教養は一体何のためか、が問い詰められた。

カール・レーヴィットはナチス・ドイツを追われて一時期日本の東北帝国大学で教鞭をとっていた。かれは一八九七年にドイツ系ユダヤ人として生まれた。一九二〇年以前のかれの体験のなかでは、第一次大戦に志願して出兵し、イタリアで捕虜生活を送ったことと、帰国後マックス・ウェーバーの講演『職業としての学問』を聞くことができたという二つの出来事が重要な意味をもった。彼の自伝『ナチズムと私の生活』によれば、捕虜生活に際してはイタリア人の「屈託のなさや暖かさ、その日暮らしができる能力や運命を甘受する態度」（ウォーリン『ハイデガーの子どもたち』）に感銘を受け、ウェーバーの講演からは「責任倫理」の意義を学んだ、とされている。

戦後フライブルクのフッサールのもとで哲学を学んだが、多くの同時代の若き哲学徒と同様、かれもフッサールより彼のもとにいた新進の哲学者ハイデガーに魅了された。だが一九二八年の教授資格論文『共同的人間という役割における個人』は、前年に公刊され大きな反響を呼んだハイデガーの『存在と時間』に対する批判的な応答でもあった。ハイデガーの基礎概念にあたる「現存在」が「非本来性」の領域に位置づけられるのに対し、レーヴィットの基礎概念の「共同存在」は家族、共同体、仲間のような〈相互主観性〉の領域において定義された。もう一つ一九三二年に発表された論文『ウェーバーとマルクス』は「疎外」をキーワードにマルクスを、「合理化」をキーワードにウェーバーを、それぞれの社会科学の哲学的基礎にも遡って、共通点と相違点を解明している。ハイデガーと違ってレーヴィットの哲学が社会科学への接続可能性をもっていたことが分かる。

一九三三年のヒトラー政権の成立は、ユダヤ人であるレーヴィット自身の亡命につながったという意味においてはもちろんのこと、魅了されていたハイデガーのナチズムへの加担をどう理解すべきかという問題を突きつけられたという意味でも、かれにとって衝撃的な出来事であった。ナチ時代のレーヴィットの思想的営みは『ヘーゲルからニーチェへ』や『ハイデガー』、『ヤーコプ・ブルクハルト』といった著作にせよ、変名で発表したカール・シュミット批判の論文にせよ、ナチズムに至る背景の思想史的分析であったり、あるいは多少ともナチに加担した思想家の批判であったりした。

2　ヘーゲル哲学における思考の前提

本章では「ヘーゲルの教養概念」（一九六八）と題されたレーヴィットの論文（『ヘーゲルからハイデガーへ』所収）を紹介したい。マンフレート・リーデルとともにヘーゲルの著作を三巻からなる学生版に編集した際、レーヴィットがその第一巻の序文として書いた論文である。ヘーゲルはベルリン大学の教授に就任する前に、一八〇八年から一八一六年までバイエルン王国のニュルンベルク・ギムナージウム（その上級学年は日本の旧制高等学校にほぼ対応する）の校長職にあった。この間ヘーゲルは毎年校長として式辞や報告を行ったが、そのうちいくつかはギムナージウムの生徒を前に〈勉強すること〉の意義を比較的平易に述べた内容になっており、ここで取り上げるレーヴィットの論文は、式辞の際に語られたヘーゲルの思想を解説するかたちで勉強の意義を、現代の学生を前にときあかしている。ヘーゲルの時代、ドイツのギムナージウムでの教育は実用的な内容とは程遠く、古典語の学習（哲学の学習でもある）に、つまり人文主義的教育に圧倒的な比重をかけていた。ニュルンベルクのギムナージウムの授業時間は年齢によって、下級、中級、上級に分けられ、その段階に応じて多少の違いがあるものの、古典語の学習に週一三時間前後あてられており、数学が四時間、フランス語が三時間であったのと比較しても分かるように、圧倒的に古典語中心のカリキュラムだった（『ヘーゲル教育論集』）。資本主義的発展がすでに始まり、卒業生の多くが官僚への道に進むと見込まれていた時代において、はるか歴史の彼方にある時代の古典語をなぜ学ばねばならないのかという、当時すでに感じられていたはずの疑問に対し、ヘーゲルなりに答えたものでもある。

ヘーゲルは『大論理学』において、特に哲学的思考と古典語学習の意義に焦点を当てて話を進めている。本題に入るに先立って、レーヴィットは「哲学的思考」における概念の意義と実践の必要性という二つの主題に触れている。レーヴィットによれば、哲学者として当然ヘーゲルは思考を重視するわけだが、その場合の思考は「日常的思考」ではなくて哲学的思考、つまり「理性的思考」である。「日常的思考」は思考であるには違いないが、われわれの日常的な「表象や感情、努力」に忠実で、それらを超えるものではない。ヘーゲルにとって「直接的で知的な直観」、「思想を欠いた信仰」、「たんなる感情」は信頼に足るものではない。学生が身につけるべき「哲学的思考」はそうした〈直接的意識〉にとどまることなく、〈事柄〉に眼を向け、〈事柄〉を「思想の形式」にまで高めることを目指す。そうしてそのために必要不可欠なのが学問的な概念であり、「哲学的思考」は、直観なり、意見、推測なりを超え出て、「事柄の本質を概念的に展開する」ことを課題とする。「本質」や「概念」と言うと、それだけで現実離れした空虚な概念操作を思い浮かべるとすれば、それはヘーゲルを理解したことにはならない。ヘーゲルの議論は抽象的だといわれれば、確かにそうである。しかし抽象的な概念的思考なくして、「理性的思考」はありえない。哲学とは概念を用いて思考することである。とはいえ、概念を用いるとは、あらかじめ与えられている概念を現実なり事柄に外側から機械的に当てはめることではない。ヘーゲルにとって概念は「事柄」の内部に含まれており、しかもそこには相互に区別されるべきさまざまな概念が含まれている。事柄に含まれている諸概念を見出し、それらを概念的に区別すること、そうして事柄の本質を明晰に認識することが「哲学的思考」の役割であった。

もう一つの論点である「哲学的思考」における実践の必要性といういい方は誤解を招きやすい。哲学者も実践すべきであるとか、哲学は実践のためにあるべきだ、とヘーゲルは必ずしも考えているわけではないからである。「哲学的思考」そのものが意味上、現実への実践的関与を含んでいる、とヘーゲルは理解していた。「すぐれた思想家のなかで、実存的に関与的でなかったような、つまりおのれの思索に関与的でなかったような思想家はまだひとりとしていない」、とレーヴィットはコメントしている。その意味でキルケゴールがヘーゲルに対して「実存する思想家」を対置したのは、ヘーゲル哲学を誤解している。単なる文献学的な専門知識や博識と違って、現実的な認識には「実存的な出動」（キルケゴール）が要求されることは、ヘーゲルにとって自明であった。おのれ自身の立論の前提に気づかない「見かけだけの中立」性によっては、決して「真理に与する」ことにはならない。こうしてレーヴィットはヘーゲルの思想として「真理は、ひとがおのれ自身の精神をもってそれに参与し、そのかぎりでは偏向しているときにのみ認識される」という考えを確認する。われわれはみずから「認識に参加しなければならない」という主張を、よりヘーゲルの意図に即していえば、われわれは認識に参加しようとする以前にすでに認識へと参与しているのである。レーヴィットは「すでに認識に参加している」という事情を、価値中立的に「偏向」と呼んだわけで、ヘーゲルへの批判は含意されていない。問題は「すでに認識に参加している」事態を明晰に自覚するか、気づかないままでいるかにある。哲学的認識における「中立性」の要求は根強く定着しており、正当な要求であるかのように受け入れられがちだが、われわれは例えば歴史記述の際に、特定の関心なり目的をもって歴史に接するのであり、その際に関心や目的に適ったものを選択し、適っていないものを無視せざるをえないだけでなく、そうして描き出された歴史的出来事の当否を判断せざるをえないという意味でも、「中立性」の要求は一般的には成り立ちがたい。

3　主体的に受動的であること

レーヴィットは続けて論じる。ヘーゲルにとって学問は、実証的学問であれ、人文主義的学問であれ、重点のおき方に違いはあるにせよ、必ず実証的側面と哲学的側面をあわせもつものであり、一方の側に一面的に偏してはならない。それはある論述が常にこの二つの側面をもたねばならないということではなく、哲学にしても実証的な知識を持つなかから生まれ、実証的知識と矛盾するものであってはならないということであり、逆に又実証的学問は哲学的関心を欠いていると空虚な事実の羅列に終ってしまう。

実り多い思索をするためには「学ぶ」ことが必要である。古典を学ぶ場合を例にとると、学ぶ姿勢には、相異なる二つの態度がある。古典的書物を「読む」態度としてみれば、主体的な読書論と受動的な読書論とがある。数多くの読書論のなかでも有名なショーペンハウエルの読書論は、主体的読書論、もしくは個性的読書論とでもいうべき内容の読書論で、いまでも多くの読書論の範型になっている。自分なりの問題意識をもって主体的に本を読め、とアドバイスしており、その限りにおいては異論の挟みようがない。だが主体的読書論にも問題がないわけではない。

主体的読書論の問題点はあまりにも主体性が重視されるところにある。それほど主体性を尊重していいのか、主体性はそれほど信用できるのか、という問題である。主体的読書論のキーワードは自分の「関心」に即して読むということだろうが、「関心」には二つの側面があって、関心があるから対象をよく理解できるという面と、関心があるためにその関心によって認識が制約され、対象の一面しかとらえられないという面である。ヘーゲルのギムナージウム講演を読書の仕方、勉強の方法という観点から読むと、かれは少なくとも主体的読書論の立場とは少し違った考えをもっているように思われる。ヘーゲルによれば、重要なのは「みずから思索するという自由な活動」だけだと考えるのは、「近代の教育学」の誤った先入観であり、およそ「学ぶ」ことを抜きにして「自分で考えたこと」は大概漠然とした意見を超えるものではない。ヘーゲルにおいて古典的作品を「学ぶ」ということは、「自分の考え」を性急に持ち出すのを控えて、その書き手の意図に好き嫌いや関心のあるなしを抜き

にして、徹底的についていくこと、その内在的理解に徹することであった。その意味である種の受動性が要請される。なぜならば、

みずから思索するということでさえ、すでに他人が考えた内容豊かなものを追思考し、それについて自分で考えることを学ぶことによってのみ、学ばれるものだからである。他人の思考を理解し、みずからの思いつきを放棄することから始めなければならない。

他人の前で自分の意見を表明できることが重要だ、というのはもっともな意見である。しかし、「みずから考える」、「自分の意見を表明する」というのは、教育者がそのようにアドバイスすれば、あるいは生徒なり学生なりがそのような気になれば、それで可能になるわけではない。「道徳教育」の場合に「国を愛するように」、「他人に思いやりをもて」といくらいっても、それだけでは効果があがらないのと同じような問題点がここにはある。ヘーゲルは「みずから考え」たり「自分の意見をいえる」ための前提条件に注意を促している。「自分の意見をいう」というのは決して易しいことではなく、その勇気をもてたからといって、あるいは人前で話す訓練をつんだからといって、それで実現されるというわけではない。ヘーゲルはみずから思索し、自分の意見を言えるための精神的な前提条件として「学ぶ」ことの重要性を説いている。

「学ぶ」ということも実はあまり簡単なことではない。本を読んだり、授業を聞いたり、インターネット検索ができれば、それで学べるというわけではない。その点では野球やヴァイオリンの演奏と同じである。野球をやろう、ヴァイオリンをひこうという気になっても、すぐにできるわけではなく、地道な初歩的訓練に耐えなければならない。学問も同じである。

ヘーゲルによれば具体的な現実世界を理解するためには、われわれに馴染みの現実を一旦離れて、

抽象的に思索することが必要である。

そのような思考を「学ぶ」うえで古典的作品にまさるものはないとヘーゲルがいうとき、古典的作品の内容の高さは自明の前提とされ、主として、古典学習の形式的な意味について論じられる。では古典学習の形式的意義とは何か。これこそがレーヴィットの読み解いたヘーゲルの「教養論」の内容に当たるものなので、次節でやや詳しく説明しておきたい。

4　ヘーゲルの「教養」論

ヘーゲルは「教養」を「実践的教養」と「理論的教養」に分けている。労働などが実践的教養にあたり、ギムナージウムの勉強などは理論的教養にあたる。ヘーゲルの基本的思想は、「慣れ親しんだ馴染みの事柄」を知るには、それからおのれを遠ざけ「疎外」しなければならない、という言葉に端的に表現されている。われわれがよく知っていると思っていることも、ヘーゲルからすれば、おおかたまだ本当に認識されたものではないし、本格的認識を獲得するには、対象からおのれを切り離し「疎外」しなければならない。一時期の日本で疎外論が流行り、もっぱらマイナスのイメージをもつ用語として一般化したこともあったが、ヘーゲル哲学においては真の認識に至るために不可欠なあり方と位置づけられている。

認識対象となるものを〈異質な他者〉と名づけるとすれば、異質な他者はあらかじめ与えられたものではない。それが自分にとって他者となるのは、それに馴染みのなさを、つまり何らかの違和感を覚える場合である。「世界とおのれ自身に対して、他者や馴染みのないものに対するかのように立ち向かったことのないひとは、おのれも世界も認識することはできない」のであり、対象に向き合ったときの違和感、疎隔感こそが認識の出発点になる。思考を「学ぶ」ためにはおのれの直接的な世界、馴染み深い世界、つまり感覚的・具体的な世界からから切り離されること、「疎隔」されることが必要なのである。

向学心に燃えた若者を認識に、つまり対象化の意志に駆り立てる上で都合がいいのは、「見知らぬ遠い世界」である。学生たちの「教養」を育成するために、古典的作品を、ラテン語やギリシャ語といった古典語を学ぶことを重視するのは、時代錯誤でないどころか、むしろもっとも有効な方法であるとヘーゲルが考えているのは、この点とかかわっている。文科系ギムナージウムの学生にとって見知らぬ遠い世界とは、何よりも「古代人の世界」であり、ギリシャ的、ラテン的世界であった。「古代人の世界」は学生にとって〈異質な他者〉に他ならない。

対象に立ち向かったときに覚える違和感が認識の出発点、第一段階であるとすれば、第二段階にあたるのが対象へおのれ自身を入れること、つまり「自己疎外」である。まだ違和感を覚えたままで対象世界のなかに入り込むわけだから、おのれにとってそれは自己を対象に疎外したことになる。異質な他者に異質性を感じたまま入り込み、他者性を他者性のなかで理解しようとするのである。第二段階には二つの側面がある。異質な他者に入り込むこと自体は確かに自己を疎外する（自己が実現されていない）ことではあるが、他者の世界の内部においてであるにせよ、他者性を理解しようとする限りにおいて、そこには他者性を潜り抜けて再び自己に戻ろうとする意志が認められる。理解するとは自己に戻ること、つまり「自己回帰」にほかならない。すでに第二段階において自己に戻る動きは始まっているのである。そうして「自己回帰」によって再び自己に戻った段階が認識の第三段階にあたる。

この時点での自己は対象に対し違和感を覚えた第一段階の自己とは、同じく自己と呼ばれるにしても、すでに違っている。

ヘーゲル自身も取り上げている古典語の学習を例に説明すると、この問題は分かりやすい。ギリシャ語やラテン語の習得のためには文法規則を覚えたり、文章を暗記したり、多くの機械的作業をこなさなければならない。機械的作業は精神には馴染みのないものだから、往々にして退屈な作業である。ヘーゲルはこの退屈な機械的作業が精神の形成、「教養」の育成に有益である、と強調する。語学学習において文法習得のような機械的作業は避けて通れない必要悪なのではなくて、それ自体教養育成に不可欠な一段階であるという理由は、古典世界の内容の馴染みのなさ、そして言語や文法の馴染みのなさが、「人間の精神におのれ自身との距離を取らせ、そのようにして精神をおのれ自身に向けて解放する」という点に求められる。

一般に語学学習の際に、われわれはかなりの程度文法規則を頼りにせざるをえない。文法規則を前にしてわれわれは異和感、疎隔感を覚えざるをえない。しかしそれはたとえ退屈であっても、反復練習をしてともかく覚えなければならない約束事である。ヘーゲル的にいえば文法規則の中に自己疎外せざるをえないのである。語学学習の初期段階では会話をする場合でも、この場合は文法規則に照らして語順はこうで、形容詞の語尾はこうしなければないというようなことを瞬時のうちに判断して言葉を組み立てて話さざるをえない。このような場合には、たとえ話すことができても語学はものになっておらず、絶えず文法を意識しているので、文法規則の世界に自己疎外したままである。文法規則は実現されているかもしれないが、自己は実現されていない。しかし語学学習が進むとやがて会話においても文法規則を特に意識しなくてもおのずと文法規則に則った自由な会話が可能になり、同時に自己も実現されているという段階に到達する。文法規則にも時と場合に応じて柔軟に対応できるようになる。文法規則のなかに疎外されていた自己が再び文法規則に則ったまま自己回帰を果たしているのである。ヘーゲル用語を用いて要約すれば、古典語の学習に際し、生徒や学生たちは当初疎隔感を覚えるが（「即自態」）、文法規則に自己疎外をすることによって次の段階（「対自態」）に進み、最後に再び自己に回帰することによって語学を習得する（「即且対自態」）わけである。ここに弁証法の論理が駆使されている。

いま語学学習を例に説明したことは古典的書物の読書にも当てはまる。書物を読んだとき、著者の意見や説明にある程度は賛成もしくは納得できるが、賛成したり納得したりできないところもあるというのが普通であろう。書物を前にして多少とも疎隔感を覚えるのは自然である。その意味で本とは読者にとって多少とも異質な他者である。疎隔感があるからこそわれわれは思索に誘われ、自分ならこうは考えないのに、著者はなぜこう書いているのだろうか、というように考える。本とは読者にとって自明の世界とはちがった〈もう一つの別の世界〉を開示してくれる媒体である。あくまで作品の世界に即して、そのように思考を進める著者の思索のあとを、著者の立場から理解しようとする。著者に、つまり他者になりきるというある種の受動性を主体的に働かせるのである。

5　自己の忘却から超越へ

ただし、書物を理解するとは書物に書かれた内容と、あるいはそこに示された〈もう一つの別の世界〉と、自分の意見や考えとが一致するようになることではない。レーヴィットはいっている。

真の習得とは単なる吸収や同化ではない。それはおのれ自身から歩み出ることを、ある種の自己外化を要求するのであり、他者をその他者性において対象的なかたちで習得しうる人だけが、教養のある人なのである。

「おのれ自身から歩み出て」、そのうえで「他なる見知らぬもの」に入り込み（「自己外化」）、そこで「おのれを形成する」ことによって、そこに変貌した「おのれ自身を発見する」こと、つまり再びおのれ自身に戻ってこられる人が「教養ある人」であるという。おのれ自身から歩み出ることと、そして再度おのれ自身に戻ってくることは教養の成り立つ二つの基本的条件なのであり、後の「おのれ自身」ははじめの「おのれ自身」の変貌した姿であることはいうまでもない。

ところで、おのれ自身から歩み出るというのはそれ自体重要な意味をもつ営みなのだが、誰にもできそうでいて実は容易にできることではない。レーヴィットによれば、意外なことにおのれの自我から抜け出すうえで有益なのが、それ自体は概して退屈に思える文法学習のような機械的な反復作業である。古典的書物を精読する場合も同じである。反復とは文法規則なり古典といった範例への一体化（模倣）に向けて持続し集中することを前提とする。持続的に精神を集中すると、その果てにわれわれは自我から、正確にはなじみの慣習的世界に組み込まれた自我から抜け出すことが可能になる。われわれは自覚している以上に同時代に支配的な慣習世界にとらえられ、それこそがリアルな現実世界であると思っているが、人は読書なり学習することによってそのような現実世界を脱出し、「隔たった世界」（古典的世界や文法のような機械的世界）に一体化することによって、読み手であるわれわれの自我が一時的にせよ消失、もしくは弱体化する。そうしてそれとともに、おのれの自我が奥深くまで組み込まれている慣習的現実世界のリアリティも後退していく。自我が後退するという精神現象が学習において重要な意味をもっているのである。われを忘れて勉強に集中している状態になる場合など、その一つの例であろう。自我が衰弱するといういい方は誤解を招きやすいかもしれない。学習において衰弱する自我は、仕事がつらいだとか人間関係に悩んでいるような自我、そういう日常的な関心や心配事に満たされた自我であり、そうした日常的な自我は確かに衰弱するのだが、それと同時に日常的な関心事から解放された自我は新たに拡張されることにもなるという消息が重要である。その意味で厳密にいうと、自我は収縮すると同時に拡大するのである。収縮する自我と拡大する自我とでは自我の質が違っている。この自我の拡張が生じるからこそ、対象世界に自己を疎外することも、そしてそこから再び自己に戻ることも可能になる。このような意味でレーヴィットはヘーゲルに仮託して「疎外」ということの、あるいは「自己から歩み出ること」の精神的意義を説いているのである。

語学学習や読書を例に示したこのような教養の精神的な過程は、実際われわれが状況を読むとか都市を読むといういい方をしているように、およそ実践的行為全般に見出すことができる。現代社会は複雑に媒介されており、右に述べた精神的過程を阻むような構造をもっているからといって、はやばやと白旗を揚げて適応に走る以前にまず心しておかねばならない「始まりの意識」にレーヴィットは着目した。

6　アドルノの方法意識と媒介

アドルノはレーヴィットよりわずか五歳年下だったにすぎないが、ナチ政権成立の時点でレーヴィットは若手だったとはいえ、すでにひとかどの学者だったのに対し、アドルノはナチ政権の誕生した一九三三年にようやく教授資格論文『ゼーレン・キルケゴール』を出版したばかりであった。イギリスを経て最終的にはアメリカに亡命したアドルノにとって、亡命は直接身に迫る危機から脱出であると同時に、強制的画一化（Gleichschcltung）からの逃亡でもあったが、新天地アメリカは過剰ともいうべき適応社会であった。

かつてヤーコプ・ブルクハルトは「文化」について、①一般的強制力を要求せず、自発的に成立するものであること、②流動的で自由な、かつ多様な世界であること、③本質的に自由な社交に基づいていること、という三つの特徴を指摘し、したがって「文化」は国家や宗教という「固定的な生の組織」を修正し、あわせて両者を批評する、と述べたことがあったが、アドルノの出会ったアメリカ社会は国家的強制社会ではなかったものの、社会的には同調を強要され、それ自身が「固定的な生の組織」を生み出しているように思われ、アドルノはそこで「傷ついた生活」をおくりつつ、同調化社会の実態を「文化産業」の概念で批判的に考察するようになった。この方向での考察は晩年の『否定弁証法』や『美学講義』まで継続されている。その一方でアドルノは戦後帰国した西ドイツにおいて「アウシュヴィッツ以後」の「ゼロ状況」においてどのように出発すべきか、どのように「始める」べきかの考察も目立たないながら続けた。まず後者に関わるアドルノの論述から始めることにしよう。

（1）　思想内容と経験内容

アドルノは厳しい方法的自覚をもっていた。かれにとって知的に生きるとは方法的に生きることでもあった。学問とはそれ自体混沌とした世界に方法的意識をもって臨み概念の網の目をかけることであるとすれば、アドルノはとくにその点に自覚的だった。「ヘーゲル哲学の経験内容」というアドルノの論文がある（『三つのヘーゲル論』）。ヘーゲル哲学を説明している、ごくありふれた論文だとの印象を与えるタイトルかもしれないが、ヘーゲル哲学の思想内容ではなく、「経験内容」という言葉が自覚的に選びとられている。ヘーゲル哲学の思想内容を論じた書物は無数にある。ヘーゲルの著作に直接表現されているのは、かれの思想内容だからである。思想内容と区別された経験内容という精神の層位を見出したこと自体すでに卓抜である。直接あたえられているのは思想内容だけだからといって、ヘーゲルの伝記的事実に頼って、その経験内容を探る類の素朴な実証主義的態度はアドルノには無縁だった。あくまでもヘーゲルの思想内容の叙述の仕方や表現、あるいは文体を読み込み、そのうえで思想内容から、そこに直接的には与えられていない経験内容を読み取り、奪い取ること、そのこと自体容易なことではなく、それを可能にするには、何らかの鍛えぬかれた方法意識が要請されるし、しかもそこで考えられた方法を機械的に適用することによっては、経験内容を分離することさえ容易にはできず、まして経験内容の「豊かな包み」は解かれないということだけを考えてみても、「ヘーゲル哲学の経験内容」という表題にアドルノの野心的な意図を読み取ることができよう。アドルノにしてみれば、思想内容には、それに対応する特定の経験内容があって、思想内容を活性化し、時にはある種の方向づけさえ行っており、決して思想内容それ自体、ニュートラル（中性的）ではありえない。

（2）アドルノの直接性批判の方法

思想や学問は往々にして普段われわれが無意識のうちに行っていることに、自覚的に取り組み、考察を加える。方法の実行も無意識に行われている作業の一つである。「世界」に対し自覚的に方法的意識をもって臨まないと、「世界」は「混沌」のままであるか、「通念」に縛られたままである。「世界」を「混沌」のままに放置することも「通念」につきしたがうことも、アドルノの選ぶところではない。混沌のなかにつながりを見出し「通念」をつき破るのが、学問的思考の役割である。世界や現実を学問的にみるとは、アドルノにとって、方法意識をもってみることと同じである。「方法意識」をもつことによって、「混沌」とした「世界」を一定の連関をもった「現実」として整序し、そうして現実に関する「通念」をつき抜け「事柄」に近づくことがめざされ、その先に予見されるのが、「事柄」とその連関を把握したという確かな手ごたえである。

アドルノにおいては方法としての「媒介」がことのほか強調される。「媒介」のあり方も歴史的にみて同一ではありえず、「媒介」それ自体の性質のほかに「媒介」の歴史的様式も問題になるだろうが、さしあたり「媒介」それ自体に言及される。「媒介」に対応する反対語は直接性、あるいは直接態である。しかしアドルノは、「直接態というのは、それ自体において媒介（間接化）されたものとして理解するのが本筋である」、といっている。われわれは何気なく実態分析という言葉を使っているが、それが思想や哲学に対比していわれるとき、「実態」とはしばしば、観念に媒介されていない、生の現実、現実そのもの、つまり「直接態」であると思われてしまう。アドルノはこのような「実態」理解を批判する。「直接態」をそのまま現実そのものであると思い、それに信頼を寄せるのはあまりにもナイーブである。

アドルノは直接性の意識の批判をヘーゲルから学んでいる。「ヘーゲルによれば、天と地の間には媒介されていないものはひとつもない」。万物は媒介されている。どのようなものについても人間の意識がそこに介在しており、人間による、人間的な意味づけがなされ、そこに介在している。いま存在しているが、われわれに知られていないものがあるとすれば、それが知られるようになるのは媒介されることによってなのである。「単にそこにあるというおのれの規定のうちに、精神的規定を含まないものはない」。これが観念論の基本的発想である。われわれは「それは観念論的だ」、現実から遊離しているといって相手を批判できたように思いがちだが、ここで述べた観念論の基本的発想は、そのような批判によって抹殺できるほど素朴な主張ではなく、むしろ観念論批判者の素朴な現実理解、観念論理解の方こそが反省を迫られている。「現実」それ自体は自明なことではない。もう一度ヘーゲルの根本的発想に戻れば、「直接性は本質的にそれ自体媒介されている」のである。「直接性」に、言い換えれば、表面的、表層的なものにとどまっている限り、その思考は「学問」になりえないのはもちろんのこと、「エッセイ」にも「芸術」にもなりえないというのがアドルノの思想の要諦である。直接性に加担するという願望なり主張は、制度化された学問や芸術に反抗すると約束しておきながら、おのれ自身たやすく制度化されてしまうのがおちである。

　アドルノはこのようなヘーゲルの方法を、「古い認識論」に立脚している「実証主義」と比較して説明している。アドルノによれば、「実証主義」とはすべての知識をもっとも直接的なものとみなす「感覚印象」に還元する立場、思考である。一方ヘーゲルにとって、「感覚印象」はそれ自体すでに「構成されたもの」、つまり媒介されたものである。「感覚印象」は純粋にそのものとして「生きた意識」のうちに現れることはない。直接性は自分自身のうちに「自分とは異なるもの」、つまり「主観性」をはじめからもっているのであって、この「主観性」がなければ「直接性」はそもそも与えられることはない。ヘーゲルの時代もアドルノの時代も、そしてわれわれの時代にあっても、人びとは「しばしば直接的なものがより優れていると思い、媒介されたもの（間接的なもの）は従属的なものだと考えている」点ではほとんど違っていない。

とはいいながら、ヘーゲルは「直接性」の概念を捨て去ってしまうわけではない。概念には「直接的なもの」のほかに「媒介されたもの」という側面もある。われわれは「直接的なもの」を手掛かりに、出発点にせざるをえないからである。だが繰り返していえば、「もっとも手近にあるもの、すなわちそれぞれの個々の主観にとって直接に確実なものが真理の根拠」である、「絶対に確実である」というような「古い認識論」は批判される。このような経験がヘーゲルの実証主義批判の動機になっている。

（3）認識の社会的次元

これに対し、アドルノは認識の社会的次元の客観的重要性を指摘する。「身近な生活の真相」を知るには、「その疎外された姿」である「直接的なもの」を見極めなければならない。これが最初に必要なことである。『ミニマ・モラリア』にしたがって言い換えれば、「個人生活をその隠微な襞にいたるまで規定しているさまざまな客観的力を探求しなければならない」。同じことだが、こうもいわれている。生活の実相を知るには、人びとを取り巻く「周囲の事物からもっとも隠微な神経の内奥にいたるまで常住不断に蒙っている刺激を十分念頭にいれておく必要があるだろう」。社会生活に没頭している人間だけでなく、「一見超然としている人間」も「社会の網の目」にからめとられているのであって、「社会的労働とまったく無関係に独立しているものは何もない」というのはアドルノの自戒の言葉であるだけでなく、かれの周囲の教養人に対する批判でもあった。

今日の例でいうと、秋葉原無差別殺人事件のような場合、犯人の晒されていた抑圧が問題とされることも多いが、犯人の「生の声」がないから分析できないと嘆いたり、犯人が残しているかもしれない日記などを物色するのは、悪しき実証主義者の態度である。私生活をのぞきたがる態度自体あさましいが、「日記」でさえ「生の声」を記録しているのではなく、社会に媒介された記録であるという視点がそこにはない。アドルノはいっている。「個我はただ社会に組み込まれているだけでなく、文字通りその存在を社会に負っている。個我の内容になっているものはことごとく社会から来ている」、と。アドルノから学ぶべきはこのような個所である。「個我の内容」はすべて「社会に由来」するのだから、社会を分析することによって問題の核心に到達するのも不可能ではない。「抑圧される」という経験も、われわれは社会に負っているのであり、その意味で事件を分析するとはおのれの経験を考え抜くこと、そうして考え抜くことでおのれのなかに社会の姿を見出すことでもある。

社会によって媒介された姿を分析することによって、「事柄」に近づくことが目指されている。「事柄」、ドイツ語の「ザッヘ（Sache）」とはアドルノ思想のキーワードの一つである。「ザッヘ」は文脈に応じて、「事柄」、「事物」、「もの」、「問題」、「仕事」などと訳されている。「もの」とか「事柄」と訳すのが、語の最も基本的な意味に対応しているように思われる。やはり「ザッヘ」をキーワードに学問論を展開しているのが、アドルノより四〇年ほど年長のマックス・ウェーバーであった。『職業としての学問』というウェーバーの講演の末尾では、「もの（Sache）」に就き、「もの」の実相に迫ることが、学問の名において推奨されている。

「もの」という言葉を身体的に触れることのできる具体的な物と解釈するのは正確ではない。「もの」とは名前をもたないものである、というのがもっとも納得のいく説明ではないだろうか。*

＊　以下の「もの」解釈については保苅瑞穂のプルースト論が有益だった。そこでは「元来、ものは名前などもっていない。

これがものの本質的属性なのだ」(『プルースト・印象と隠喩』筑摩書房)、といわれている。

しかし実際には多くの「もの」に名前が与えられている。だからわれわれは通常名前によってそれが表しているとされる「もの」を想像する。だが「もの」は名前を与えられていなくてもそこにあるはずなのだ。例えばわれわれは猫という「名前」によって特定の動物(もの)を思い浮かべるわけだが、われわれが猫という動物を知らなくても、そこに猫と呼ばれる(あるいは猫と名づけられる以前の)動物はいるのだ。猫という名前を消去したとき、それでもそこにいる動物が、否、動物という名辞さえも消去された〈あるもの〉が「もの」にあたる。猫の場合は特定の具象的な「物」であるといえるが、そういう具象的な事物でなくてもいい。例えば「畏敬」という言葉があらわす人間の感情があるわけだが、その感情が「もの」に当たるわけである。

7　精神的形成物の堕落形態と経験の概念

「もの」なり「事柄」なりを志向すること、これがアドルノの課題だった。芸術であれ、学問であれ、エッセイであれ、アドルノのめざすところはそこにあった。この核心を外しているのは、いずれにせよ「精神的形成物」の「堕落態」である。かれによればエッセイは次のような場合に「堕落」している(『文学ノート1』)。①「精神の形成物」を「中性化」して一種の財貨に、つまり「所有物」にする場合、②「抽象的な基本概念」「概念抜きのデータ」「なめらかな決まり文句」などに批判を加えない場合、③「顧客の需要」への奉仕、「現状への責任奉仕」に終わる場合、④「文化の形成物」を「その根底にあるもの」から導き出すのを怠る場合、である。「精神」とは質的なものだから、精神現象に対する肯定や否定を内に含んでおり、本来「中性化」に馴染まない。それなのに「精神の形成物」を「中性化」しようとすると、「精神」の精神たる所以である質的なものは失われ、誰もが容易に受け入れ可能なもの、つまり「所有物」になりさがる。理解することと誰にも受け入れやすくすることとは別のことである。また概念それ自体は抽象化の産物だが、ここでいわれる「抽象的な基本概念」とは「事柄」との対応性がみえない概念のことであり、「なめらかな決まり文句」とは、現状肯定的発言であれ、批判的発言であれ、通念の域を出ない言説の吐露を意味し、「概念抜きのデータ」とは、データが概念によって処理されておらず、コメントや分類の域を出ていない場合のことであろう。さらにまた「顧客の需要」なるものは、アドルノにいわせれば、あらかた社会によってあらかじめ作られた需要のことであり、「通念」に合わせた「現状への責任奉仕」に終わるのがおちである。しかし現実とは一枚岩のものではなく、多層性、複数性をその特徴としている。「客観的」と言われている現実も実は特定の一つの現実なのであって、その点を忘れて現実を一元化するものの見方は「事柄」に盲目であり、「事物のみかけ」に着目しているだけにすぎない場合が多い。

その意味で「責任」という言葉には疑ってかかる必要がある。既成の体制、既成の社会への責任奉仕を要請する意味にしかとられないからである。ウェーバーが講演『職業としての政治』で「心情倫理」に対比して用いた「責任倫理」もそのように理解されがちだった。しかしウェーバーも強調しているように、「責任」というとき何に対する「責任」かが問われねばならない。文学を含めた芸術と学問の違いはここにある。学問は、特に社会を研究する学問、有用たろうとする学問は、社会に対する、往々にして既成の社会に対する責任を前提としてはじめて成り立つ。一方、芸術の方はそうした責任意識から解放された自由が持ち味である。責任感から自由に、そしてある場合には奔放に、人生や社会の真実を表現することを本領とする芸術に対するコンプレックスから、責任感を一切解除してしまう社会研究が生まれてくるのは、それはそれで問題であろう。芸術の達成すべきことを学問が果たそうとするのは、とんだお門違いである。「何に対する責任か」という問いから逃げることはできない。

　学問の限界にたいするあせりから「実践」活動に飛び込んだりするのも、アドルノのとるところではなかった。「実践」によって、直接性への願望、直接的人間関係による手ごたえをもちたいという の願望が満たされることもあろうし、社会関係により直接的に介入しているという意味で有益であるという評価をえられることもできようが、いずれにしても「実践」というのは、往々にして社会的承認への願望によって動機づけられているところにその特徴がある。アドルノが晩年の講演「理論と実践」（『批判的モデル集』）において、おそらくはドイツの学生運動を意識しつつ、実践優位の思考に警告を発したのは、安易におのれの知的営為を社会的承認によって基礎づけることを警戒していたためであろう。アドルノにとって「真の責任」とは、現状に対してではなく、「事柄」の方に敬意を払うものである。その意味で「真理」追究にはある種の「無責任性」がつきものである、とアドルノは「体制化した意識の需要」を批判している。実践の重視は学問や理論を軽視することにつながりやすいだけでなく、実践が現状への奉仕と同一視され、既成の体制、社会への同調をますます強要する結果になりかねない。

　良かれ悪しかれ、アドルノは知的営為の人、理論的人間であった。かれがそのような立場に身をおいた理由は、いま述べたようなことにあったように思われる。もちろん、実践の人がアドルノのいう危険性に晒されているというのがもっともであるにしても、だからといって理論の人が問題を孕まない存在だというわけではないのは、これまた当然のことである。そしてまたアドルノが理論の人に厳しい規律を課していたことと、かれみずからが十分それにしたがいえたかどうかということは、おのずと別問題だからである。アドルノの著作のキーワードのひとつが「事柄」であることはすでに触れた。「事柄」へ接近し、「事柄」の包みを解くことが肝要である。芸術にせよ、学問にせよ、エッセイにせよ、その方法こそ違っているが、いずれも「事柄」に接近し「事柄」を表現するための方法なのである。アドルノの特徴であり、すぐれたところでもあるのは、「事柄」を「経験」との関連でみている点であろう。「事柄」を明らかにするには、「問題となっている事柄に特有の経験」に踏み込んでいくことが大事である。「事柄」にはそれ固有の「経験」があり、この「経験」を経ないと「事柄」にたどりつけないという意味で、「事柄」は〈閉ざされ〉ているともいえようが、この「経験」があってこそ「事柄」に接近できるという意味では、「事柄」は〈開かれ〉ている。ところが、ある「事柄」に固有の「経験」に、その種の「経験」を「主観的」であるとして方法的に排除する実証主義的科学によっては、元来切り込んでいくことはできず、「主観性」の力を仰がなければならない。*

＊　アドルノをはじめ、ホルクハイマーやマルクーゼによって激しい批判を浴びせられたマンハイムでさえ『イデオロギーとユートピア』のなかで、次のような主張を展開している。「ただ特定の個人が特定の歴史的段階にとってしか理解できないような領域、もしくはただその段階の特定の社会的意志にだけ開かれているような領域、そういう広大な内容領域が存在することは確かなのである」。

「経験」は「主観性」に立脚しており、「主観性」を抜きに理解することはできないからである。「自分の極度に主観的な神経感応」を、ヘーゲル的にいえば「感覚的確信」という「直接性」を出発点として、まだ「事柄」への道は遠いにせよ、作品の核心に向けて、「事柄」へと踏み込んでいかねばならない。

アドルノは今日学問を代表する実証主義的学問の認識方法に対して、それによってはとらえられないものの認識をめざすもう一つの方法を重視している。例えば（実証主義的）学問の基準にもとづき、マルセル・プルーストの『失われた時を求めて』に示されたような認識を「主観的」な認識にすぎない、などといったところで、そこには到底否定できないようなリアリティがある。プルーストを判断する基準は、実証主義派がいかに「尺度」になりえないといおうとも、「希望と幻滅の内に凝集した個々人の経験」にあるのだ、とアドルノはいう。

ここには相容れないところが必ず残る二つの学問観がある。実証主義的「学問」論にとって「経験」を基準にするなど言語道断である。明らかにしようとする「事柄」が両者の間では違っていて、結論となる「事柄」を経験できるか否かが両者の分かれ目になる。アドルノの方法は主観化＝客観化とでもいうべき方法であり、みずから「経験」（共感的理解）しなければ決して到達できないような「真実」を「客観的な関連」のなかでとらえようとする。ここにいう「経験」が「体験」とは似て非なるものであることはいうまでもない。あらゆる「精神的現象」のなかに包み込まれた「豊富な客観的意味」があらわれでるためには、「主観的空想の自発性」が必要になる。その際、解釈の力が、すなわち「対象に含まれた諸要素をともに語らせる」解釈の力の重要性が指摘される。対象に含まれる固定化している要素を流動化させる、と言い換えてもよい。アドルノ的批判理論の方法は、主観と客観の「交錯する場」に注目する。つまり、「精神の形成物」をさまざまなカテゴリーがせめぎあっている「力の場」としてとらえるのである。「真理」はそうした「力の場」に具体的にあらわれてくる。アドルノはそのような「真理」を想定しているのである。

こうした理解はアドルノの経験概念の理解の仕方にもあらわれている。「事柄」とともにアドルノの著作のキーワードになるのが「経験」である。経験概念といっても、アドルノは別に哲学的に厳密な概念規定をしているわけではない。主体と客体の関係からアドルノの経験概念をみてみることにしよう。主体と客体のある種の相互的関係のあり方が経験を定義するからである。経験ともっとも異質な言葉は機械や操作、あるいは技術といった概念である。アドルノによれば、機械化は人間の身振りを精密にすると同時に粗暴にもする。機械化された事物がもつ「非妥協的で一種没歴史的な要求」にひとびとはつき従うほかなく、その結果「そっとしずかに、しかもぴったりドアを締めるというような習慣」が忘れられていく。「自動車や電気冷蔵庫のドアはぱたんと閉めなければならないし、その他のドアは、外から入ってくる場合念のためにあとを振り返ったり、自分が入っていく屋内を外部から守る、といった心づかいをしないですむようにできている」のである。こうして機械化の進展とともに、人間の態度や物腰から「ためらい、慎重、たしなみ、といった要素」は一掃されてしまう。それは次第に経験を困難にしていく。機械化の支配の進展、ウェーバー的に言えば「目的合理性」の支配に強く影響されて、今日「いろいろな物が純然たる合目的性の要請の下につくられ」るようになり、物（客体）との交わりを単なる「操作」に限定するようになったことから、アドルノは「今日経験というものが消滅した」とさえいっている。というのも、

> 操作する者には態度の自由とか物の独立性とかいった余分の要素を認めない性急さがつきものだが、実はそうした余分の要素こそ活動の瞬間に消耗しないであとあとまで残り、経験の核となるもの

だからである。

アドルノの「経験」概念をヒントにしていると思われる藤田省三の経験論（『精神史的考察』）を参照しつつ、人間を主体、物を客体と呼ぶとすれば、主体の主体たる所以は「態度の自由」にあり、客体の客体たる所以はその「独立性」にある。客体としての物はそれ特有の特質なり形態をもっており、時と場合によって、すなわち主体の側での働きかけ次第で違った相貌を示すものである。レーヴィットの表現を用いれば主体にとって〈もの〉は異質な他者にあたるので、人間の側で仮に〈もの〉を熟知していると思っていても、かならず何ほどか未知なものというところが残る。主体の側で事前の知識や（時には恣意的な）予測、願望をもって〈もの〉に接する場合、予測通り、願望通りの〈もの〉であったということもないではなかろうが、〈もの〉そのものと想定された〈もの〉の間には一定のずれがあるのが普通である。こうしてずれが明らかになると、主体の側では何らかの再検討をせざるをえない。再検討はたびたび繰り返される場合もある。それは〈もの〉と人間の衝突とか出会いとかいわれる事態でもある。こうして何度かの再検討を経て確かな認識が生まれてくる。

再検討の繰り返しは目的合理性の観点からみれば、アドルノのいう「余分な要素」、つまり回り道にほかならない。だがこの回り道という余分な要素、物の再検討（物との対話）こそが経験の母胎になる。余分なことに時間をかけず最短距離、最短時間で結論に到達する有能の士が現代社会の秀才である。そういう人がとかく軽くみえるのは余分なものを身にまとわず、きれいさっぱりしているためかもしれない。

第二一章 文化産業とテクノロジーの支配——アドルノとアンダース

現代の文化意識を考える上で指針となる議論の一つがアドルノの「文化産業」論である。ジンメルは流行を衣服や風俗のみならず学問や芸術にまで浸透している現象ととらえたが、アドルノにおいてはその流行現象も産業資本があらかじめ計画的につくりだしたものであることが強調される。文化産業は多くの点で大衆文化と重なる内容をもっているが、大衆文化という場合、文字通り大衆の文化であるということのみならず、大衆の主体性というニュアンスが含まれていないでもないが、大衆文化においては大衆は主体ではありえず、徹底した受け手、文化産業によって操作される受動的存在であり、文化の主体は産業であるということがみえにくくなるので、アドルノは文化産業という言葉の方を用いている。亡命先のアメリカで執筆され、一九四七年に公刊されたホルクハイマーとアドルノの共著『啓蒙の弁証法』のなかに「文化産業」と題された一章が含まれており、共著ではあるものの、この章の執筆にあたったのはアドルノであるといわれている。亡命以前のドイツでの経験も勘案されているだろうが、基本的には亡命先のアメリカ西海岸での体験や見聞をもとに書き上げられた著作である。

1　「文化産業」の時代

現代社会においては管理が徹底している。国家や軍隊、企業はもちろんのこと、地域社会、学校までが隅々まで管理されている。外的な現実、それを構成するさまざまな要素が管理されるだけでなく、人びとの〈内面性の世界〉までが操作され管理されている。内面性を管理する主体が「文化産業」である。文化産業の時代には、社会がいわゆる「内面性の世界」の細部に至るまで入り込み、その結果社会から切り離された「自我」なり「個性」といった純粋培養された「内面性の世界」は事実上存在しない。社会における利害対立、特に支配関係から自由な内面性などありはしない。〈私のやりたいこと〉や〈私の好きなこと〉といっても、すべてあらかじめ社会によって計算されたうえで与えられたものであり、せいぜいのところ与えられたもののなかからの選択しか可能でない。〈やりたいこと〉、〈好きなこと〉という一見個人的な感情や意欲にしても、あらかじめ社会によって計算され規定されていることをアドルノは強調する。芸術家や知識人もまた同じ制約のもとにある。

言い換えると、現代社会は徹底した商品社会である。事物だけでなく人間や土地を含めてすべてが商品化される。その結果、人間についていえば、他人から商品として扱われるだけでなく、自分でおのれ自身を商品として扱うようになる。「私的なもののすべての領域」が「商業につきもののあらゆる様相を呈し始めている」という『ミニマ・モラリア』におけるアドルノの言葉が示しているように、「内面性の世界」においてさえ、われわれは「商売人」めいてきて、芸術家や学者が自分を「商品」として売り込むのが日常茶飯事になっている。就職の面接はもちろん、入試の面接などでも多くの人がそういう体験をしているはずである。すすんで自己商品化できない者に社会的上昇の道は閉ざされている。

文化といえども、商品化を逃れることはできない。アドルノは、温情で市場から守られているような文化よりも、市場に晒された文化の方がまだましだが、市場と無縁でいられなくなることによって、文化はまちがいなく「悪い方向」に変質していかざるをえない、と言っている。

アドルノは基本的に、①現代において文化形成物はすべて商品になった、つまり使用価値ではなく交換価値（売れること）の実現をめざすためにつくられた商品になったという認識と、その結果②現代においてわれわれの意識の管理化が著しく進展したという認識とにもとづいて、現代の文化意識を解釈している。①についていえば、ハイカルチャーに対してローカルチャーがあり、後者が文化産業の産物だというわけではない。モーツァルトやベートーヴェンであろうが、今日では文化産業によって商品としてわれわれに提供されている。アドルノの著作も難解でさほど売れ行きに期待がもてないにせよ、定価のついた文化産業によるれっきとした商品である。

②について触れよう。学生であれば、ダラダラ遊んだり、漫然と講義に出るのをやめて自分が本当にやりたいと思うことをやろうと密かに決意することもあろうし、芸術家であれば、見事な作品をつくりたいと思うこともしばしばであろう。「やりたいことをやる」というのはわれわれの願望であるし、それが特に反社会的な願望でもなければ、社会的に肯定されるだけでなく、推奨されてもいる。「つくりたいものをつくる」「やりたいことをやる」という願望をアドルノは抽象的なレベルで主観性とか主観性の意識と呼んでいる。ここには二つの「立派さ」があって、一方では社会の枠組みという全体性にしたがうことが「立派」であるとされ、他方においてはそうした社会の全体性にしたがわな

いで「やりたいことをやる」のが個性的で「立派」であるともてはやされる。アドルノにいわせれば、それは矛盾でも何でもない。われわれはそういう世の中に生きている。

歴史的にみると、近代以降、こうした「全体性」と「個別性」（主観性）の対立は常に存在していた。そのもっとも代表的言説がロマン主義による「個性」の称揚である。「個性」による全体への反逆という意味では二〇世紀はじめの表現主義もロマン主義の系列に属する。こうした文脈でいえば、アドルノのいう「文化産業」は全体の側に立って個性を操作し管理するものである。

近代において芸術家の制作意欲が社会の枠組みから原理的に解放され独立した。そもそもその時点で芸術家は誕生したのである。しかし近代の創生期には芸術家の意欲が社会という枠組みを突き抜けて独走することはなく、制作意欲には奉仕すべき市民社会内部の目的が問題なく前提され、その目的によりおのずと制御されていたが、近代において主観が基本的な単位になることによって、その制作意欲が社会の枠組みに拘束されず独走する可能性も生まれた。それが現実のものになったのが、モダニズムと総称される各種の芸術運動が全面開花した一九世紀末から一九二〇年代にかけてのことであった。市民社会の枠組みと制作意欲があまりにも乖離し、両者の調和は失われてしまい、芸術家にとって社会の枠組みは創作のための否定的前提でしかなくなる。

社会における具体的事物が近代化の進展とともに、絶えず変動し流動化するだけでなく、国家的に管理され、資本主義のマーケッティングをへて商品化されるようになっていくと、それらの現実は芸術家の制作意欲にとっての障害物になり、芸術家はこの現実社会とは異なる〈もうひとつの別の世界〉に制作の基盤を求めるようになるという精神的過程は理解できないでもない。別の世界は、具体性をもった世界から切り離された〈内面性の世界〉（ロマン主義）であったり、あるいはまたこの現実世界において見失われていた別の具体的現実世界（自然主義）であったり、主観化された現実世界（印象主義）だったりする。そして印象主義の先にカンディンスキー、クレー、ピカソらの表現主義やキュビスムの抽象絵画が生まれてくる。アドルノの文化産業論は精神史のこの段階において構成された議論である。いまや社会の外的な現実が管理されるにとどまらず、内面性の世界までが操作され管理される。アドルノが「文化産業」論を展開するようになったのは、単にアメリカ西海岸の文化状況に衝撃をうけたためだけでなく、このような歴史的段階を前提としていた。

2 文化産業と技術的合理化

アドルノによるまでもなく、現代社会においては技術的合理性が支配している。技術自体は「ニュートラル」だと仮定しても、結局は技術を意のままにできる者たち、つまり経済的強者の合理性、支配の合理性に貢献する。技術的合理性は原因—結果の間を最短距離、最短時間に組織する。官僚制とテクノロジーはそのための有効な手段である。技術的合理性が軍隊や官僚機構にとどまらず、社会全体を支配するようになれば、それだけ社会も隅々まで官僚制化されテクノロジーに依存する。この間の消息をアドルノは「自己自身から疎外された社会」、つまり社会が社会でなくなった「社会」の誕生ととらえている。それはどのような社会なのか。

一般に社会は二つの側面をもっている。一面において社会は行政によって秩序づけられている。ここでは目的が一義的に明快であって、その目的にもとづいて社会は合理的に秩序づけられているので、技術的秩序と名づけていいような側面をもっている。他面において社会の秩序は技術的・行政的秩序に還元されるわけではない。社会からそういう秩序をマイナスしてもなお残る秩序がある。この側面について古くはアダム・スミスが「同感」や「社会的分業」によってつくりだされた目にはみえない秩序がある、という議論を行った。市民社会論とはこのような側面に着目する議論であるといってよい。アドルノの言う「自己自身から疎外された社会」とは後者の側面の失われた社会、すなわち技術的秩序と化した社会であり、技術的であるがゆえに、この社会は一義的強制力を持ち、アドルノはこの強制力を「中央のコントロール」とも呼んでいる。コントロールする主体は基幹産業のトップ、文化産業に限れば文化産業のトップである。

先にも触れたように、「文化産業」は個性や細部といった個別的なものの反乱に対し、それを抑圧する「全体」の系列に属し、文化や社会の画一化や統一化を促進するが、古典的ファシズムのようにしゃにむに画一化（グライヒシャルトゥング）を推し進めたりはしない。アドルノによれば、「文化産業」は一方で、文化の「効果」以外の何ものにも関心をもたない。「文化産業」は「芸術作品」といわれるものを製作するが、「作品の論理」には関心をもたず、もっぱら作品の「効果」に関心を寄せる。「文化産業」は作品の「内容」には無関心なのである。

第八章で触れたが、「流行」に関するジンメルの論文がある。人びとは流行するものの「新しさ」と流行期間の「儚さ」ゆえに流行に加わるのであって、流行するものの「内容」に魅了されているわけではない、流行の内容には無関心である、というのがジンメルの議論である。内容への無関心という点でそりがあうので、「文化産業」は積極的に、計画的に流行現象をつくりだす。また内容に無関心であればこそ、「文化産業」にとって作品の内容なり主張がどれほど「過激」であっても構わない。内容には無関心、それよりもスタイルの目立つもの、スタイルの「新しさ」こそが重要なのであり、文化産業が制作する商品＝文化芸術の価値もここにある。「文化産業」の側では文化芸術＝商品の受け手の側が作品の内容に、まして作品の論理に無関心であることを知りぬいているのである。「新しさ」は「個性」として、時には「独創性」として賛美され、もてはやされる。

しかし他方においてアドルノは、「文化産業」において「効果」の「ひとり歩き」は「全体」を、「社会」を脅かすおそれがある限り押さえつけられる、ともいっている。一方で「効果」に対する強い関心、他方において「効果」の抑制、この二面性は「文化産業」の本質をなす。それはアドルノにとって「全体」と「部分」（効果）の「あらかじめ保証された調和」でしかなかった。「個性」の称揚と「全体性」の重視はあらかじめ調和を保証されているのである。異端児、個性派として全体性に反逆していたひとも、いつのまにか文化世界の名士になっているわけだが、文化産業にとってはそれも「いつのまにか」ではなく、「あらかじめ織り込み済み」の事態だった。文化産業の文法を無視すれば、文化産業の世界から追放されるまでのことだが、ひとたび文化産業の饗宴を受けた反逆者にそれは耐えられることではない。

アドルノの「文化産業」論は現代の文化状況に対するきわめてペシミスティックなトーンで貫かれており、探してみてもアドルノから希望のもてるアドヴァイスは聞かれない。第二次大戦後の論文では「文化産業」支配下の文化を「半教養」という概念を用いて叙述している（『ゾチオロギカ』）。「社会化」された、全面的に社会に規定された文化財を所有しているのが「半教養」であるといわれている。エリートとて「社会化」を免れる特権を享受することはできない。「半教養」化の問題は教育の場の「外にある現実」に問題の源泉があることをアドルノは強調する。教育制度や教育方法では問題を汲みつくせず、高校や大学で教養教育を行えばどうにかなるというものでもない。教養には「社会化」される以前のもの、すなわち「社会の検閲」を受ける以前のものが何ほどかあって、社会に対して「否定的な客観精神」を宿しているはずであるが、「公認の文化要素」にはそれがなく、われわれが経験しうるものではなくなっている。そういう文化には否定的なもの、未知のもの、異なるものが含まれていないからである。文化財であれ消費をめざした「商品」とはそういうものである。

3　アンダースの世代

前線世代、もしくは〈一九二〇年代の世代〉はナチ体制によって深刻な打撃を受けたのは間違いないが、すでに多少ともワイマール共和国において仕事を始め、実績を積み上げ始めていたのに対し、より悲劇的だったのはかれらよりやや若い一九〇〇年代に生まれた世代だった。かれらの一部は――アドルノもこの世代に属するわけだが――概して一九二〇年代中後期に学業を終え、これから仕事に就き社会的地位を確立しようとしていたその時に、ナチ体制が成立し、突然経歴を中断されることになった。亡命するにせよ国内にとどまるにせよ、誇るべき実績はまだなかった。本節以降で取り上げるギュンター・アンダースもまたこの世代の一員だった。この世代の学者には一九〇二年生まれのアンダースのほか、一九〇五年生まれの歴史家フェリックス・ギルバート、一九〇七年生まれで同じく歴史家のヘンリー・パクター、一九〇〇年生まれの文芸社会学者のレオ・レーヴェンタール、一九〇八年生まれの社会学者ハンス・ガースなどがいる。

アンダース、本名ギュンター・シュテルンは一九二〇年代前半にフライブルクのフッサールやハイデガーのもとで学び、博士学位論文「〈論理的命題〉における状況概念」をフッサールに提出した。

かれには最初から学者世界に収まりきれないようなところがあり、詩を書いたりベルリンやパリでジャーナリストの活動をしたりしていたが、その後再び学問に転じ、マールブルクのハイデガーのもとで学び、ここでハンナ・アレントと知り合い、一九二九年に結婚している。フランクフルトのティリッヒのもとで音楽社会学の教授資格論文を執筆する予定だったが、助手だったアドルノの否定的評価もあり、断念した。ブレヒト論（「思想家としてのブレヒト」）を書いたことがきっかけでベルリーナ・ベルゼン・クリア紙に多数の論考を発表するようになり、ブレヒトのほかデーブリンやブロッホとも知り合い、この頃からギュンター・アンダースを名乗るようになる。

一九三三年にヒトラー政権が発足すると、ユダヤ系であったこともあり、ただちにパリに、そして一九三六年にはアメリカに亡命した。この年にアレントと離婚している。学者もしくは物書きとして見込まれたキャリアはナチ体制によって断たれた。理系の学者であれば、亡命先でおのれの学問の実用性によって生活の基盤を確保することも不可能でなかったかもしれないが、文系の物書きは言葉によって生活の糧を得ていたわけだし、言語は母国の文化に根ざしていればこそ理解され必要とされるかもしれなかったが、異国の言語や文化環境において商品価値をもちえなかった。それでも、

> トーマス・マンやハインリヒ・マン、トラー、フォイヒトヴァンガー、アルノルト・ツヴァイク、デーブリンといったすでに名声を確立していた人たちは、当然外国でも、フランスやイギリス、アメリカでも作品を発表できた。しかし数年前に博士論文を書いていたにせよ、書き手としてはまだ地位を確立していなかった者として、私は外国にやってきたに過ぎなかった。私は誰にも知られていなかった。

後年アンダースはこのように回顧している。当時のかれに英語はなじみがなく、さまざまな職業を

転々とし、生活の糧を得ることになったが、ロスアンジェルスの工場労働者としての経験は後のかれの著作活動、とりわけ主著といってよい『時代遅れの人間』にも大きな影響を与えている。とはいえアメリカ時代もアンダースは知識人であることをやめたわけではなかった。外国語で書く「能力」も「意思」もなかったかれではあるが、一四年間の亡命生活において常にドイツ語で書き続けていた。昼間は英語で過ごし、帰宅するとドイツ語に切り替え、「ヒトラー以後のドイツ」のために母語で書くという生活だった。別にアカデミックな哲学に打ちこんでいたわけではない。政治的な詩、ファシズムの考察、ドイツ左翼の敗北の解明、ファッショ化への抵抗の提言などをフランスやアメリカのためでなく、ドイツの「明後日」のために書いていた。それは事実上引き出しにしまっておかれただけであったが、そもそも亡命者で引き出し付の机をもっていた人はまだ恵まれていた。ベンヤミンもベッドの端に座り、膝の上で多くの作品を書いたのだ、とアンダースは書いている。

戦後一九四〇年代末に再婚してウィーンに戻り、旺盛な著作活動を開始する。かれの生涯における恐怖の体験は、第一次大戦、ヒトラーの権力掌握、強制収容所の建設、そして広島、長崎への原爆投下であった。とりわけ戦後の思索の出発点になったのは、アメリカ政府による日本への原爆攻撃であった。アウシュビッツ、ホロコーストに関心をもつ欧米の知識人は少なくないが、アンダースのように広島、長崎への原爆投下に持続的関心を持ち続けた人は少ない。かれは原子力の問題をみすえて科学技術の問題を考察の中心においた。

4 テクノロジーと快適さの追求

アンダースの主著『時代遅れの人間・第二次産業革命の時代における魂について』（上巻）は一九五六年に刊行され、それから二五年を隔てて一九八〇年に『時代遅れの人間・第三次産業革命の時代における生の破壊について』（下巻）が出版されている。この本は科学技術の発展がわれわれに及ぼす影響を主題にしており、表題にある「時代遅れ」とは、科学技術の発達の結果すでに生まれている状況にわれわれの意識がついていけないことを示唆している。かれには原子爆弾に関する著書がいくつかあり、『広島はいたるところに』、『原子力の脅威』などのタイトルで出版されているが、基本的な考えかたは『時代遅れの人間』によって知ることができる。

藤田省三は『全体主義の時代経験』のなかで全体主義を、第一次大戦にみられる「戦争における全体主義」と、戦後の状況に胚胎し開花した「政治における全体主義」、そして第二次大戦後に顕在化した「生活における全体主義」とに分けているが、アンダースも戦後社会の質的な新しさを示すものとして「快適さ」を追求するわれわれの性向に着目している。藤田のいう「安楽」の追求者である現代人はここでは「怠け者」と呼ばれ、われわれは「怠け者」になるだけでなく、「怠け者」になることを強制されている、といわれている。

技術とは「快適さ」が欲しいという欲望を実現するための手段である。生きるとは現実世界のなかでさまざまな制約のなかで生きるということでもある。特定の目的地に着くために何日も歩いていた人類はやがて馬に乗り、ついには機関車、飛行機を製造するにいたった。制約をできるだけ減らすための手段が技術なのである。したがって技術の究極目標は制約の完全な撤廃であり、それを実現した暁には、それ以上の技術は不要になる。元来技術自体も制約なのだから、皮肉なことに技術の行く先は技術の自己否定であり、媒介や複雑さを廃棄して「直接性を回復」することである。

技術は人間とその目的の間に介在している媒介手段である。技術を用いている限り、制約を減らすことには限界があり、媒介の存在自体が制約要因になる。制約するものをもっとも抽象的レベルでとらえれば、時間と空間になる。われわれは時間と空間によって根本的に制約されている。われわれは特定の空間に存在せざるをえないし、欲望を実現するには時間がかかる。技術がいくら発達しても、どうしても時間は残るし、空間を必要とせざるをえない。

アンダースによれば「消し去りようのない」時間を抹殺すること、それが叶うことのない「現代の夢」であり、その夢を追求しているのがアンダースのいう「怠け者」であった。アンダースのもうひとつのキーワードは「所有」である。かれは「時間」を所有にいたる「道のり」（空間）ととらえる。「所有」をめざす者にとってのみ「時間」は存在し、すでに必要なものを「所有」している人にとって「時間」は存在しない。「時間が存在するのはわれわれが欠如した存在」だからであり、「時間」をもつものとして人間は絶えず必要なものを手に入れるよう「強制されている」。ここでアンダースのいう「時間」とは時計の時刻のような物理的、抽象的時間ではなくて、主観的な、いわば「生きられた時間」であるのはいうまでもない。

アンダースは一般に流布している技術観を批判する。技術は中立的であると信じられているとすれば、それは誤解である。その技術への接近可能性となると経済力に左右されるが、その効用は誰にとっても同じである。自動車は誰にでも買えるわけではないが、その効用は誰にとっても同じであると考えられている。かれが技術は中立的でないとみなすのは、技術への接近可能性やその効用が万人に開かれているというのを否定するためではなく、技術自体が特定のイデオロギーをもっていると考えるためであり、技術を利用する人はいずれにせよそのイデオロギーに服するほかない。

また技術は道徳に対し敵対的であり、市民社会の領域、あるいは相互行為の領域に浸透していき、結果的に既存の道徳を無力化する力をもっているという見方がある。アンダースはこの見方にも批判的である。かれによると、確かに技術は伝統的な道徳に対して解体的に作用するかもしれないが、技術は常にそれとは別種の「道徳的命令」を発しており、技術社会に相応しい道徳を常に発信している。技術社会の鍵を握るのは、技術的にみて可能であるかどうかということ、つまり「可能的なもの」、生産可能性、利用可能性という言葉、基準である。今日の「道徳的命令」は「技術」から生まれている。技術的にみて「可能なもの」は生産され、製品化されねばならず、製品化されたものは使用されねばならない。例えばある製品を製造すべきか否かの「道徳的決定」は、今ではもっぱら「製造」や「産出」が可能であるか否かの判断にかかっており、学問的、経済的事情を超えたところに根拠をもつような規範にもとづいているのではない。それは民主主義の性格も変える。討論もそれを行っていいのか否かではなく、それは可能か否かをめぐって行われるようになる。技術的に可能なのに製造しないのは道徳にもとることである。こうして遺伝子操作もクローニングも行われる。われわれの住む世界は技術的に利用されるべき原料であり、「掘り尽くすべき鉱山」になる。この世の中に「搾取不可能なものは存在しない」というのが現代科学の形而上学的前提である。技術世界においては「世界」概念も変質し、世界は「それ自体」として存在するのではなく、「われわれのもの」、しかも「それから何かがつくられねばならないものの総体」に変質する。

そうした事情がわれわれの姿勢や態度を根本的に決定する。世界に存在するものはすべて操作の対象になり、もはやわれわれが「思いやり」をもって接するものではない。思いやりを捨てよ！が「どこにも書かれていない」にも拘わらず、われわれに対する「道徳的命令」になっているのだ。技術はさらにそれ以上の具体的命令を発している。あらゆる機械はそれを使用する者に対し、機械それ自体に特定の姿勢、操作する姿勢をとるよう強制している。それはおそらくアドルノもまた亡命先にアメリカですでに気づいていた事態であった。*

＊　例えばアドルノはこういっている。「機械化は身振りを――ひいては人間そのものを――いつか精密かつ粗暴にする働きをもっている。それは物腰や態度から、ためらい、慎重、たしなみ、といった要素を一掃してしまう。機械化によって、人間の挙動は事物の非妥協的で一種没歴史的な要求にしたがわせられるのである。その結果たとえば、そっとしずかに、しかもぴったりドアを閉めるというような習慣が忘れられてゆく」（『ミニマ・モラリア』）。

アンダースは「イデオロギーの終焉」をめぐって注目すべき発言をしている。一九五〇年代のアメリカでの体験をもとにダニエル・ベルが最初の主唱者のひとりとして「イデオロギーの終焉」を唱えたときには、「イデオロギー」によって現実を欺くことが問題視され、とりわけ社会主義のイデオロギーが俎上にのせられたわけだが、アンダースによれば、一九七〇年代後半の西ドイツにおいてイデオロギーの枯渇は激しかったものの、イデオロギーは欺瞞的であるとして廃棄されたというより、必要とされなくなったために「終焉」した。ただしここで終ったのは言語化された観念形態としてのイデオロギーであり、「イデオロギー」自体は形をかえて生き残っていることをアンダースは強調する。観念形態としてのイデオロギーは今日物質化して製品のなかに埋め込まれ、ものいわなくなったイデオロギーに変貌し、そういうものとして「イデオロギー」は依然として健在である。その意味でベル的な「イデオロギーの終焉」論はポイントをはずした古い議論になった。われわれの生活は絶えずさまざまな商品を使用することにより成り立ち、製品を使用しない生活は考えられない状況のなかで、その製品に埋め込まれたイデオロギーを絶えず実行しているわけだから、産業の側でもわざわざイデオロギーを喧伝するには及ばない。製品を販売することによって同時に「イデオロギー」も販売しているわけだが、製品は人びとの欲望、あるいは需要に狙いを定めて制作されているので、そこに潜むイデオロギー的強制は気づかれにくい。あらゆる機械はひとたび存在すれば必ず機能するので、それを使用するわれわれは自動的に特定の社会的、道徳的、政治的イデオロギーを注入される。

> 人びとに刻印しているのは、製品という物である。事実、道徳を決定し、道徳を浸透させているのは、今日ではほとんどものだけであると言っても過言ではない。……製品が人間にとって代わり、人間に対する人間の振舞い方を規定しているのである。……今日でもわれわれが行動規範をもっているとすれば、それは物によって規定されている。製品世界の内部で営まれている社会生活は、製品によって形式を与えられている生活である。……存在しているのは、生産世界、ないし製品世界の内部にいる社会的人間だけである。

この意味で、「製品世界の内部にいる人間の魂をとらえ、製品による魂の変化を記述」することが重要になる。われわれは常住不断に製品に埋め込まれた意見や判断、道徳を消費している。

5 「液状化」と「点的存在」

今日製品は商品としてわれわれに与えられるわけだが、人間の側からみて商品は、一方で持続を本質とする「所有物」になるような商品と、他方における生産と同時に、あるいは購入と同時に消費されるような商品とを、両極端の形式で提供されている。購入と消費の間には時間的間隔があるわけだが、産業はこの距離をできるだけ縮小することを目指し、さまざまな対策を講じる。アンダースは広告や流行といった製品にとって外部的な対策のほかに、「液状化」という内部的な対策にも目を向けている。

アンダースもまた現代人の社会意識を考察する際にシュミット理論にみられる（第一五章）、「溶解」と「点化」に対応するような、相反する傾向の同時存在に注目している。一方が「液状化」または「流動化」と訳してもいい事態であり、他方は「点化」、もしくは「点的存在」である。そしてアンダースの理解によれば、いずれの傾向も産業的もしくは商業的な意図に基づいて促進される、生産と消費の間の距離を縮小する試みの結果だった。同じ動機から、一方で「液状化」への、他方で「点的存在様式」への傾向が生まれる。「液状化」もしくは「流動化」は直接には物、あるいは製品の在り方を表現する言葉で、製品が物としての性質を剥奪され、所有の対象になりえないかたちで提供されることを意味する。そのために製品は「液状化」され、人びとに「流し込まれる」。ラジオやテレビの放送がそのいい例である。われわれは放送の所有者ではなく、放送中に放送を即座に消費する。新聞の場合も基本的には同じである。アンダースによれば、「物化」という概念の意味するところとはむしろ反対に、現代という時代は「物の形態が避けられ、物が液状化＝流動化される段階」にさしかかっている。*

＊　後にアンダースはビデオの登場によって「液状的に」消費されたものが物化されいつでも消費できることになったことは認めるが、製品を「液状化」するために生産することが、生産の本来的関心であるというテーゼの誤りが証明されたわけで

はない、と述べている。

液状化されて提供された〈もの〉は、直接人びとの感覚に流し込まれるので、意識的に受け入れる行為という通常の意味で「消費」されるわけではないから、製品と製品に含まれたイデオロギーに隷属しているとは意識されず、「快適に隷属する」ことも可能になる。

今日、生活物資からや生活環境や世界像にいたるまですべてがわれわれに提供されている。「世界」を探しに出かける必要はないから、「経験」が無用になるのも当然である。かつて「世界」に到達するには、自ら様々な道程を経て、時には余分な時間をかけ、回り道もしたり、予期せざる冒険もせざるをえなかった。経験をする人、経験を蓄積する人は減り、「高齢者」は経験の蓄積をもたない老骨でしかなくなるから、「若者」のアンチテーゼたりえなくなり、若者も老人も同じ生活様式に服する。経験が不要になると、かえって「経験」を「渇望」するようになることはすでにワイマール時代に即して触れたが、渇望が満たされないとその代用品を求めがちである。

そこでアンダースは自我の「散在」や「遍在」といった概念を導入する。かつての「旅」のように旅する土地に関心を抱いているから旅に出るのではなく、いまいる土地を離れていろいろな場所に「遍在」することを欲し、旅行に出ることによって生じる生活の急激な変化を求めている。その際変化した後の生活の内容の如何は問わない。どこに行くかではなく、出かけることそれ自体が求められる。「遍在」し「散在」できるためには、個体性の基礎である大地（空間）から切り離され、根こぎにされる必要がある。根こぎにされたわれわれは、否、むしろ根こぎになることを望んだわれわれは同時にどこにでも存在することが可能になったが、アンダースによれば、実は特定の場所である「自分のところ」にも「事件の現場」にも「旅行先」にもどこにも存在していない。今日人びとは至るところに同時にいて、それでいてどこにもいないということ、つまり本当はどこにも住んでいない、という「離散状態」に慣れ切ってしまっている。

さらに重要なことは、アンダースによれば、われわれの自我は「世界」に「分散」しているだけでなく、身体器官も数多くの機能に分散してしまっている。かれは、日光浴をして背中を焼いている男性が週刊誌に目を通し、スポーツ試合に耳を傾け、ガムをかんでいる、という例を挙げている。自我を統一する主体の原理は欠落しているので、人びとは個々の機能に分解してしまうが、それらの機能は常時使用中でないと落ち着かない。もしくは満たされないのだ。「どういう内容でもかまわない。内容はともかく内容であり、そもそも内容は機能に支えを与えるものだからである」。「空虚への怖れ」、「自立と自由への恐怖」といった「虚無」に対して完全に防備しておくには、「すべての器官を「使用中」にしておく必要がある」からでもある。こうしてあらゆる器官＝機能が「消費」に向かう。

このように、現代の「怠け者」の自我の溶解に触れる一方で、アンダースはその「点的時間」、「点的生存形態」にも着目している。そういえば『怠け者の天国』（一九〇〇）とはハインリヒ・マンのベルリン小説のタイトルでもあった。「怠け者」はいかにも怠け者らしく短い時間でことを運ぼうとする。時間を短縮するという欲望の行き着く先が「点的時間」である。快適さや便宜を求めて時間の短縮をはかってきたわれわれは、そうして獲得された時間をどう使っていいのか戸惑っている。あまりに時間を切り詰める生活に馴染んでしまったために、その結果獲得された「自由な」時間までを切り詰めようとする。惰性のためそうしているというより、多くの時間に「空間への恐怖」を覚えるからである、というのがアンダースの見方だった。時間が空間へと平板化され、空間を絶えず埋めねばならないという恐怖を感じるというのが「空間への恐怖」である。

「空間への恐怖」はもともと一九世紀後半のドイツの心理学者オットー・ヴェストファルやオーストリアの建築家カミロ・ジッテなどが用いた概念である。ヴェストファルはその症状として心悸亢進、赤面、気分が滅入ることなど、概して心理学的要因に由来する特徴を挙げており、アンダースの見方とのつながりは認められない。一方ジッテは『都市建設』を著わし、『空間恐怖』の例として現代の「神経症」である「広場恐怖症」を挙げている。都市の中の空いている空間が「広場」と呼ばれるのは、「それがはっきりと限定され、閉ざされ、固定されている」ためだが、中世の小さな広場と比較して、現代では巨大な広場が建設され、「何もない大きな広場を歩かねばならない」多くの現代人は、本当に「不快感」を覚える。広場の大きさはそこに流れ込む道路の大きさとの釣り合いによって決められるから、六〇メートル近くあるウィーンのリング大通りやベルリンのウンター・デン・リンデン通り、さら広い道幅のパリのシャンゼリゼなどのメインストリートとの釣り合いを考慮に入れた広場は巨大なものにならざるをえない。広場が大きくなればなるほど、「限定し閉ざす」という広場の効果は失われる。ジッテは〈閉じる空間〉であるか、それとも〈開く空間〉であるかによって、人間に与える影響が違うことに着目した。

獲得し自由にできるようになった時間にかえって人間は「空間への恐怖」を感じるのだとアンダースが考えたのは、時間を「所有」との関係で理解していたからである。かれのいう「所有」とは目的の実現、もしくは目的の獲得であり、「時間」とは「所有」にいたる「道のり」だった。われわれは「空虚な存在」だが目的をもつことによって、すなわち何かを獲得しようとすることによって、その空虚さを埋めている。あるいはわれわれは「欠如した」存在なので、絶えず必要なものを手に入れるよう強制されており、それゆえそれ自体は空虚な存在が目的を目指す存在へ、アンダースの用語では

「所有」を目指す存在へと調教される。目的物を獲得するまでの間に進行している「われわれの生の形式」、それが「時間」である。

つまりこういうことだろう。われわれは本質的に欠乏した存在だから、常に何か獲物を獲得しようと、目的物を獲得しようとし、つねにそれを獲得する途上にある。今では「獲得する途上の」時間は縮小され、「自由な」時間の空虚さを埋める暇つぶしさえ「短縮」されたかたちで、あるいはすでに「要約」された状態で提供されている。つまり、

点的な生存状態が、すなわち、あらゆる瞬間に新たに生まれ、一瞬以上は続かないパフォーマンスから成り立っているために、一切の連続性を失った生活が生まれるのである。

人間の現代的な「時間性」とはこのようなものである、とアンダースはいう。今日、

人間の時間性が欠陥なりスキャンダルだと考えられるような場合、その背景をなしているのは、

昨日までのように「永遠」ではなくて（永遠と同様決して得られない）点的な時間なのである。

6　等価性の世界

アンダースはこうした時代を『世界なき人間』の時代としてもととらえている。「世界なき人間」とは〈等価性の世界〉に住む人間のことでもある。ここでいう〈等価性の世界〉とはアンダースのいう「多元主義」の先に見込まれる心的な世界を想定している。かれによれば、「多元主義」の本質は「真理そのものへの無関心」にある。かれは「多元主義」をさらに「単純な多元主義」と「内面化された多元主義」の二段階にわけている。どういう「立場」にも存在する資格があり、「正しい」と主

張する資格はあるが、どの立場も他の立場「より正しい」といってはならないと考えるのが「単純な多元主義」である。多元性の世界に抵抗がなくなりだした状態にある「多神教」がこの段階の「多元主義」である。これに対し「内面化された多元主義」は、他の人びとの神々を許容するだけでなく、多少とも一緒に認め崇拝するところまでいく。これは一種の「文化的乱交」を生みだし、ヴァーグナーもニーチェもクレーもフランチェスコも同時に承認され、「並列」される。〈あれもこれも〉が現代のキーワードになる。この段階の多元主義の特徴は、文化の宗教に対する態度によって明らかになる。あらゆる信仰箇条を「中性化」し、宗教的心情を信ずることなく適当に楽しむのが典型的な「文化人」である。これこそまさしく〈等価性の世界〉である。

アンダースは一九二〇年代のベルリンを回顧して、ベルリンの「アレクサンドリア的状態」を、すなわち、あらゆる世界観、マルクス主義、アメリカニズム、ドストエフスキー崇拝、ダダ、ナショナリズム、人智学などの入り乱れた並存状態としてとらえている。すでに当時のベルリンを〈等価性の世界〉と認識していたわけである。もちろんそれは文化状況にみられるある種の論理的可能性であって、実際には等価的意識が社会に全面化していたとまで考えてはいなかったろうが、注目に値する見方である。当時のアンダースことギュンター・シュテルンは「われわれはある特定の「神」の下に生きているのではなく、無数の神々を同時に崇拝し、許容し、承認することができている」と現状を認識し、そうした現状を嘆き怒っていた、と回想している。アンダースのいうように、こういう多元主義に苦しんだこと自体がすでに過去のことになっている。『世界なき人間』は一九八四年に出版されている。文化的混交に「怒り」を感じる人がいたというのが、アンダースによれば、まさに一九二〇年代の思想文化的状況であったといえよう。

本章で取り上げたアドルノの文化産業論もアンダースのテクノロジー論もドイツ語で書かれているわけだが、内容的にはドイツを超えて妥当するものである。グローバル化の結果は思想の世界にも及んだわけである。このような時代認識のもとで第二〇章で取り上げた〈始まりの意識〉はどのような意味をもちうるのかを最後の問題提起として本書を終わりたい。

後書き

慶應義塾大学出版会の飯田さんから講義ノートをもとに「現代ドイツ政治思想講義」といった本を書きませんかと話しがあった時、いささか困惑したものである。学術書は出したことがあり、多少はその用意もしていたが、講義録の出版はまったく念頭になかったからである。講義原稿を作成し、それがそのまま本になるような完成度の高い講義を行っている人もいると思うが、少なくとも私の場合そういう講義をしてこなかった。試行錯誤中の未完成の講義内容がかえって学生には触発的なのだと勝手な理屈をつけていたものである。そういう次第で講義ノートをそのまま使えないのは明らかだった。しかし私の研究室をのぞいた人はご存じのことと思うが、並外れて整理能力が欠けているため、ルーズリーフのノート自体行方不明の箇所が多く、所在のわかったノートも頁がとびとびになっていたりして、使いものにならないのが多かった。パソコンに入力していなかったのを後悔したものである。その結果純然たる講義録ではなく、不完全な講義ノートを補足しつつ新たに書き上げた部分の多い講義録になってしまった。またすでに定年退職をし、今年度で大学の講義からも身をひく予定なので、読者としては学生ではなく一般の読書人を想定して執筆した。いつのまにか書き上げた原稿は本文だけでも六百頁近くになるとのことで、商業ベースで考えると、出版会には何とも申し訳ない限りである。大幅な削除を申し出たが、このまま出すのに意義があるという飯田さんの励ましに結局は甘えることにした。

私のドイツ現代思想の研究も日本社会の変化から影響を受けているのは当然である。私が本書で取り上げたような問題を研究し始めたのは、ワイマール時代の「文化的多産性」に印象づけられたためである。今度の著書もその「多産性」の一端を取り上げたつもりだったが、書き上げた結果をみると、意図しなかったことではあるが、「多産性」という言葉にあらわれているようなポジティブな側面とともに、むしろそれ以上に崩壊の精神史のような「ネガティブ」といってもおかしくない潮流も描かれていることに気がつき、『崩壊の経験』というタイトルを選んだ。その意味で本書は最初から「崩壊の経験」という主題を設定して執筆されたわけではない。若い学生を前に「崩壊の精神史」を講義していたとなると、年輩の私が「崩壊」の嘆き節を語っていたのではないかと疑われても、それを否定するだけの自信はないが、私としてはそうしていたつもりはない。ベンヤミン風に崩壊もまた勝ちとられた経験であるとまでいう気はないが、崩壊の経験を共感的に理解しようという気持ちは持ち続けたつもりである。崩壊と文化的多産性は深いところで通底しているのだ。日本の社会において崩壊を意識したのは一九七〇年代と二〇〇〇年前後のことである。社会が大きく変わったための崩壊である。学生を前に一九七〇年前後に明治以降最大の変化があったなどと大口をたたいていたが、気づいてみれば二〇〇〇年前後にそれ以上の変化があったのかもしれない。最初の崩壊にはついていけたかもしれないが、二番目の崩壊については共感的に理解できてはいない。それが本書の限界であるといわれればそうかもしれないが、逆にまたそれが持ち味でもあると思うことにしている。何にでも共感するわけにはいかない。しかし共感的ではないにせよ崩壊の論理を理解するのは今後の課題である。

本書のもとになったのは、慶應義塾大学における私の講義「現代政治思想」と「政治文化論」のノートのほか、講義に使ったこれまで私が発表してきた著書、論文である。一部そのまま使っている個所もある。講義では毎年例えば「ウェーバーとシュミット」「ユダヤ人問題とドイツ」「教養の理念と現代」「ベンヤミンと現代」「都市文化の政治思想」といったテーマを設けていたが、本書を作成するにあたりある程度サブタイトルに相応しい内容にするため、それらをバラバラにしたうえで一部を利用した。著書や論文は今ではインターネットで容易に検索できると思うので、必要な読者には調べていただければと願っている。本書は基本的に学術書のスタイルをとっていないので、参考にした文献は基本的な書名以外は挙げていない。欧文を含めた参考文献は既発表の私の著書や論文に記してあるので、関心ある読者にはそちらを参照していただければ幸いである。それ以外に、二〇〇〇年前後の数年間私が作成していた個人誌『ルストガルテン』全七六号や、私のゼミナールの『三田祭論文集』に十数年にわたって掲載した巻頭論文なども講義に使ったので、本書の素材になっている。ルストガルテンとはベルリンの旧王宮の前にある広場のことだが、加藤雅彦氏の名訳「歓びの園」にヒントをえて学問は「歓び」でもあるという意味を込めて誌名に採用した。『ルストガルテン』誌は書評や学問論、エッセイ、時評などを載せた小冊子である。また慶應大学の学園祭である三田祭に萩山ゼミは毎年参加し論文集を発行していたが、最後の十数年には各年度の「統一テーマ」に関する巻頭論文を私も執筆した。

前著の出版以来二五年を越え、その間いろいろの出来事があった。前著の出版を喜んでいた両親も、「あとがき」で謝辞を述べた多くの方も亡くなってしまった。人が替われば時代も変わる。私自身にもそれほど先が残されているわけではない。本書の発想の磁場になったのは自然発生的に生まれていた小尾俊人さんを中心とする少人数の集まりであった。元編集者の小尾さんが神保町の喫茶店にいると聞きつけて、小尾さんの話をききたいと集まった数人のグループである。何の束縛もない自由な会話と精神は忘れがたく、得がたい経験でもあった。また面識はなく専門も違うのだが、西郷信綱さんの学問もここ十数年研究の支えになっていた。高齢で亡くなる直前まで勉強に余念のなかったお二人は仰ぎみる目標でもある。

最後になるが、長年にわたって学生を前に語ったことを記録に残せることになったのはもっぱら慶應大学出版会の飯田建さんのおかげである。記して感謝したい。執筆にあたって飯田さんにはいつも的確なアドバイスをいただいた。近くの喫茶店に何度足を運んでもらったかわからない。ご期待に多少とも応える内容になっていればと願うばかりである。

二〇一三年八月一二日

蔭山　宏

著者紹介

蔭山 宏（かげやま ひろし）

1945年生まれ。慶應義塾大学名誉教授。法学博士。

著書に『ワイマール文化とファシズム』（みすず書房、1986年）がある。

崩壊の経験

――現代ドイツ政治思想講義

2013年10月31日　初版第1刷発行

著　者――――蔭山 宏

発行者――――坂上 弘

発行所――――慶應義塾大学出版会株式会社

〒108-8346　東京都港区三田2-19-30

TEL〔編集部〕03-3451-0931

〔営業部〕03-3451-3584〈ご注文〉

〔 〃 〕03-3451-6926

FAX〔営業部〕03-3451-3122

振替　00190-8-155497

http://www.keio-up.co.jp/

装　丁――――鈴木 衛（東京図鑑）

組　版――――株式会社キャップス

印刷・製本――中央精版印刷株式会社

カバー印刷――株式会社太平印刷社

Printed in Japan　ISBN 978-4-7664-2061-6

人名索引

あ行

か行

さ行

た行

わ行

文献目録

原則として本文中で言及もしくは引用した文献のみを挙げる。翻訳のない本に限り原書名を挙げた。研究文献や論文は最小限におさえた。

アガンベン，ジョルジョ（上村忠男他訳）『例外状態』未来社，2007年
アドルノ，テオドール（三光長治他訳）『ゾチオロギカ――社会の弁証法』イザラ書房，1970年
アドルノ，テオドール・W（大久保健治訳）『批判的モデル集1（介入）・2（見出し語）』法政大学出版局，1971年
アドルノ，テオドール（三光長治訳）『ミニマ・モラリア――傷ついた生活裡の省察』法政大学出版局，1979年
アドルノ，テオドール・W（山本泰生訳）『キルケゴール――美的なものの構築』みすず書房，1998年
アドルノ，テオドール（三光長治他訳）『不協和音――管理社会における音楽』平凡社，1998年
アドルノ，テオドール・W（渡辺祐邦訳）「ヘーゲル哲学の経験内容」『三つのヘーゲル研究』ちくま学芸文庫，2006年所収
アドルノ，テオドール・W（三光長治他訳）『文学ノート1・2』みすず書房，2009年
アレント，ハンナ（大島道義他訳）『全体主義の起原　2　帝国主義』みすず書房，1972年
アレント，ハンナ（大島かおり訳）『ラーエル・ファルンハーゲン――ドイツ・ロマン派のあるユダヤ女性の伝記』みすず書房，1999年
アンダース，ギュンター（青木隆嘉訳）『時代おくれの人間　上・第二次産業革命時代における人間の魂』法政大学出版局，1994年
アンダース，ギュンター（青木隆嘉訳）『時代おくれの人間　下・第三次産業革命時代における生の破壊』法政大学出版局，1994年
アンダース，ギュンター（青木隆嘉訳）『世界なき人間――文学・美術論集』法政大学出版局，1998年
イーグルトン，T（有満麻美子他訳）『ワルター・ベンヤミン――革命的批評に向けて』勁草書房，1988年
池田浩士編訳『表現主義論争』（れんが書房新社，1988年）
ヴァーグナー，オットー（樋口清訳）『近代建築――学生に与える建築手引き』中央公論美術出版，1985年
ヴィドラー，アンソニー（中村敏男訳）『歪んだ建築空間――現代文化と不安の表象』青土社，2006年
ヴィンクラー，ハインリヒ・アウグスト（後藤俊明他訳）『自由と統一への長い道1　ドイツ近現代史 1789 – 1933年』昭和堂，2008年
ウェーバー，ウィリアム（城戸朋子訳）『音楽と中産階級――演奏会の社会史』法政大学出版局，1983年
ウェーバー，マックス（世良晃志郎訳）『都市の類型学』創文社，1964年
ウェーバー，マックス（中村貞二訳）「社会学ならびに経済学における価値自由の意

味Ⅳ」『山口経済学雑誌』第18巻3号，1967年
ウェーバー，マックス（大塚久雄他訳）『宗教社会学論選』みすず書房，1972年
ウェーバー，マックス（武藤一雄他訳）『宗教社会学』創文社，1976年
ウェーバー，マックス（松代和郎訳）『社会学および経済学の「価値自由」の意味』創文社，1976年
ウェーバー，マックス（尾高邦雄訳）『職業としての学問』改訳版，岩波文庫，1980年
ヴェーバー，マックス（脇圭平訳）『職業としての政治』岩波文庫，1980年
ヴェーバー，マックス（中村貞二他訳）『政治論集1』みすず書房，1982年
ヴェーバー，マックス（山田高生訳）「ドイツにおける選挙法と民主主義」『政治論集1』みすず書房，1982年
ウェーバー，マックス（大塚久雄訳）『プロテスタンティズムの倫理と資本主義の精神』（改訳版），岩波文庫，1989年
ウェーバー，マックス（世良晃四郎訳）『支配の社会学Ⅰ・Ⅱ』創文社，1993年
ヴェーバー，マックス（富永祐治他訳）『社会科学と社会政策にかかわる認識の「客観性」』岩波文庫，1998年
ウェーバー，マリアンネ（大久保和郎訳）『マックス・ウェーバー』みすず書房，1987年
ウォーリン，リチャード（村岡晋一他訳）『ハイデガーの子どもたち―アーレント/レーヴィット/ヨーナス/マルクーゼ』新書館，2004年
内田義彦『作品としての社会科学』岩波書店，1981年
エヴァンズ，リチャード・J. 編（望田幸男他訳）『ヴィルヘルム時代のドイツ――「下から」の社会史』晃洋書房，1988年
江藤文夫他『想像と創造――複製文化論』研究社，1973年
エリアス，ノルベルト（赤井慧爾他訳）『文明化の過程（上）――ヨーロッパ上流階層の風俗の変遷』法政大学出版局，1977年
エリアス，ノルベルト（赤井慧爾他訳）『文明化の過程（下）――社会の変遷／文明化の理論のための見取図』法政大学出版局，1978年
エリアス，ノルベルト（波田節夫訳）『宮廷社会』法政大学出版局，1981年
エリアス，ノルベルト（シュレーター，ミヒャエル編／青木隆嘉訳）『ドイツ人論――文明化と暴力』法政大学出版局，1996年
大河内一男『独逸社会政策思想史』日本評論新社，1953年
オルテガ・イ・ガセー，ホセ（神吉敬三訳）『大衆の反逆』『世界の名著　マンハイム　オルテガ』中央公論社，1979年所収
ガイゲル，テオドル『群集とその行動――革命社会学のための一貢献』司法省刑事局思想部，1930年
蔭山宏『ワイマール文化とファシズム』みすず書房，1986年
カッシーラー，エルンスト（生松敬三訳）『ジャン＝ジャック・ルソー問題』みすず書房，1974年
カネッティ，エリアス（岩田行一訳）『群衆と権力　上・下』法政大学出版局，1971年
カネッティ，エリアス（岩田行一訳）『耳の中の炬火――伝記1921-1931』法政大学出版局，1985年
唐木順三『現代史の試み』新版，筑摩書房，1963年
カンディンスキー，ワシリー（西田秀穂訳）『抽象芸術論　芸術における精神的なも

の』美術出版社，1975年
クラカウアー，ジークフリート（平井正訳）『カリガリからヒトラーまで』せりか書房，1971年
クラカウアー，ジークフリート（神崎巌訳）『サラリーマン——ワイマル共和国の黄昏』法政大学出版局，1979年
クラカウアー，ジークフリート（船戸満之他訳）「学問の危機」「待つ者」『大衆の装飾』法政大学出版局，1996年
クルツィウス，E. R.（南大路振一訳）『危機に立つドイツ精神』みすず書房，1987年
クレー，ポール（勝見勝訳）『造形芸術論——作品と生涯』三笠書房，1957年
クレー，パウル（南原実訳）『無限の造形　上下』新潮社，1981年
クンデラ，ミラン（西永良成訳）『裏切られた遺言』集英社，1994年
ジェイムズ，ウィリアム（桝田啓三郎他訳）『宗教的経験の諸相　上・下』岩波文庫，1969・70年
シェンク，H. G.（生松敬三他訳）『ロマン主義の精神』みすず書房，1975年
ジッテ，カミロ（大石敏雄訳）『広場の造形』鹿島出版会，1983年
シベルブシュ，ヴォルフガング（加藤二郎訳）『鉄道旅行の歴史——十九世紀における空間と時間の工業化』法政大学出版局，1982年
シュティフター，アーダルベルト他（新井裕他訳）『ウィーンとウィーン人』中央大学出版部，2012年
シュトラウス，レオ（添谷育志他訳）『ホッブズの政治学』みすず書房，1990年
シュトラウス，レオ（國分功一郎訳）「ドイツのニヒリズムについて——1941年2月26日発表の講演」『思想』2008年10月号
シュペングラー，オスヴァルト（桑原秀光訳）『シュペングラー政治論集』不知火書房，1992年
シュミット，カール（大久保和郎訳）『政治的ロマン主義』みすず書房，1970年
シュミット，カール（田中浩他訳）『政治的なものの概念』未来社，1970年
シュミット，カール（田中浩他訳）『政治神学』未来社，1971年
シュミット，カール（稲葉素之訳）『現代議会主義の精神史的地位』みすず書房，1972年
シュミット，カール（長尾龍一訳）「中立化と脱政治化の時代」『危機の政治理論』ダイヤモンド社，1973年
シュミット，カール（森田寛二訳）「価値の専制」『政治神学再論』福村出版，1980年
シュミット，カール（長尾龍一他訳）『カール・シュミット著作集 I　1922-1934』慈学社，2007年
シュミット，カール（長尾龍一他訳）『カール・シュミット著作集 II　1936-1970』慈学社，2007年
ショースキー，カール（安井琢磨訳）『世紀末ウィーン——政治と文化』岩波書店，1983年
ジンメル，ゲオルク『ジンメル著作集　全12巻』白水社
ジンメル，ゲオルク（生松敬三訳）『ジンメル著作集6　哲学の根本問題・現代文化の葛藤』白水社，1976年
ジンメル，ゲオルク（大久保健治訳）「ロダン」，（円子修平訳）「把手」「流行」『ジンメル著作集7　文化の哲学』白水社，1976年
ジンメル，ゲオルク（居安正訳）「大都市と精神生活」『ジンメル著作集12　橋と扉』白水社，1994年

ジンメル，ゲオルク（居安正訳）『社会学——社会化の諸形式についての研究　上・下』白水社，1994年
ジンメル，ゲオルク（鈴木直他訳）「ベルリン見本市」『ジンメル・コレクション』ちくま学芸文庫，1999年
スタール夫人（佐藤夏生訳）『コリンナ　美しきイタリアの物語』国書刊行会，1997年
ストリブラス，ピーター／ホワイト，アロン（本橋哲也訳）『境界侵犯——その詩学と政治学』ありな書房，1995年
住谷一彦『リストとヴェーバー——ドイツ資本主義分析の思想体系研究』未来社，1969年
スローターダイク，ペーター（高田珠樹訳）『シニカル理性批判』ミネルヴァ書房，1996年
ゾラ，エミール（伊藤桂子訳）『ボヌール・デ・ダム百貨店』論創社，2002年
ゾンバルト，ヴェルナー（難波田春夫訳）『独逸社会主義』三省堂，1936年
高田博厚『形の美のために　高田博厚芸術ノート』求龍堂，1978年
ツヴァイク，シュテファン（原田義人訳）『昨日の世界1』みすず書房，1973年
ティリッヒ，パウル『ティリッヒ著作集　全11巻』白水社
ティリッヒ，パウル（古屋安雄他訳）『ティリッヒ著作集1　キリスト教と社会主義』白水社，1978年
ティリッヒ，パウル（近藤勝彦訳）『ティリッヒ著作集8　現代の宗教的解釈』白水社，1979年
ティリッヒ，パウル（清水正他訳）『諸学の体系——学問論復興のために』法政大学出版局，2012年
デーブリーン，アルフレート（早崎守俊訳）『ベルリン・アレクサンダー広場』復刻新装版，河出書房新社，2012年
デュルメン，R. v.（佐藤正樹訳）『近世の文化と日常生活3』鳥影社，1998年
テンニエス，フェルディナント（杉之原寿一訳）『ゲマインシャフトとゲゼルシャフト——純粋社会学の基本概念』上・下，岩波文庫，1957年
トラー，エルンスト（瀬木達訳）『どっこいおいらは生きている！』改造文庫，1930年
ドリンガー，ペトラ（糟谷理恵子他訳）『ベルリンサロン』鳥影社，2003年
トレルチ，エルンスト（西村貞二訳）『ドイツ精神と西欧』筑摩書房，1970年
トロツキー，レフ（森田成也訳）『わが生涯　上・下』岩波文庫，2000・01年
ノイマン，ジグマンド（岩永健吉郎訳）『大衆国家と独裁——恒久の革命』みすず書房，1960年
ノヴァーリス（今泉文子訳）「断章」『ノヴァーリス作品集第 1 巻』ちくま文庫，2006年
ハーバーマス，ユルゲン（三島憲一編訳）『近代——未完のプロジェクト』岩波現代文庫，2000年
ハーバーマス，ユルゲン（細谷貞雄他訳）『公共性の構造転換——市民社会の一カテゴリーについての探究』第2版，未来社，1994年
バーリン，I／ジャハンベグロー，R（河合秀和訳）『ある思想史家の回想——アイザィア・バーリンとの対話』みすず書房，1993年
パウク，ヴィルヘルム／パウク，マリオン（田丸徳善訳）『パウル・ティリッヒ　1 生涯』ヨルダン社，1979年

ハウザー，アーノルド（高橋義孝訳）『芸術と文学の社会史』平凡社，1968年
パクター，ヘンリー（蔭山宏他訳）『ワイマール・エチュード』みすず書房，1989年
ハフナー，セバスティアン（山田義顕訳）『裏切られたドイツ革命――ヒトラー前夜』青土社，1989年
バラージュ，ベラ（佐々木基一他訳）『視覚的人間――映画のドラマツルギー』岩波文庫，1986年
バラージュ，ベラ（佐々木基一訳）『映画の理論』新装改訂版，學藝書林，1992年
バル，フーゴ（土肥美夫他訳）『時代からの逃走』みすず書房，1975年
ヒトラー，アドルフ（平野一郎他訳）『わが闘争』上・下，新装版，角川文庫，1973年
ヒューズ，スチュアート（生松敬三他訳）『意識と社会――ヨーロッパ社会思想1890-1930』みすず書房，1999年
ビンハビブ，セイラ（大島かおり訳）「パーリアとその影　下――ハンナ・アーレントのラーエル・ファルンハーゲン伝記」，『みすず』2000年2月号
藤田省三『全体主義の時代経験』みすず書房，1995年
プレスナー，ヘルムート（土屋洋二訳）『遅れてきた国民――ドイツ・ナショナリズムの精神史』名古屋大学出版会，1991年
ブロッホ，エルンスト（池田浩士訳）『この時代の遺産』ちくま学芸文庫，1994年
ブロッホ，エルンスト（好村冨士彦訳）『ユートピアの精神』白水社，1997年（初版を大幅に変更した1973年版の訳）
ヘーゲル，フリードリヒ（上妻精編訳）『ヘーゲル教育論集』国文社，1988年
ヘッセ，ヘルマン（芳賀檀訳）『荒野の狼』人文書院，1951年
ヘッセ，ヘルマン（関泰祐訳）『青春は美わし　他三篇』岩波文庫，1994年
ヘラー，ヘルマン（今井弘道他訳）「市民とブルジョア」『国家学の危機――議会制か独裁か』風行社，1991年
ベルクソン，アンリ（平山高次訳）『宗教と道徳の二源泉』改訳版，岩波文庫，1953年
ベンヤミン，ヴァルター『ヴァルター・ベンヤミン著作集　全15巻』晶文社
ベンヤミン，ヴァルター『ベンヤミン・コレクション　全6巻』ちくま学芸文庫
ベンヤミン，ヴァルター（高木久雄他訳）「複製技術の時代における芸術作品」，（好村富士彦訳）「エードゥアルト・フックス――収集家と歴史家」『ヴァルター・ベンヤミン著作集2　複製技術時代の芸術』晶文社，1969年
ベンヤミン，ヴァルター（野村修訳）「ドイツ・ファシズムの理論」，（高原宏平訳）「経験と貧困」『ヴァルター・ベンヤミン著作集1　暴力批判論』晶文社，1969年
ベンヤミン，ヴァルター（野村修訳）「ボードレールにおける第二帝政期のパリ」，（川村二郎訳）「パリ――19世紀の首都」『ベンヤミン著作集6　ボードレール（新編増補）』晶文社，1975年
ベンヤミン，ヴァルター（高木久雄他訳）「物語作者」『ヴァルター・ベンヤミン著作集7　文学の危機』晶文社，1975年
ベンヤミン，ヴァルター（川村二郎他訳）『ドイツ悲劇の根源』法政大学出版局，1975年
ベンヤミン，ヴァルター（丘沢静也訳）『ドイツの人びと』晶文社，1984年
ベンヤミン，ヴァルター（今村仁司他訳）『パサージュ論』第1巻，岩波現代文庫，2003年
ベンヤミン，ヴァルター／アドルノ，テオドール・W.（ローニツ，ヘンリ編／野村

修訳）『ベンヤミン／アドルノ往復書簡1928-1940』晶文社，1996年
ポイカート，デートレフ・J. K.（小野清美他訳）『ワイマル共和国――古典的近代の危機』名古屋大学出版会，1993年
ボードレール，シャルル（阿部良雄訳）『ボードレール批評2　美術批評2　音楽批評』ちくま学芸文庫，1999年
ホフマンスタール，フーゴー・フォン（富士川英郎他訳）『ホフマンスタール選集3　論文・エッセイ』河出書房新社，1972年
ホルクハイマー，マックス（清水多吉編訳）『権威主義的国家』紀伊國屋書店，1975年
ホルクハイマー，マックス／アドルノ，テオドール・W.（徳永恂訳）『啓蒙の弁証法――哲学的断想』岩波書店，1990年
ボルケナウ，フランツ（水田洋他訳）『封建的世界像から市民的世界像へ』みすず書房，1965年
マン，トーマス『トーマス・マン全集　全12巻』（新潮社）
マン，トーマス（片山良展訳）「ロシア文学アンソロジー」，（前野光弘訳）「近代精神史におけるフロイトの位置」前掲『トーマス・マン全集X』
マン，トーマス（森川俊夫他訳）『非政治的人間の考察』，（森川俊夫訳）「『尺度と価値』序文」前掲『トーマス・マン全集XI』
マンハイム，カール『マンハイム全集　全6巻』潮出版社
マンハイム，カール（徳永恂訳）『歴史主義』未来社，1970年
マンハイム，カール（徳永洵他訳）『イデオロギーとユートピア』『世界の名著　マンハイム　オルテガ』中央公論社，1979年
マンハイム，カール（森博訳）『保守主義的思考』ちくま学芸文庫，1997年
三島憲一「歴史なき時代の歴史意識へ」『思想』1974年10月号
ミヘルス，ロベルト（森博他訳）『現代民主主義における政党の社会学』木鐸社，1990年
柳沢治『ドイツ中小ブルジョアジーの史的分析――三月革命からナチズムへ』岩波書店，1989年
ユンガー，エルンスト（川合全弘訳）「総動員」川合編訳『追悼の政治　忘れえぬ人々／総動員／平和』月曜社，2005年
ラートブルッフ，グスタフ（野田良之他訳）「抒情詩について」野田『内村鑑三とラアトブルフ――比較文化論に向かって』みすず書房，1986年
ラウシュニング，ヘルマン（菊盛英夫他訳）『ニヒリズムの革命』筑摩書房，1972年
ラカー，ウォルター（西村稔訳）『ドイツ青年運動――ワンダーフォーゲルからナチズムへ』人文書院，1985年
ラカー，ウォルター（脇圭平他訳）『ワイマル文化を生きた人びと』（ミネルヴァ書房，1980）
ルーデンドルフ，エーリヒ（間野俊夫訳）『国家総力戦』三笠書房，1938年
ルカーチ，ジェルジ（川村二郎他訳）『ルカーチ著作集1』未来社，1975年
ルカーチ，ジェルジ（川村二郎他訳）『魂と形式』，（川村二郎訳）「ゲオルク・ジンメル」『ルカーチ著作集1』白水社，1975年
ルカーチ，ジェルジ（城塚登他訳）『歴史と階級意識』白水社，1975年
レーヴィット，カール（岡崎英輔訳）『ハイデッガー――乏しき時代の思索者』未来社，1968年
レーヴィット，カール（田中浩他訳）「カール・シュミットの機会原因論的決定主義」

シュミット前掲『政治神学』
レーヴィット，カール（秋間実訳）『ナチズムと私の生活——仙台からの告発』法政大学出版局，1991年
レーヴィット，カール（柴田治三郎訳）『ヘーゲルからニーチェへ　I・II』岩波書店，1992年
レーヴィット，カール（西尾幹二他訳）『ヤーコプ・ブルクハルト』ちくま学芸文庫，1994年
レーヴィット，カール（村岡晋一他訳）「ヘーゲルの教養の概念」『ヘーゲルからハイデガーへ』作品社，2001年
レーデラー，エミール（青井和夫他訳）『大衆の国家——階級なき社会の脅威』東京創元社，1961年
レペニース，ヴォルフ（松家次朗他訳）『三つの文化——仏・英・独の比較文化学』法政大学出版局，2002年
レンツ，ジークフリート（加藤泰義訳）『愉しかりしわが闇市』芸立出版，1978年
脇圭平『知識人と政治——ドイツ1914-1933』岩波書店，1973年

Bab, Julius, *Die Berliner Bohème*, Berlin, 1904
Berlin, Isaiah, *The Sense of Reality: Studies in Ideas and Their History*, Chatto & Windus, 1996
Bloch, Ernst, *Geist der Utopie*, München und Leipzig, 1918
Döblin, Alfred, *Wissen und Veraendern ! Offene Briefe an einen jungen Menschen*, Berlin, 1931
Dreyfuss, Carl, *Beruf und Ideologie der Angestellten*, München und Leipzig, 1933
Greffrath, Mathias hrsg., *Die Zerstörunng einer Zukunft Gespräche mit emigrierten Sozialwissenschaftlern*, Hamburg, 1979
Holländer, Friedrich, Cabaret, in: *Die Weltbühne*, 2. Feb, 1932
Jünger, Ernst hrsg., *Krieg und Krieger*, Berlin, 1930
Jünger, Ernst hrsg., *Das Antlitz des Weltkrieges. Fronterlebnisse deutscher Soldaten*, Berlin, 1930.
Jünger, Ernst, *Der Arbeiter Herrschaft und Gestalt*, Hamburg, 1932
Jünger, Ernst, *Politische Publizistik 1919-1933*, Stuttgart, 2001
Kracauer, Siegfried, *Schriften Bd. 5-3 Aufsätze* (*1932-1965*), Frankfurt, 1990
Kracauer, Siegfried, Soziologie als Wissenschaft, in: *Schriften Bd.1*, Frankfurt, 1971
Lania, Leo, Reportage als soziale Funktion, in: *Die Literalische Welt*, Nr.26, 1926
Mann, Heinrich, *Im Schlaraffenland Ein Roman unter feinen Leuten*, Frankfurt 2006 (1900)
Miller, Michael, *The Bon Marche: Bourgeois and Department Store 1869-1929*, Princeton UP, 1994
Nadler, Joseph, *Die Berliner Romantik 1800-1814*, Berlin 1921
Noth, Ernst Erich, *Die Mietskaserne*, Frankfurt, 1982 (1931)
Ostwald, Hans, *Sittengeschichte der Inflation. Ein Kulturdokument aus den Jahren Marksturzes*, Berlin, 1931
Rathenau, Walter, *Zur Kritik der Zeit*, Berlin 1912
Salz Arthur, *Für die Wissenschaft gegen die Gebildeten unter ihren Veraechtern*, München, 1921
Scheler, Max, hrsg., *Versuch zu einer Soziologie des Wissens*, München und Leipzig 1924

Schmalenbach, Hermann, Die soziologische Kategorie des Bundes, in: *Die Dioskuren. Jahrbuch für Geisteswissenschaften*, Bd.1, 1922

Sennett, Richard, *The Conscience of the Eye: The Design and Social Life of Cities*, Knopf, 1992

Stammer, Otto, *Max Weber und Soziologie heute*, Tübingen, 1965

Suhr, Otto, *Die Lebenshaltung der Angestellten*, Berlin, 1928

Suhrkamp, Peter, Die Sezession des Familiensohnes, in: *Die neue Rundschau*, Bd.1, 1932

Suhrkamp, Peter, März 33, in: *Die neue Rundschau*, Bd.1, 1933

Willet, John, *The New Sobriety 1917-1933: Arts and Politics in the Weimar Period*, Thomas and Hudson 1978